Anette Scharla-Dey
Franz Peter Tschauner

MIT DEM WOHNMOBIL NACH HESSEN

Teil 1: Hessisches Bergland und Hessische Rhön

Die Anleitung für einen Erlebnisurlaub

DER WOHNMOBIL-VERLAG
D-36452 Kaltennordheim
OT Mittelsdorf

Die Deutsche Bibliothek – CIP-Einheitsaufnahme

Bibliografische Information der Deutschen Bibliothek

Die Deutsche Bibliothek verzeichnet diese Publikation in der Deutschen Nationalbibliografie.
Detaillierte bibliografische Daten sind im Internet über <http://dnb.ddb.de> abrufbar.

Titelbild: Schloss Wilhelmshöhe mit Herkules in Kassel (Tour2)
Bild in vorderer Klappe: Mohnblüte in Germerode (Tour 10)

Karten: A. Scharla-Dey/F.P. Tschauner

2. überarbeitete, erweiterte und aktualisierte Auflage - 2021

Druck:
Louis Hofmann Druck- und Verlagshaus, 96242 Sonnefeld

Vertrieb:
GeoCenter GmbH, 70794 Filderstadt

Herausgeber:
WOMO-Verlag, OT Mittelsdorf, 36452 Kaltennordheim
GPS: N 50°36'38.2" E 10°07'55.6"

Fon: 0049 (0) 36946-20691
Fax: 0049 (0) 36946-20692
eMail: verlag@womo.de
Internet: www.womo.de

Autoren-eMail: afp@womo.de

ISBN 978-3-86903-812-4

Jede Tour und jeder Stellplatz sind von uns meist mehrfach überprüft worden, wir können jedoch inhaltliche Fehler nie ganz ausschließen. Bitte achten Sie selbst auf Hochwasser, Brandgefahr, Steinschlag und Erdrutsch!
Verlag und Autoren übernehmen keine Verantwortung für die Legalität der veröffentlichten Stellplätze und aller anderen Angaben. Unsere Haftung ist, soweit ein Schaden nicht an Leben, Körper oder Gesundheit eingetreten ist, ausgeschlossen, es sei denn, unsere Verantwortung beruht auf Vorsatz oder grober Fahrlässigkeit.

Einladung

Liebe Leserin, lieber Leser,

wir möchten Sie diesmal in einen Teil unserer hessischen Heimat mitnehmen und Ihr Interesse für einen mit eindrucksvollem Charme ausgezeichneten Landstrich wecken!
Im Herzen Deutschlands gelegen, bietet die Mittelgebirgslandschaft eine abwechslungsreiche Kulisse für Wanderungen und Radtouren entlang munter plätschernder Bäche, großer Flüsse und an Stauseen.
Die typische, leicht gewellte Hügellandschaft ist aber auch die Heimat der Brüder Grimm, die in den malerischen Fachwerkstädtchen und den dichten Wäldern mit romantischen Burgen ihre weltberühmten Kinder- und Hausmärchen sammelten. Im Schwälmer Rotkäppchenland, im Schneewittchendorf Bergfreiheit und am Frau-Holle-Teich auf dem Hohen Meißner wird diese Welt der Märchen und Sagen lebendig, aber auch das Waldecker Land oder das Hinterland locken mit vielfältigen Attraktionen für große und kleine Urlauber.
Mittendrin liegt die nordhessische Metropole Kassel, die außer einer großen Geschichte, alte sowie moderne Kunst zeigt und deren Bergpark Wilhelmshöhe dem sagenhaften Herkules zu Füßen liegt.
Weiter südlich gelangen wir an der Lahn in die traditionsreiche Universitätsstadt Marburg mit der traumhaften Silhouette des Landgrafenschlosses. Wir reisen über den nördlichen Teil des nach Fläche und Masse größten Vulkans Europas, den Vogelsberg, der von weiten, baumbestandenen Wiesen sowie massigen Blocksteinfeldern als auch bizarren Basaltklippen geprägt ist.
Die Barockstadt Fulda bildet das Tor ins Land der offenen Fernen, das uns in der Rhön mit unbewaldeten Kuppen, lieblichen Tälern und Mooren erwartet.
Begleiten Sie uns in eine wohnmobilfreundliche Region, die mit der Verknüpfung von Unesco-Naturerbe im Kellerwald, dem Unesco-Dokumentenerbe der Märchen der Brüder Grimm und dem Unesco-Kulturerbe im Bergpark Wilhelmshöhe einen reichen Schatz an wunderbarer Natur und Kultur zu bieten hat!

Wir wünschen Ihnen viele schöne Reiseerlebnisse und eine angenehme Urlaubszeit

Ihre Anette Scharla-Dey und Franz Peter Tschauner

Urwald Sababurg

Nicht mit einem gewachsenem Urwald zu vergleichen, aber ein Spaziergang zwischen den Märchenriesen offenbart ein einmaliges Fleckchen Natur.

Tour 1, Seiten 28, 32.

Museum für Sepulkralkultur

Das kulturhistorische Museum ist einzigartig in Deutschland und beschäftigt sich auf unnachahmliche Art sowie mithilfe sepulkraler Objekte mit der Endlichkeit des Lebens.

Tour 2, Seite 66.

Bergpark Wilhelmshöhe

Der Bergpark Wilhelmshöhe mit den historischen Wasserspielen ist ein Gesamtkunstwerk und gehört zu den Unesco-Welterbestätten. Das sagt alles!

Tour 2, Seite 68.

Ahle Wurscht

Die nordhessische Wurstspezilität ist weit mehr als ein kulinarischer Hochgenuss – sie ist Tradition, Kulturgeschichte, Lebensgefühl und schmeckt nach Heimat.

Tour 2, Seite 78.

Edersee

Nordhessens Badewanne liegt inmitten uriger Wälder und sanfter Bergkuppen – ein Geschenk der Natur für Wassersportler, Wanderer und Erholungssuchende.

Tour 4, Seite 127.

Marburg

Der Bummel durch die malerische Altstadt zwischen Lahnufer und Schloss vermittelt ein Gefühl von Gemütlichkeit sowie Geborgenheit inmitten studentischer Lebendigkeit.

Tour 5, Seite 160.

Springerzug Herbstein

Einer der ungewöhnlichsten Fastnachtsumzüge Hessens geht auf einen alten Brauch aus dem 17. Jahrhundert zurück und ist das Highlight in der Faschingszeit.

Tour 7, Seite 237.

Milseburg

Der höchste Berg der Kuppenrhön ist für uns die markanteste Erhebung der Rhön, vermittelt ein prickelndes Gipfelgefühl und trägt den Beinamen „Perle der Rhön".

Tour 8, Seite 258.

Stellplatz Heldra

Idyllisch, naturbelassen und am Fluss gelegen – für Ruhesuchende, Radfahrer, Paddler und Wanderer wie uns ein Ort der Entspannung und Erholung.

Tour 10, Seite 310.

Mohnfelder

Die pinkfarbenen Mohnblüten sind nach der weißen Kirschblüte und dem Gelb der Rapsblüte der Höhepunkt eines sensationellen Farbenpotpourris im Frau-Holle-Land.

Tour 10, Seiten 306, 324.

Inhaltsverzeichnis

Gebrauchsanleitung

Reisegebiet

Bevor Sie uns auf unsere von ganz persönlichen Vorlieben und Wahrnehmungen geprägte Reise begleiten, möchten wir Ihnen ein wenig über unser gemeinsames Ziel und den Aufbau dieses Buches mitteilen.
Auf der Innenseite der hinteren Umschlagklappe zeigt Ihnen das abgebildete Gebiet die geografische Lage Nord-, Ost- und Mittelhessens innerhalb Deutschlands und unseren Reiseverlauf. Möglicherweise werden Sie uns dabei ertappen, wenn wir das eine oder andere nicht ganz objektiv darstellen oder beschreiben. Der Grund hierfür findet sich in der Verbundenheit zu unserer Heimat sowie der Begeisterung für Hessen als Reiseland für Wohnmobilisten. Sehen Sie uns also bitte hin und wieder eine gewisse Verklärung nach.
Als wir mit der Recherche zu diesem Buch begannen, waren wir davon überzeugt, unsere attraktive Heimat Nordhessen und auch Osthessen zu kennen. Weit gefehlt! Zwei Regionen, in denen wir zusammen mit einem kleinen Teil Mittelhessens zwar Altbekanntes und Vertrautes wieder-, aber vor allen Dingen vieles neu entdeckt haben.
Die unverfälschte Naturlandschaft hat es uns besonders angetan. Endlos erscheinende Wälder wechseln sich mit sanften Hügeln und Tälern ab, in weiten Ebenen finden sich manchmal verschlafene, aber nichtsdestoweniger bezaubernde Fachwerkstädtchen, und auf den Höhen wachen stimmungsvolle Burgen.

Eine Gegend, die erst beim Wandern wie auch beim Radfahren oder beim Paddeln auf den Flüssen ihren besonderen Reiz offenbart und ans Herz wächst. Für den Kulturgenuss sorgen kleine und große, aufschlussreiche Museen sowie Ausstellungen. Die Thermal- und Solebäder empfehlen sich für Badekuren und versprechen ein umfangreiches Wellness-Angebot.
Das Märchenland der Brüder Grimm ist aber auch auf Kinder eingestellt! Sport und Spiel im und am Wasser, Begegnungen mit Dornröschen oder Schneewittchen gehören genauso zum Programm wie Lama-Trekking oder spannende Entdeckungen in alten Bergstollen oder beim Goldwaschen.
Als eines von 16 Bundesländern liegt **Hessen** mit seiner Landeshauptstadt Wiesbaden zentral eingebettet in der Bundesrepublik Deutschland. Der nördliche Teil Hessens wird von Nordrhein-Westfalen im Westen, von Niedersachsen im Norden und von Thüringen im Osten begrenzt.
Die Bezeichnung **Nordhessen** ist keine historische Landesbezeichnung und auch nicht ganz klar abgegrenzt. Vielleicht wollen wir Nordhessen uns hiermit auch nur deutlich von Südhessen unterscheiden, in dessen Schatten wir uns lange fühlten. Sehr zu Unrecht, denn unsere Reise wird zeigen, dass der Landstrich so viel Schönes besitzt, um sein Selbstbewusstsein ordentlich aufmöbeln zu können. Der nördliche Teil Hessens umreißt ein Gebiet, dessen wirtschaftlicher Mittelpunkt die Region Kassel ist und deren südliche Abgrenzung etwa an der Linie Marburg/Alsfeld/Hünfeld liegt.

Nordhessen:
Aussicht von Schloss Waldeck auf den Edersee

Mittelhessen, nicht weniger attraktiv, ist hingegen ein Verwaltungsgebilde, dessen Bewohner sich an alten, seit Jahrhunderten bestehender Zugehörigkeit, sei es sprachlicher oder verwaltungstechnischer Natur, orientieren. So kann man sagen, dass sich der Kreis Marburg-Biedenkopf eher dem Regierungsbezirk Gießen zuwendet. Ähnlich verhält es sich mit dem Vogelsbergkreis, der aber in seinem nordöstlichen Teil eine enge Anbindung an den Raum Fulda hat. Dieser kann mit dem Kreis Hersfeld-Rotenburg wiederum **Osthessen** zugeordnet werden, das jedoch ebenfalls keiner offiziellen Regionsbezeichnung entspricht, aber touristisch eine Menge zu bieten hat. Überall ist Tradition sowie Geschichte spürbar und dass Hessen, bezogen auf seine gesamte Fläche, das waldreichste Bundesland Deutschlands ist, ist auf unserer Reise unschwer zu merken.

Der ehemalige deutsche Bundespräsident Theodor Heuss hat einmal gesagt: *Der Sinn des Reisens ist, ans Ziel zu kommen, der Sinn des Wanderns, unterwegs zu sein*.

Der Sinn des Reisens mit dem Wohnmobil ist aus unserer Sicht nicht das Ziel – wir setzen vielmehr auf das Erleben und Erfahren eines Landstrichs sowie seiner Menschen, genießen das Anhalten wie auch das Verweilen an schönen Orten! In den manchmal unendlich erscheinenden Wäldern Hessens, auf den Hochplateaus, auf hohen Bergrücken und zwischen blühenden Wiesen verstehen wir jedoch den Sinn des Wanderns, wenn wir unterwegs der Natur nahekommen und Ruhe vom Alltag finden!

Unsere persönlichen Top Ten

Auf jeder Reise sehen Sie genauso wie wir viel Schönes, erleben Dinge, die mal mehr, mal weniger ansprechen und emotional berühren oder aber auch zum „Must see-Programm“ des jeweiligen Zielgebietes gehören.

Unter den auf Seite vier und fünf dieses Buches genannten Top Ten finden Sie unsere ganz persönlichen Lieblingsorte oder Lieblingslandschaften, unsere erfreulichsten Begegnungen sowie beeindruckendsten Momente und leckere kulinarische Erfahrungen. Hierbei kann es sich durchaus um bekannte Sehenswürdigkeiten handeln, aber vielleicht ist es gerade das versteckte, weniger Bekannte, das uns begeistert hat und Ihnen im besten Fall auch gefällt. Die Aufzählung erfolgt nach Touren und ist nicht als Ranking zu verstehen.

Stellplätze

In diesem Buch werden Sie nicht alle vorhandenen Wohnmobilstellplätze aufgelistet vorfinden. Viel zu viele gibt es

davon und zudem darunter Plätze, die nicht an unserer Streckenführung lagen oder uns aus den unterschiedlichsten Gründen nicht zugesagt haben, sodass wir für Sie eine Vorauswahl getroffen haben.
Besonders in den größeren Orten, aber auch entlang des direkten Tourenverlaufs haben wir alle uns bekannten **offiziellen Stellplätze** erwähnt. Da die **Preise** auf diesen Plätzen oft einem Wandel unterworfen sind, verzichten wir in der Regel auf die genaue Angabe und weisen lediglich darauf hin, wenn sie anfallen, und geben als Anhaltspunkt die Höhe in Form von Euro-Zeichen an:

€ bis 7,50 Euro €€ bis 12 Euro €€€ über 12 Euro

Die Angaben gelten jeweils für zwei Personen und ein Wohnmobil, meist werden Strom und/oder Ver- und Entsorgung extra berechnet. Gegebenenfalls fallen zusätzlich ortsübliche Tourismusabgaben, Kurtaxen oder anderes an.
Fehlen Preisangaben, sind die Plätze (nicht unbedingt Wasser und Strom) kostenfrei und falls wir keine Öffnungszeiten angegeben haben, sind sie im Allgemeinen ganzjährig zugänglich. Es kann aber sein, dass ein Platz aufgrund eines Festes, eines Zirkusbesuches oder eines Jahrmarktes nicht nutzbar ist. Sehen Sie es uns bitte nach, dass uns nicht alle etwaigen Veranstaltungstermine bekannt sind.
Wir nennen Ihnen für jeden Stellplatz die Koordinaten und wenn möglich die Adresse, sodass Sie Ihr Navigationsgerät entsprechend einstellen können. Schauen Sie trotzdem von Zeit zu Zeit in unsere Zufahrtsbeschreibung, da die vom Navi vorgeschlagene kürzeste oder schnellste Strecke nicht immer die beste sein muss.
Manche Strecken zu den Stellplätzen sind für Fahrzeuge mit einem Gesamtgewicht von mehr als 3,5 Tonnen gesperrt.
Achten Sie darauf, ob ein Zusatz wie beispielsweise *ausgenommen Wohnmobile* oder *Durchgangsverkehr frei* vorhanden ist. Ist das nicht der Fall, sind tatsächlich alle Fahrzeuge über 3,5 Tonnen Gesamtgewicht gemeint. Allerdings kommt es nicht selten vor, dass die Gemeinden durch dieses Verbotsschild lediglich Lastwagen aus Wohngebieten fernhalten wollen. Möglicherweise verändern sich Straßenbeschilderungen in diesem wie auch in anderen Fällen und wir können diesbezüglich keine exakt und abschließend recherchierten Fakten an Sie weitergeben (vgl. Seite 367Tipps und Infos).
Wenn wir auf die Angabe für **Strom** eingehen, so bedeutet das nicht, dass jeder Stellplatz über einen Steckdosenzugang verfügt. Manchmal ist nur in einigen Bereichen ein Stromzugang vorhanden, manchmal gar nur eine Steckdose für mehrere Wohnmobile.

Zu Strom und Wasser machen wir bewusst keine Preisangabe, da sie sich häufig ändert und nur schwer zuverlässig nachrecherchiert werden kann.
Mit der Angabe „Max. WOMOs“ geben wir die **Kapazität von Stellplätzen** an, die unserer Meinung nach der Anzahl entspricht, die den ortsansässigen Bewohnern zugemutet werden kann. Diese Angabe ist jedoch nur bedingt zuverlässig und von den Größen sowie dem Parkverhalten der jeweiligen Wohnmobile abhängig. Selbst wenn Parkbuchten oder Parzellen vorgegeben sind, besteht manchmal die Möglichkeit, mehr oder aber auch weniger Fahrzeuge unterzubringen.
Wenn wir auf **Wohnmobil-Größen** eingehen, bedeutet das nicht, dass alle im Buch genannten Stellplätze für Wohnmobile im Lastwagenformat geeignet sind. Unser Wohnmobil gehört zwar nicht zu den kleinsten, es ist dennoch schwierig, sich in die Dimensionen größerer Fahrzeuge hineinzuversetzen.
Die Angabe bei offiziellen Plätzen entspricht der tatsächlichen Anzahl der vorhandenen Stellplätze.
Bedenken Sie bitte, dass ein Stellplatz je nach Jahreszeit oder eigener Stimmung sowie situationsabhängig unterschiedlich auf den jeweiligen Betrachter wirken kann, sodass wir im Allgemeinen von derartigen Bewertungen absehen.
Wenn wir von **einfachen Parkplätzen** berichten, dann meinen wir tatsächlich Parkplätze, die ihrer Bestimmung als Abstellfläche entsprechen beziehungsweise die lediglich einige ausgewiesene Wohnmobilplätze bieten oder in ihrer Gesamtheit als offizieller Stellplatz ausgelegt sind.
Denken Sie bitte auch daran, dass sich die WOMO-Reihe nicht nur auf offizielle Plätze beschränkt, sondern auch solche berücksichtigt, die wir aufgespürt

haben und die man wohl im allgemeinen Sprachgebrauch als **freie Stellplätze** bezeichnet. Im Hinblick auf Naturparks oder andere Vorgaben ist uns dies in einigen Gebieten jedoch nur bedingt gelungen.
Auf die freien Plätze passen oft nur wenige Fahrzeuge oder wir geben nur wenige an, um den Platz vor Sperrungen für Wohnmobile zu schützen. Gerade momentan, da die Zunahme an Wohnmobilen ungeheuer groß ist, sollten diese Plätze nicht überbelegt werden, da ihre Existenz dann erst recht von extrem kurzer Dauer sein wird. Sie können aber auch aus ganz anderen Gründen, beispielsweise einer Bebauung, ganz schnell verschwinden.
Wenn wir **klappstuhlgeeignet** schreiben, dann sei Ihnen hiermit verraten, dass Sie Ihre Campingmöbel vor dem Wohnmobil nutzen können, was nicht auf jedem, auch nicht auf einem offiziellen Platz immer möglich ist.
Keiner der in diesem Buch genannten Stellplätze ist dafür geeignet, um sich dort tagelang wie auf einem Campingplatz aufzuhalten und auszubreiten! Inwiefern Sie die Campingmöbel über Nacht vor dem Mobil belassen können, richtet sich sicher nach den örtlichen Gegebenheiten, ist aber in der Regel nicht angebracht. Nur wenige Stellplätze verfügen über Grillmöglichkeiten.

Campingplätze

Die genannten **Öffnungszeiten** können unter Umständen trotz unserer genauen Recherche variieren und sich als unzuverlässig erweisen. Um sicher zu gehen, sollten Sie sich vorher immer auf den Inter-

Mittelhessen: Aussicht vom Kreuzwarthügel auf Amöneburg

netpräsenzen der Campingplätze über die genauen Öffnungszeiten informieren.
Das Preisniveau haben wir analog zu den Preisen bei Stellplätzen als Anhaltspunkt in Form von Euro-Zeichen angegeben:

€ bis 15 Euro €€ bis 25 Euro €€€ über 25 Euro

Die Angaben gelten jeweils für zwei Personen und ein Wohnmobil, Ver- und Entsorgung inklusive, meist wird Strom extra berechnet. Gegebenenfalls fallen zusätzlich ortsübliche Tourismusabgaben, Kurtaxen oder anderes an.
Falls Hunde auf einem Campingplatz nicht gestattet sind, erwähnen wir diese Tatsache soweit Sie uns bekannt ist.

Stell- und Campingplatzsymbole sowie farbige Kästen

Um die Übernachtungs- und Campingplätze auf einen Blick erfassen zu können, haben wir diese im Text in einem Kasten nochmals farbig hervorgehoben und, wie auf den Karten, fortlaufend durchnummeriert. Wir nennen die Ausstattungsmerkmale und geben Ihnen eine kurze Zufahrtsbeschreibung. „Max. WOMOs“ soll dabei andeuten, wie viele Wohnmobile dieser Platz maximal verträgt und nicht, wie viele auf ihn passen würden (schließlich gibt es auch Einwohner und andere Urlauber)!
In unseren WOMO-Büchern sehen Sie für offizielle Stellplätze auf den Karten ein eigenes Symbol in Form eines Wohnmobils. Übernachtungsplätze mit **B**ademöglichkeit sind mit hellblauer Farbe unterlegt. **W**anderparkplätze sind grün gekennzeichnet. **P**icknickplätze erkennen Sie an der violetten Farbe und Stellplätze bei Winzern, an Bauernhöfen sowie Gaststätten sind gelb-grün. Auf Schlafplätze, denen die gerade genannten Merkmale fehlen, also auf einfache **S**tellplätze, weist die Farbe Gelb hin. Empfehlenswerte **C**ampingplätze haben olivgrüne Kästchen.
Besonders sehenswerte Orte und Städte sowie Sehenswürdigkeiten oder erwähnenswerte Ereignisse sind zum schnelleren Auffinden im Text hellgelb unterlegt. Wanderungen oder Radtouren, die wir Ihnen besonders ans Herz legen möchten, haben wir hellgrün markiert.
Alle erwähnten Übernachtungs- und Campingplätze sind zusätzlich sowohl in den Touren als auch in den ihnen vorangestellten Tourenkarten fortlaufend durchnummeriert. Alle weiteren Kartensymbole finden sich in der **Zeichenerklärung** auf der hinteren Umschlagklappe.

Ver- und Entsorgungsstationen und Toiletten

Alle genannten Campingplätze verfügen in der Regel über Ver- und Entsorgungsstationen und wir informieren Sie nur,

falls uns das Fehlen einer solchen Einrichtung aufgefallen ist. Alle weiteren **Ver- und Entsorgungsstationen** an den Stellplätzen oder anderen Einrichtungen sind auf den Tourenkarten mit Symbolen gekennzeichnet. Nicht an jedem Wasserhahn können Sie mit einem Schlauch Wasser fassen, sondern benötigen teilweise eine Gießkanne, einen Kanister oder ein anderes Hilfsmittel.
Wenn wir bei den Stellplätzen auf **Toiletten** hinweisen, geschieht das nicht, um Ihnen einen Tipp für die Entleerung der Bordkassette zu geben, sondern es dient vielmehr als Hinweis an die Leser, die ihren Bedürfnissen nicht in den eigenen vier Wohnmobil-Wänden nachgehen können oder wollen sowie denen mit Campingbusausbauten ohne Porta-Potti oder Ähnlichem.

Sehenswürdigkeiten und Öffnungszeiten

Eintrittsgelder, Entgelte für Stadtführungen und Ähnliches sind einem steten Wandel unterworfen, sodass wir auf die genaue Angabe in der Regel verzichten und lediglich darauf hinweisen, wenn sie anfallen. Ähnlich verhält es sich bei den Öffnungszeiten und wir geben, soweit sie uns bekannt sind, in der Regel die Kassenöffnungszeiten an.

Wanderungen und Radtouren

Wir nennen Ihnen verschieden lange Wanderungen und Radtouren, um Ihnen die unterschiedlichen Landschaftsformen der jeweiligen Regionen nahezubringen. Im Allgemeinen sind die Wege gut markiert und entsprechen leichten bis mittleren Anforderungen.
Hierbei ist zu erwähnen, dass wir uns eher wandernd durch die Natur bewegen, da unsere Hunde lieber auf dem Waldboden schnüffelnd als hechelnd neben dem Fahrrad mit uns unterwegs sind. Auch wenn wir Sie auf vorhandene Radwege oder MTB-Trails hinweisen, werden in diesem Buch dennoch die Wanderrouten überwiegen.

Restaurants

Für das leibliche Wohl halten wir eine Mischung vom noblen Restaurant über Konditoreien und Hofläden bis zur einfachen Dorfgaststätte bereit. Vermutlich können Sie in vielen der von uns nicht genannten Gaststätten preiswerter einkehren, aber wir gehen lieber ein Mal weniger essen und geben dafür etwas mehr Geld aus, können uns dafür aber ziemlich sicher sein, dass wir eine vernünftige und vor allen Dingen dem Preis angemessene Mahlzeit in einer angenehmen Atmosphäre erhalten. Die Nennungen von Firmen, Restaurants oder Produkten sind als Beispiele ohne Wertung gegenüber anderen anzusehen. Die Qualitäts- und Quantitätsangaben entsprechen unseren rein subjektiven Einschätzungen und erheben keinen Anspruch auf Vollständigkeit.

Anreise, Navigation, Entfernungsangaben und Tourenverlauf

Für Ihre Anreise wählen Sie am besten die von Süden nach Norden verlaufende Autobahn A7, um mit unserer Tour 1 bei Hann. Münden zu beginnen. Sie erreichen diese von Westen über die A44 oder von Osten über die A38. Selbstverständlich können Sie auch über die A5 aus Richtung Frankfurt kommend bei Alsfeld beziehungsweise im Vogelsberg oder über die A4 aus Richtung Dresden etwa bei Bad Hersfeld den Startpunkt Ihrer Hessen-Reise festlegen. Für eine unkomplizierte An- und Abreise ist bestens gesorgt und der Einstieg in unsere Touren an verschiedenen Punkten möglich.
In diesem Reiseführer geben wir, soweit sie uns bekannt sind, die Straßennamen der Park-, Stell- und Campingplätze an. Obwohl wir davon ausgehen, dass nahezu jeder Leser mit einem Navigationsgerät unterwegs ist oder mit dem Smartphone beziehungsweise Tablet navigiert, haben wir die Zufahrten zu allen Stell- und Campingplätzen als auch zu Tourenverläufen zumindest grob beschrieben.
Die **Kilometerangaben** neben der Tourenüberschrift erlauben nur eine erste Orientierung über die Länge der jeweiligen Tour und betreffen die ungefähre Entfernung ab dem letzten Stell- oder Campingplatz der vorhergehenden Tour bis zum letzten Stell- oder Campingplatz der aktuellen Tour.
Da sich unsere Reiserouten an einigen Stellen sehr nahekommen, bietet sich nach Lust und Laune ein „Touren-Hopping" an. Sie können sich natürlich auch „sklavisch" an unsere Tourenvorschläge halten. Wir sind den beschriebenen Tourenverlauf jedoch nicht in „einem Rutsch" durchgefahren, vielmehr setzt er sich aus vielen Aufenthalten und einzelnen Erlebnissen zu

unterschiedlichen Jahreszeiten zusammen. Auch wenn wir dabei nicht alle Sehenswürdigkeiten und Urlaubsangebote aufzählen können, sind wir dennoch davon überzeugt, dass wir Ihnen einen sehr großen und typischen Ausschnitt des Reisegebietes nahebringen können. Aber auch für Ihre eigenen Entdeckungen wird immer noch genug Raum bleiben.

Tourenkarten, Straßenkarten und Übersichtskarte

Die den Touren vorangestellten **Tourenkarten** ersetzen keine regulären Straßen- oder Wanderkarten und sollen lediglich zur Orientierung dienen.
Neben einem funktionstüchtigen Navigationsgerät oder Navigation-Apps auf Smartphone sowie Tablet empfehlen wir nach wie vor die Mitnahme von aussagekräftigen **Straßen- und Wanderkarten**. Näheres entnehmen Sie bitte dem Stichwort Kartenmaterial im hinteren Teil des Buches.
In der hinteren Umschlagklappe finden Sie eine **Übersichtskarte** der Touren dieses Buches, die Ihnen einen ersten Überblick darüber verschafft, an welchem Abschnitt unseres Reisegebietes die einzelnen Strecken verlaufen.

Tipps und Infos

Vieles in den einzelnen Tourenbeschreibungen würde sich wiederholen, sodass wir es im hinteren Teil dieses Buches zusammengefasst haben.
Lesen Sie daher bitte vor Ihrem Einstieg in die einzelnen Reiseetappen unsere allgemeinen **Tipps und Infos** für einen gelungenen Aufenthalt in Hessen.
Alle Touren bereisten wir mit unserem Wohnmobil mit einer Länge von 6,99 Metern, einer Breite von 2,22 Metern und einer Höhe von drei Metern sowie einem zulässigen Gesamtgewicht von vier Tonnen problemlos. Sollte es nach unseren

Osthessen: Aussicht auf das Hessische Kegelspiel

Einschätzungen für größere Reisemobile auf den beschriebenen Strecken Einschränkungen geben können, weisen wir im Text gezielt darauf hin.
Erwarten Sie bitte keine Geheimtipps! Die gibt es seit der enormen Zunahme an Reisemobilen schon lange nicht mehr. Wenn es sie unter den Stellplätzen je gab, dann sind sie oft genug von Höhenbegrenzungen blockiert, Wohnmobile sind schlicht verboten oder im besten Fall ist ein offizieller Stellplatz daraus geworden. Letztere sind mittlerweile leider nicht nur in der Hauptreisezeit schnell belegt, sondern zeichnen sich teilweise zusätzlich durch eine wenig erfreuliche Enge aus. Das ändert jedoch nichts an der Attraktivität des Zielgebietes als WOMO-Reiseland.
Im Gegenteil, denn die Vielzahl an offiziellen Stell- und Campingplätzen lässt ein Übernachten oder Verweilen an ganz unterschiedlichen Orten in abwechslungsreichen Regionen zu.
Dies hat den Vorteil, dass wir einen Großteil der hessischen Landschaft mit dem Wohnmobil „erfahren" und, ergänzt durch freie Stellplätze, fast überall einen Lieblingsplatz finden können. Davon gibt es nämlich immer noch eine ungeheure Fülle und je nach Gusto, aber mit viel Fingerspitzengefühl wird man schnell fündig!

Coronavirus

Wir möchten Sie darauf aufmerksam machen, dass dieses Buch während der Corona-Pandemie und nach den ersten Erleichterungen der Kontaktbeschränkungen bis zum Herbst 2020 nachrecherchiert und aktualisiert wurde.
Die Fotos der Stell-, Camping- und Parkplätze zeigen unter Umständen keine allgemeingültige Aussage über die Plätze. In bisher „normalen" Zeiten waren sie entweder gut frequentiert, eher spärlich besucht oder beinahe unbekannt – auf den Fotos ist während der Zeit der Pandemie eventuell ein völlig anderes Bild zu sehen. Wir können nicht in die Zukunft schauen und es ist daher nicht vorhersehbar, welche der von uns genannten Stell- und Campingplätze, Sehenswürdigkeiten, Gaststätten sowie diverse andere Attraktionen, möglicherweise auch Stellplatz- und Zugangskapazitäten, Angebote, Preise und Öffnungszeiten sich in irgendeiner Form unter dem Eindruck von Corona verändern, erweitert werden oder im schlechtesten Fall gestrichen werden müssen. Insofern können wir für die Richtigkeit unserer Angaben keine Gewähr übernehmen. Wir können Ihnen diesbezüglich nur empfehlen, im Vorfeld Ihres Besuches auf den entsprechenden, meist von uns angegebenen Internetseiten nachzuschauen oder sich unter den beinahe in allen Fällen genannten Telefonnummern zu informieren. Im Zweifelsfall sind die Tourist-Informationen immer eine gute Anlauf- und Auskunftsadresse.

Insbesondere während der Lockdowns haben Gaststätten ihre Außerhaus-Angebote erweitert. Wir haben festgestellt, dass die Abhol- wie auch die Lieferservices nach der Aufhebung der Kontaktbeschränkungen teilweise weiterbestanden. Für den Fall, dass Sie diese Angebote nutzen möchten, haben wir für fast alle von uns empfohlenen gastronomischen Einrichtungen die Kontaktdaten genannt.
Wir möchten Sie bitten, gegebenenfalls die aktuellen Hinweise des Bundesgesundheitsministeriums der Bundesregierung sowie der hessische Landesregierung zu beachten (*www.bundesgesundheitsministerium.de* und *www.hessen.de*).

Unsere Bitte an Sie

Mit sehr viel Freude und Spaß, aber auch mit Arbeit und Mühe haben wir für Sie die vorliegenden Tourenvorschläge recherchiert. Wir testeten Sehenswürdigkeiten und Aktivitäten vor Ort und haben unsere Erlebnisse für Sie aufgeschrieben. Trotz aller Sorgfalt ist es möglich, dass sich die Gegebenheiten bereits bei Erscheinen dieses Buches verändert haben. Wenn Ihnen Derartiges auffällt, Sie etwas Neues entdecken oder Ihnen etwas besonders gut gefallen hat, freuen wir uns sehr über eine entsprechende Nachricht von Ihnen!
Auch wenn Ihnen etwas missfallen hat, lassen Sie es uns bitte ebenfalls wissen. Nur so können wir Ihren WOMO-Reiseführer bei der nächsten Auflage verbessern.
Alle Autoren des WOMO-Verlags sind auf die Mithilfe der Leser angewiesen und Ihre Tipps sowie Anregungen sind uns immer willkommen!
Hierzu können Sie das vorbereitete Infoblatt am Ende des Buches benutzen, eine entsprechende Notiz im verlagseigenen Forum hinterlassen oder uns direkt per E-Mail kontaktieren:

afp@womo.de

Letztere Möglichkeit ist uns die angenehmste, da wir Ihre Informationen dann am besten weiterverarbeiten können. Wir beantworten grundsätzlich alle an uns direkt gerichteten individuellen Schreiben. Sehen Sie es uns bitte nach, wenn dies vielleicht erst nach einigen Wochen oder Monaten geschieht oder wir die Antwort auf eine gut gemeinte Zuschrift im Ausnahmefall auch einmal vergessen!
Informieren Sie sich vor Ihrer Reise über Stellplatzsperrungen und ähnliche Veränderungen im Forum des WOMO-Verlags unter **www.forum.womoverlag.de** und vermitteln Sie nach Ihrer Reise dort mit eigenen Beiträgen anderen Lesern aktuelle Informationen.

Wir danken Ihnen bereits heute für Ihre Mithilfe!

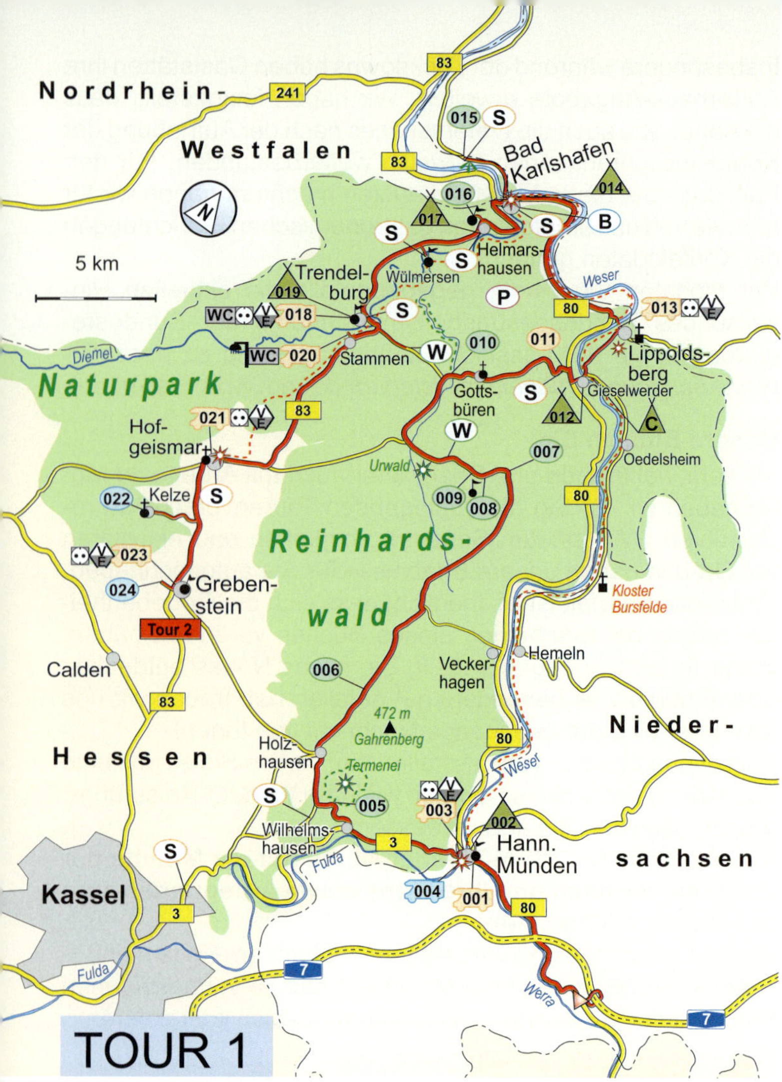

Tour 1 150 km

Hann. Münden – Lippoldsberg – Bad Karlshafen Trendelburg – Hofgeismar – Grebenstein

Stellplätze: Hann. Münden, Wilhelmshausen, Reinhardswald, Gieselwerder, Gottsbüren, Bad Karlshafen, Helmarshausen, Trendelburg, Stammen, Kelze, Grebenstein.

Campingplätze: Hann. Münden Campingplatz Grüne Insel Tanzwerder Gieselwerder, Camping Gieselwerder, Bad Karlshafen Campingplatz Bad Karlshafen, Helmarshausen Campingplatz Diemelaue, Trendelburg Campingplatz Trendelburg.

Besichtigen: Hann. Münden Altstadt; Reinhardswald Sababurg,

	Urwald, Tierpark; Gieselwerder Freilichtmuseum, Mühlenplatz; Lippoldsberg Kloster, Schäferhaus; Bad Karlshafen Stadtbild, Dt. Hugenottenmuseum, Weser-SkyWalk; Helmarshausen Krukenburg; Trendelburg Stadtbild, Ritualbad; Wülmersen Wasser schloss; Hofgeismar Stadtbild, Apothekenmuseum, Stadtmuseum; Grebenstein Stadtbild, Burgruine, Ackerbürgermuseum.
Wandern:	Termenei, Holzapetal.
Radfahren:	An Diemel und Weser.
Baden:	Hann. Münden, Bad Karlshafen, Kelze, Grebenstein.
Essen:	Lippoldsberg Gaststätte Zum Anker, Helmarshausen Café zur Krukenburg, Hofgeismar Gaststätte Zum Alten Brauhaus, Oedelsheim Café-Restaurant Fährhaus, Bursfelde Klostermühle, Grebenstein Restaurant Deutsche Eiche.

In den ersten drei Touren dieses Buches werden wir zwischen den knorrigen Ästen der Hutebuchen und hohen Gräsern sowie Farnen im Naturpark Reinhardswald das erste Mal auf dieser Reise durch unsere märchenhafte Heimat den Sagen, Mythen und Legenden der Brüder Grimm nachgehen. Wir werden zwischen den weißen Fassaden und dem Binnenhafen der nördlichsten Gemeinde Hessens die Geschichte der Hugenotten kennenlernen und unsere Heimatstadt Kassel mit der drittgrößten Museumsdichte Deutschlands und Europas größtem Bergpark mit den staunenden Augen der Touristen betrachten. Unsere Wanderungen werden über die charakteristischen Basaltkuppen im Naturpark Habichtswald und unter die Schatten spendenden alten Buchenwälder im National- und Naturpark Kellerwald-Edersee führen. Bei hohem Wasserstand schauen wir auf der blaugrünen Oberfläche des Edersees in das glitzernde Spiegelbild der Sonne und bei niedrigem Wasserstand spüren wir einen Hauch von Atlantis über den versunkenen Dörfer auf dem Grund des Sees. Das Upland begeistert uns im Sommer mit dem MTB ZONE Bikepark und punktet im Winter mit den Alpin-Abfahrten des Skigebiets. Dazwischen radeln wir entlang der Flussläufe oder auf stillgelegten Bahntrassen und freuen uns bei einer Rast auf den unnachahmlichen Geschmack der typisch nordhessischen Ahlen Wurscht (www.grimmheimat.de).

Unsere Reise durch das nördliche Hessen beginnen wir in **Hann. Münden**, das – zugegebenermaßen – in Niedersachsen liegt. Genauer müssen wir sagen, dass die Stadt direkt an der nordhessischen Grenze im südlichsten Zipfel des Nachbarbundeslandes zu finden ist. Das Fachwerkjuwel ist aber so schön, sodass wir es nicht unbeachtet lassen können!

Wir verlassen die Autobahn A7 an der Abfahrt Hann. Münden/ Hedemünden und rollen entlang der Werra auf der B80 unserem ersten Ziel entgegen. Für jeden wohnmobilen Geschmack bietet die Drei-Flüsse-Stadt eine Übernachtungsmöglichkeit, während sich die reine Stadtbesichtigung am besten vom Parkplatz am Weserstein oder von einem kleineren, ebenfalls als Stellplatz ausgewiesenen, einfachen Parkplatz bewerkstelligen lässt [**001:** N 51°25'01.2" E 09°39'44.5", Am Werraweg].

(002) WOMO-Campingplatz: Hann. Münden, Campingplatz Grüne Insel Tanzwerder

GPS: N 51°25'00.6" E 09°38'53.1", Tanzwerder 1.
Kontakt: Telefon 05541/12257, www.camping-und-kanu.de.
Öffnungszeiten: Apr. - Mitte Okt.
Ausstattung: Kanu- und Fahrradverleih, Waschmaschine und Trockner, Biergarten, Minigolfbahn, WLAN, Brötchenservice.
Beschreibung: Die teils schattenlosen Wiesenplätze der Anlage liegen idyllisch auf einer Flussinsel mit altem Baumbestand an der Fulda und am Ortsrand. Es gibt separate WOMO-Stellplätze und der Innenstadtkern mit Geschäften sowie Gaststätten ist in wenigen Minuten fußläufig zu erreichen. Von hier kann man wunderbar in das Wander- und Radwegenetz um Hann. Münden einsteigen, es werden Schiffs- und Kanuausflüge auf den drei Flüssen angeboten.
Preise: Stellplätze €, Campingplatz €€.
Zufahrt: Von der Autobahn/B80 kommend im Ort den Hinweisen zum Campingplatz links über die Werrabrücke und durch die Stadt folgen.

(003) Offizieller WOMO-Stellplatz: Hann. Münden, Am Weserstein

GPS: N 51°25'11.3" E 09°38'55.9" Tanzwerder. **Max. WOMOs:** 30.
Ausstattung: V/E, Strom, etwas entfernt WC, Müllbehälter.
Beschreibung: Der einfache, asphaltierte, meist schattenlose Parkplatz liegt an der Spitze einer Flussinsel am Zusammenfluss von Fulda und Werra sowie am Ortsrand.
Preise: €.
Zufahrt: Wie zum vorgenannten Campingplatz beziehungsweise dem WOMO-Piktogramm folgen, jedoch direkt vor der Einfahrt zum Campingplatz rechts bis zum Parkplatz Weserstein fahren.

(004) Offizieller WOMO-Badeplatz: Hann. Münden, Hochbad

GPS: N 51°24'25.2" E 09°38'46.9" Auf dem Rattwerder.
Max. WOMOs: 10.
Ausstattung: Müllbehälter.
Beschreibung: Der einfache asphaltierte, schattenlose Parkplatz liegt direkt am Freibad sowie am Fulda-Radweg am Ortsrand. Der Innenstadtkern mit Geschäften sowie Gaststätten ist nach ca. 1,7 km und ca. 20 Minuten

fußläufig zu erreichen. Von hier kann man wunderbar in das Wander- und Radwegenetz um Hann. Münden einsteigen.
Zufahrt: Wie zu den vorgenannten Plätzen, jedoch dann der B496 über die Fuldabrücke folgen, dort links auf der B3 Richtung Kassel. Nach ca. 800 m links Richtung Freibad und ca. 300 m später rechts abbiegen und bis zum Parkplatz fahren.
Hinweis: Zu den Öffnungszeiten des Freibades ist der Parkplatz schnell überfüllt und die WOMOs stehen nicht nur dann auf der angrenzenden Wiese vor der Skateranlage und neben den Schrebergärten.

Hann. Münden

Wo Werra sich und Fulda küssen
Sie ihre Namen büßen müssen.
Und hier entsteht durch diesen Kuss
Deutsch bis zum Meer der Weser Fluss.

So dichtete der Fabrikant Carl Natermann und ließ den Vers 1899 in einen schweren Quarzitbrocken meißeln. Auf der kleinen Insel Tanzwerder markiert der **Weserstein** den Zusammenfluss von Fulda und Werra, deren Mündungsbereich der erstmals 1183 urkundlich erwähnten Stadt Münden ihren Namen gab.
Wirklich glücklich wurde der Ort mit diesem Namen nicht, gab es doch immer wieder Verwechslungen mit der ebenfalls an der Weser liegenden Stadt Minden. Seit 1815 dem Königreich Hannover zugehörig, wurde Münden kurzerhand in Hannoversch Münden umbenannt. Viel zu viele Buchstaben dachten die Leute bei der Bahn und beließen den Namen auf Bahnhofsschildern sowie auf Fahrkarten bei Münden. Besonders bei Frachtsendungen ging das Verwirrspiel munter weiter. Ein Kompromiss, der erst 1991 endgültig manifestiert wurde, lässt die Stadt heute den amtlichen Namen Hann. Münden tragen.
Wesentlich schneller gelangte die Stadt zu Reichtum und Wohlstand, als ihr 1247 Herzog Otto I. von Braunschweig das Stapelrecht ausstellte. Besonders durch den Weserhandel entwickelte sich Münden zu

Rathaus mit Marktplatz

einer wichtigen Handelsstadt zwischen Bremen und Thüringen. Das umfassende Handelsprivileg verpflichtete die durchreisenden Kaufleute, ihre Waren in der Stadt abzuladen, zu „stapeln", und für drei Tage den Bürgern zum Kauf anzubieten. Aus dieser Zeit und aus sechs Jahrhunderten stammen viele der über **700 reich verzierten Fachwerkhäuser**, die sich um den Marktplatz und das im Stil der Weserrenaissance erbaute, **historische Rathaus** gruppieren.

Dreimal täglich erklingt vom Giebel das Spottlied auf **Doktor Eisenbart** *(12, 15 u. 17 Uhr)*. Der Wanderarzt zog während der Barockzeit durch deutsche Lande und lockte mithilfe von Komödianten das Volk und natürlich die Kranken an. Er soll sowohl genialer als auch umstrittener Heiler und Operateur gewesen sein. In großer Kostümierung rückt er touristisch aufgepeppt ab und zu noch heute mit Narkosehammer und Schießeisen manchem Wehwehchen zu Leibe.

Im **Welfenschloss** aus der 2. Hälfte des 16. Jahrhunderts sind bei einer Führung zwei Renaissancegemächer mit Wandmalereien zu sehen. Während das im Schloss befindliche **Städtische Museum** neben Fayencen der Mündener Manufaktur aus dem 18./19. Jahrhundert auch die Stadtgeschichte zeigt *(Apr./Nov./Dez. Mi - So 13 - 16 Uhr; Mai - Okt. Mi - So 11 - 16 Uhr; Eintritt)*.

Dr. Wolfs Wunderkammer ist etwas für Neugierige und Begeisterungsfähige, die sich von wundersamen, historischen und kuriosen Objekten aus allen Lebensbereichen gefangen nehmen lassen. In den verwunschen wirkenden Räumlichkeiten finden ein einzigartiges Museumskabinett und die „Forgotten Creatures", vergessene Kreaturen von Natur- und Hausgeistern, zusammen und verzaubern die Besucher auf wunderliche und merkwürdige Art *(Do 12 - 17 Uhr; www.dr-wolfs-wunderkammer.de)*.

Vom Stellplatz auf dem Tanzwerder ist die Stadt über einen Seitenarm der Fulda und eine Fußgängerbrücke in wenigen Minuten schnell erreicht. Wir finden in der **Tourist-Info** im Rathaus weitere Angebote für eine erholsame und abwechslungs-

Fachwerkhäuser am Fulda-Ufer und Kirchturm St. Blasius

reiche Zeit in und um Hann. Münden. Zusätzlich erhält man hier ein Infoblatt für einen gelungen Rundgang durch die historische Innenstadt oder man kann eine Stadt- oder Themenführung buchen *(Lotzestraße 2, Telefon 05541/75313 u. 75343, Jan. - Ende Apr. Mo - Do 9.30 - 15 Uhr; Fr 9.30 - 13 Uhr; Ende Apr. - Anfang Okt. Mo/Mi/Do 9.30 - 17 Uhr; Di/Fr 9.30 - 15 Uhr; Sa 10 - 15 Uhr; Feiertage 11 - 14.30 Uhr; Anfang Okt. - Dez. Mo - Do 9.30 - 16 Uhr; Fr 9.30 - 13 Uhr; www.hann.muenden-erlebnisregion.de).*

Als Knotenpunkt der **Radwege** entlang von Weser, Fulda und Werra ergibt sich ein fast unerschöpfliches Wegenetz für Radfahrer. Die Touren können gut mit einer Schifffahrt auf einem der Flüsse kombiniert werden und garantieren so einen beschaulichen Heimweg auf dem Wasser. Auch **Wanderer** kommen natürlich rund um die von den Mittelgebirgsketten Bramwald, Kaufunger Wald, Reinhardswald und Naturpark Münden umgebene Stadt voll auf ihre Kosten.

Wer den circa dreißigminütigen Anstieg zur **Tillyschanze** (Foto rechts) nicht scheut, wird mit einem herrlichen Blick auf die alten Stadtmauern und den von den Flüssen fast vollständig umgebenem Altstadtkern belohnt. Der im Dreißigjährigen Krieg dort lagernde Feldherr Tilly ließ sich von diesem Anblick jedoch nicht von der Belagerung der Stadt abhalten und die Bevölkerung musste bei der Erstürmung einen hohen Blutzoll zahlen. Mittlerweile werden bei entsprechendem Wetter nur noch die Restauranttische auf dem Marktplatz durch zahlreiche Gäste belagert. Wir gesellen uns an einem lauen Abend gern zu ihnen, bevor wir uns zwischen den Flüssen auf den Tanzwerder zurückziehen und eine ruhige Nacht verbringen.

Am Morgen wollen wir nun aber nach Hessen vordringen, überqueren die Fulda und verlassen die südlichste Stadt Niedersachsens auf der B3 Richtung Kassel.

Blick ins Fulda-Tal

Träge windet sich neben der Straße der Fluss durch das von Wäldern gesäumte Wiesental und wir nähern uns **Wilhelmshausen**. Im Ort biegen wir rechts Richtung Warburg/Hofgeismar ab und notieren kurze Zeit danach die nach rechts ausgeschilderte **Museumsmühle** *(Mai - Okt. jeden 1. Sonntag im Monat 14.30 - 17 Uhr; Eintritt).* Die Arbeit eines Müllers und die Funktionsweise der Mühle können hier nachvollzogen werden und in der angrenzenden Museumsscheune werden Gegenstände aus der Vergangenheit der Fuldataler Dörfer gezeigt.

Auf dem Weg nach Holzhausen kurven wir anschließend zum Wald hinauf und erreichen bald einen Parkplatz. Wer es entspannt mag, ab und zu die Aussicht genießen möchte und dabei einen längeren Spaziergang nicht scheut, ist hier genau richtig.

(005) WOMO-Wanderparkplatz: Wilhelmshausen, Termenei

GPS: N 51°24'11.1" E 09°33'23.8"
An der L3233. **Max. WOMOs:** 1 - 2.
Ausstattung: Infotafel, Müllbehälter.
Beschreibung: Der einfache Waldparkplatz ist durch Bäume von der nahen Straße getrennt und liegt außerorts. Er bietet sich als Ausgangspunkt für Wanderungen an.
Zufahrt: Beim Verlassen des Waldes rechts zum ausgeschilderten Wanderparkplatz.
Hinweis: Eventuell Lärm und Unruhe durch die naheliegende Grillhütte.

WOMO-Wandertipp: Durch die Termenei

Leichte, abwechslungsreiche Wanderung von vier Kilometern Länge.
Das 28 Hektar große Naturschutzgebiet der Termenei bietet drei unterschiedlich lange Rundwanderwege durch schöne und abwechslungsreiche Natur.
Vom Parkplatz gehen wir ein Stück zurück zur Landstraße und vertrauen uns rechts mit guter Sicht über das Tal und die dahinter ansteigenden Wiesen der Markierung H9 in den Wald an. An einer Weggabelung halten wir uns links und wandern zwischen Bäumen und über Lichtungen auf Wald- beziehungsweise Forstwegen bis zu einem Zaun leicht bergauf.
Geradeaus geht es in das Wildschutzgebiet, während wir rechts der H9-Markierung weiter folgen. Bald führt uns der Hinweis „Heide“ rechts zu den isoliert gelegenen Heideflächen am Rande des Reinhardswaldes. Ab August/September blühen die Erika-Pflanzen auf einer für diesen Naturraum ungewöhnlich großen Fläche und tauchen die Landschaft in eine rosarote Farbe. Eine Bank lädt zum Verweilen ein und die weite Sicht über die bewaldeten Bergketten und Felder ist immer wieder schön.

Wenig später gehen wir bergab in einem Wäldchen mit der Markierung H/H9 links weiter, um bei Erreichen des nächsten Querwegs rechts die Richtung Rothwesten einzuschlagen. Bald gelangen wir an einen Strommast und danach schnell an den Ausgangspunkt dieser erfreulichen und kleinen Runde.

Im weiteren Verlauf der Landstraße gelangen wir nach **Holzhausen**.
Auch wenn der Wohnmobil- und Wohnwagenhändler unseres Vertrauens von hier knapp zehn Kilometer entfernt zu finden ist, wollen wir ihn nicht unerwähnt lassen. Für den Fall, dass Sie, liebe Leserin, lieber Leser, mit Ihrem Wohnmobil eine zuverlässige **Fachwerkstatt** aufsuchen müssen oder einen

Shop für Camping-Zubehör suchen, dann sind Sie bei **Wohnwagen Becker** genau richtig [N 51°20'54.5" E 09°31'08.2", Dörnbergstraße 15 u. 17, 34233 Fuldatal-Ihringshausen, Telefon 0561/981670, www.wohnwagen-becker.de]. Ergänzend zu den Koordinaten, sei Ihnen empfohlen, von Holzhausen aus der Landstraße Richtung Kassel bis an die Fulda zu folgen, dort auf die B3 weiter Richtung Kassel zu wechseln und nach etwa 2,5 Kilometern links dem Hinweis Gewerbegebiet Dörnbergstraße zu folgen.

Wenn Sie unserer Route weiter folgen möchten, halten Sie sich in Holzhausen Richtung Reinhardshagen.

Wenn man schon einmal auf diesem Weg ist oder auch wenn man an der deutschen Nachkriegs- und Wirtschaftsgeschichte interessiert ist, kann ein Stopp im Fuldataler Ortsteil **Rothwesten** eingeplant werden [N 51°23'39.0" E 09°32'40.0", Edward-Tenenbaum-Straße 1]. Das ausgeschilderte **Museum Währungsreform 1948** informiert am originalen Schauplatz über die unter völliger Geheimhaltung geführten siebenwöchigen Vorbereitungen der gesetzlichen Grundlagen mit allen Verordnungen und Durchführungsanweisungen für die Währungsreform nach dem Zweiten Weltkrieg. Am 20. Juni 1948 kam die neue Deutsche Mark zur Auszahlung, deren Banknoten bereits Ende 1947 in den Vereinigten Staaten gedruckt und in 23.000 Kisten nach Frankfurt am Main gebracht worden waren *(1. Sa im Monat 13 - 17 Uhr; Eintritt frei)*.

Zurück in Holzhausen folgen wir dann der Beschilderung Richtung Reinhardshagen.

Langsam, aber stetig führt die Straße leicht ansteigend in ein mehr als 200 Quadratkilometer umfassende Waldgebiet, das zu einem der größten in Hessen zählt.

Naturpark Reinhardswald

Herbst im Reinhardswald

Das waldreiche Mittelgebirge ist sehr weitläufig und aus den sanft gewellten Hochflächen steigt die höchste Erhebung, der Gahrenberg bis 472 Meter an. Im Süden und Südosten begrenzen die Fulda, im Norden und Nordosten die Weser und im Nordwesten die Diemel eines der am wenigsten besiedelten Gebiete Deutschlands.

Neben Buchen und Eichen ist es der allgegenwärtige Adlerfarn, der besonders an den lichten Waldstellen seine hochwachsenden Wedel der Sonne entgegenstreckt und im späten Herbst für eine Goldschimmerung des Bodens sorgt. Bereits aus der Eisenzeit finden sich erste Befestigungsanlagen, die von den frühmittelalterlichen überlagert wurden und Spuren von Köhler- und Glashütten, Grenzwälle und Schanzen, Eichelgärten und Hügelgräber sind Zeugen der Siedlungsgeschichte der vergangenen Jahrhunderte. Umfangreiche Eichen- und Hutewälder sowie lange Eichenalleen erinnern an die Vorzeit und das Mittelalter. Damals trieben die Bauern ihr Vieh zur Waldweide, das dort die jungen Bäume kurzhielt und mit Eicheln fett gemästet wurde.

Ein eingezäuntes, etwa 100 Quadratkilometer ausgedehntes Wildschutzgebiet verweist auf die große jagdliche Tradition im Reinhardswald und dient nicht nur als ausgezeichnetes Wander-, sondern auch als Staatsjagdrevier. Inmitten des riesigen Areals befindet sich Deutschlands erster Friedwald, in dem Begräbnisse am Fuße eines Baumes – eins mit der Natur und biologisch abbaubar – möglich sind.

Wie nicht anders zu erwarten, ranken sich um einen verwunschen wirkenden Wald eine Menge Sagen, zu denen auch die Geschichte seiner Entstehung zählt:

Graf Reinhard war ein leidenschaftlicher Spieler und verlor eines Tages seine gesamten Ländereien an den Bischof von Paderborn. Als Ausweg aus der misslichen Lage ersann er eine List und bat den Bischof, noch ein letztes Mal sein Land bestellen zu dürfen. Die Bitte wurde ihm gewährt und so säte Reinhard Eicheln statt Getreide. Bis aus der Saat stattliche Eichen wurden, deren Früchte man ernten konnte, vergingen viele, viele Jahre. Der Bischof kapitulierte vor so viel Raffinesse, erlies dem Grafen seine Spielschulden und der Wald erhielt, wen wundert's noch, den Namen Reinhardswald.

Im Herbst 2017 wurden der Reinhardswald gemeinsam mit dem idyllischen Diemeltal als Naturpark ausgewiesen. Die Diemel, der wir bald noch begegnen werden, schlängelt sich auf 110 Kilometer Länge von der Quelle im Rothaargebirge bis zu ihrer Mündung in die Weser bei Bad Karlshafen. An ihrem Unterlauf hat sie sich durch Sedimente aus Muschelkalk geschnitten und dabei Kalksteinhänge geformt, die zu den artenreichsten Biotopen in Europa gehören. Die hier vorkommende große Kalkmagerrasenlandschaft ist die letzte ihrer Art in Nordwestdeutschland. Das Infozentrum Naturpark Reinhardswald befindet sich im Eingangsbereich des Tierparks Sababurg und hält jede Menge Informationen über Wanderwege und diverse Entdeckungstouren bereit *(www.naturpark-reinhardswald.de)*.

Bereits beim Durchfahren kann man einen kleinen Eindruck vom Reinhardswald gewinnen, doch von den zahlreichen Wanderparkplätzen erforschen wir das stille Paradies für Wanderer und Spaziergänger auf gut markierten Wegen immer wieder gern. Die nachfolgend genannten Parkplätze erscheinen uns auch für eine Übernachtung geeignet.

(006) WOMO-Wanderparkplatz: Holzhausen, Roter Stock

GPS: N 51°26'28.2" E 09°32'27.2".
Max. WOMOs: 1 - 2.
Ausstattung: Infotafel.
Beschreibung: Einfacher Waldparkplatz außerhalb der Ortschaft. Hier kann man ca. 100 m entfernt der Straße das WOMO parken und nachts bzw. wenn die motorisierten Wanderer den Platz verlassen haben, eine ruhige Nacht verbringen.
Zufahrt: Ca. 1,4 km hinter dem Ortsausgang von Holzhausen auf den links (!) der Straße gelegenen Wanderparkplatz abbiegen.

Die L3232 zieht sich fast schnurgerade zwischen den typischen Farngewächsen und den Bäumen entlang, bis wir Richtung Sababurg/Tierpark abzweigen.

Alte und neu angepflanzte Eichen wechseln sich mit den in Reih und Glied stehenden Huteeichen ab, an Lichtungen strahlt das satte Rot der Blutbuchen und galant bewegen sich Birkenäste im Wind. Bizarre, uralte, dicke Eichen erinnern an Spukgestalten und es fehlte nur noch, dass die Sieben Zwerge die verwunschenen Wege querten.

Wir wollen allerdings auch nicht verschweigen, dass die Stürme und die große Trockenheit der vergangenen Jahre für umgestürzte und entwurzelte Bäume gesorgt haben. Der sonst so üppig grüne Reinhardswald ist schwer verwundet und mit großem Erschrecken blicken wir auf die entstandenen kahlen, braunen Freiflächen, die uns den Klimawandel deutlich vor Augen führen. Neu angepflanzte Bäume wachsen langsam und wir hoffen, dass die Aufforstungsarbeiten trotzdem bald sichtbar sein werden und die Verwüstungen abmildern.

(007) WOMO-Wanderparkplatz: Hofgeismar, Forstscheid

GPS: N 51°33'00.8" E 09°33'02.8".
Max. WOMOs: 1 - 2.
Ausstattung: Infotafel.
Beschreibung: Einfacher Waldparkplatz außerhalb der Ortschaft.
Zufahrt: Etwa 7 km hinter dem Abzweig von der L3232 Richtung Sababurg/Tierpark auf der rechten Seite in einer Linkskurve gelegen.

Wenig später verlassen wir den Wald und auf einer flachen Basaltkuppe liegt linker Hand tatsächlich ein Märchenschloss vor uns!
Wen wundert's – befinden wir uns doch im **Land der Brüder Grimm**, die sich die **Sababurg** in ihren Kinder- und Hausmärchen als Vorbild für ihr **Dornröschenschloss** genommen haben. Das alte Jagdschloss soll, um die eigene Tierhaltung vor Wildtieren zu schützen, im 16. Jahrhundert von einer Dornenhecke umgeben gewesen sein. Was lag also näher, als das Märchen von Dornröschen hierher zu verlegen.

(008) WOMO-Wanderparkplatz: Hofgeismar, Sababurg

GPS: N 51°32'46.2" E 09°32'17.5". **Max. WOMOs:** 2 - 3.

Ausstattung: Müllbehälter.
Beschreibung: Der einfache, asphaltierte, teils schräge, schattenlose Parkplatz liegt direkt an der nachts ruhigen Straße außerhalb einer Ortschaft, aber mit Häusern in der Nähe.
Zufahrt: Der Parkplatz liegt etwa 1 km hinter dem vorgenannten Parkplatz unterhalb der Sababurg.
Hinweis: Zum Zeitpunkt unserer Recherche war die Sababurg einschließlich des dazugehörenden Restaurants aufgrund von Renovierungsarbeiten geschlossen (s. u.).

(009) WOMO-Wanderparkplatz: Hofgeismar, Tierpark

GPS: N 51°32'45.9" E 09°31'44.6". **Max. WOMOs:** 3 - 5.

Ausstattung: Infotafeln.
Beschreibung: Der zum Tierpark gehörende einfache, schräge Parkplatz ist teils asphaltiert, teils geschottert und liegt zum Teil unter Bäumen und an der Straße außerhalb einer Ortschaft. Von hier kann man zu ausgedehnten Wanderungen starten.
Zufahrt: Ca. 1,5 km hinter dem vorgenannten Parkplatz. Den Hinweisen zum Tierpark folgen.
Hinweis: Gegebenenfalls sollte im Tierpark nachgefragt werden, ob eine Übernachtung gestattet ist.

Sababurg mit Tierpark und Urwald

Während wir uns die Geschichte der nach hundert Jahren Schlaf wachgeküssten Prinzessin in Erinnerung rufen, richten wir uns auf dem Parkplatz für die Nacht ein und gehen die paar Meter zur im Jahr 1334 erbauten Sababurg hinauf.

In der Anlage befand sich bis vor einiger Zeit ein Hotel und ein Restaurant mit Café. Zur Zeit unserer Recherche wird die Burg jedoch umfangreich saniert, aber das Dornröschen schläft nicht ganz. Bis das Dornröschenschloss im neuen Glanz erstrahlen wird, kann die Burg eingeschränkt besucht werden. Hierbei sind die Außenanlage inklusive Mauerrundgang zugänglich. Von der Terrasse kann man einen Blick über den Reinhardswald werfen und vielleicht verströmen die Rosen im Eingangsbereich zumindest ein wenig ihres betörenden Duftes. Im Innenhof hat zu den oben genannten Zeiten momentan ein **Foodtruck** geöffnet und jeden Sonntag erzählen Dornröschen und ihr Prinz im Palas ihr Märchen *(Apr. - Okt. Fr - So/Feiertage 10 - 18 Uhr; Begegnung mit Dornröschen So 14 Uhr in deutscher Sprache/14.30 Uhr in englischer Sprache; Eintritt frei; Hunde an der Leine gestattet; aktuelle Informationen unter www.erlebnis-sababurg.de; Stand Dezember 2020).*

Unterhalb der Sababurg schließt sich der gut ausgeschilderte **Tierpark** an. Die älteste zoologische Anlage Europas wurde 1571 gegründet und es können ehemals heimische Tiere sowie andere Wildarten in großzügigen naturnahen Gehegen beobachtet werden. Hier tummeln sich unter anderem Wölfe, Luchse, Wisente und die seltenen Przewalski-Pferde. Ein Streichelzoo sowie eine Greifvogelanlage mit Flugvorführungen und das Forst- und Jagdmuseum runden den Parkbesuch ab. Der Aufenthalt kann locker einige Stunden dauern und wer nicht laufen möchte, kann an einer 45-minütigen Rundfahrt mit dem Tierpark-

Express teilnehmen. Täglich finden Schaufütterungen bei Pinguinen, Vielfraßen und Fischottern statt und verschiedene Veranstaltungen machen den Besuch des Tierparks immer wieder interessant. Für das leibliche Wohl wird in einem rustikalen Gasthaus oder an Imbissstationen gesorgt *(Apr. - Sep. 8 - 19 Uhr; Okt. 9 - 18 Uhr; Nov./Dez. 10 - 16 Uhr; Mär. 9 - 17 Uhr; Eintritt; Hunde außer in den Kontaktgehegen und der Greifvogelstation an der Leine gestattet; www.tierpark-sababurg.de)*.
Entweder zu Fuß oder im Verlauf der Straße erreichen wir unmittelbar an den Tierpark angrenzend den **Urwald**, der bereits 1907 als erstes hessisches Naturschutzgebiet ausgewiesen wurde [N 51°32'41.9" E 09°30'21.5", Wanderparkplatz Drecktor].

Dornröschen-Schloss Sababurg

Kein Urwald im eigentlichen Sinn verbirgt sich hinter der weitestgehend wilden und natürlich entwickelnden Vegetation, sondern ein mit einem ganz besonderen Charme ausgestattetes Beispiel jahrhundertelanger Bewirtschaftung. Unterschiedlich lange Rundwege zwischen einem und vier Kilometern ziehen sich zwischen den Baumriesen hindurch und dort, wo es sumpfig ist, führen sie über Holzbohlen. Jede Eiche hat eine einzigartige Form und manchmal scheint es, als ob sie sich gerade schlafen legen wollten oder sich mit ihren zum Boden reichenden Ästen abstützen. Wenn plötzlich auch noch Ritter Dietrich durch den Wald schreitet und über einzelne Bäume philosophiert, ist die märchenhafte Illusion fast perfekt. Die Wege sind selbstverständlich frei zugänglich, aber eine sachkundige Führung sowohl mit dem Ritter als auch mit einem Naturparkführer bringt nicht nur Städtern ein ganz besonderes Stück Natur näher *(Gebühr, genaue Termine unter www.naturpark-reinhardswald.de)*. Besonders schön ist es allerdings am Morgen, wenn der Wald noch menschenleer ist und die ersten Sonnenstrahlen durch das uralte Blätterdach dringen. Dann entfaltet der Urwald im Reinhardswald seinen außergewöhnlichen Charme, der beinahe etwas Mystisches hat und für uns ganz klar zu den nordhessischen **Top Ten gehört**.

Hinter dem Tierpark führt die Straße noch einige Zeit durch den Wald und später biegen wir Richtung **Gottsbüren** ab.

(010) WOMO-Picknickplatz: Gottsbüren, Holzapetal

GPS: N 51°34'24.7" E 09°28'55.5", An der L763. **Max. WOMOs:** 1 - 2.

Ausstattung: Tisch und Bänke, Infotafel.

Beschreibung: Der geschotterte, einfache Parkplatz ist schattenlos, leicht schräg und liegt südwestlich des Ortes zwischen Straße und Waldrand. Er bietet sich als Ausgangspunkt für die folgende Wanderung an.

Zufahrt: Vom Tierpark kommend muss man zweimal links nach Gottsbüren abbiegen. Ca. 350 m hinter dem 2. Abzweig liegt der Parkplatz auf der linken Straßenseite.

WOMO-Wandertipp: Durch das Holzapetal

Leichte, abwechslungsreiche Wanderung von etwa acht Kilometern Länge.

Der hier beginnende Wanderweg bedarf keiner besonderen Wegbeschreibung. Die Markierungen geben eindeutige Hinweise und der sicht- und hörbare Bachlauf der Holzape windet sich in Kurven naturbelassen und verschlungen zwischen Buchenbeständen und Fichten.

Wir wandern rund 2 km entlang von Wiesen- wie auch Sumpfflächen und folgen rechts der Zuwegung zum

Weserbergland-Weg. Nachdem wir die Brücke über die Holzape überquert haben, halten wir uns links bis zu einer Weggabelung. Dort geht es links im spitzen Winkel zurück zum Parkplatz.
Unterwegs können wir den Hutestein und die Überreiste einer alten Wasserversorgung besichtigen. Mit etwas Glück begegnen uns Fischreiher oder vielleicht sogar einer der selten gewordenen Eisvögel. Für uns ist das Holzapetal eines der schönsten Bachtäler unserer Heimat, das nicht umsonst zum Naturschutz- und Flora-Fauna-Habitat-Gebiet erklärt wurde. Zu jeder Jahreszeit eine kleine, aber feine Wanderlandschaft.

In Gottsbüren selbst fällt die ehemalige Wallfahrtskirche auf, die 1330/31 erbaut, ihre Entstehung dem Auffinden des sogenannten „Corpus Christi" in einem naheliegenden Waldstück verdankt. Der damals mit Wundmalen an Händen und Füßen versehene Leichnam wurde schnell zur Reliquie erklärt, damit Pilger auf dem Weg zum Grab des Apostels Jakobus in Santiago de Compostela einen unerwarteten Geldsegen in den kleinen Ort bringen sollten. Zum Schutz der Wallfahrer wurde wenige Jahre später dann die Sababurg errichtet. 1526 wird Hessen protestantisch und inzwischen weisen an der Kirche nur noch **Rundwanderwege** auf die alten Pilgerpfade hin.
Die Durchgangsstraße führt uns Richtung Oberweser aus dem Ort hinaus und wieder in den Wald. Nicht viel später nimmt eine kleine Parkbucht unser WOMO auf und nur ein wenig entfernt treten wir den Beweis an, dass unsere Augen schärfer als unser Gleichgewichtssinn sind [N 51°35'54.6" E 09°32'08.3"]. Das Phänomen des **bergauf fließenden Wassers** ist selbstverständlich physikalisch zu erklären, aber das eigentlich Besondere ist unser Gehirn. Wir sehen einen von unten kommenden Bach, der durch Rohre unter der Straße hindurchgeleitet wird und anschließend zu einem Becken fließt, in dem das Wasser gesammelt wird. Wir würden wetten, dass das Wasser von der Straße aus gesehen bergauf fließt. Doch weit gefehlt! Die optische Täuschung wird deutlich, als wir ein Blatt ins Wasser werfen, das sich sofort der Fließrichtung nach unten anpasst und die erklärende Welt von Newton und Galilei wieder ins Gleichgewicht rückt.

Noch ein paar Kürvchen weiter und schon locken die kleinen, klappernden Mühlen im Lumbachtal zum Anhalten [**011:** N 51°36'01.9" E 09°32'16.8", Mühlenplatz]. In der liebevoll gestalteten **Freilichtausstellung Mühlenplatz** werden im Maßstab 1:25 und 1:40 originalgetreu nachgebildete und handbemalte Wassermühlen, Burgen und Schlösser, Kirchen und Rathäuser aus Vollbeton gezeigt *(Mo - Fr 12 - 18 Uhr; Sa/So/Feiertage 10 - 18 Uhr; Eintritt; www.mühlenplatz-gieselwerder.de).* Schnell sind wir nach dem Besuch an der B80 gelandet, biegen dort kurzzeitig Richtung Hann. Münden und anschließend gleich wieder links Richtung Göttingen ab.

(012) WOMO-Campingplatz: Gieselwerder, Camping Gieselwerder

GPS: N 51°35'55.2" E 09°33'18.5", In der Klappe 21.
Kontakt: Telefon 05572/7611, www.camping-gieselwerder.de.
Öffnungszeiten: Apr. - Okt.
Ausstattung: Kanu- und Fahrradverleih, Lama- und Alpaka-Trekking, Spielplatz, Waschmaschine und Trockner.
Beschreibung: Die meist schattenlose Wiesenparzellen sind relativ groß, die separaten, befestigten WOMO-Stellplätze liegen direkt an der Weser. Der Platz ist von vielen Dauercampern belegt und liegt direkt neben dem Freibad. Mit einem Angelschein ist das Flussangeln möglich. Im ca. 500 m entfernten Ortskern gibt es Einkaufs- und Einkehrmöglichkeiten. Von hier kann man wunderbar in das Wander- und Radwegenetz und auf dem Radweg nach Bad Karlshafen (15 km) oder Hann. Münden (30 km) fahren.
Preise: Stellplätze und Campingplatz jeweils €€.
Zufahrt: Im Ort den Hinweisen zum Campingplatz folgen.
Hinweis: Im nur wenige Kilometer flussaufwärts gelegenen Oedelsheim gibt es einen weiteren direkt an der Weser gelegenen **Campingplatz** *(Apr. - Okt., www.campen-am-fluss.de).*

Rathaus in Gieselwerder

Gieselwerder ist ein hübscher kleiner Ort mit blumengeschmückten und restaurierten Fachwerkhäusern. Im Zentrum kann das WOMO am Tanzeplatz in der Nähe des Hauses des Gastes abgestellt werden. Mit wenigen Schritten sind das **Schiffermuseum** *(Mai - Sep. So 14 - 17 Uhr)* und das **Weberei-Museum Kircher** *(Apr. - Okt. So/Feiertage 14 - 17 Uhr; www.weberei-museum-kircher.de)* erreicht.

Eine gute Gelegenheit zur Ortserkundung bietet der circa sechs Kilometer lange **Eco-Rundwanderweg**, der ebenfalls am Tanzeplatz gut ausgeschildert startet und unter anderem auch zum oben genannten bergauf fließenden Wasser führt. Bevor wir die Weserbrücke überqueren, erhaschen wir noch einen Blick auf das rechter Hand gelegene Rathaus, an dessen Standort früher eine alte Wasserburg stand und das fotogen die vorbeiziehenden Boote grüßt, bevor es links weiter nach **Wahlsburg/Lippoldsberg** geht.

(013) Offizieller WOMO-Stellplatz: Lippoldsberg, Weserbergland

GPS: N 51°37'27.3" E 09°33'07.8", Weserstraße 14. **Max WOMOs:** 30.
Kontakt: Telefon 05572/1873, www.landhotel-zum-anker.de oder www.womo-weser.de

Öffnungszeiten: Mär. - Dez.
Ausstattung: V/E, Strom, WC. Brötchenservice.
Beschreibung: Der gepflegte, meist schattenlose Wiesenplatz liegt direkt an der Weser und an der Fähre sowie am Ortsrand. Direkt vom Stellplatz lockt der Weser-Radweg R1 und im etwa 300 m entfernten Ort gibt es diverse Geschäfte.
Preise: €€ inkl. 2€ Verzehrgutschein für das dazugehörige Landhotel/Gaststätte).
Zufahrt: Im Ort dem WOMO-Piktogramm folgen.

Lippoldsberg

Ein kurzer Spaziergang in den reizvoll zwischen Weser- und Schwülmetal gelegenen Luftkurort sollte nicht fehlen und kann ins **Museum und Werkstatt im Schäferhaus** führen *(Mai - Okt. So 15 - 17 Uhr)*. Ein Kaufmannsladen, alte Wohneinrichtungen und eine Schmiede zeigen, wie die Menschen in früheren Jahren ihren Alltag verbracht haben, und viele Gegenstände dürfen nicht nur berührt, sondern auch ausprobiert werden.

Klosterkirche Lippoldsberg

Sehenswert ist aber auch die ehemalige **Klosterkirche Lippoldsberg** des 1093 gegründeten und ab 1100 von Benediktinerinnen geführten Klosters. Die mit Buntsandstein erbaute Klosterkirche **St. Georg und Maria** besticht durch ihre Schlichtheit und zählt zu den bedeutendsten romanischen Bauten Deutschlands. 1569 erlischt der Konvent durch den Tod der letzten Äbtissin und der Klosterhof wurde in einen Gutshof umgewandelt. Heute beherbergt die Klosterpforte eine Ausstellung zur mittelalterlichen und klösterlichen Lebensweise und zeigt Exponate der alten Klosteranlage *(Kirche täglich 9 - 18 Uhr; Besucherzentrum täglich 10 - 17 Uhr; Klosterladen Mo - Sa 10 - 12 Uhr/15 - 17 Uhr; Führungen möglich; www.klosterkirche.de)*.
Den Abend verbringen wir in der zum Stellplatz gehörenden **Gaststätte Zum Anker** und lassen uns den Duft von frisch geräuchertem Wildlachs appetitanregend um die Nase wehen, um uns dann doch für eine deftige Brotzeit aus hausgemachten Wurstwaren zu entscheiden.

Am nächsten Morgen gehen wir direkt vom Stellplatz auf eine „Mini-Kreuzfahrt“: Mit der **Gierseilfähre**, die zur Fortbewegung nur die Strömung des Flusses nutzt, lassen wir uns samt WOMO auf die andere Seite übersetzen *(wochentags 7 - 18 Uhr; So/Feiertage 9 - 18 Uhr; Gebühr)*.
Als Grenzfluss zwischen Hessen und Niedersachsen begleitet die Weser unseren weiteren Weg und von einem Picknickplatz an der B80 lassen wir noch einmal den Blick über das Wasser und ins Weserbergland schweifen [N 51°37'50.4" E 09°29'43.7"]. Wenig später gelangen wir nach **Bad Karlshafen** und damit in die nördlichste Stadt Hessens. Für die reine Stadtbesichtigung bietet sich die Suche eines Parkplatzes am Straßenrand im Zentrum an und für das Badevergnügen der Parkplatz an der **Kurtherme** [N 51°38'51.4" E 09°27'24.8", Am Auland].

(014) WOMO-Campingplatz: Bad Karlshafen

GPS: N 51°38'42.6" E 09°26'59.3", Am rechten Weserufer.
Kontakt: Telefon 05672/710, www.camper-karli-event.de.

Öffnungszeiten: Ganzjährig.
Ausstattung: Kinderspielplatz, Kinderanimation, Tischtennis, kleiner Lebensmittelladen, Gaststätte mit Biergarten, Kanu-Verleih, Slipanlage, kleine Pool-Anlage (Juni - Sep.), Campingshop, WLAN. ca. 500 m zur Ortsmitte/Ortsrand.
Beschreibung: Die zum Teil neu angelegten, schattenlose, **separaten WOMO-Parzellen** liegen teilweise direkt am Wasser auf Schotter und Wiese oder auf Asphalt vor der Schranke. Besonders große Komfortplätze sind gegen eine extra Gebühr erhältlich. Die Ortsmitte mit Geschäften, Gaststätten und die Kurtherme sind etwa 500 m entfernt. Nebenan gibt es einen Fahrradverleih und diverse Rad- und Wanderwege beginnen in unmittelbarer Nähe. Vom nahen Schiffsanleger starten die Ausflugsboote auf der Weser.
Preise: WOMO-Stellplätze auf Wiese/Asphalt €€€, Campingplatz €€ - €€€.
Zufahrt: Von der B80 Richtung Neuhaus über die Weserbrücke fahren und dem Hinweis CP folgen.

(015) WOMO-Wanderparkplatz: Bad Karlshafen, Weser-Skywalk

GPS: N 51°39'09.2" E 09°26'19.1".
Max. WOMOs: 1 - 2.
Ausstattung: Infotafel.
Beschreibung: Am einfachen, schattigen, außerhalb der Ortschaft liegenden Waldparkplatz beginnen Wanderwege und eine Mountainbike-Route. Eine Gaststätte befindet sich ca. 700 m der Straße folgend.
Zufahrt: In Bad Karlshafen den Hinweisen zum Skywalk bergauf folgen. Ca. 300 m hinter dem Skywalk-Parkplatz befindet sich der Parkplatz auf der rechten Straßenseite.
Hinweis: Für den meist regen Besucherandrang ist die Parkbucht für den Besuch des Skywalk direkt an der Straße eher klein bemessen [N 51°39'04.4" E 09°26'08.6"]. Der Wanderparkplatz bietet sich also ohnehin als Parkplatz an.

Bad Karlshafen

Die Stadt liegt an der Mündung der Diemel in die Weser und wurde 1699 durch Landgraf Carl von Hessen-Kassel gegründet. Dieser wollte hiermit das Stapelrecht in Hann. Münden umgehen und den nördlichsten Teil seines Landes durch einen Kanal mit der Residenzstadt Kassel auf dem Wasserweg verbinden. Der hochfliegende Plan wurde jedoch nicht in die Tat umgesetzt und die Kanalarbeiten verliefen nach 17 Kilometern buchstäblich im Sande. Ab 1776 öffnete sich für Tausende von Soldaten von hier der Weg über die Weser nach Bremen und von dort über den großen Teich nach Amerika. Hierfür zeichnete Landgraf Friedrich II. verantwortlich, der sie für den Amerikanischen Unabhängigkeitskrieg an seinen Schwager Georg III. von Großbritannien „vermietete". Der hessische Landgraf spielte so eine kleine Rolle in der großen Weltgeschichte und füllte mit dem damals schon umstrittenen Menschenhandel sein Staatssäckel nicht unbeträchtlich.
Bis heute ist die sehenswerte kleine, historische **Hafenanlage** erhalten geblieben, um die sich die in schlichtem Barock angelegte Stadt gruppiert und die seit 2019 durch eine neue Schleuse wieder von der Weser mit Sportbooten und Kanus befahrbar ist. Der vierflügelige Komplex des Invalidenhauses war das erste öffentliche Gebäude und wurde als Altersruhesitz für ehemalige Offiziere und Soldaten 1704 - 1710 errichtet. Das Rathaus mit dem vorgelagerten Laubengang wurde nur wenige

Historische Hafenanlage

Jahre später gebaut und diente als Packhaus. Im Glockenturm befindet sich ein Glockenspiel, das viermal täglich verschiedene Melodien spielt und im Untergeschoss hält die **Tourist-Information** ihre Türen geöffnet *(Mai - Sep. Mo - Fr 10 - 17 Uhr; Sa 10 - 13 Uhr; Okt. - Apr. Mo - Do 10 - 13 Uhr und 14 - 17 Uhr; Fr 10 - 13 Uhr; Weserstraße 19; Telefon 05672/9226140; www.bad-karlshafen-tourismus.de).*
Die ersten Siedler der Planstadt waren die wegen ihres protestantischen Glaubens in ihrer französischen Heimat verfolgten Hugenotten. Die Flüchtlinge brachten bis dahin in Deutschland fast unbekannte Handwerksberufe mit und zum Beispiel Strumpf-, Handschuh- und Hutmacher traten ihren Dienst an. Damit sie sich schneller einlebten, wurden die Häuser im Stil der calvinistischen Niederlande gebaut. Die Fassaden der zweistöckigen Häuser sind weiß und mit einem schmalen Giebel in der Mitte versehen. Mitten im barocken Stadtkern befindet sich in der alten Zigarrenfabrik das **Deutsche Hugenotten-Museum**, das mit einer umfassenden Sammlung über die Verfolgung der reformierten Christen im katholischen Frankreich berichtet und deren Leben im hessischen Exil sehr interessant wiedergibt *(Mitte Apr. - Ende Okt. Di - Fr 10 - 17 Uhr; Sa/So/Feiertage 11 - 18 Uhr/Nov. - Mitte Mär. Mo - Fr 9 - 12 Uhr; Eintritt; www.hugenottenmuseum.de).*
1730 war es dann auch ein hugenottischer Apotheker, der die Solequelle entdeckte und deren Bedeutung erkannte. Die Quelle wurde gefasst, 1763 eine Saline mit Pumpwerk und drei Gradierwerken erbaut und der Handel mit Salz begann. Um die norddeutschen Salzstädte zu stützen, trat Hessen 1835 dem Zollverein mit Preußen bei und die Salzgewinnung in Karlshafen kam zum Erliegen. Bereits drei Jahre später wurde das erste Badehaus errichtet und die Solequellen wurden bei Asthma, Rheuma und Bronchitis zu Heil- und Kurzwecken eingesetzt. 1955 folgte die Anerkennung als Sole-Heilbad und seit 1977 darf sich die Stadt Kurbad nennen. Mittlerweile wird das Heilwasser im **Kurzentrum**, am **Gradierwerk** und in der **Weser-Therme** genutzt *(Mo - Do/So 9 - 22 Uhr; Fr/Sa 9 - 23 Uhr; Eintritt; www.wesertherme.de).*
Der in streng geometrischen Formen angelegten Stadt können Besucher bei einer **öffentlichen Stadtführung** auf den Spuren der Hugenotten nahekommen *(Mai - Okt. So 15 Uhr ab Rathaus, Gebühr).* und wer am Pfingstwochenende dort ist, sollte sich die **traditionelle Hafenbeleuchtung** nicht entgehen lassen. Tagsüber lockt ein Flohmarkt und

Bummel durch Bad Karlshafen

abends ist der Hafenbereich wunderschön illuminiert und ein Barockfeuerwerk entlockt den Zuschauern so manches „Ah und Oh“.

Wander- und Radwege sowie **Kanutouren** auf Weser und Diemel sorgen für weitere abwechslungsreiche Tage rund um die nördlichste Stadt Hessens.

Ein weiterer Höhepunkt befindet sich im wahrsten Sinne des Wortes etwas außerhalb und hoch über der Stadt.

Ist man den Hinweisen zum **Weser-Skywalk** gefolgt, gehen wir im Dreiländereck Hessen/Niedersachsen/Nordrhein-Westfalen vom oben genannten Wanderparkplatz wenige Meter auf der Straße zurück und schwenken links über einen leicht bergab führenden Weg zu den rotbraunen Felsen der **Hannoverschen Klippen**. Die nächsten Schritte auf NRW-Territorium erfordern schon ein gewisses Maß an Schwindelfreiheit, aber dann stellt sich fast so etwas wie die Lust am Fliegen ein. Von der aus 25 Tonnen Stahl bestehenden **Aussichtsplattform** bietet sich aus 80 Metern Höhe ein grandioser Ausblick auf die durch das sanfte Hügelland schwingende Weser *(der Skywalk ist frei zugänglich).*

Als sich die zahlreichen Besucher für den besten Blick auf der Aussichtsterrasse drängeln, sitzen wir bereits wieder in unserem

Aussicht vom Weser-Skywalk

Wohnmobil und fahren von Bad Karlshafen weiter auf der B83 Richtung Kassel, um der sich über dem Diemeltal erhebenden Ruine der **Krukenburg** einen Besuch abzustatten.

(016) WOMO-Wanderparkplatz: Helmarshausen, Krukenburg I

GPS: N 51°37'57.4" E 09°27'25.0" Graseweg. **Max. WOMOs:** 1 - 2.
Ausstattung: Infotafel.
Beschreibung: Der einfache, geschotterte und schattenlose Wanderparkplatz liegt außerorts. In der Nähe befinden sich Häuser sowie ein Café und vor Ort führen Wander- und Radwege vorbei.
Zufahrt: Von der B83 den Hinweisen zur Burg ca. 1 km folgen.
Hinweis: Etwa 100 m hinter diesem ersten Parkplatz liegt ein zweiter.

Krukenburg und Kloster Helmarshausen

Aufgrund seines Alters war es dem Paderborner Bischof Heinrich II. nicht mehr möglich, eine Wallfahrt nach Jerusalem zu unternehmen. Um sein Gelübde trotzdem erfüllen zu können, ließ er um das Jahr 1120 auf dem Berg eine Kirche zur Ehre Johannes des Täufers erbauen, die eine Nachbildung der Grabeskirche von Jerusalem darstellte. Der Krukenberg war als Standort ganz bewusst gewählt worden, um gleichzeitig die bereits von unseren heidnischen Vorfahren als Opfer- und Kultstätte genutzte Erhebung durch eine Kirche des Christentums abzulösen. Zusätzlich überragte die Kirche das ehemalige Benediktinerkloster in Helmarshausen, das im Jahr 997 durch Kaiser Otto III. gegründet wurde und im elften und zwölften Jahrhundert seine Blütezeit hatte. Um den Besitz von Kirche und Kloster stritten die Bistümer Paderborn, Köln und Mainz immer wieder und so wurde um die Kirche im Jahr 1215 eine Befestigungsanlage aus Wehr- und Wohngebäuden errichtet.
Nachdem das Kloster 1538 aufgelöst worden war, verlor die Krukenburg ihre Bedeutung und verfiel allmählich. Erhalten sind heute einige Mauerreste der Kirchenruine und des sogenannten Paderborner Hauses, die ein schöner Beweis für die damalige Baukunst sind.
Vom Bergfried haben wir Besucher einen Rundblick auf das Flusstal und den Reinhardswald *(die Burg ist ganzjährig zu besichtigen, der*

Bergfried von Apr. - Okt. 10 - 18 Uhr geöffnet, Eintritt, Hunde an der Leine gestattet).

Ein kleiner Spaziergang führt uns entlang des Waldes anschließend zum wenige Hundert Meter entfernten **Steinbruch am Carlsplatz**, der einen Einblick in die frühere Sandsteingewinnung, Verarbeitung und Verwendung gibt.

Für einen längeren Rundweg bietet sich der ausgewiesene **Eco Pfad** Archäologie Helmarshausen von ca. 7,5 Kilometern Länge an. Von den Terrassen des **Cafés zur Krukenburg** haben wir anschließend einen herrlichen Ausblick über das im Tal gelegene Helmarshausen und im Inneren erwartet uns eine kleine Ausstellung zur Geschichte der Burg und des Klosters *(Sa/So/Feiertage 14 - 18 Uhr)*.

Vom Krukenberg gelangen wir zurück zur B83 und nach **Helmarshausen** mit einem **ehemaligen Kloster**, dessen Grundriss oberirdisch mit Sandsteinplatten markiert ist [N 51°37'49.9" E 09°27'09.8", Poststraße]. Von hier sind es nur wenige Minuten bis zum **Heimatmuseum** im Alten Rathaus, in dem über die Buchmalerei im Mittelalter informiert wird und eine Faksimile-Ausgabe des Evangeliars Heinrich des Löwen die Ausstellung bereichert. Das Original, einst als teuerstes Buch der Welt bei Sotheby's in London ersteigert, wird in Wolfenbüttel aufbewahrt *(Mitte Apr. - Okt. Mi 10 - 12 Uhr; Sa/So/ Feiertage 15 - 17 Uhr)*.

Nicht unerwähnt sollte der einfache **Campingplatz Diemelaue** an der Diemel mit Blick zur Krukenburg bleiben, der von der B83 gut ausgeschildert über die Flussbrücke zu erreichen ist [**017:** N 51°37'38.6" E 09°27'35.0", Breiter Weg 6, 34385 Helmarshausen, Telefon 0176/79555111, www.campingplatz-diemelaue.de].

Als wir einige Kilometer später links die Abfahrt zum **Wasserschloss Wülmersen** (Foto unten) einschlagen und uns der beeindruckenden Silhouette des ehemaligen Rittergutes nähern, scheinen wir in eine lebendige Zeitreise zu geraten [N 51°36'23.4" E 09°25'47.7"].

Die ältesten Gebäude des Hofgutes der Ritter von Stockhausen stammen aus dem 12. - 14. Jahrhundert und waren früher auf der Südseite durch einen Wassergraben sowie von den

Wasserläufen der Holzape und Diemel geschützt. Prägnant ist der Glockenturm von 1610 mit seinem rekonstruierten Fachwerkaufbau. In einem Stallgebäude des 19. Jahrhunderts ist das **LandMuseum** untergebracht, in dem thematische Ausstellungen zu Agrartechnik, ländlichem Leben, Landhandwerk und Regionalgeschichte besichtigt werden können *(Anfang Mai - Mitte Okt. Mi - So 11 - 18 Uhr; Eintritt; www.wasserschloss-wuelmersen.de)*. Besonders im Sommer kehrt in das alte Gemäuer Leben ein, wenn sich auf dem Zeltplatz im Obstgarten oder in den zu Gruppenunterkünften umgebauten Stallgebäuden Kinder auf Klassenfahrt oder Seminaristen tummeln.
Die B83 führt uns nun durch die leicht hügelige Landschaft des Hessischen Berglandes dem beschaulichen Fachwerkstädtchen **Trendelburg** entgegen. Zum längeren Verweilen empfiehlt sich dort der kleine Campingplatz, der idyllisch auf einer Insel zwischen Diemel und Mühlengraben gelegen ist.

(018) Offizieller WOMO-Stellplatz: Trendelburg, Trendulas Paradies

GPS: N 51°34'35.0" E 09°25'39.0" Domäne 6. **Max WOMOs:** 12
Kontakt: Telefon 05675/725905,
www.trendelburg.de oder www.kanu-schumacher.de.
Öffnungszeiten: Mär. - Ende Okt., ansonsten auf Nachfrage.
Ausstattung: V/E, Strom, WC, Duschen.
Beschreibung: Die gepflegten, befestigten und parzellierten Stellplätze liegen an den Wiesen nahe dem Fluss am Ortsrand mit Geschäften und Gaststätten. Momentan spenden die Neuanpflanzungen vorerst nur ein wenig Schatten. Direkt am Stellplatz liegt der Kanu-Betrieb Schumacher, der auch die Betreuung des Platzes übernommen hat und die Möglichkeit zur Kanuanmietung und zum Bogenschießen bietet. Zusätzlich liegt der Platz am Diemelradweg und natürlich kommen auch Wanderfreunde auf ihre Kosten.
Preise: €€.
Zufahrt: Von Westen kommend im Ort vor der Diemelbrücke links dem WOMO-Piktogramm folgen.

(019) WOMO-Campingplatz: Trendelburg

GPS: N 51°34'22.2" E 09°25'26.1", Zur alten Mühle 10.
Kontakt: Telefon 05675/301, www.campingplatz-trendelburg.de.
Öffnungszeiten: Ganzjährig.
Ausstattung: Tischtennis, Tennis, Waschmaschine, Wäschetrockner, Bootssteg.
Beschreibung: Der idyllisch auf einer Insel zwischen Diemel und Mühlengraben gelegene, einfache Campingplatz liegt am Ortsrand auf einer Wiese unter Bäumen. Am Fluss gibt es eine kleine Badestelle. Zusätzlich liegt der Platz am Diemelradweg und natürlich kommen auch Wanderfreunde auf ihre Kosten.
Preise: €.
Zufahrt: Von Westen kommend im Ort vor der Diemelbrücke rechts zum ausgeschilderten Campingplatz.

Trendelburg bietet sich zum Beispiel als Standquartier für ein- oder zweitägige **Kanutouren auf der Diemel** an. Der kleinste Wanderfluss Hessens liegt auf der ganzen Länge im Landschaftsschutzgebiet und gehört zum **Naturpark**

Reinhardswald. Trockenrasen sowie Wacholderheiden erstrecken sich an steilen Hängen mit einer Vielzahl von Orchideen zu den Basaltkegeln hinauf, sodass teilweise ein fast mediterranes Flair entsteht. Um diese besondere Vegetation zu schützen, gilt seit einigen Jahren eine Verordnung, die den Kanuverkehr regelt. Privatpersonen müssen sich vor Nutzung des Flusses anmelden. Die Kanuvermieter haben eingeschränkte Kontingente und wer die Ruhe des Flusses in einer intakten Landschaft im gemieteten Kanu genießen möchte, ist zum Beispiel bei **Kanu-Schumacher** gut aufgehoben. Die Verleih-Station befindet sich direkt am WOMO-Stellplatz (Domäne 6, Telefon 05675/725905, www.kanu-schumacher.de).
Für unsere Stadtbesichtigung wählen wir den Parkplatz an der Kirche, den wir erreichen, indem wir am Ortseingang rechts dem Hinweis zur Burg folgen und dann die zweite Straße links abbiegen [N 51°34'26.0" E 09°25'14.9", Am Rathaus]. Hier gönnen wir dem WOMO seine Ruhe neben der im 15. Jahrhundert als Hallenkirche erbauten Pfarrkirche, die in ihrem Inneren mittelalterliche Fresken und die Grabplatten der Ritter von Stockhausen vorzuweisen hat.

Trendelburg und das Umland

Vorbei am Fachwerkbau des aus dem 15. Jahrhundert stammenden Rathauses ist die **Tourist-Info** *(Mo - Fr 8 - 12 Uhr; Do zusätzlich 14 - 18 Uhr; Marktplatz 1; Mai - Okt. zusätzlich Sa/So/Feiertage 11 - 15 Uhr; Am Brunnen 6; Telefon 05675/74990; www.trendelburg.de)*. Freundlich und kompetent werden wir über die Gegend, die mit ihren ausgedehnten Waldgebieten in einem reizvollen Kontrast zu den Wiesen und Feldern am Ufer der Diemel steht, informiert. Viel umfassender, als wir es hier tun können, wird auf **Rad- und Wanderwege** oder die umliegenden Naturschutzgebiete hingewiesen.
So sollte ein Besuch des östlich gelegenen Naturdenkmals **Nasser Wolkenbruch** nicht fehlen [N 51°34'27.0" E 09°26'43.1", An der L736]. Der rund 47 Meter tiefe Krater mit einem See und einem Umfang von 470 Meter entstand durch den Einsturz unterirdischer Hohlräume.

Trendelburg

Etwas weiter entfernt schließt sich ein zweiter Einsturztrichter an, der nicht mit Wasser gefüllt ist und somit folgerichtig **Trockener Wolkenbruch** genannt wird. Für die Liebhaber von Sagen sei die Geschichte der Riesin Trendula angeführt, die für anhaltende Unwetter verantwortlich gemacht wurde. Nachdem man sie festgekettet hatte, raffte sie ein Blitzschlag dahin und im Donnergrollen brach der Erdboden auf und verschlang Trendula. Die Bezeichnung „Wolkenbruch“ war geboren.

Südwestlich der Stadt wurde von 1558 bis 1736 eine ehemalige Kirche als **Siechenkirche** genutzt [N 51°33'59.7" E 09°24'07.9", An der K67]. Danach verfiel die Anlage und lediglich ein spätromanischer rechteckiger Turm kann noch besichtigt werden. Den Schlüssel erhält man in der Tourist-Info, in deren Räumlichkeiten ein kleines Juwel zu finden ist. Durch Zufall entdeckte man 2001 bei Bauarbeiten einen Zugang zu bis dahin verschlossenen Kellerräumen mit einem unversehrt erhaltenen, etwa 140 Jahre alten jüdischen Tauchbad. Den Kopf einziehend stehen wir in den niedrigen Gewölben und lassen uns erklären, wie das durch Regen- und Quellwasser gespeiste **Ritualbad Mikwe** insbesondere von Frauen genutzt wurde.

Ritualbad Mikwe

Wir schlendern weiter bergan zur **Trendelburg**, die seit dem 13. Jahrhundert trutzig auf einem Sandsteinfelsen thront und heute als Hotel mit Restaurant genutzt wird. Nachdem wir die ehemals aus Sicherheitsgründen im Winkel gebaute Eingangspforte, Demutspforte genannt, in gebückter Haltung passiert haben, führt der Weg über den gepflasterten Burghof zum 38 Meter hohen Bergfried. In der Vergangenheit ließen die Burgherren im Verteidigungsfall von weit oben Pech auf die Angreifer fließen und in den Grimmschen Märchen ließ gar Rapunzel von diesem Turm ihr geflochtenes Haar herunter. In der Sommersaison hält die bezopfte Maid sonntags um 15 Uhr Autogrammstunden ab und die Burg kann bei historischen Themenführungen besichtigt werden. Auskunft hierüber erteilt die Tourist-Information.

Entlang der teilweise erhaltenen Stadtmauer rollen wir zurück zur Bundesstraße und über die Diemel weiter nach **Stammen**. Unübersehbar ist der Hinweis zum **Hofgut Stammen**, wo nicht nur das Wohnmobil einen **gebührenpflichtigen offiziellen Stellplatz** finden kann, sondern Groß und Klein eine Menge Spaß und Unterhaltung geboten wird [**020:** N 51°33'52.0" E 09°24'47.8", Schlossstraße, Telefon 05675/7250 94, www.hofgut.de].

Vom Bogenschießen über Kutschfahrten, Lagerfeuerromantik oder Wettmelken wird ziemlich viel für erlebnishungrige Kinder geboten. Wem das nicht genügen sollte, der kann sich bei Mountainbike-Touren, Kanufahrten oder Wanderungen richtig Hunger holen und anschließend in der angegliederten Gaststätte bei hofeigenem Bier den Abend ausklingen lassen.
Nur wenige Kilometer entfernt erreichen wir die im Tal der Esse am Westrand des Reinhardswaldes gelegene Kleinstadt **Hofgeismar**.

(021) Offizieller WOMO-Stellplatz: Hofgeismar, Am Sälbertor

GPS: N 51°29'44.0" E 09°22'33.2", Sälber Tor. **Max. WOMOs:** 58.
Ausstattung: V/E, Strom.

Beschreibung: Der in zwei Terrassen angelegte, geschotterte, meist schattenlose Platz liegt innenstadtnah an einer Parkanlage. Etwa 1 km entfernt befindet sich ein Frei- und Hallenbad und gut ausgeschilderte Rad- und Wanderwege sind etwas für aktive Menschen. Wer möchte, kann auch vom Bahnhof mit der Regiotram (RT 1) nach Kassel fahren.
Zufahrt: Die B83 an der Abfahrt HOG-Nord/Gesundbrunnen verlassen und durch den Ort bis zu einem Kreisverkehr fahren. Dort rechts Richtung Breuna und später rechts den WOMO-Piktogrammen bis zum offiziellen Stellplatz folgen.
Hinweis: Das reine Übernachten ist für 3 Tage kostenfrei. Gegebenenfalls Geräuschbelästigung durch naheliegende Straße. Anfang Juni ist der Platz aufgrund des Vieh- und Heimatfestes etwa 3 Wochen gesperrt. Nicht nur dann ist der **Campingplatz** eine gute Alternative (ganzjährig geöffnet, Gebühr €, Telefon 0172/8070298, www.campingplatz-hofgeismar.jimdosite.com).

Hofgeismar

Das aus einem Hofgut hervorgegangene Hofgeismar erhielt seine Stadtrechte im Jahr 1223 und in der Altstadt stehen noch heute viele behutsam restaurierte, schöne Fachwerkhäuser. Am Markt 19 befindet sich das wohl älteste Haus aus dem Jahr 1528. Im Untergeschoss leider durch Umbauten gestört besticht es jedoch im oberen Teil mit einer Mischung aus Ständer- und Rähmbauweise.
In der Nähe befindet sich in einem weiteren schön hergerichteten Haus die **Tourist-Information Naturpark *Reinhardswald*** *(Mo - Fr 9 - 13 Uhr/14 - 17 Uhr; Marktstraße 15; Telefon 05671/999222; www.hofgeismar.de u. www.reinhardswald.de)*. Rechts daneben verweisen die lateinischen, deutschen und französischen Hausinschriften auf die hugenottische Vergangenheit Hofgeismars, während in der **Neustädter Kirche** David Clémant, der erste Pfarrer der französisch-reformierten Gemeinde, wirkte und bestattet wurde. Das **Rathaus am Markt** wurde in den Jahren 1387 bis 1390 errichtet und täglich kann man um den Klängen des Glockenspiels lauschen (*12.15 Uhr/15.15 Uhr/18.15 Uhr*). Hier ist auch der Startpunkt für zweistündige **öffentliche Stadtrundgänge** *(Mai - Okt. jeweils am 1. Sa im Monat um 11 Uhr und am 1. Mi im Monat um 18 Uhr; Gebühr)*. Die **Altstädter Kirche** aus dem 12. Jahrhundert, im romanischen Stil begonnen und um 1330 im Stil der Gotik

Rathaus mit Marktplatz

umgebaut, zählt zu den bedeutendsten hessischen Hallenkirchen. Der neugotische Backsteinbau der katholischen **Kirche St. Peter** geht hingegen auf die Jahre 1897/98 zurück und im Inneren ist die Kircheneinrichtung fast vollständig erhalten.
Ganz in der Nähe verteilt sich in einem vierteiligen Gebäudekomplex aus dem 16. - 19. Jahrhundert das **Stadtmuseum**, das mit seinen 14 Abteilungen eines der größten Regionalmuseen Hessens ist *(Mo/Di/Do 10 - 12 Uhr; Mi 15 - 18 Uhr; Fr 17 - 19 Uhr; So/Feiertage 11 - 13Uhr/15 - 18 Uhr; Eintritt)*. Ebenfalls einen Besuch wert ist das in einem hochmittelalterlichen Steinhaus beheimatete **Apothekenmuseum** *(Mi/So 15 - 18 Uhr; Nov. - Apr. kostenfreie Führungen jeden 2. Sa 15 Uhr)*.
Mit der Stadtgeschichte ist auch die Geschichte des Bades **Gesundbrunnen** verbunden. 1639 entdeckte ein verwundeter Soldat eine Mineralquelle auf der östlichen Seite der Stadt. Bis 1866 existierte der Kurbetrieb, während seitdem nur noch der Brunnentempel und das von der Evangelischen Akademie genutzte Schlösschen Schönburg inmitten des schönen Brunnenparks erhalten geblieben sind.
Bevor wir den Weg zurück zum Stellplatz antreten, kehren wir in der **Gaststätte Zum Alten Brauhaus** ein *(Di - Sa 8 - 22 Uhr; So 8 - 18 Uhr; Mo 17 - 22 Uhr; Marktstraße 12; Telefon: 05671/3081; www.zumaltenbrauhaus.de)*. Nicht nur der hier angebotene Würfelteller, sondern auch das dem Gasthaus gegenüberliegende **Würfelspiel-Denkmal** erinnert an eine Hofgeismarer Legende. Danach soll während einer Belagerung um die Herrschaft in der Stadt gewürfelt worden sein. Wer genau hinschaut, wird nicht nur das erleichterte Grinsen des Gewinners erkennen, sondern auch die erzielte Augenzahl der Würfel ablesen können.

Am Morgen satteln wir unsere Räder und rollen vom Stellplatz gemächlich quer durch die Stadt zum Bahnhof. Auch wenn die Fahrstrecke einige Punkte unserer bisherigen Reise mit dem Wohnmobil tangiert, erscheint uns die Landschaft vom Fahrrad aus betrachtet ganz anders. Außerdem findet man von einigen unserer bereits genannten Stellplätze einen Einstieg in diese Route und kann beliebig sich und seinen Drahtesel in die eine oder andere Richtung bewegen.
Um es vorwegzunehmen: Vor etlichen Jahren radelten wir die nachstehende Strecke ab. Diesmal, einige „Maimonate“ älter

und nicht mehr ganz so fit, haben wir nach ungefähr einem Drittel der Strecke aufgegeben – zu unserer Ehrenrettung sei erwähnt, dass wir wenigstens wieder zurückradelten und somit auch rund 40 Kilometer auf der Uhr hatten!

WOMO-Radwandertipp: Entlang der Diemel und der Weser

Kombinierte Rad-/Bustour mit wenigen kurzen Anstiegen von etwa 70 Kilometern Länge. Durchgängig auf asphaltierten oder geschotterten Radwegen.

Vor dem Bahnhofsgebäude in **Hofgeismar** fahren wir in die Straße An der Esse, um links in den Kabelmühlenweg abzubiegen und dann rechts über die Schöneberger Straße bis zum Schwimmbad zu gelangen. Hier folgen wir links dem Radweg R4. Er wird uns durchgängig bis Bad Karlshafen führen.

Doch zunächst geht es entlang der Esse über Hümme nach **Stammen** und **Trendelburg**. Am rechten Ufer der Diemel unterqueren wir die Brücke und radeln nach rechts hoch, halten uns links und folgen der Straße vorbei an Schule und Feuerwehr. Ab der Stadtgrenze geht es auf der Trasse der ehemaligen Kanonenbahn weiter. Nach etwa 2 km zweigt der Radweg scharf links ab und es wird ein Tunnel umfahren. Der anschließende asphaltierte Feldweg führt nach ca. 1 km an eine Kreuzung, an der wir im spitzen Winkel rechts abbiegen. Ordentlich in die Pedale tretend überwinden wir den ca. 500 m langen Anstieg bevor uns bei Auftauchen des Wegweisers bergab zur Bahntrasse der Wind ins Gesicht weht.

Entspannt rollen wir auf schattigem Radweg **Wülmersen** und seinem Wasserschloss entgegen. Von hier ist flussabwärts **Helmarshausen** bald erreicht und rechts der Diemel kommen wir am Waldrand wieder auf die Bahntrasse, die in weitem Bogen nach **Bad Karlshafen** führt. Dort angekommen fahren wir entlang des Kanals zum Hafenbecken und legen in einem der Eiscafés eine Verschnaufpause ein.

Der Radweg R1 führt von Bad Karlshafen auf der linken Weserseite flussaufwärts und leider vorübergehend an der B80 entlang Richtung Gieselwerder. Nach ca. 8 km schwenken wir links nach **Wahmbeck** ab und unmittelbar vor der Weserfähre scharf rechts, um einen steilen Anstieg zu bewältigen. Unterhalb von **Gewissenruh** sehen wir auf der anderen Flussseite Bodenfelde liegen und erreichen nach 3 km die Gierseilfähre bei **Lippoldsberg**.

Am Pegelhaus in Bad Karlshafen

Nach dem Übersetzen halten wir uns auf dem Radweg weiter Richtung Gieselwerder, überqueren dort jedoch nicht die Weserbrücke, sondern fahren geradeaus weiter nach **Oedelsheim**, wo im **Café-Restaurant Fährhaus** *(Mo - Fr 11 - 14 Uhr/ ab 17 Uhr; Sa/So ab 11 Uhr; www.faehrhaus-oedelsheim.de)* müde Biker ausruhen können und nach

Bursfelde. Hier lohnt auf jeden Fall eine Pause, um einen Blick in die romanische **Klosterkirche** zu werfen. Die etwa 900 Jahre alte Kirche verfügt über sehenswerte mittelalterliche Fresken und ist Teil einer ehemaligen Klosteranlage, die mittlerweile als Tagungszentrum genutzt wird. Außerdem bietet sich die **Klostermühle** für eine Rast an *(Fr - Di 12 - 21 Uhr; www.klostermuehle-bursfelde.de)*.
Leicht bergauf führt der Weg nun durch den Bramwald über Glashütte und rechts erst sehr steil hinunter und dann auf flachem Weg nach **Hemeln** und zum nächsten **Fährhaus** mit Erholungsqualität. Hier kann man sich zwischen zwei Wegführungen entscheiden: Entweder nimmt man die Fähre nach **Veckerhagen** und rollt über den Fahrradweg R1 wieder entlang der B80 nach Hann. Münden oder man folgt dem Weserradweg Richtung **Gimte**. In diesem Fall geht es bergauf, bevor wir mit einer schnellen Abfahrt belohnt werden. Durch den Ort erreichen wir oberhalb von **Hann. Münden** die B3. Über die Weserbrücke geht es Richtung Werra und schon bald ist der Stellplatz am Weserstein und unser Ziel in Blickweite.
Um zu unserem Ausgangspunkt nach Hofgeismar zu gelangen, hat sich der Nordhessische VerkehrsVerbund etwas sehr Komfortables einfallen lassen. Mit dem **Ausflugsbus 190** können wir vom Bahnhof Hann. Münden von April bis Oktober am Wochenende unsere Räder in einem Fahrradanhänger verstauen und uns bequem nach Hofgeismar chauffieren lassen. Montags bis freitags verkehren die Busse außer in den Ferien ohne Anhänger. **Eine genaue Planung der Fahrradtour sollte allerdings nicht fehlen, da die Busse nur bis zum späten Nachmittag durchgängig von Hann. Münden nach Hofgeismar fahren!** Am besten informiert man sich über den aktuellen Fahrplan auf der Homepage www.nvv.de oder telefonisch unter 05544/95030.
Nach etwa anderthalb Stunden Busfahrt ist dann unser Ausgangsbahnhof in Hofgeismar wieder erreicht und man kann vermutlich ermattet, aber um einen schönen, abwechslungsreichen Tag reicher, die letzten 2 km mit dem Rad zum WOMO zurücklegen. Kleiner Tipp für diejenigen, die die Radtour bereits vorzeitig beenden wollen: Der Bus 190 fährt über das oben genannte Veckerhagen und ein Zustieg ist auch dort schon möglich.

Na, liebe Leserin, lieber Leser, haben Sie unseren Radwandertipp bis zum Ende durchgehalten? Alle Achtung, unser Respekt ist Ihnen sicher!
Wir fahren dann nach unserer eher schlappen Radrunde weiter und verlassen Hofgeismar mit dem Wohnmobil auf der B83 Richtung Kassel. Bereits nach wenigen Kilometern können wir im Hugenottendorf **Kelze** einen Parkplatz am **Freibad** vermelden.

(022) WOMO- Badeplatz: Kelze, Waldschwimmbad

GPS: N 51°27'53.2" E 09°21'56.7"
Zum Hahnenberg. **Max. WOMOs:** 2
Ausstattung: Infotafel.
Beschreibung: Der teils schräge und teils schattige einfach Parkplatz ist asphaltiert und Ausgangspunkt von Wanderungen. Das etwa 500 m

außerhalb des Ortes gelegene Freibad öffnet im Allgemeinen von Mai - Sep. **Zufahrt:** Von der B83 abbiegen und ca. 2 km nach Kelze fahren. Etwa 300 m hinter dem Ortseingang rechts dem Hinweis zum Waldschwimmbad folgen.

Hugenotten in Nordhessen

Um der Geschichte der Hugenotten auf die Spur zu kommen, wollen wir stark vereinfacht und verkürzt in die Geschichte Frankreichs des 16. Jahrhunderts eintauchen.
Lange war nicht klar, ob Frankreichs Krone katholisch bliebe oder protestantisch werden würde. Die Auseinandersetzung gipfelte von 1562 bis 1598 in den Hugenottenkriegen, deren zentrales Ereignis, das Massaker der Bartholomäusnacht im Jahr 1572, den Tod tausender Protestanten nach sich zog. Die Hugenotten erlitten eine schwere Niederlage, verloren ihre Führer und Frankreich konnte letztendlich nicht für die Reformation gewonnen werden. Weitere Auseinandersetzungen folgten und erst 1598 wurde den Hugenotten durch den französischen König Heinrich IV. im Edikt von Nantes Rechtssicherheit garantiert. Der Absolutismus des 17. Jahrhunderts weichte die politischen Sonderrechte jedoch wieder auf und verstärkte den Druck auf die Hugenotten, deren Religionsfreiheit durch Ludwig XIV. 1685 mit dem Edikt von Fontainebleau endgültig aufgehoben wurde.
Obwohl unter Strafe verboten, flüchteten etwa 200.000 Hugenotten aus Frankreich in die Nachbarländer und auch Hessen öffnete seine Pforten. Landgraf Carl I. von Hessen-Kassel kam die Flüchtlingswelle gerade recht, denn der Dreißigjährige Krieg hatte sein Land arg gebeutelt, Menschenleben gekostet und der Wiederaufbau kam nur schleppend voran. Mit drei Erlassen, die er in den „Flüchtlingssammellagern" unter anderem in der Schweiz und in Frankfurt verkünden ließ, versprach der Landgraf den Hugenotten Steuerfreiheit, befreite sie von Zollabgaben und sorgte dafür, dass französische Handwerker und Meister nicht den deutschen Zunftzwängen unterlagen. Sie durften Manufakturen betreiben und andere notwendige Handwerke und Gewerbezweige erschließen.
Als Erstes wurden die Neuankömmlinge in der damaligen Residenzstadt Kassel angesiedelt. Doch die Einwanderungswelle nahm solche Ausmaße an, dass sie bald auch andere Städte wie zu Beispiel Hofgeismar erreichte. Die hohe Zahl an Todesopfern während des Dreißigjährigen Krieges waren rasch ausgeglichen und

Hugenotten-Kirche in Kelze

es mussten neue Ortschaften gegründet werden. Neben Carlsdorf und Mariendorf ließen sich auch 33 Gründerfamilien 1699 in Kelze nieder, legten den Grundstein für das Hugenottendorf und 1709 entstand der kleine Rechteckbau ihrer Kirche.
Obwohl in ihrer Religion nicht mehr beschränkt, führten sie ein entbehrungsreiches und hartes Leben. Zumal sie wegen ihrer Privilegien im Wettstreit mit der alteingesessenen Bevölkerung standen. Im Laufe der Jahrhunderte fand jedoch eine Verschmelzung der Menschen statt, aber einige der hugenottischen Bräuche blieben erhalten. So wird alljährlich am ersten Sonntag im Mai das traditionsreiche **Mayence-Fest** gefeiert. Es findet nur in Kelze statt und man nimmt an, dass sich die Geschichte auf die Verfolgung im 17. Jahrhundert bezieht. Auf der langen Flucht verlor eine Hugenottengruppe ein etwa dreijähriges Mädchen und zog ohne es weiter nach Kelze. Ein anderer Flüchtlingstreck fand das Kind, und wie es der Zufall wollte, strandeten auch diese Menschen in Kelze. Es gab nicht nur eine große Wiedersehensfreude, sondern natürlich ein Fest, das auch über 300 Jahre später in dem 300 Seelen Dorf immer noch stark verankert ist.

Bald haben wir auf der B83 das einstige Ackerbürgerstädtchen **Grebenstein** erreicht.

(023) Offizieller WOMO-Stellplatz: Grebenstein, Sauertal

GPS: N 51°26'56.4" E 09°24'30.0", Sauertal. **Max. WOMOs**: 6.
Ausstattung: V/E, Strom, Infotafel, Bänke, Müllbehälter.

Beschreibung: Der auf Wiese und unter Bäumen angelegte, meist schattige Stellplatz liegt etwa 5 Gehminuten vom Ortszentrum mit Geschäften und Gaststätten entfernt. Ein Bäcker und ein Supermarkt sind nach ca. 300 m zu finden. Ein ausgewiesener Fahrradweg verläuft direkt vor der WOMO-Tür, aber auch mit der Bundesstraße ist es so. Letztere sorgt leider zeitweise für ganz ordentliche Unruhe.
Preise: €.
Zufahrt: Von der B83 an der Abfahrt Grebenstein-Nord abfahren und den Hinweisen Schwimmbad bzw. den WOMO-Piktogrammen folgen.

Blick über Grebenstein

Abgelegener und ruhiger erscheint uns der Parkplatz am **Freibad**, der am Rande eines Wohngebietes, nahe eines Gartenmarktes an den Feldern liegt [**024:** N 51°26'51.9" E 09°24'03.5", Überm Sauertal].
Von beiden Plätzen lassen sich herrliche Touren auf dem **Diemel-Esse-Fulda-Radweg** in den Reinhardswald und die Umgegend unternehmen.

Grebenstein

Die Stadt ist fast gänzlich von einer Stadtmauer umgeben und von den ehemals 13 Wehrtürmen sind fünf erhalten. Hiervon kann der 40 Meter hohe **Jungfernturm** bestiegen werden und bietet von seiner Aussichtsplattform eine schöne Rundumsicht *(Mai - Okt. jeder 3. So im Monat 14 - 16 Uhr; Besichtigung und Führung kostenfrei)*.
In der **Altstadt** begegnen uns zahlreiche historische Fachwerkhäuser im diemelsächsischen Stil, die aus dem 17./18. Jahrhundert stammen. Erwähnenswert sind unter anderem das Haxthausenhaus, ein dreigeschossiger Fachwerkbau, oder das **Historische Rathaus** mit barockem Portal am Markt. Hier befindet sich auch die **Tourist-Information** *(Mo - Fr 8.30 - 12.30 Uhr; Do 14 - 18 Uhr; Markt 1; Telefon 05674/7050; www.stadt-grebenstein.de)*.
Das **Ackerbürgermuseum** im Haus Leck ist in einem imposanten Fachwerkbau von 1431 untergebracht. Das Gebäude zählt zu den ältesten Fachwerkhäusern Hessens und zeigt in seinem Inneren Ausstellungen zum Thema Wohnen und Arbeiten der Ackerbürger im 19. Jahrhundert. In der angegliederten **Alten Meierei** ganz in der Nähe sind Ausstellungen zur Stadtgeschichte zu sehen *(Haus Leck: Mitte Mai - Sep. So 15 - 17 Uhr; Alte Meierei: Mitte Nov. - Mitte März So 15 - 17 Uhr)*.
Über all dem thront die Ruine der **Burg Grebenstein**, die 1265 erbaut und im Dreißigjährigen Krieg weitgehend zerstört wurde. Über einen der drei im Süden beginnenden und schön angelegten literarischen **Denklehrpfade** mit verschiedenen Stationen erreichen wir den Burgberg und können aus luftiger Höhe von der Aussichtsplattform auf die Altstadt blicken.
Dorthin zurückgekehrt besuchen wir das **Restaurant Deutsche Eiche**, dessen Küche von regionalen Zutaten inspiriert ist und das zudem mit zivilen Preisen aufwartet *(Do - Sa 16 - 22 Uhr; So/Feiertage 12 - 22 Uhr; Schnurstraße 3, Telefon 05674/2339009; akt. Öffnungszeiten unter www.eiche-grebenstein.com)*.

Burg Grebenstein

Tour 2 — 85 km

Kassel – Calden – Dörnberg – Ehlen

Stellplätze:	Kassel, Wilhelmsthal, Calden, Zierenberg, Dörnberg, Ehlen.
Campingplätze:	Campingplatz Kassel.
Besichtigen:	Kassel Bergpark Wilhelmshöhe, Herkules, Wasserspiele, Schloss Wilhelmshöhe, Löwenburg, Karlsaue, Orangerie, Nekropole, diverse Museen; Calden Schloss Wilhelmsthal, Wurstehimmel; Dörnberg Naturparkzentrum.
Wandern:	Herkules/Hohes Gras, Dörnberg.
Baden:	Kassel, Calden, Ehlen.
Essen:	Kassel Waldgaststätte Herbsthäuschen, Restaurant Herkules Terrassen, Waldrestaurant Elfbuchen, Restaurant im Renthof, Kaskaden-Wirtschaft, Restaurant-Café Alte Wache, Waldgaststätte Hohes Gras; Calden Landgasthof Koch; Zierenberg Bergcafé Friedrichstein; Ehlen Alte Poststuben.

Nun aber nix wie weiter auf der B83 und anschließend auf der B7 **„Ab nach Kassel“**.

Irrtümlich wird das Sprichwort mit dem Zusammenziehen der Söldner für den amerikanischen Unabhängigkeitskrieg in Verbindung gebracht. Richtig hingegen ist, dass der belegte Ursprung der Redensart dem Krieg zwischen Frankreich und Deutschland entstammt. Nach der Schlacht bei Sedan trat der französische Kaiser Napoleon III. vom Aachener Bahnhof 1870 unter diesem Ruf die Reise in die Gefangenschaft nach Kassel-Wilhelmshöhe an.

Wir reisen freiwillig und immer wieder gern nach Kassel, denn schließlich handelt es sich um unsere Heimatstadt. Und damit beginnt unser Problem! Wie beschreiben wir am besten eine Stadt, die über Jahre mit vielen eigenen Erinnerungen angefüllt ist? Wie skizzieren wir Landschaft, Gebäude, Museen und Parks und nicht zuletzt die Menschen? Wie vermeiden wir zu viel Lokalpatriotismus und verlieren nicht gleichzeitig sehenswerte und erlebnisreiche Details, die uns wie selbstverständlich seit Jahrzehnten begleiten, aus den Augen? Wie können wir die Hoffnungen unserer Leser auf den ultimativen Geheimtipp vermeiden?

Der Kasseler, derjenige von uns beiden, der zugezogen ist, und die Kasselanerin, nämlich die, die in Kassel geboren wurde … oder ist sie nicht doch eher eine Kasselänerin? Ein Elternteil wurde nämlich auch schon hier geboren … Ach, ist doch egal! Machen wir uns einfach auf den Weg durch eine Stadt, die uns sehr am Herzen liegt!

Große Fontäne am Schlossteich

Himmelsstürmer von Jonathan Borofski (d9)

Oft kennt man sie nur vom Vorbeifahren auf der Autobahn und weiß, dass die **Kasseler Berge** zum Beispiel dem schwach motorisierten Wohnmobil einiges abverlangen. Den Kunstbeflissenen fällt noch die weltweit anerkannte und alle fünf Jahre stattfindende Ausstellung zeitgenössischer Kunst, die **documenta,** ein *(2022 wird voraussichtlich die nächste stattfinden, www.documenta.de).*
Kassel, unser Kassel, hat aber viel, sehr viel mehr zu bieten. Versuchen wir also, Sie, liebe Leser, ein wenig mit der Stadt vertraut zu machen und Sie ausdrücklich zu ermuntern, neben dem im folgenden Beschriebenen zusätzlich Ihren eigenen Neigungen und Vorzügen nachzugehen. Innerhalb der Stadt sind die Zufahrten beispielsweise zum Schloss Wilhelmshöhe oder zum Herkules natürlich ausgeschildert. Um jedoch eine Runde durch Kassel zu drehen, bieten wir eine durchgängige Streckenführung an, die in den Stell- und Parkplatzkästen beschrieben ist. Der Campingplatz und der offizielle Stellplatz sind für das WOMO versorgungstechnisch die erste Wahl. Die Karlsaue ist von dort fußläufig zu erreichen und im Sommer sitzt man am Auedamm in der ersten Reihe auf den Terrassen der bewirtschafteten Bootshäuser am Fluss (für uns übrigens einer der schönsten und geruhsamsten Plätze der Stadt).
Entlang der Fulda, in der Nähe des **Auebades** *(Hallen- und Freibad mit Saunawelt 10 - 22 Uhr)*, gibt es auf etwa zwei Kilometer Länge einen teils mit Parkscheibe zu nutzenden Parkstreifen [N 51°18'28.9" E 09°30'07.3", Am Auedamm]. Die Zufahrt erfolgt zum Beispiel vom später genannten Campingplatz und dann parallel zur Fulda Richtung Innenstadt und taugt für kurze Wohnmobile zum Stadtbesuch allemal. Beim alljährlich am ersten Augustwochenende stattfindenden **Heimat- und Wasserfest Zissel** wird es dort allerdings wenigstens vier Tage lang mit dem Parken unmöglich *(www.zissel.de).*
Alle anderen Stell- und Wanderparkplätze im direkten Kasseler Umfeld fassen wir zusammen, da sie uns zu den folgenden

beschriebenen Sehenswürdigkeiten passend erscheinen. Die Stadt mit dem Wohnmobil zu durchfahren stellt kein Problem dar, das Parken im Stadtgebiet schon. Insofern sollten die Besucher Kassels auf ihre Füße und den öffentlichen Personennahverkehr oder ihre Fahrräder vertrauen. Aber Achtung: Kassel liegt in einem Talkessel, teilweise steigen die Straßen recht ordentlich an und ohne E-Bike kann das ganz schön mühsam werden!
Da der ÖPNV gut ausgebaut ist, bietet sich alternativ die **KasselCard** an (9 €/24 Stunden, 12 €/72 Stunden jeweils für zwei Personen, Stand 2020). Mit der Karte ist man mit Bus, Straßen- und Eisenbahnen mobil, kommt nahe an die Sehenswürdigkeiten heran, hat Preisvorteile bei Stadtrundfahrten und -rundgängen, Eintritten und vielem anderen mehr. Weitere Informationen zum Erwerb und Antworten zu allen anderen Fragen gibt es am Campingplatz, im **Besucherzentrum Wilhelmshöhe** *(Apr. - Okt. Di - So/Feiertage 10 - 17 Uhr; Nov. - Mär. Fr - So/Feiertage 10 - 16 Uhr; Telefon 0561/31680751)* als auch im **Besucherzentrum Herkules** *(Di - So/Feiertage 10 - 17 Uhr; Telefon 0561/31680781)* sowie bei der **Tourist-Information Innenstadt** *(Mo - Sa 10 - 18 Uhr; Wilhelmsstraße 23)* oder bei der **Tourist- & Kurinformation im Bahnhof Wilhelmshöhe** *(Mo - Fr 10 - 13 Uhr/14 - 18 Uhr; Sa 10 - 14 Uhr; Telefon 0561/707707; www.kassel-marketing.de).*
Ohne viel Planung und bequem kann man einen ersten Eindruck von unserer schönen Stadt erhalten, indem man ganz in der Nähe des offiziellen Stellplatzes an der Bushaltestelle Siebenbergen oder vom Parkplatz Schloss jeweils eine zweieinhalbstündigestündige **Stadtrundfahrt** antritt *(Ende Mär. - Okt. Mi - So 3x tägl., ansonsten variable Abfahrtszeiten, Gebühr. Genaue Informationen in der Tourist-Information oder unter www.kasselstadtrundfahrt.de)*. Des Weiteren werden neben

vielen Themenführungen auch ein- und eineinhalbstündige **Stadtrundgänge** angeboten *(Sa 11 Uhr bzw. Fr 15 Uhr jeweils ab Tourist-Information Innenstadt, Gebühr)*. Zusätzlich sind verschiedene kulturelle Highlights interaktiv und multimedial über eine **Smartphone-App** zu erkunden *(weitere Informationen im App Store oder bei Google Play)*.

(025) WOMO-Campingplatz: Camping Kassel

GPS: N 51°17'30.3" E 09°29'14.3", Giesenallee 9.
Kontakt: Telefon 0561/72989346, www.campingplatz-kassel.de.
Öffnungszeiten: Anfang Apr. - Mitte/Ende Okt.
Ausstattung: Der einfache, aber ordentliche Platz befindet sich noch in der Aufbauphase, sodass momentan nur Sanitärcontainer zur Verfügung stehen. Die Rezeption bietet einen kleinen Shop mit Getränken, Eis und Snacks und in Rezeptionsnähe gibt es freies WLAN.
Beschreibung: Die teils befestigten Parzellen sind großzügig bemessen und liegen zwischen Hecken sowie unter Bäumen und teilweise direkt am Fluss wie auch im Grünen. Das Stadtzentrum ist etwa 3 km entfernt und mit dem ÖPNV oder per Fahrrad gut zu erreichen. Der Staatspark Karlsaue, die Blumeninsel Siebenbergen und der Sportpark Auestadion mit Eissporthalle liegen in direkter Nachbarschaft. Vom Campingplatz kann man auf dem Fuldaradweg R1 direkt auf Entdeckungstour gehen und für Campingplatzbesucher bietet das Auebad 20 % Rabatt auf den Eintritt. Jogger und Spaziergänger fühlen sich am Fulda-Ufer und im nahen Buga-Gelände wohl. Stadtführungen können am Campingplatz gebucht werden und starten auch dort.
Preise: €€ - €€€.
Zufahrt: Von der B83/7 kommend ca. 3,5 km ab dem Ortseingang Kassel auf der Bundesstraße bleiben und an der Kreuzung Holländischer Platz auf dieser weitere ca. 500 m nach links fahren. Nun rechts auf die B3 wechseln und dem weiteren Verlauf ca. 2 km und dann am Sportzentrum links den Hinweisen zum CP folgen.
Wenn man von der Autobahn A49 kommt, dann verlässt man diese an der Anschlussstelle 5/Kassel Auestadion in Richtung Zentrum und folgt ca. 1 km später den Hinweisen zum Campingplatz.

(026) Offizieller WOMO-Stellplatz: Kassel

GPS: N 51°17'27.6" E 09°29'13.6" Giesenallee 9. **Max. WOMOs:** 20
Kontakt: Telefon 0561/ 72989346, www.campingplatz-kassel.de
Öffnungszeiten: Ganzjährig.
Ausstattung: V/E, Strom, Nutzung von WC und Duschen auf dem Campingplatz inkl. (Apr. - Aug.).
Beschreibung: Die befestigten, engen Stellplätze liegen gegenüber vom Campingplatz in grüner Umgebung und sind schattenlos. Der Stellplatz gehört zum Campingplatz und alle oben genannten Merkmale sind auch hier zutreffend.
Preise: €€ - €€€.
Zufahrt: Wie zum vorgenannten Campingplatz beziehungsweise dem WOMO-Piktogramm folgen. Der Stellplatz liegt gegenüber dem Campingplatz.
Hinweis: Sowohl Camping- als auch Stellplatz liegen trotz Straßennähe erstaunlich ruhig. Aufgrund der Enge des Stellplatzes würden wir diesen Campingplatz bevorzugen.

WOMO-Tagesparkplatz: Kassel, Schloss

GPS: N 51°19'00.7" E 09°25'24.1", Tulpenallee.
Ausstattung: Müllbehälter.
Beschreibung: Auf dem Großparkplatz sind 5 ausgewiesene WOMO-Stellplätze zu finden. Gerade während der Wasserspiele parken dort aber mehr Fahrzeuge. Das Besucherzentrum Wilhelmshöhe der Museumslandschaft Hessen Kassel (MHK) befindet sich in unmittelbarer Nähe und es gibt während der Saison einen Kiosk. Hier starten Wanderwege durch den Bergpark und Gaststätten (Kaskaden-Wirtschaft/Alte Wache, vergl. Text) sowie die Kurhessen Therme sind in ca. 500 m Entfernung zu finden. Während der Wasserspiele verkehren Busse zwischen Parkplatz, Schloss und Herkules. Eine Tramhaltestelle mit direkter Verbindung in die Innenstadt ist nur wenige Schritte entfernt.
Preise: Während der Zeiten der Wasserspiele ist der Parkplatz gebührenpflichtig.
Zufahrt: Vom Campingplatz zurück zur Hauptstraße, dort links und wieder rechts auf der B3 bis zur nächsten Kreuzung. Von dort geradeaus erst dem Hinweis zum DB-Bahnhof und dann Richtung Kongresspalais/Stadthalle der Straße ca. 2 km folgen. Bei Erreichen der Wilhelmshöher Allee links ca. 3 km direkt auf Schloss und Herkules zufahren. Etwa 300 m hinter einer Rechtskurve liegt der Großparkplatz auf der rechten Seite.
Hinweis: Obwohl wir immer mal wieder WOMOs über Nacht hier stehen sehen, ist eine Übernachtung laut MHK nicht gestattet!

(027) WOMO-Wanderparkplatz: Kassel, Ziegenkopf

GPS: N 51°18'27.5" E 09°22'40.8", Ehlener Straße. **Max. WOMOs:** 2 - 3.
Ausstattung: Infotafel.

Beschreibung: Der einfache Waldparkplatz ist asphaltiert, leicht schräg und liegt teils im Schatten. Er liegt außerhalb der Stadt. Wanderwege führen in den Habichtswald und nach ca. 1,5 km ist die rustikale und empfehlenswerte **Waldgaststätte Herbsthäuschen** erreicht *(Di - So 11 - 18 Uhr; Telefon 0561/38882; www.herbsthaeuschen.de)*.
Zufahrt: Wie zum vorgenannten Parkplatz, jedoch die Wilhelmshöher Allee bereits nach ca. 2,5 km links verlassen und den Hinweisen zum Herkules folgen. Nach ca. 5 km zweigt links der Hinweis zur Gaststätte Herbsthäuschen und zu einem Parkplatz ab, der 300 m von der Straße entfernt liegt.

WOMO-Tagesparkplatz: Kassel, Herkules

GPS: N 51°19'02.0" E 09°23'23.7", Ehlener Straße.
Ausstattung: Infotafeln, Müllbehälter.
Beschreibung: Das Besucherzentrum Herkules der Museumslandschaft Hessen Kassel (MHK) befindet sich in unmittelbarer Nähe. Der schattenlose Großparkplatz liegt nur wenige Gehminuten vom Herkules entfernt und der Anschluss an viele Wanderwege ist gewährleistet. In der Nähe befindet sich das **Restaurant Herkules Terrassen** mit dem wohl schönstem Gaststättenblick über Kassel *(Mo - Sa 11 - 22 Uhr; So 11 - 18 Uhr; Nov. - Feb. Mo Ruhetag; Telefon 0561/93731910; www.herkules-terrassen.de)* und nach rund 2 km Fußweg ist das ebenfalls empfehlenswerte **Waldrestaurant Elfbuchen** erreicht *(Fr - Di 8 - 20 Uhr; Telefon 0561/969760; www.waldhotel-elfbuchen.de)*.
Preise: Während der Zeiten der Wasserspiele ist der Parkplatz gebührenpflichtig.
Zufahrt: Wie zum vorgenannten Parkplatz, jedoch ca. 2 km weiter den

Hinweisen zum Herkules folgen.
Hinweis: Während der Wasserspiele kann man auch an der Zufahrtsstraße parken. Obwohl wir immer mal wieder WOMOs über Nacht hier stehen sehen, ist eine Übernachtung laut MHK nicht gestattet!

(028) WOMO-Wanderparkplatz: Kassel, Roter Stollen

GPS: N 51°18'40.6" E 09°21'39.8" Ehlener Straße. **Max. WOMOs:** 2-3.
Ausstattung: Infotafel, Picknickbank.
Beschreibung: Der einfache, asphaltierte Waldparkplatz liegt unter Bäumen, außerhalb der Stadt und ist leicht schräg. Es gibt mehrere ausgeschilderte Wanderwege.
Zufahrt: Wie zum vorgenannten Parkplatz, jedoch ca. 1 km der Landstraße hinter der Zufahrt zum Herkules folgen. Der ausgeschilderte Parkplatz liegt etwa 200 m rechts der Straße.

(029) WOMO-Wanderparkplatz: Kassel, Essigberg

GPS: N 51°18'38.2" E 09°20'50.1" Ehlener Straße. **Max. WOMOs:** 3-5.
Ausstattung: Infotafel, Müllbehälter.
Beschreibung: Der einfache, asphaltierte Waldparkplatz liegt am Waldrand, außerhalb der Stadt und ist leicht schräg. Es gibt mehrere ausgeschilderte Wanderwege und einen Sportpfad.
Zufahrt: Wie zum vorgenannten Parkplatz, jedoch der Landstraße ca. 1 km folgen und rechts der Zufahrt zum ausgeschilderten Wanderparkplatz folgen.

Kassel und der Bergpark Wilhelmshöhe

Die erste schriftliche Erwähnung findet „Chasalla" im Jahr 913 in zwei von König Konrad I. unterzeichneten Pergamenturkunden und avanciert 1189 zur Stadt. Ab dem Jahr 1277 erfolgte der Ausbau zur Residenzstadt der Landgrafschaft Hessen, später der Landgrafschaft Hessen-Kassel und die Stadtgeschichte war über Jahrhunderte eng mit dem hessischen Herrscherhaus verflochten. Der von Kaiser Napoléon I. eingesetzte König Jérôme nutzte Anfang des 19. Jahrhunderts Schloss Wilhelmshöhe als Sommerresidenz.
Nach dem Ende der Fremdherrschaft nahmen die hessischen Kurfürsten Stadt und Schloss wieder in Besitz und auch Kaiser Wilhelm II. verbrachte seine Sommer oft hier. Dem Kaiser gefiel es scheinbar so gut, dass er auf der Roseninsel unterhalb des Schlosses im Bergpark sogar seinen Lieblingsdackel Erdmann beerdigte. Ende des 19. Jahrhunderts wuchs die Einwohnerzahl auf 100.000 Personen und das zur Großstadt gewordene Kassel entwickelte sich prächtig.
In den vorangegangenen Jahrhunderten wurden 1568 die erste Orangerie und ab 1603 das erste Theatergebäude Deutschlands errichtet. Einige Jahrzehnte bevor James Watt die Dampfmaschine erfand, entwickelte der Hugenotte Denis Papin bereits Ende des 17. Jahrhunderts in Kassel den Vorläufer. 1767 ließ Landgraf Friedrich II. die Mauern der

ehemaligen Festung abtragen und gestaltete das architektonische Gesicht der Stadt zu einer der schönsten Residenzstädte Mitteleuropas. Dazu gehörte auch das Museum Fridericianum, das zum ersten öffentlich zugänglichen Museum des Kontinents wurde. Weitere prachtvolle Gebäude dokumentierten den Reichtum der Stadt und Industrien siedelten sich an. Unter den Unternehmern befand sich auch Carl Anton Henschel, der 1848 hier seine erste Lokomotive baute. Bereits vor dem Ausbruch des Ersten Weltkrieges befand sich rund ein Drittel der deutschen Lokomotivproduktion in Kassel.

Glaubt man den alten Berichten und Fotografien, dann hatte Kassel zwar eine von Höhen und Tiefen geprägte, aber blühende Vita. Mit dem Zweiten Weltkrieg zog, wie in so vielen Städten und Gemeinden Europas, ein Schatten über die nordhessische Metropole. Sie hatte sich inzwischen zum Zentrum der deutschen Rüstungsindustrie entwickelt und war somit wichtiges Ziel für die alliierten Luftangriffe. Der 22. Oktober 1943 wurde zum verheerendsten und schrecklichsten Tag in der Stadtgeschichte, als im Bombenhagel fast 10.000 Menschen starben und die Stadt zu über 80 Prozent in Schutt und Asche versank. Der Aufbau begann recht bald, aber es sollte Jahre dauern, bis sich die Baulücken nach und nach schlossen oder die wenigen, stark zerstörten historischen Gebäude rekonstruiert und saniert wurden. Man trauerte den malerischen Gässchen der Altstadt hinterher, aber wiederhaben wollte man sie auch nicht. Schließlich waren die 1950er-Jahre angebrochen und dem Zeitgeist stand es nach modernen, schnörkellosen Bauten und breiten Straßen. So waren die Bewohner beispielsweise stolz auf innovative Wohnviertel und die **Treppenstraße**, auf der man vom ehemaligen Hauptbahnhof, dem heutigen KulturBahnhof, in die Innenstadt flanieren konnte und die als erste offizielle Fußgängerzone Deutschlands 1953 eingeweiht wurde.

Uns, die wir in diese Zeit hineingeboren wurden, erschien das Stadtbild in späteren Jahren nicht mehr en vogue – zu gesichtslos, zu provisorisch kam es uns vor und wir schielten in nach unserer Meinung schönere Städte. Mittlerweile gibt es einen erneuten Wandel und bei einer **thematischen Stadtführung** erkunden Architekturinteressierte

Orangerie

die Bauten der Fünfziger zu Fuß. Überhaupt hat sich einiges getan, seitdem das mittlerweile über 200.000 Einwohner zählende Kassel nach der Wende 1989 wieder im Herzen Deutschlands liegt.

Die Stadt und wir Einwohner scheinen uns tatsächlich nicht nur zu documenta-Zeiten zu entfalten und zu öffnen. Wie schon in der Ära der Landgrafen kommen neue Menschen in die Stadt, die Universität quillt von Studenten über, wir haben eine tolle Museums- und Theaterlandschaft, Künstler eröffnen neue Ateliers, es gibt Restaurants und Kneipen für jeden Geschmack und herrliche Biergärten. Das Shoppen kommt nicht zu kurz und von allen Punkten der Stadt ist man schnell im Grünen.

Wer sich nicht für die oben erwähnte Stadtrundfahrt entscheidet und sein Wohnmobil auf dem Campingplatz, dem offiziellen Stellplatz oder dem Parkstreifen am nahen Auebad abgestellt hat, kann uns gern in den leicht zu findenden und öffentlich zugänglichen **Staatspark Karlsaue** begleiten.

Am südlichen Rand der Karlsaue erstrahlt die **Insel Siebenbergen** je nach Jahreszeit in einer bunten Blütenpracht *(Karfreitag - 3. Okt. Di - So 10 - 18 Uhr; Eintritt; www.museum-kassel.de)*. Der Staatspark selbst wurde 1568 durch Landgraf Wilhelm als Renaissancegarten angelegt und seine Nachfolger erweiterten und vervollkommneten die Gartenanlage. Der 125 Hektar große Park zeigt sich mit geometrischen Achsen, Wassergräben und einem Bassin, in dessen Mitte die tempelgekrönte Schwaneninsel zu finden ist. Skulpturen und Brücken begleiten die verschlungenen Wege unter alten Bäumen, die durch eine Mischung aus barockem und englischem Landschaftsgarten etwa zwei Kilometer bis zur **Orangerie** führen. Das strahlend gelbe Gebäude hat nichts mit der ersten Orangerie Deutschlands zu tun und wurde erst 1702 bis 1711 als Sommerresidenz und Gewächshaus von Landgraf Karl erbaut.

Während des Zweiten Weltkriegs wurde sie zerstört und brannte völlig aus. Lediglich das **Marmorbad** blieb unversehrt und ist das letzte erhaltene spätbarocke Badegebäude Deutschlands. Nie als solches genutzt, stand es lediglich für Repräsentationszwecke zur Verfügung und glänzt in seinem Inneren mit Wandverkleidungen, Reliefs und Statuengruppen aus Marmor *(Ende Mär./Anfang Apr. - 3. Okt. Di - So 10 - 17 Uhr; Eintritt; www.museum-kassel.de)*.

Während der Bundesgartenschau 1955 und anlässlich der documenta II im Jahr 1959 noch als Ruine einbezogen wurde die Orangerie 1975 bis

1981 äußerlich original restauriert. In den umgestalteten Innenräumen befindet sich heute das **Astronomisch-Physikalische Kabinett mit Planetarium**, in dem ein breites Spektrum naturwissenschaftlicher und technischer Exponate präsentiert wird. Führungen oder interaktive Stationen machen die Vermessung des Sternenhimmels im 16. Jahrhundert durch Landgraf Wilhelm IV., die Entdeckung des leeren Raums durch Otto von Guericke oder die Entwicklung der ersten Hochdruckdampfmaschine durch Papin erlebbar. Im Planetarium kann nichts den Himmel trüben und in Sesseln liegend verfolgen wir entspannt, wie Sterne auf- und untergehen und lernen die Sternbilder kennen wird *(Di - So 10 - 17 Uhr; Do bis 20 Uhr; Eintritt; www.museum-kassel.de)*.

Anschließend blinzeln wir bei einem Kaffee auf der Terrasse des Restaurants in der Orangerie in die Sonne, schauen den Joggern, Spaziergängern und Boulespielern zu und genießen den Blick in die Aue, wie wir den Staatspark liebevoll nennen.

Am entgegengesetzten Fuldaufer locken das **Freizeit- und Erholungsgebiet Buga-See**, welches anlässlich der zweiten Bundesgartenschau 1981 in Kassel angelegt wurde, oder die **Unterneustadt**, zur Expo 2000 auf den seit dem Zweiten Weltkrieg brachliegenden Grundstücken neu entstanden, die wieder ein Leben am Fluss ermöglicht.

Diesseitig der Fulda steht in Höhe der Orangerie eine übergroße Großplastik am Wasser. Die **Spitzhacke** ist wie etliche andere Kunstwerke auch ein Überbleibsel einer der vielen documenta-Ausstellungen der vergangenen Jahrzehnte und fest im Stadtbild verankert. Zu erwähnen sind unter anderem auch der **Himmelsstürmer** (d9), der **Rahmenbau** (d6) oder die Aktion der **7000 Eichen von Joseph Beuys** (d7), die Kassel noch grüner machte. Der **Himmelsstürmer** befindet sich vor dem **KulturBahnhof**, in dem sich die Galerie für Komische Kunst, die **Caricatura** befindet. Wer sich für Komik, Cartoons und Karikaturen interessiert, sollte hier unbedingt vorbeischauen *(Di - Sa 12 - 19 Uhr; So/Feiertage 10 - 19 Uhr; So 15 Uhr kostenlose Ausstellungsführungen; Eintritt; www.caricatura.de)*.

Wir sind bei unserem Stadtrundgang aber erst mal in der Unterneustadt gelandet und gehen nun über die Fußgängerbrücke in das „alte Cassel" zurück. Von der ehemals mächtigen Befestigungsanlage des 16. Jahrhunderts ist nur noch das **Rondell** erhalten geblieben und dahinter erhebt sich die **Brüderkirche,** älteste Kirche der Stadt und heute

Friedrichsplatz mit Fridericianum, Zwehrenturm, Druselturm , Martinskirche und Naturkundemuseum

Rahmenbau von Haus Rucker & Co (d6)

Veranstaltungsraum. Ganz in der Nähe ist in einem 1298 ursprünglich als Karmeliterkloster erbauten und heute denkmalgeschützten Gebäude das **Restaurant im Renthof** beheimatet, in welchem regionale und internationale Gerichte in geschichtsträchtiger Umgebung serviert werden *(Mo - Do 12 - 14.30 Uhr/17.30 - 22 Uhr; Fr bis 23 Uhr; Sa 12 - 23 Uhr; So 12 - 22 Uhr; Telefon 0561/506680; www.renthof-kassel.de)*. Auf der gegenüberliegenden Straßenseite erkennen wir den **Marstall**. Nach der Zerstörung wurden lediglich die Außenmauern im Stil der Weserrenaissance original wiederaufgebaut. Hier befindet sich heute die **Markthalle**, in der frische Produkte aus der Region und so manches Schmeggewöhlerchen, wie der Kasseläner zu leckeren Gaumenfreuden sagt, angeboten werden *(Do/Fr 7 - 18 Uhr/Sa bis 14 Uhr; Freifläche Do/Sa 7 - 14 Uhr)*.

Brüder Grimm-Denkmal an den Torwachen

Wie schon beschrieben ist nicht mehr viel von der Herrlichkeit des bis 1926 mit „C“ geschriebenen alten Kassels übriggeblieben, aber wer sich auf die Suche begibt, wird ab und zu noch einige alte Mauern finden. Zu erwähnen ist zum Beispiel das **Hospital St. Elisabeth**, das 1297 ursprünglich vor den Toren der Stadt errichtet wurde und heute verkehrsumflutet am Steinweg/Ecke Oberste Gasse liegt.

Wir sind jetzt am **Friedrichsplatz** angekommen und vom **Zwehrenturm**, einem der letzten beiden Türme der alten Stadtbefestigung, leuchtet seit 1977 immer samstags nach Einbruch der Dunkelheit eine **Laser-Licht-Skulptur** (d6) mit mehreren Strahlen über die Dächer weit in die Nacht. Gleich daneben öffnet zu documenta-Zeiten und zu regelmäßigen Sonderausstellungen zeitgenössischer Kunst in den Jahren dazwischen das **Fridericianum** seine Pforten.

Auf der anderen Straßenseite unterhalb des 1959 erbauten **Staatstheaters** ist das **Naturkundemuseum im Ottoneum** fast täglich geöffnet. Das ehemals erste feste Theatergebäude Deutschlands wurde 1696 unter Landgraf Carl zum Kunsthaus umgebaut. Wie zu Kinderzeiten, als wir mit großen Augen vor dem Elefantenskelett standen, macht der Besuch des Museums durch die mittlerweile deutlich entstaubte Ausstellung ungeheuer viel Spaß. Die übrigen Sammlungsbestände, wie die älteste systematisch zusammengestellte Pflanzensammlung Europas werden erstklassig präsentiert und die gut gemachte Dauerausstellung der regionalen Naturgeschichte der letzten 300 Millionen Jahre endet in einer Szenerie der Mammutsteppe aus der letzten Eiszeit. Klasse gemach und unbedingt einen Besuch wert *(Di - Sa 10 - 17 Uhr; Mi bis 20 Uhr; So bis 18 Uhr; Eintritt; naturkundemuseum.kassel.de)*!

Über den Theatervorplatz gelangen wir zur **Schönen Aussicht**, deren Name hält, was er verspricht, und dort zum barocken **Palais Bellevue**, das 1714 auf Veranlassung des Landgrafen Carl von Hessen-Kassel durch den Architekten Paul du Ry erbaut wurde. Nur einen Katzensprung entfernt wartet die **Neue Galerie** auf kunstinteressierte Besucher und zeigt Malereien, Skulpturen und neue Medien vom 19. bis zum 21. Jahrhundert *(Di - So 10 - 17 Uhr; Fr bis 20 Uhr; Eintritt; museum-kassel.de)*.

Wer jetzt noch genug Energie hat, gelangt über die große Kreuzung, vorbei am futuristisch anmutenden Bau des Ufa-Palastes zum **Rathaus**. Von der Seite der Fußgängerzone in der Oberen Königsstraße ist das Gebäude im Stil des Neubarocks am schönsten anzuschauen. Die goldenen Löwen links und rechts der großen Freitreppe sowie das in Silber und Tiefblau gehaltene Stadtwappen mit dreizehn Kleeblättern schmücken das Eingangsportal. Einige Schritte weiter zweigt die Wilhelmsstraße nach links ab, in der sich die **Tourist-Info** befindet. Wenn bisher noch nicht geschehen, sollte sich der Kassel-Besucher spätestens jetzt mit einem Stadtplan und weiterem Infomaterial für Museen

Sepulkralmuseum

sowie Sehenswürdigkeiten eindecken oder gleich eine der vielen Stadtführungen buchen. Mit unseren Anregungen ist ein erster Tag in Kassel mehr als ausgefüllt und es warten, ohne heimatverliebt zu übertreiben, weitere wirklich außergewöhnliche Museen, deren Beschreibung den Rahmen dieses Büchleins bei Weitem sprengen würde.
Wo gibt es sonst noch ein **Museum für Sepulkralkultur**, das sich hochinteressant mit Gräbern, Beisetzungsstätten und dem Gedanken an Verstorbene auseinandersetzt?! Die Einzigartigkeit und der außergewöhnliche Umgang mit der Endlichkeit des Lebens sind für uns ein Grund, das Museum in die Liste unserer **Top Ten** aufzunehmen.
Sehenswert sind auch das **Hessische Landesmuseum** und das **Stadtmuseum**.
Ein weiteres Highlight der umfangreichen Kasseler Museumslandschaft ist die gut ausgeschilderte und nicht zu verfehlende **Grimmwelt Kassel** in der Nähe von Neuer Galerie sowie Landesmuseum, die sehr anregend und im modernen Ausstellungsformat gleichwohl Märchenliebhaber wie auch Kinder und Senioren, Laien und Experten sowie Kunst- und Sprachinteressierte in ihren Bann zieht und für manchen Aha-Effekt sorgt. Informativ und spielerisch werden die Besucher an die facettenreichen Werke der Brüder Grimm herangeführt und staunen über so manche der sprach-, literatur- und kulturwissenschaftlichen Perspektiven sowie das meist unbekannte politische und gesellschaftliche Leben der Grimms. Interaktiv und multimedial, aber auch durch Originaldokumente oder künstlerische Ausstellungsgegenstände wird dieser Museumsbesuch zu einem durch und durch spannenden Erlebnis. Zum Abschluss oder aber auch ohne Museumsbesuch sollte man den Grimms auf's Dach steigen und von der großen Dachterrasse des Gebäudes die Aussicht über Kassel genießen *(Di - So/Oster- und Pfingstmontag 10 - 18 Uhr; Fr bis 20 Uhr; 24./31.12. 10 - 14 Uhr; 25./26.12. 10 - 18 Uhr; Eintritt; der Besuch der Dauerausstellung wird für Kinder ab 6 Jahren empfohlen; Restaurant Di - So 12 - 18 Uhr; Fr 12 - 20 Uhr; www.grimmwelt.de).*

Grimmwelt Kassel

Der Kalksteinfelsen tief unter der Grimmwelt ist mit Stollen und Gängen durchzogen, die einst für die Lagerung von Bier genutzt und während des Zweiten Weltkrieges zu Luftschutzbunkern umgebaut wurden. Heute kann die dunkle, durchgängig elf Grad kühle Stollenanlage im **Weinbergbunker** bei einer eineinhalb- bis zweistündigen Führung besichtigt werden *(1. Mo im Monat 18 Uhr; Anmeldung unbedingt erforderlich unter 0175/2865617 oder per E-Mail feuerwehrverein@feuerwehrverein-kassel.de; Eintritt; www.feuerwehrverein-kassel.de).*

Und dann gibt es noch den Bergpark Wilhelmshöhe, den wir mit dem Wohnmobil ansteuern (Zufahrt wie unter Tagesparkplatz Schloss beschrieben).

Der beeindruckendste Weg dorthin erfolgt aus der Stadt oder vom Camping- oder Stellplatz an der Fulda über die **Wilhelmshöher Allee**, die mit 4.560 Metern eine der längsten Straßen Deutschlands ist und auf Höhe des Landesmuseums beginnt. In einem der Gebäude der dortigen **Torwachen** wohnten 1814 bis 1822 die **Brüder Grimm**, die dem einst herrschaftlichen Platz ihren Namen gaben und heute von einem leicht zu übersehenden Denkmal auf den Verkehr schauen.

Wir befahren die schnurgerade Hauptachse der Stadt nicht von Anfang an, aber die Sicht auf das Schloss und der über der Stadt wachenden Herkules bedeuten für uns nach jeder Reise, dass wir wieder zu Hause angekommen sind. Im weiteren Straßenverlauf durchfahren wir den sich seit 2001 Kurort nennenden Ortsteil Wilhelmshöhe, der dieses Privileg vorwiegend dem Thermalsolewasser verdankt. In der **Kurhessen Therme** kann man seine müden oder angeschlagenen Glieder baden oder in der ausgedehnten Saunawelt herrlich schwitzen *(9 - 23 Uhr; Eintritt; www.kurhessen-therme.de)*. Das Wohnmobil kann während des Thermenaufenthaltes auf extra ausgewiesenen Plätzen geparkt werden [N 51°18'49.2" E 09°25'41.1", Wilhelmshöher Allee 361].

Wenig später parken wir das Wohnmobil auf dem ausgeschilderten Parkplatz unterhalb des Schlosses.

Im Jahr 2013 wurde der **Bergpark Wilhelmshöhe**, der mit 240 Hektar als Europas größter Bergpark gilt, in die Liste der **Unesco Welterbe** aufgenommen. Die Begründung zur Eintragung in die Liste war folgende: *Der Bergpark Wilhelmshöhe ist ein einzigartiges barockes*

Bunker unter dem Weinberg

Gesamtkunstwerk, in dem unterschiedliche Strömungen der Gartenarchitektur, der Kunstgeschichte und Technikgeschichte bis heute unverfälscht nachvollziehbar sind.
Die über 300 Jahre alte Kulturlandschaft mit ihren weltweit einmaligen Wasserspielen ist ein authentisches Beispiel für die Landschaftsarchitektur des Europäischen Absolutismus.
Wir Kasseläner, Kasselaner und Kasseler sind schon mächtig stolz auf „unseren Park" und freuen uns, dass er zusammen mit Herkules und Wasserspielen Jahr für Jahr Tausende von Besuchern anzieht. Es ist also kein Wunder, wenn wir das „Gesamtkunstwerk", das sich nebenbei bemerkt in seiner umfassenden Schönheit am besten zu Fuß erkunden lässt, in unsere hessische **Top Ten** aufnehmen.
1701 begann Landgraf Carl mit der Gestaltung des Parks, der im Wesentlichen durch die Anlage des Herkules und der Kaskaden geprägt wurde und die Stellung der Kasseler Fürsten gegenüber anderen Herrscherhäusern aufwerten sollte.
Das Gelände hieß damals noch Karlsberg und wurde erst 1798 nach dem Umbau des Schlosses durch Landgraf Wilhelm IX. in Wilhelmshöhe umbenannt. Gepflegte Parkwege und verwunschene Pfade führen durch die barocke Anlage, die mit den Einflüssen englischer Landschaftsparks und dem angrenzenden Habichtswald verschmilzt. Mehr als 500 verschiedene Baum- und Straucharten aus Nordamerika, Europa und Asien begleiten unseren Parkspaziergang.
Ehe wir uns versehen, kann daraus schnell eine ausgedehnte Wanderung

Blick über die Wilhelmshöher Allee zum Bergpark

werden, die uns an bunten Blumenbeeten rund um die Schlosswiese, an künstlich angelegten Grotten, Wasserläufen und Wasserfällen, einem Aquädukt sowie Tempeln vorbeiführt. Wer zwischendurch Hunger verspürt oder nur eine Erfrischung oder einen Kaffee zu sich nehmen möchte, den verweisen wir gern auf die **Kaskaden-Wirtschaft** am Teich am Fuße der Kaskaden. Am Schloss-Parkplatz gibt es eine Rufsäule mit Rufbutton. Über diesen ruft man den hauseignen Shuttle-Bus, mit dem man bequem zur Wirtschaft chauffiert wird und kann anschließend munter den Berg hinab zurück zum Wohnmobil gehen *(Jan. - Ende Mär. Sa/So 12 - 17 Uhr; Apr. - Nov. Di - So 12 - 18 Uhr; Mitte Nov. - Ende Dez. Di - Fr 18 - 22 Uhr; Sa 12 - 22 Uhr; So 12 - 18 Uhr; Telefon 0561/2887744; kaskaden-wirtschaft.de)*.

Wer nicht ganz so hoch hinaus möchte, der findet an der Straße schräg gegenüber dem Gewächshaus das ebenfalls empfehlenswerte **Restaurant-Café Alte Wache** mit sonniger Terrasse und feiner deutsch-italienischer Küche *(Di - So 12 - 22 Uhr; sonntags gibt es ein sehr leckeres Frühstück 9 - 12 Uhr; Telefon 0561/57435489; www.altewache-kassel.de)*.

Mittendrin liegt das mächtige **Schloss Wilhelmshöhe**, das sich mit seinen leicht geschwungenen Seitenflügeln in die Konzeption des Parks nach englischem Vorbild einfügt. Im südlichen Teil, dem **Weißensteinflügel** sind Einblicke in die höfische Wohnkultur um 1800 möglich *(Apr. - Okt. Di - So/ Feiertage 10 -17 Uhr; Nov. - Mär. Fr - So/ Feiertage 10 - 16 Uhr; letzte Führung jeweils 1 Stunde vor Schließung, Besichtigung jede volle Stunde nur im Rahmen einer Führung; Eintritt; ermäßigtes Tagesticket für Schloss, Weißensteinflügel, Löwenburg, Herkules, Gewächshaus erhältlich; www.museum-kassel.de; vorübergehend wegen Renovierungsmaßnahmen geschlossen; Stand: 2020)*.

In den übrigen Teilen des Schlosses begeistert ein musealer Rundgang von der Antike bis in die Moderne, die von der Museumslandschaft Hessen Kassel gekonnt in Szene gesetzt wird. Die **Antikensammlung** vermittelt anhand von über 500 Exponaten aus Italien, Griechenland und

Großes Gewächshaus im Bergpark

Ägypten einen Überblick über vergangene Kulturen im Mittelmeerraum und beleuchtet die Themen Archäologie, Skulptur, Mythos, Griechen, Römer und Herkules. In der **Gemäldegalerie Alte Meister** werden Werke von der Spätgotik bis zum beginnenden Klassizismus präsentiert. Ein Schwerpunkt liegt auf den niederländischen Malern wie Rubens, Van Dyke, Jordaens und Frans Hals und der Bestand an den Werken Rembrandts, darunter die berühmten Gemälde „Der Segen Jakobs" und das „Bildnis der Saskia", gehört zu den größten weltweit. Die **Graphische Sammlung** verwahrt über 60.000 Handzeichnungen, druckgrafische Arbeiten, Plakate und illustrierte Bücher aus dem Spätmittelalter bis zur zeitgenössischen Kunst. Die Werke zum Beispiel von Albrecht Dürer, Georg Baselitz oder der Künstlerfamilie Tischbein können nach vorheriger telefonischer Anmeldung unter *Telefon 0561/316800* ohne Rahmen und Abstand im Lesesaal der Bibliothek zu den Öffnungszeiten des Schlosses eingesehen werden *(Di - So 10 - 17 Uhr; Mi bis 20 Uhr; Eintritt; ermäßigtes Tagesticket für Schloss, Weißensteinflügel, Löwenburg, Herkules, Gewächshaus erhältlich; Audioguide Gemäldegalerie/Antikensammlung möglich; www.museum-kassel.de).*

Nördlich des Schlosses ließ Kurfürst Wilhelm II. von Hessen-Kassel 1822/23 das **Große Gewächshaus** zur Kultivierung kostbarer exotischer Pflanzen errichten. In der filigranen Eisen-Glas-Konstruktion wartet in den Wintermonaten ein Farbenmeer von Orchideen, Palmen, Bananen und Kamelien auf die Besucher, bevor die Pflanzen nach den Eisheiligen wieder an die Luft gesetzt werden *(Nov. - Mär. Di - So/ Feiertage 10 - 17 Uhr; Eintritt; ermäßigtes Tagesticket für Schloss, Weißensteinflügel, Löwenburg, Herkules, Gewächshaus erhältlich; www.museum-kassel.de).*

Das daneben befindliche **Ballhaus** wurde während der Regierungszeit von Napoléons Bruder, Jérôme Bonaparte 1808/1809 als Hoftheater erbaut und 20 Jahre später zu Kurfürst Wilhelms Zeiten mit einer prachtvollen Innenausstattung zum Ballhaus umfunktioniert. Das nach außen schlicht erscheinende, aber innen als wahres Kleinod

Löwenburg

herausgeputzte Gebäude kann in den wärmeren Monaten bei Führungen oder Veranstaltungen besichtigt werden *(nur für Sonderveranstaltungen geöffnet).*

Südwestlich der Schlosswiese und oberhalb des Fontänenteiches erspäht man die malerisch im Bergpark gelegene **Löwenburg**. Von Weitem erscheint sie wie eine romantische Ritterburg des Mittelalters – doch weit gefehlt! Landgraf Wilhelm IX., der spätere Kurfürst Wilhelm I. ließ sie zwischen 1793 und 1801 erbauen, um dort manch intimes Stündchen mit seiner Mätresse zu verbringen. Im Inneren befinden sich kostbar eingerichtete fürstliche Wohnräume, eine Rüstkammer mit Waffen und Ritterrüstungen aus dem 16. und 17. Jahrhundert sowie eine Burgkapelle mit dem Rittergrabmal Wilhelms *(Nov. - Mär. Fr - So/ Feiertage 10 - 16 Uhr; Apr. - Okt.. Di - So/Feiertage 10 - 17 Uhr; letzte Führung jeweils 1 Stunde vor Schließung; Besichtigung jede volle Stunde nur im Rahmen einer Führung möglich; Eintritt; ermäßigtes Tagesticket für Schloss, Weißensteinflügel, Löwenburg, Herkules, Gewächshaus erhältlich; www.museum-kassel.de; aufgrund von umfangreichen Restaurierungsmaßnahmen ist die Löwenburg derzeit nur seitlich über den Marstall zugänglich; es können nur die Rüstkammer sowie die Burgkapelle besichtigt werden und während der Umbauzeit gilt ein reduzierter Eintrittspreis; Stand: 2020).*

Um die Besichtigung des Bergparks komplett zu machen, fehlt nur noch der über allem thronende **Herkules** in unserer Aufzählung. Natürlich kann man ihn durch den Park mit einer wahren Herkulesleistung zu Fuß und stetig bergauf erreichen, das Wohnmobil bemühen oder aber auf den ÖPNV umsteigen. Letztgenannte Möglichkeit ist anlässlich der Wasserspiele mittwochs, sonntags und an Feiertage zu empfehlen, denn dann kann es auf den Parkplätzen am Herkules eng werden. Wir fahren also vom Parkplatz am Schloss mit der Tram (Linie 1) bis zum Bahnhof Wilhelmshöhe, steigen dort in die nächste Tram (Linie 4) bis Endhaltestelle Druseltal um und lassen uns dann vom Bus Linie 22 auf die Höhe bringen. **Bitte unbedingt für den Besuch der Wasserspiele vom Herkules aus die Fahrzeit von cirka 50 Min. einkalkulieren oder an den Wasserspieltagen die Shuttle-Busse in Anspruch nehmen!**

Pyramide mit Herkulesfigur

Der **Herkules** ist ein etwa 70 Meter hohes Bauwerk und besteht aus drei Teilen. Den Unterbau bildet das sogenannte Riesenschloss mit dem knapp 33 Meter messenden **Oktogon**, ein achteckiger Grottenbau, der 1701 bis 1713 im Auftrag Landgraf Carls erbaut wurde.

Auf diesem folgt die aufgesetzte, etwa 30 Meter hohe **Pyramide**, die wiederum von der 8,30 Meter großen **Herkulesfigur**, die 1713 bis 1717 als eine der frühesten kupfergetriebenen Monumentalstatuen weltweit geschaffen wurde, gekrönt wird.
Lässig steht der „bestaussehende“ Mann Kassels in luftiger Höhe auf seine Keule gestützt und schaut entspannt oder vielleicht auch nachdenklich über die Stadt. Man kann es dem mythischen Held der griechischen Antike gleichtun und von der gebührenpflichtigen Aussichtsplattform des Oktogons oder noch höher aus der Pyramide den Blick über den Bergpark, die Wilhelmshöher Allee und die weite Umgebung schweifen lassen. Oder man stattet dem **Besucherzentrum am Herkules mit Museumsladen** einen Besuch ab und genießt anschließend den faszinierenden Blick über die Stadt von der freizugänglichen Terrasse vor dem Herkules-Bauwerk *(Apr. - Okt. Di - So/Feiertage 10 - 17 Uhr; der Kartenverkauf endet um16.20 Uhr; letzter Einlass 16.30 Uhr; Karten zum Einlass in das Bauwerk und zur Aussichtsplattform können direkt am Eingang zum Herkules erworben werden; kostenlose Tickets für z.B. Kinder, Studierende der Universität Kassel usw. sind im Besucherzentrum erhältlich; hier können weiterhin auch reguläre Tickets erworben werden; Eintritt, ermäßigtes Tagesticket für Schloss, Weißensteinflügel, Löwenburg, Herkules, Gewächshaus erhältlich; www.museum-kassel.de).*
Auch wenn man die reichhaltigen Museumsangebote nicht in Anspruch nimmt, sollten sich Kassel-Besucher auf gar keinen Fall die einzigartigen **Wasserspiele** entgehen lassen, zumal diese frei zugänglich sind *(1. Mai - 3. Okt. Mi/So/Feiertage ab 14.30 Uhr; diese Termine sind möglicherweise nicht mehr gültig; vergl. BergparkLeuchten weiter unten!).*
Die barocken Wasserspiele sind einer Idee des rührigen Landgrafen Carl zu verdanken. Wie damals üblich, punkteten die Fürsten durch Monumentalbauten oder wertvolle Preziosensammlungen im absolutistisch geprägten Europa. Dazu passend sollte der antike Halbgott Herkules die weisen und gerechten Eigenschaften sowie die

Teufelsbrücke während der Wasserspiele

Allmacht Carls als Regent symbolisieren. Später ließ Wilhelm IX. das Szenario durch über den gesamten Park verteilte Wasserfälle und Teiche, Bäche und einem Aquädukt mit tosendem Wasserfall erweitern. Absolut faszinierend ist, dass die Inszenierung auch heute noch genauso funktioniert wie damals.

Pro Vorstellung werden etwa 750 Kubikmeter Wasser benötigt, die in einem einige Hundert Meter entfernten Becken aus Oberflächenwasser gesammelt und zu den Kaskaden geleitet werden. Der durch den anschließenden Höhenunterschied von 225 Metern entstehende natürliche Wasserdruck treibt das kühle Nass dann **ohne technische Hilfsmittel** durch alle Stationen. Sobald sich der Druck des Wassers in den Statuen am Rande des nach der griechischen Herkulessage benannten Riesenkopfbeckens erhöht, geben diese Töne von sich und signalisieren den Beginn der Wasserspiele. Nun fließt das Wasser über 1,9 Kilometer durch verschiedene Becken und die gewaltige Kaskadenanlage hinunter, passiert Stationen wie den Steinhöfer Wasserfall und die Teufelsbrücke.

Große Fontäne am Schlossteich

Den grandiosen Abschluss bildet eineinviertel Stunden später die große Fontäne, die ohne Pumpe das Wasser über 50 Meter in die Höhe steigen lässt. Von hier fließt das Wasser über künstlich angelegte, aber natürlich wirkende Wasserfälle zum Schlossteich, den sogenannte „Lac" und wird dann unterirdisch bis zur Fulda geleitet.

Ein beeindruckendes Erlebnis, das besonders viel Laune macht, wenn man neben dem zu Tal rauschenden Wasser mitläuft und es über sämtliche Stationen „verfolgt". In den vergangenen Jahren faszinierten zu bestimmten Terminen bei Anbruch der Dunkelheit die beleuchteten Wasserspielen zusätzlich. Diese sollten im Jahr 2020 durch ein neues Event mit der Bezeichnung **BergparkLeuchten** abgelöst werden. Drei Tage lang sollte sich der Bergpark nebst stimmungsvollem Rahmenprogramm in eine zauberhaft illuminierte Traumlandschaft mit Video- sowie animierten Lichtkunstinstallationen verwandeln, deren Höhepunkt die beleuchteten Wasserspiele hätten sein sollen. Pustekuchen, kann man wohl sagen, denn der weltweit verbreitete COVID-19-Virus machte den verheißungsvollen Planungen ein gehörigen Strich durch die Rechnung. In der Hoffnung auf bessere

Laternenwanderung im Bergpark

Zeiten verweisen wir jetzt schon auf dieses neue farbenprächtige Inszenierung, der auch wir gespannt entgegensehen. Terminlich war von Anfang Juni die Rede und auch in Verbindung mit der jährlich Anfang September stattfindenden Museumsnacht sollte der Bergpark leuchten *(aktuelle Infos unter www.beleuchtete-wasserspiele.de).*

Für einen Pauschalpreis öffnen rund 40 Museen und Kultureinrichtungen während der **Kasseler Museumsnacht** ihre Pforten zwischen 17 und 1 Uhr. Daneben gibt es Führungen, Lesungen, Performances sowie Mitmachaktionen für Kinder und illuminierte Fassaden, Musik oder Kunstprojekte in der Stadt sorgen für einen stimmungsvollen Rahmen *(aktuelle Infos unter www.museumsnacht.de, 12 €/Person inkl. Nutzung des ÖPNV, Stand 2019)*

Natürlich haben wir bei unserer Sightseeing-Tour durch Kassel noch lange nicht alle sehenswerten und erlebnisreichen Dinge berücksichtigt. Unser Programm füllt je nach Intensität bereits locker drei bis vier Tage aus, sodass wir den vermutlich erschöpften Besuchern jetzt ein Ruhepäuschen gönnen und sie bei weiterem Tatendrang und je nach Interessenlage an die Tourist-Information verweisen.

Wer nun doch mit dem Wohnmobil zum Herkules hochgefahren ist, der sollte sich die Zeit für eine ausgiebige **Wanderung** von einem der genannten Parkplätze in einen Teil des schönen, 474 Quadratkilometer großen **Naturparks Habichtswald** nehmen.

Höchste Erhebung ist das **Hohe Gras** mit 615 Metern, an der bei günstigen Schneeverhältnissen **Skisport** möglich ist. Dann lockt der Skilift, die Piste wird beschneit oder die Langlaufloipen sind gespurt *(www.skilift-hohesgras.de)*. Im Sommer bietet der **Kletterwald** eine alternative Abwechslung [N 51°18'22.9" E 09°21'13.2", www.kletterwald-kassel.de] und in der naheliegenden **Waldgaststätte Hohes Gras** ist sommers wie winters die Einkehr möglich *(Di - So 11 - 18 Uhr; www.waldgaststätte-hohes-gras.de).*

WOMO-Wandertipp: Vom Herkules zum Hohen Gras

Leichte Wanderung von etwa acht Kilometern Länge.

Vom Parkplatz am Herkules gehen wir Richtung Elfbuchen, folgen nach etwa 250 Meter links dem Hauptweg und 300 Meter später der

fortlaufenden Markierung Weißer Kreis/Hohes Gras nochmals links. Die Markierung bringt uns erst zum Vorwerk Sichelbach. Hier wird in dem oberhalb des Gehöfts liegenden Becken das kühle Nass für die Wasserspiele gesammelt. Direkt danach weist die Markierung rechts in den Wald und zum Loipenhaus. An der zweiten Weggabelung dahinter halten wir uns halb links und erklimmen den Gipfel des Großen Steinhaufens. Etwa 400 Meter später erreichen wir eine Fahrstraße, an der wir links bis zur Landstraße marschieren, diese überqueren und zum Hohen Gras gehen.
Von hier weisen die Markierungen X7 und Weißer Kreis bis zum Skilift und davor links den Berg steil hinab. Im Tal folgen wir dem X-Weg zweimal links Richtung Herkules. Wir passieren eine Siedlung und das Haus des Golfclubs. Anschließend überqueren wir nochmals die Landstraße und

gelangen geradeaus zwischen Straße und Golfplatz zurück zum Herkules. Mit einem fulminanten Blick über Kassel beschließen wir diese Wanderung im empfehlenswerten **Café und Restaurant Herkules Terrassen** *(Mo - Sa 11 - 22 Uhr; So 11 - 18 Uhr; Nov. - Feb. Mo Ruhetag; Telefon 0561/93731910; www.herkules-terrassen.de).*

Jetzt aber noch einmal einen Sprung zurück, denn wir sind wieder beim Schloss-Parkplatz gelandet und kurven nun leicht bergauf und bergab durch die Ausläufer des Bergparks und den angrenzenden Wald.
Nach etwa drei Kilometern erreichen wir die Bebauungsgrenze, haben rechts einen Blick ins Kasseler Becken und steuern am Stadtrand eine ungewöhnliche Begräbnisstätte an.

(030) WOMO-Wanderparkplatz: Kassel, Nekropole

GPS: N 51°20'15.1" E 09°24'37.7", Ahnatalstraße. **Max. WOMOs:** 1 - 2.
Ausstattung: Infotafel.
Beschreibung: Der einfache Waldparkplatz ist geschottert und liegt teils im Schatten. Er wird gern von Spaziergängern sowie Joggern genutzt und liegt

nahe einiger Häuser am Stadtrand.
Zufahrt: Vom Parkplatz am Schloss auf der L3217/Rasenallee kommend bis zu einer kurzen Tempo-30-Zone. Der Blick fällt rechts auf die Stadt und ca. 300 m später ist links ein Wanderparkplatz ausgeschildert. Der Parkplatz liegt nach dem Abzweigen ca. 400 m später auf der linken Seite.
Hinweis: Die Zufahrt ist eng.

Der rund 800 Meter lange Fußweg zur **Künstler-Nekropole** rund um den Blauen See ist nicht zu verfehlen. Hier realisierten Künstler der documenta bereits zu Lebzeiten ihre eigenen Grabmäler und werden beziehungsweise haben sich dort bestatten lassen. Der mittlerweile verstorbene Kunstprofessor und Initiator Harry Kramer verstand die Nekropole mit 40 geplanten Grabmälern als neue Ausdrucksform der Kunst im öffentlichen Raum. So stößt man bei einem Spaziergang auf die Fußsohlen eines Künstlers, der seinen Körperabguss aus Bronze kopfüber in den Waldboden versenkt hat und dessen Asche später dort aufgenommen werden soll. Oder ein weiterer Künstler wünscht sich ausdrücklich, dass seine abgesenkte Grabstätte als Ort des Festes und des Spiels genutzt wird. Bestimmt nicht jedermanns Sache, aber eine interessante Auseinandersetzung mit Leben und Tod.

Äußerst lebendig rollen wir an der Peripherie Kassels weiter Richtung Calden/Wilhelmsthal. Nachdem wir in einigen Kurven einen Berg erklommen haben, steuert das WOMO direkt auf den Park **eines der schönsten Rokokoschlösser Deutschlands** zu. Am Ende der Straße halten wir uns links, um kurz danach auf dem schlosseigenen Parkplatz einzulaufen [N 51°23'37.0" E 09°24'45.3", An der K46/Rasenallee].

Schloss Wilhelmsthal

Die dreiflügelige Schlossanlage wurde zwischen 1747 und 1761 als Lust- und Jagdschloss im Auftrag des späteren Landgrafen Wilhelm VIII. erbaut. Sie orientiert sich an französischen Vorbildern und überrascht mit einer überaus gut erhaltenen und kostbaren Ausstattung. Erwähnenswert sind eine reichhaltige Sammlung ostasiatischer und europäischer Porzellane, französische Lackmöbel und andere Einrichtungsgegenstände. Der Maler Johann Heinrich Tischbein (1722 bis 1789) trug mit seinen zahlreichen Ölgemälden zum Erscheinungsbild der Räumlichkeiten bei. Er bannte mit dem Pinsel gekonnt schöne Frauen aus dem Bekanntenkreis des Landgrafen auf Leinwand, die in der Schönheitengalerie von den Wänden blicken und zu den berühmtesten Werken Tischbeins zählen.

Der Reiz des Schlosses liegt vor allem an der nahezu unveränderten historischen Raumaufteilung, die einen Einblick in das höfische Leben der Fürsten wie auch der Dienerschaft zulässt. Besonders schön ist der opulente Musensaal, in dem üppige Rocaille- und Blumenornamente

beeindrucken oder das Papageienkabinett mit lebendig dargestellten exotischen Vögeln. In der Hauptküche ist die funktionstüchtige „Bratenwendemaschine“ eine beliebte Attraktion.
Im Anschluss an die Schlossführung lädt der etwa. 30 Hektar große **Schlosspark** zum Flanieren ein. Ursprünglich im Stil des Rokoko angelegt, wurde er um 1800 zum Landschaftspark mit lockerer Bewaldung weiterentwickelt. Symmetrisch angelegte, aber auch gewundene Wege gewähren überraschende Sichtachsen und vom neugotischen Wartturm blickt man auf die schön gegliederte Fassade der Gartenseite des Palais. Aus der Anfangsphase des Gartens ist nur noch eine Grotte und ein davor liegender Kanal mit Wasserspielen und goldenen Putten erhalten *(Apr. - Okt. Di - So/Feiertage 10 - 17 Uhr; Nov. - Mär. Fr - So/Feiertage 10 - 16 Uhr; letzte Führung jeweils eine Stunde vor Schließzeit. Die Schlossbesichtigung ist nur im Rahmen von Führungen möglich; Eintritt. Wartturm: Apr. - Okt. So/Feiertage 14 - 16 Uhr; Eintritt; der Schlosspark ist frei zugänglich und ganzjährig geöffnet; www.museum-kassel.de).*

Wir setzen unsere Fahrt nach **Calden** fort und steuern im **Thiergarten**, dem ehemaligen Jagdgebiet der Landgrafen von Hessen - Kassel, das Waldschwimmbad an.

(031) Offizieller WOMO-Badeplatz: Calden, Waldschwimmbad

GPS: N 51°23'34.8" E 09°23'56.8", Waldschwimmbad 1. **Max. WOMOs:** 10.
Ausstattung: Infotafeln

Beschreibung: Der einfache befestigte, teils schräge und halbschattige Parkplatz liegt auf einer Lichtung direkt neben dem Eingang zum Waldschwimmbad. Während der Freibadsaison (*Mo - Fr 12 - 19 Uhr; Sa/So/Feiertage 10 - 19 Uhr)* gibt es eine Gaststätte. Von hier kann man zu Wanderungen und Fahrradtouren aufbrechen.
Zufahrt: Von der K46 etwa 350 m hinter dem Ortseingang links in den Heckenweg abbiegen und den Hinweisen zum Waldschwimmbad bzw. den WOMO-Piktogrammen folgen.

Hinweis: Folgt man den letzten Metern der Zufahrt zum Schwimmbad nicht in den Wald, sondern bleibt auf der Straße, dann findet man ca. 100 m später auf einem Wiesenstück eine Parkmöglichkeit vor dem Waldrand [N 51°23'38.8" E 09°24'02.3"].

Im Ort erreichen wir die B7 und eigentlich führt unsere Reise links weiter.

Wenige Meter nach rechts erwartet uns jedoch etwas, womit wir unsere nordhessische Heimat nicht nur verbinden, sondern wo wir sie auch unverwechselbar schmecken können. Manch einer spricht sogar von einem typisch hessischen Grundnahrungsmittel [N 51°24'33.9" E 09°24'12.7", Parkstreifen an der Holländischen Straße/B7].

Ahle Wurscht oder: Wie gut duftet es im Wurstehimmel

Die Ahle Wurscht, eine nordhessische Wurstspezialität, ist dem auswärtigen Besucher am ehesten als streichbare Mettwurst oder als Salami zu beschreiben und mit „Alte Wurst" ins Hochdeutsch zu übersetzen. Sie ist aber gar nicht „alt", vielmehr lange gereift. Das war's aber schon mit der allgemeinen Beschreibung, denn „unsere Ahle Wurscht" ist fast schon so etwas wie ein Lebensgefühl.

Diese Wurst ist ein traditionell hergestelltes Naturprodukt von mindestens einem Jahr alten Schweinen, die nur mit natürlicher Nahrung gefüttert werden und im Idealfall auf der Wiese groß geworden sind. Das leicht mit Pfeffer, Muskat, Kümmel und Knoblauch gewürzte Schweinegehackte (Mett) wird schlachtwarm verarbeitet, dann in Natur- oder manchmal auch Kunstdärme gefüllt und anschließend geräuchert oder luftgetrocknet. Es gibt sie als Stracke (Gerade) und Dürre Runde oder in Keulenform. Zwei Dinge sind aber immer gleich: Die bis zu elf Monate andauernde Reifezeit bei richtiger Luftfeuchtigkeit und Temperatur sowie die hauseigene Schlachtung.

Ein dufte(nde)s Beispiel für die Herstellung und die Lagerung beziehungsweise den Reifeprozess können wir in der **Landfleischerei Koch** bei einer Führung durch den **Wurstehimmel** und der Besichtigung im **Wurstmuseum** erleben. Bis zu 30.000 Ahle Würschte baumeln in der Dachkammer der Fleischerei zwischen Lehmwänden von der Decke und bei ihrem Anblick läuft uns das Wasser im Mund zusammen. Im angrenzenden **Landgasthaus Koch** wird nicht nur „Ahle Wurscht" serviert, sondern auch manch andere Leckerei *(Mittelstraße, Terminabsprache unter 05674/6106 11 - 14 Uhr und 17 - 22 Uhr. Die Besichtigung dauert etwa 30 Minuten und ist kostenfrei; anschließend kann gegen eine Entgelt ein rustikales Essen im Gasthaus eingenommen werden; www.landfleischerei-koch.de).* Selbstverständlich gibt es überall in Nordhessen Metzgereien und Gasthöfe, die ihre eigene, nicht minder gute Ahle Wurscht anbieten und deren Hausrezepte je nach Zutaten variieren.

Unser Tipp: Eine Scheibe frisches, kräftiges Landbrot und die Wurst nicht etwa dünn in Scheiben geschnitten, sondern am Stück „aus der Faust" dazu essen. Ein Genuss, der schon so manche Wanderung im wahrsten Sinne des Wortes schmackhaft gemacht hat, so herrlich nach unserer Heimat schmeckt und somit ein Fall für unsere **Top Ten** ist!

Mit reichlich Proviant im Gepäck folgen wir der B7 Richtung Warburg, biegen nur wenig später Richtung Ehrsten ab und dort erst links und dann rechts weiter Richtung **Zierenberg**. In Kurven geht es nun bergauf zu einem unserer Lieblingsplätze und einer der auffälligsten Erhebungen in der Region, dem knapp 580 Meter in der Höhe messenden **Hohen Dörnberg**, der meist nur Dörnberg genannt wird und nicht mit dem gleichnamigen Dorf verwechselt werden darf.

(032) WOMO-Wanderparkplatz: Zierenberg, Hoher Dörnberg

GPS: N 51°22'17.4" E 09°20'08.2", An der K97. **Max. WOMOs:** 2 - 3.

Ausstattung: Infotafeln, Naturparkzentrum in der Nähe.

Beschreibung: Die außerorts liegenden, einfachen, meist schattenlosen Parkplätze ziehen sich auf einer Länge von rund 1,5 km an der Straße entlang. Von hier kann man zu Wanderungen aufbrechen (z. B. vom ersten Parkplatz auf dem ca. 6 km langen ausgeschilderten Alpenpfad oder Kassel-Steig, Habichtswaldsteig).

Zufahrt: Bei Erreichen des Plateaus links zum „Hohen Dörnberg"/ Naturparkzentrum abbiegen. Ca. 200 m hinter dem Abzweig liegen zwei große Parkplätze hintereinander an der linken Straßenseite.

Hinweis: Da wir häufig auf dem Dörnberg sind, fällt uns auf, dass gerade in den wärmeren Monaten auf den Parkplätzen mehrere Wohnmobile relativ eng und zur gleichen Zeit an exponierter Stelle stehen. Uns ärgert das mächtig, da es so nur eine Frage der Zeit ist, wann auf den Naturpark-Parkplätzen ein generelles Übernachtungsverbot ausgesprochen werden wird. Wir möchten zumindest unsere Leser bitten, keine „WOMO-Ansammlungen" zu bilden und bedanken uns im Voraus dafür!

Am Ende der Straße liegt das **Naturparkzentrum Habichtswald**, in dem über den Naturpark und dessen naturräumlichen, geschichtliche und geologischen Voraussetzungen sowie über regionale Freizeitangebote informiert wird. Wer tiefer in die Materie einsteigen möchten, dem empfehlen wir die angebotenen **Naturparkführungen**, die zum Beispiel einen Bogen von der Fotorunde über die Führung zu den Orchideen oder dem Lebensraum Trockenrasen spannen *(Di - So 10 - 17 Uhr; www.naturpark-habichtswald.de)*.

Auf dem Hochplateau wird seit den 1920er-Jahren Segelflug betrieben und bei Wanderungen oder Spaziergängen ist unbedingt auf die Beschilderung zu achten und ihr Folge zu leisten!
Das unter Naturschutz stehende Plateau zeigt eine typische Magerrasen-Vegetation, die durch jahrhundertelange Beweidung mit Schafen und Ziegen entstand. Mittlerweile sind es Kühe, die neben den Segelfliegern die Weiden bevölkern

und auf deren Hinterlassenschaften Acht zu geben ist. Duftende Kräuter, grazile Orchideen und mannshohe Wacholderbüsche prägen das Landschaftsbild genauso wie die eindrucksvollen Basaltfelsen. Was liegt also näher, als die Wanderschuhe zu schnüren und einen aussichtsreichen Lauf zu beginnen.

WOMO-Wandertipp: Eco Pfad Archäologie Dörnberg

Leichte bis mittelschwere Wanderung von bis zu 14 Kilometern Länge mit einigen Anstiegen.

Wir beginnen unsere Wanderung am Parkplatz zwischen der Gaststätte und dem Naturparkzentrum. Der Weg ist gut mit der Markierung des Eco Pfades zu finden und verläuft rund um das Dörnberg-Massiv. Parallel zur Straße marschieren wir über die Viehweide der höchsten Erhebung entgegen. Bald ist die durch Erosion freigelegte Felsformation der **Helfensteine** erreicht und das Erklimmen der Basaltfelsen beschert eine wunderschöne Aussicht, die nur von der „Besteigung" des **Hohen Dörnbergs** getoppt wird.

Der Weg dorthin führt leicht ansteigend weiter über die Weide und dann steiler, aber gut zu gehen auf den nahezu dreieckig wirkenden, abgeflachten Gipfel, auf dem Spuren einer keltenzeitlichen Burganlage aus den sechsten bis ersten Jahrhundert vor Christus nachgewiesen wurden.

Der gleiche Weg führt wieder bergab und wer möchte, kann vom Fuß des Gipfels rechts einen etwa vier Kilometer langen Abstecher zum **Hohlestein** machen (Hin- und Rückweg). Auf dem steil aufragenden Basaltfelsen lässt es sich für geübte Kletterer prima rumkraxeln und der Steinwall am Fuß des Felsen soll aus der Eisenzeit stammen.

Wir aber halten uns am Fuß des Dörnbergs links und nach circa 150 m wieder links, um wenig später leicht ansteigend am Waldrand weiterzugehen. Immer wieder genießen wir die Sicht ins Tal und die gegenüberliegende Bergkette, die durch den Aussichtsturm auf dem Bärenberg und den flachen Hasunger Berg geprägt ist. Am Ende des Weges rechts weiter am Waldrand und nochmals rechts.

Im **Bergcafé Friedrichstein** wartet schon eine wohlverdiente Wanderunterbrechung in Form von selbst gebackenem Kuchen oder einem kräftigen Imbiss *(Di Ruhetag, Mo - Sa 13 - 22 Uhr; So/Feiertage 11 - 18 Uhr; oft finden hier geschlossene Gesellschaften statt, sodass man sich vor dem Besuch über die Öffnungszeiten informieren sollte; Telefon 05606/5310000; www.bergcafe-friedrichstein.de).*

Blick zur Wichtelkirche

Von nun an geht es erst mal der Straße folgend bergab und bei der zweiten Möglichkeit rechts bis kurz vor das Grundstück eines einzelnen Hauses im Tal. Dort nochmals rechts zu einem Basaltfelsen, der eigentlich „Blumenstein" heißt, aber wegen seiner markanten Form seit Generationen **Wichtelkirche** genannt wird. In Kurven steigt der Pfad nach oben bis zu einem Rastplatz mit schöner Aussicht und von dort führt der Weg über die Viehweide zurück bis zum Wohnmobil.
Eine Alternative bietet der ausgeschilderte „Alpenpfad", der vom Rastplatz um den botanisch interessanten Kesselberg herum bis zum Wanderparkplatz führt. Außerdem kreuzen Habichtswaldsteig und Kassel-Steig unsere Bahn und bietet eine weitere Möglichkeit, um in der geheimnisvollen Bergwelt des Dörnbergs und seiner Umgebung zu wandern.

Manchmal pfeift der Wind hier oben recht kräftig und nicht selten werden die Segelflugzeuge dann von bunten, flatternden Drachen abgelöst.

Sonnenuntergang an den Helfensteinen

Heute haben wir einen ruhigen Abend erwischt und gehen noch einmal, bepackt mit Picknickdecke und der obligatorischen Ahlen Wurscht zu den **Helfensteinen**. Mit Blick zum Aussichtsturm auf dem Großen Bärenberg und den flachen Hasunger Berg, auf dem einst eines der reichsten und schönsten Klöster Hessens stand, genießen wir den Sonnenuntergang. Immer ein schöner Tagesabschluss, den wir uns auch abseits des Wohnmobillebens immer wieder einmal gönnen! Sehen wir uns? Beim Hinabrollen nach Zierenberg, passieren wir die Zufahrt zu einem **Campingplatz**, notieren das **Freibad** und überqueren das Flüsschen Warme, um bei Erreichen der Landstraße ins Dorf **Dörnberg** abzuzweigen.

(033) Offizieller WOMO-Stellplatz: Dörnberg, Festplatz

GPS: N 51°20'37.0" E 09°20'37.3", Bergweg. **Max. WOMOs:** 5.
Ausstattung: Strom, WC (Schlüssel gegen Pfand und Gebühr an der Tankstelle an der B251, hier gibt es auch einen Gasflaschentausch).
Beschreibung: Der einfache Parkplatz liegt im Ort im Halbschatten auf Schotter. Es gibt einen Spiel- sowie einen Bouleplatz und etwa 300 m entfernt befinden sich eine Metzgerei mit Mittagsimbiss und eine Bäcker. Man kann zu Wandertouren auf den Dörnberg oder zu Radtouren durch das Warmetal starten.
Zufahrt: Von der Durchgangsstraße im Ort dem WOMO-Piktogramm zum Stellplatz folgen.
Hinweis: Der Platz kann bei Festen gesperrt sein!

Die Bundesstraße B251 geleitet uns in den nächsten Ortsteil der Gemeinde Habichtswald nach **Ehlen**.

(034) Offizieller WOMO-Badeplatz: Ehlen, Am Schwimmbad

GPS: N 51°19'22.8" E 09°19'11.8", Hasenbreite. **Max. WOMOs:** 6.
Ausstattung: Strom u. WC während der Freibadsaison (Schlüssel gegen Pfand und Gebühr im Schwimmbad, Apr. - Sep.), Infotafel, Müllbehälter.
Beschreibung: Der einfache, geschotterte Parkplatz liegt im Halbschatten am Ortsrand. Von hier starten Wanderwege (2,5 - 10 km) oder Radtouren z. B. ins Warmetal und im etwa 1 km entfernten Ortskern an der B251 gibt es Supermärkte und den sehr empfehlenswerten **Gasthof Ehlener Poststuben** mit Wohnzimmeratmosphäre *(Mi - So ab 17.30 Uhr; So/Feiertage ab 11.30 Uhr; Telefon 05606/599580; www.ehlenerpoststuben.de).*
Zufahrt: Von der B251 links dem WOMO-Piktogramm ca. 1 km bis zum Schwimmbad folgen.
Hinweis: Eventuell Geräuschbelästigung durch die Autobahn!

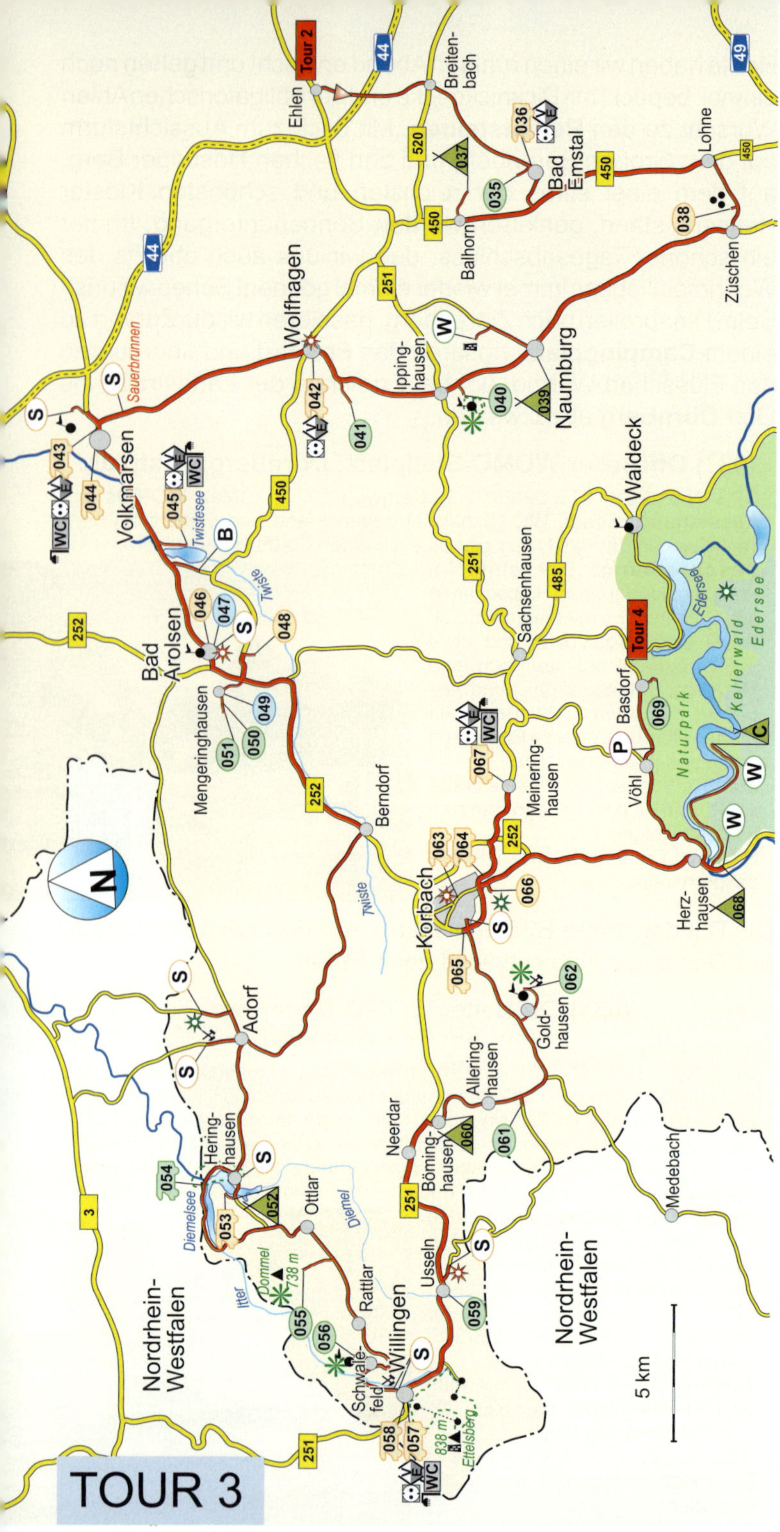
TOUR 3
Tour 2
Tour 4
Ehlen
Breitenbach
Bad Emstal
Lohne
Balhorn
Zierenberg
Wolfhagen
Ippinghausen
Naumburg
Züschen
Volkmarsen
Sauerbrunnen
Twistesee
Twiste
Bad Arolsen
Mengeringhausen
Waldeck
Sachsenhausen
Edersee
Kellerwald
Naturpark
Basdorf
Vöhl
Herzhausen
Meineringhausen
Berndorf
Korbach
Goldhausen
Alleringhausen
Adorf
Heringhausen
Diemelsee
Ottlar
Diemel
Neerdar
Bömighausen
Usseln
Rattlar
Willingen
Schwalefeld
Dommel
738 m
Itter
Ettelsberg
838 m
Medebach
Nordrhein-Westfalen
5 km

Tour 3 265 km

Bad Emstal – Naumburg – Wolfhagen – Bad Arolsen Diemelsee – Willingen – Korbach – Basdorf

Stellplätze:	Bad Emstal, Züschen,, Ippinghausen, Wolfhagen, Volkmarsen, Twistesee, Bad Arolsen, Mengeringhausen, Diemelsee-Heringhausen, Ottlar, Schwalefeld, Willingen, Usseln, Alleringhausen, Goldhausen, Korbach, Meineringhausen, Basdorf.
Campingplätze:	Bad Emstal-Balhorn, Ferienanlage Erzeberg, Naumburg Camping in Naumburg, Heringhausen Campingpark Hohes Rad, Bömighausen Camping Bahrenberg, Herzhausen Camping- und Ferienpark Teichmann.
Besichtigen:	Breitenbach Märchenwache; Züschen Steinkammergrab; Naumburg Fatima-Grotte, Naturerlebnisraum, Weingartenkapelle, Eisenbahnmuseum/ Hessencourier; Ippinghausen, Weidelsburg; Wolfhagen Regionalmuseum Wolfhager Land; Volkmarsen Kugelsburg; Bad Arolsen Stadtbild, Residenzschloss, verschiedene Museen; Mengeringhausen Heimatmuseum; Adorf Besucherbergwerk, Martenbergklippe; Schwalefeld Ringwall; Willingen Besucherbergwerk, Mühlenkopfschanze; Usseln Milchmuhseum, Curioseum; Goldhausen Burgruine, Besucherbergwerk, Korbach, Bonhage-Museum, Korbacher Spalte, Kalkturm; Kirchlothheim Nationlaparkmuseum.
Wandern:	Ippinghausen, Diemelsee, Willingen.
Radfahren:	Diemelsee, Korbach Ederseebahn-Radweg.
Baden:	Twistesee, Bad Arolsen, Mengeringhausen, Diemelsee, Willingen.
Essen:	Bad Emstal Gasthof Der Grischäfer, Parkhotel Emstaler Höhe; Wolfhagen Ristorante La Laterna; Bad Arolsen-Wetterburg Burggaststätte, Taperia La Sartén, Café am See; Willingen Hotel-Restaurant Stryckhaus, Siggis Hütte, Alm-Gasthof Zum Wilddieb; Goldhausen Gaststätte Eisenberg-Hütte; Korbach Restaurant Goldstuben, Antikcafé Fundus, Kirchlothheim GastRaum.

In Zierenberg halten wir uns Richtung Emstal und entlang des Flüsschens Warme erreichen wir **Breitenbach**. Wie bereits erwähnt, bewegen wir uns in der Heimat der Brüder Grimm und so verwundert es nicht, dass wir während unserer Reise immer wieder auf die Geschwister und ihre Geschichten treffen. Im Breitenbacher Ortskern befindet sich die **Märchenwache**, die am besten von der L3220 Richtung Bad Emstal zu erreichen ist *(Anfang Nov. - Ende Mär. jeden 1. So im Monat 15 - 18 Uhr;*

Lange Straße; www.maerchenwache.de. Parken am Straßenrand).
In der umgebauten ehemaligen Feuerwache beschäftigt sich eine kleine Ausstellung besonders mit dem Leben zweier Märchenzuträger der Grimms

Es waren einmal …

… zwei Brüder, Jacob (1785 bis 1863) und Wilhelm (1786 bis 1859) Grimm, die in Hanau das Licht der Welt erblickten und 1791 nach Steinau an der Straße umzogen, als der Vater dort eine Stelle als Amtmann annahm. Nach dem Tod des Vaters wurden sie von der Mutter 1798 zu einer Tante nach Kassel geschickt und besuchten der guten Erziehung wegen das Lyceum Fridericianum. Ab 1802 beziehungsweise 1803 begannen Jacob und Wilhelm das Jurastudium in Marburg und machten die Bekanntschaft unter anderem von Achim von Arnim und Clemens von Brentano.

Inspiriert von den Schriftstellern der Romantik und lebenslangen Freunden begannen die **Brüder Grimm**, Märchen zu sammeln. Auch wenn die beiden Reisen nach Italien und Frankreich unternahmen, Erzählungen und bereits veröffentlichten Märchen lauschten, waren es doch die Geschichtenlieferanten ihrer Heimat, die sie mit einer Unmenge Anekdoten und Märchen versorgten.

Zu jenen gehörten die besonders von den Brüdern hervorgehobene Dorothea Viehmann aus Zwehren bei Kassel und der Dragonerwachtmeister Krause, an den in der Breitenbacher Märchenwache erinnert wird.

Die zugetragenen Märchen waren allerdings manchmal so deftig und frivol, dass sie durch die Grimms kindgerecht aufbereitet werden mussten. Im italienischen Original wurde Dornröschen nämlich nicht etwa vorsichtig aus dem Schlaf wachgeküsst, sondern schlicht und brutal geschwängert. Rotkäppchen schlüpfte nackt unter die Bettdecke des Wolfes und Rapunzel verlebte wohl eher mit dem Prinzen unterhaltsame Stunden auf ihrem Turm. Nicht gerade das, was im damals vorherrschenden

deutschen Idealismus und der Romantik gut ankam oder Anstand wie auch Sitte entsprach. 1812 erschien die Erstausgabe der „Kinder- und Hausmärchen“, die ebenso wie die zweite Auflage in einer Panzerglasvitrine in der Grimmwelt in Kassel zu sehen ist und die seit 2005 zum **Weltdokumentenerbe der Unesco** gehört (Foto oben). Wie sehr die Grimms der deutschen Sprache verbunden waren, zeigt sich auch in dem von ihnen begonnenen „Deutschen Wörterbuch“, das noch heute sprachwissenschaftlich anerkannt ist.

Ob die Grimmschen Märchen räumlich tatsächlich in Nordhessen angesiedelt sind, ist fraglich, nicht bewiesen und für uns eher nebensächlich. Auch wenn uns auf unserer Reise immer wieder verschiedene Figuren aus Holz oder Stein begegnen, die uns an die Märchengestalten erinnern sollen, sind es doch letztendlich die Burgen und tiefen Wälder, die kleinen fachwerkgeschmückten Dörfer, weiten Blumenwiesen und geheimnisvollen Teiche, die unsere Fantasie anregen und die Märchen der Brüder Grimm für uns lebendig werden lassen.

Und wenn sie nicht gestorben sind ... dann begegnen sie uns vielleicht als Schauspieler in historischen Kostümen auf einem Gartenfest oder einer anderen touristischen Veranstaltung ...

Von Breitenbach sind wir flott nach **Bad Emstal** gerutscht, das als eines der jüngsten hessischen Kurbäder bisher ein Thermal-Bad zu bieten hatte. Der marode Bau wird zur Zeit unserer Recherche gerade abgerissen und wer weiß, vielleicht kann man sich in absehbarer Zeit wieder im natürlichen Mineralwasser aus 800 Metern Tiefe bewegen. Auf des **Schusters Rappen** kann man aber definitiv die Gegend erkunden und eine schöne etwa 13 Kilometer lange Tour durch die Wälder und idyllische Auen hinauf zu den verfallenen keltischen Wallanlagen der Altenburg und der Ruine Falkenstein garantiert Abwechslung bei einem mittelschweren Marsch. Von beiden genannten Stellplätzen kann gestartet werden und die Markierung H6 der Extratour des Habichtswaldsteiges macht ein Verlaufen unmöglich.

(035) WOMO-Wanderparkplatz: Bad Emstal-Sand, Erzeberg

GPS: N 51°15'13.4" E 09°15'39.1", Triftstraße. **Max. WOMOs:** 1 - 2.
Ausstattung: Infotafel, Bänke.
Beschreibung: Der sehr schräge Parkplatz an der Zufahrtsstraße am

Waldrand ist eher ein Ausweichparkplatz bzw. Startpunkt zur oben genannten Wanderung auf dem Habichtswaldsteig. Er liegt außerhalb des Ortes und bietet eine schöne Aussicht.
Zufahrt: Ca. 300 m hinter dem Kreisel rechts und nach 250 m nochmals rechts etwa 500 m bis zum ausgeschilderten Wanderparkplatz fahren.

(036) Offizieller WOMO-Stellplatz: Bad Emstal, Thermalbad

GPS: N 51°14'55.7" E 09°14'59.6", Karlsbader Straße. **Max. WOMOs:** 8.
Ausstattung: V/E, Strom, Infotafeln, Tisch und Bänke, Müllbehälter.

Beschreibung: Der geschotterte, teils schattige parzellierte Stellplatz liegt am Ortsrand. Nach der Wanderung oder dem Spaziergang bietet sich die Einkehr im Ort im **Gasthof Der Grischäfer** an *(tägl. ab 18 Uhr; So/Feiertage 12 - 14 Uhr; Kasseler Straße 78; Telefon 05624/99850; www.grischaefer.de)* oder nahe des Stellplatzes im Restaurant des **Parkhotels Emstaler Höhe** *(tägl. ab 18 Uhr; Kissinger Straße 2; Telefon 05624/5090; www.emstalerhoehe.de)*. In beiden Häusern werden lokale Spezialitäten wie auch neue deutsche Küche auf den Tisch gebracht.
Preise: €, zahlbar lt. Aushang im Umschlag.
Zufahrt: Im Ort den Hinweisen Kurzentrum und dem WOMO-Piktogramm folgen.

(037) WOMO-Campingplatz: Bad Emstal-Balhorn, Ferienanlage Erzeberg

GPS: N 51°16'07.3" E 09°15'09.5", Birkenstraße 21.
Kontakt: Telefon 05625/5274, www.camping-kassel-bad-emstal-ferienhaus-mit-hund-wellness.de.
Öffnungszeiten: Ganzjährig.
Ausstattung: Separate **WOMO-Stellplätze**, Spielplatz, Waschmaschine und Wäschetrockner, Gaststätte, super Sanitärgebäude, Wellnessbereich mit Sauna und beheiztem Hallenbad.
Beschreibung: Der komfortable Campingplatz mit unterschiedlich großen Parzellen, an denen sich z. T. Wasser-, Abwasser, Sat, und Stromanschlüsse befinden, ist eine sehr gute Anlaufadresse für einen Kurzaufenthalt, aber auch für eine längere Zeit mit Wellness-, Wander- und Radtourangeboten. Die Anlage, die auch Dauercamper bevorzugen, befindet sich außerhalb des Ortes und teils unter Bäumen. Ein vor dem Platz angelegter, befestigter Bereich für WOMOs ist schattenlos, liegt am Zufahrtsweg und bietet eine schöne Sicht auf die umgebenden Felder und Wälder. Alle Einrichtungen des Campingplatzes können genutzt werden.
Preise: WOMO-Stellplätze €€, Campingplatz €€ - €€€.
Zufahrt: Von Bad Emstal-Sand nach Balhorn fahren und dort den Hinweisen etwa 1,5 Kilometer bis zur Freizeitanlage folgen.

Egal aus welchem Emstaler Ortsteil wir starten, unser Ziel ist die B450. Auf der Bundesstraße fahren wir Richtung Fritzlar und wenden uns in Lohne nach **Züschen**.

Wenig später erreichen wir eines der bedeutendsten vorgeschichtlichen Baudenkmäler Mitteleuropas finden an der „hessisch-westfälischen Steinkiste“ ein kleines, nicht einsehbares Übernachtungsplätzchen [**038:** N 51°10'22.6" E 09°14'27.0". Nur für kleinere WOMOs oder Kastenwagen!]. Alle größeren Fahrzeuge sollten auf dem schrägen Parkstreifen nahe der Straße geparkt werden].
Im Inneren des aus dem dritten bis vierten Jahrtausend vor Christus stammenden **Steinkammergrabes** fanden sich Überreste menschlicher Skelette samt etlicher Totenbeigaben.
Durch Züschen, vorbei an der **Garvensburg** mit dazugehörendem Park im Stil englischer Landschaftsgärten, geht es in die Fachwerkstatt **Naumburg**, die an der nordhessischen Elbe liegt.

(039) WOMO-Campingplatz: Naumburg, Camping in Naumburg

GPS: N 51°15'02.7" E 09°09'37.1", Am Schwimmbad12.
Kontakt: Telefon 05625/9239670 oder 0170/4418621, www.camping-in-naumburg.de.
Öffnungszeit: Ganzjährig.
Ausstattung: Spielplatz, Wassertretbecken, Sauna, Imbissmöglichkeit, Gaststätte,
Beschreibung: Die unterschiedlich großen Stellplätze sind in Rondellen aufgeteilt, terrassenförmig angeordnet und meist schattenlos. Der Campingplatz verfügt über Mobilheime, liegt unmittelbar am Freibad und ca. 500 m von der Ortsmitte mit Geschäften und Supermarkt entfernt. Von dem im Rehmbach-Tal gelegenen Platz starten Wanderwege (Habichtswaldsteig) und man kann zu Fahrradtouren aufbrechen.
Preise: €€ - €€€.
Zufahrt: Im Ort den Hinweisen zum Campingplatz folgen.

Naumburg

Die Fachwerkstadt, die sich im Schutz der „Nuwenburch“ ab 1170 entwickelte, ist von einer wehrhaften Mauer umgeben. Sie überlebte mehrere Feuersbrünste und kam als Ackerbürgerstadt immer wieder vom katholischen Mainz unterstützt auf die Beine. In der katholischen **Stadtpfarrkirche St. Crescentius** befindet sich die Sandsteinplastik der Naumburger Madonna von 1340 und am Eingang des Naumburger Friedhofs zeigt die Replik des historischen Friedhofstors die Religionsgeschichte der Stadt sehr eindrücklich. In der **Fatima-Grotte**, einem alten Steinbruch, ist seit einer Pilgerfahrt in den portugiesischen Wallfahrtsort Fatima im Jahr 1957 eine weitere Madonna zu sehen.
Im **Naturerlebnisraum** dreht sich alles um die Naturbeobachtung und zu den Außenprojekten gehören unter anderem ein ganzer **Hummelzoo** sowie die einfarbigen Gärten der jeweiligen Ortsteile Naumburgs (*Mo/Di 14 - 17 Uhr; Mi - Fr 9 - 12 Uhr).*
Kleinere Ausflüge können zur etwas außerhalb des Ortes gelegenen **Weingartenkapelle** oder auf den **Grenzsteinpfad** führen. Die mit verschiedenen Emblemen oder Wappen verzierten Steine zeugen von vergangenen Zeiten und vom geschichtlich gewachsenen Grenzverlauf der mainzischen Enklave im protestantischen Hessen.
Im Naumburger Bahnhof ist das **Eisenbahnmuseum** zu finden, dass mit der Arbeit der ehemaligen Eisenbahner vertraut macht und die rege Betriebsamkeit früherer Zeit veranschaulicht. Geöffnet ist es an den Fahrtagen der Museumsbahn **Hessencourrier**. Ein historisches Reisegefühl kommt spätestens dann im Nostalgiezug auf, wenn die Schaffner in historischen Uniformen die kleinen Fahrkarten lochen und die Dampflokomotive die liebevoll gepflegten alten Personenwagen schnaufend durch die malerische Hügellandschaft auf 33 Kilometer langer Strecke von Naumburg nach Kassel ziehen. An den Bahnhöfen unterwegs kann je nach Lust ein- und ausgestiegen und der Rückweg durch eine kleine Wanderung abgerundet werden *(Ostern - Dez.; meist einmal im Monat So; www.hessencourrier.de).*
Knapp fünf Kilometer außerhalb des Ortes und mit einer kleinen Wanderung zu erreichen, ist die **Altenstädter Warte** (Foto unten) gelegen, von der man eine traumhafte Aussicht auf Naumburg und die umliegende Landschaft hat [N 51°15'59.9" E 09°10'23.6"].
In und um Naumburg gibt es noch einiges mehr zu entdecken und die **Tourist-Info** am Rand des Kurparks ist dafür ein guter Ansprechpartner *(Mo/Di 14 - 17 Uhr; Mi - Fr 9 - 12 Uhr; Hattenhäuser Weg 10-12; Telefon 05625/790973, www.naumburg.eu).*

Wir wenden uns nun **Ippinghausen** zu und haben bald Nordhessens größte Burg vor Augen, die auf einem Basaltkegel als Landmarke hoch über dem Wolfhager Land wacht.

(040) WOMO-Wanderparkplatz: Ippinghausen, Weidelsburg

GPS: N 51°16'33.9" E 09°08'36.8", An der L3214. **Max. WOMOs:** 2.
Ausstattung: Infotafel, Picknickbank, Müllbehälter.
Beschreibung: Der einfache, teils schräge Wanderparkplatz liegt außerhalb des Ortes meist schattig unter Bäumen und bietet eine schöne Aussicht. Von hier kann man auf dem Habichtswaldsteig wandern oder einen der Wanderwege einschlagen.
Zufahrt: Kurz vor dem südlichen Ortseingang 500 m bis zum ausgeschilderten Wanderparkplatz fahren.

WOMO-Wandertipp: Rund um die Weidelsburg

Zur Weidelsburg führen viele Wege!
Zum einen kann man sie über die bestens beschilderten Extratouren H7/H8 des Habichtswaldsteigs vom Campingplatz in Naumburg oder vom Wanderparkplatz Heller Platz in Wolfhagen auf 13 bis 15 Kilometer langen Touren erwandern. Die Strecken führen auf naturbelassenen Pfaden durch tiefe Buchenwälder und entlang sonniger Streuobstwiesen, streifen glucksende Bäche, eröffnen immer wieder neue Ausblicke in die Landschaft und vermitteln auf Infotafeln viel Wissenswertes.
Zum anderen kann man vom vorgenannten Wanderparkplatz einen etwa 2 Kilometer langen kleinen Rundweg mit der Markierung 1 hinauf zur Burg antreten. Es geht ziemlich steil durch den Wald hinauf, aber die Sicht vom Aussichtsturm der Weidelsburg ist die Mühe wert!
Hier oben wird uns klar, dass sich der exponierte Weidelsberg geradezu zum Bau einer Burg im 12. Jahrhundert samt Befestigungsanlagen anbot. Erstaunlich ist allerdings der gute Zustand der Ruine, der nicht

nur in den Restaurierungsmaßnahmen der heutigen Zeit begründet ist, sondern möglicherweise auch mit einem Ausbau im 15. Jahrhundert zusammenhängt, als die meisten umliegenden Burgen schon verlassen waren und verfielen. Erhalten sind hohe Mauer- und Turmreste, wuchtige Palasbauten, Burgtore und Zwinger.
Und dann gibt es auch noch die Geschichte von der schlauen Agnes, die ihren Ehemann, den Ritter von Dalwigk, nach der Niederlage im Kampf um die Burg rettete. Sie bat den Landgrafen, das Wertvollste beim Verlassen der Weidelsburg mitnehmen zu dürfen und schleppte kurzerhand ihren Gatten huckepack den Burgberg hinab.
Solch eine tollkühne Aktion sparen wir uns lieber, denn im Zickzack geht es etwas beschwerlich den Hang bergab. Auf halben Weg zum Parkplatz liegt linker Hand der ehemalige Steinbruch Katzenloch, der bereits im 12. Jahrhundert im Zuge des Burgenbaus entstand und mit Unterbrechungen bis in die 1930er-Jahre in Betrieb war. Uns bietet sich hier ein interessanter Blick in die Erdgeschichte der Region, denn die sechseckigen Basaltsäulen sind ein Beispiel für die im Wolfhager Land vorkommenden vulkanischen Bauten des Habichtswaldes, die als nördlichstes geschlossenes Vulkangebiet Deutschlands gelten.

Kurz darauf erreichen wir in Ippinghausen die B251, die wir schräg versetzt überqueren und nach Leckringhausen fahren. Der kleinste Ortsteil von **Wolfhagen** wurde 1699 für die französischen Glaubensflüchtlinge von Landgraf Carl gegründet und die Hugenottenkirche weist noch heute auf diese Zeit hin.

(041) WOMO-Wanderparkplatz: Wolfhagen, Heller Platz

GPS: N 51°18'45.0" E 09°08'18.6". **Max. WOMOs:** 2.

Ausstattung: Infotafel, Wanderwege (Habichtswaldsteig/ Rundwanderungen von 3-5 km), Tisch und Bänke, Schutzhütte, Müllbehälter.
Beschreibung: Der einfache Wanderparkplatz liegt außerhalb der Stadt am Waldrand und bietet zahlreiche Wander- und Radtourmöglichkeiten. Von der Zufahrt hat man einen schönen Blick auf Wolfhagen und den Isthaberg. Der Parkplatz ist sehr beliebt bei Joggern und Hundebesitzern.
Zufahrt: Kurz vor Wolfhagen an der abknickenden Vorfahrtsstraße links abbiegen und ca. 1,5 km bis zum Wanderparkplatz fahren.

Im Nu sind wir von hier in Wolfhagen, halten uns Richtung Volkmarsen bis zur B450, die wir überqueren und dann links dem WOMO-Piktogramm bis zum Stellplatz der Stadt folgen.

(042) Offizieller WOMO-Stellplatz: Wolfhagen, Park- und Freizeitanlage Bruchwiesen

GPS: N 51°19'46.7" E 09°10'14.2", Bruchweg. **Max. WOMOs:** 45.
Ausstattung: V/E, Strom, Gasflaschentausch lt. Aushang.
Beschreibung: Der am Ortsrand liegende, geschotterte und meist schattenlose Platz liegt an einem Bächlein im Grünen, ca. 300 m vom Zentrum und von Geschäften, Supermarkt und Restaurants entfernt. Während der

Hauptsaison kommt morgens der Bäcker und man kann von hier zu ausgedehnten Wanderungen und Radtouren aufbrechen.
Preise: €.
Zufahrt: Im Ort den WOMO-Piktogrammen folgen.
Hinweis: Wohnwagen-Gespanne sind nicht gestattet und die benachbarte Grillhütte und Feuerstelle kann für Treffen angemietet werden. Uns gefällt es auf dem rechten Teil des Platzes besser.

Wolfhagen

Schön ist es, durch die verwinkelten Gässchen der über 775 Jahre alten historischen Fachwerkstatt zu bummeln und anschließend am Marktplatz in der **Alten Wache** einen Kaffee zu trinken. Gegenüber steht das **Alte Rathaus**, ein dreigeschossiger, wuchtiger Fachwerkgerüstbau mit Krüppelwalmdach, und dazwischen befindet sich der **Märchenbrunnen**. Hier lehnt der Wolf lässig am Brunnen, wartet vergeblich auf das letzte Geißlein und symbolisiert das Stadtmärchen „Der Wolf und die sieben Geißlein" sowie die Verbundenheit zu den Brüdern Grimm. An dieser Stelle beginnt auch eine kostenfreie Stadtführung *(Apr. - Sep. Sa 11 Uhr; Treffpunkt Märchenbrunnen)*.
Weit über die Dächer beherrscht der mächtige Bau der Stadtkirche **St. Anna** die Stadtsilhouette und der **Chattenturm** ist der letzte, erhaltene von elf Stadttürmen. Um von hier aus luftiger Höhe weit ins Wolfhager Land blicken zu können, kann man den Turmschlüssel in der **Tourist-Information** in der Nähe des Marktplatzes ausleihen *(Mo - Di 8 - 16/Mi 8 - 12/Do 8 - 17/Fr 8 - 13 Uhr; Burgstraße 33 - 35; Telefon 05692/602190; www.wolfhagen.de)*. Hier können Themenführungen

gebucht werden und man erhält vielfältige Informationen zum Beispiel über Feste und Veranstaltungen in der Region.

Nicht weit entfernt residiert im alten Renthof das einen Besuch werte **Regionalmuseum Wolfhager Land** *(Di/Mi10 - 13/14 - 17 Uhr; Sa/So 14 - 17 Uhr; Eintritt; www.regionalmuseum-wolfhager-land.de)*. Im Mittelpunkt stehen die Geologie und Geschichte der Region mit den Spuren und einem Modell der Chirotherien-Saurier sowie die Abteilung über den Abenteurer und Begründer der Brasilienforschung Hans Staden.

Im nahe des Stellplatzes gelegenen **Ristorante La Laterna** können wir anschließend den Abschluss unseres Stadtbesuchs in freundlicher Atmosphäre und bei einer guten Pizza ausklingen lassen (Okt. - Apr.; Mo Ruhetag).

Unser Weg führt kurz über die B450 und dann nach Volkmarsen. Hinter Ehringen sprudelt der **Volkmarser Sauerbrunnen** aus einer Quelle, die allseits beliebt ist [N 51°24'18.8" E 09°08'16.1"].

Natürlich verkosten wir das prickelnde Wässerchen und der Geschmack sowie das leichte Prickeln auf der Zunge ist durstlöschend und recht angenehm. Rund um den Trinkpavillon ist eine kleine Freizeitanlage mit Spielgeräten und einer Minigolfanlage entstanden, die von den Kindern eifrig Quellwasser zapfender Erwachsener gern genutzt wird *(Apr. - Okt. Mo - Fr 12 - 18 Uhr; Sa 10 - 18 Uhr; So 12 - 18 Uhr; Nov. - März Mo - Fr 12 - 16 Uhr; Sa 10 - 16 Uhr; So 12 - 16 Uhr; 0,25 €/1 Liter, Stand: 2020)*.

Bei der Weiterfahrt ist die vor uns auf einem Berg über dem Erpetal liegende **Kugelsburg** nicht zu übersehen [N 51°24'49.0" E 09°07'51.5"].

Die im Jahr 1200 erbaute Burg hatte viele Besitzer und wurde im Siebenjährigen Krieg zum Teil zerstört. Heute ist sie ein beliebtes Ausflugsziel mit Aussichtsplattform und Gaststätte *(Mi - Fr ab 17 Uhr; Sa/So ab 11 Uhr; Telefon 05693/1770; www.kugelsburg.de)*.

(043) Offizieller WOMO-Stellplatz: Volkmarsen, Wohnmobilhafen unter dem scharfen Stein

GPS: N 51°24'40.5" E 09°07'46.7", Kasseler Straße 33.
Max. WOMOs: 32.
Kontakt: Telefon 0157/31078757, www.wohnmobilhafen-volkmarsen.com.
Ausstattung: V/E, Strom, WLAN, Waschmaschine, Wäschetrockner, Sanitäranlagen, Müllbehälter.
Beschreibung: Der gepflegte Platz liegt am Fuß der Kugelsburg nahe der Straße am Ortsrand und ist meist schattenlos. Zwischen den Parzellen gibt es kleine Rasenflächen, sodass man sich auch gut vor dem Wohnmobil aufhalten kann. Der Ortskern mit Geschäften und Restaurants ist etwa 1 km entfernt und es gibt zahlreiche Möglichkeiten für Wander- und Radtouren. In der Nähe befindet sich das öffentliche Freibad.
Zufahrt: Der Stellplatz liegt direkt am östlichen Ortseingang an der L3075.

Ein weiterer im Ort ausgeschilderter offizieller Stellplatz befindet sich an der Nordhessenhalle auf einem einfachen Großparkplatz [**044:** N 51°24'45" E 09°6'38.0"; Schulstraße 11].
Von Volkmarsen zieht es uns weiter nach **Bad Arolsen** und damit ins Waldecker Land. In Wetterburg erreichen wir das dem Hochwasserschutz zu verdankende Rückhaltebecken der Twiste. Erfreulicherweise werden seit 1979 durch den künstlichen Wasserstau nicht nur Überflutungsschäden vermieden, sondern es entstand gleichzeitig ein Refugium für Wassersportler und Erholungssuchende.
Der **Twistesee**, der zu den saubersten Stauseen Deutschlands zählt, bietet viel Natur und Abwechslung. Ein kleiner Teil wurde zum Vogelschutzgebiet mit ornithologischer Beobachtungsstation erklärt und auf der übrigen Wasserfläche tummeln sich Boote oder Schwimmer, die vom **Strandbad** aus ins kühle Nass steigen können [N 51°22'17.0" E 09°03'14.9", Zum Wiggenberg, Gebühr. Wohnmobile/Wohnwagengespanne von 22 - 6 Uhr verboten].
Jogger, Skater, Fahrradfahrer und Wanderer kommen auf dem sieben Kilometer langen Seerundweg auf ihre Kosten und Angler können mit entsprechendem Angelschein zwar nicht ihre Netze, aber immerhin ihre Ruten auswerfen.
Direkt am See befindet sich einer unserer Lieblingsstellplätze, auf dem wir uns immer wieder gerne aufhalten, um einige Tage auszuspannen, die Gegend ausgiebig zu erkunden und vor allen Dingen das nahe Bad Arolsen zu besuchen.

(045) Offizieller WOMO-Stellplatz: Bad Arolsen-Wetterburg, Reisemobilhafen Twistesee

GPS: N 51°23'02.8" E 09°03'54.8", Bericher Seeweg. **Max. WOMOs:** 166. **Kontakt:** Telefon 05691/8069383, www.reisemobilhafen-twistesee.de **Ausstattung:** V/E, Strom, schönes Sanitärgebäude mit Fußbodenheizung behindertengerechte WC, Grillmöglichkeit, WLAN, Kiosk mit kleinen Snacks, kalten und warmen Getränken, Außenterrasse, Brötchenservice Apr. - Okt. direkt ans Wohnmobil, Pkw-Verleih, Angeln mit Angelschein möglich, **Beschreibung:** Die gepflegten, geschotterten und parzellierten Stellplätze liegen direkt am Twistesee und bieten zum Teil einen schönen Blick auf's Wasser. Neben jedem Stellplatz befinden sich großzügige Rasenflächen und fünf auf dem Platz verteilte Satellitenanlagen bieten eine direkte Anschlussmöglichkeit an den Plätzen, wo kein eigener Satellitenempfang möglich ist. Es gibt die Möglichkeit zum Gasflaschentausch und zahlreiche Vergünstigungen bei öffentlichen Einrichtungen und Freizeitangeboten. Im etwa 500 m entfernten Ort gibt es Restaurants und die Freizeitangebote rund um den Twistesee sowie der Umgebung sind fast unerschöpflich. Unsere Vierbeiner begeistern sich natürlich am meisten für den nahen Hundestrand. Auch wer einmal ein größeres Treffen mit Wohnmobilfreunden plant, ist hier genau richtig.

In Wetterburg kann man wie anno dazumal rustikal in der gleichnamigen **Burggaststätte** tafeln *(Di - Sa ab 18 Uhr; So/Feiertage ab 11.30 Uhr; Telefon 05691/1095; www.diewetterburg.de)* oder auch in der spanischen **Taperia La Sartén** gut einkehren *(Mo/Mi - Sa ab 17 Uhr; So/Feiertage ab 12 Uhr; Telefon 05691/8778230 oder 0151/55759078; www.altesgasthausbusch.de)*. Aber auch das **Café am See**, welches ein tolles Frühstück serviert, soll nicht unerwähnt bleiben *(Mo - Fr 10 - 18 Uhr; Sa/So/Feiertage ab 9 Uhr; Nov. - März Di - Do geschlossen; Telefon 05691/7611; www.cafeimsee-twistesee.de)*.

Preise: €€€, Rabatte möglich. **Zufahrt:** Von der Landstraße bzw. aus Bad Arolsen kommend den WOMO-Piktogrammen folgen.

Residenzschloss

Vom Twistesee sind wir im Nu in Bad Arolsen und wer das Ambiente eines Festplatzes als Übernachtungsmöglichkeit nicht scheut, wird dort einen Platz finden [**046:** N 51°22'21.7" E 09°01'22.6", Königsbergallee, Zelten und Lagern verboten]. Anfang August wird daraus allerdings nichts, da der seit über 280 Jahren stattfindende **Arolser Kram- und Viehmarkt** dort abgehalten wird. Beim größten nordhessischen Volksfest ist dann Rummel pur angesagt, wenn Vergnügungs-, Gastronomie- und Gewerbeschaubetriebe sowie Krammarktgeschäfte von Tausenden Besuchern bevölkert werden.

Für den kurzen Stadtbesuch kann man mühevoll irgendwo einen Parkplatz für das Wohnmobil am Straßenrand suchen oder vorübergehend bei einem Supermarkt am Belgischen Platz fündig werden [N 51°22'38.3" E 09°00'48.6", Birkenweg]. Alternativ sei noch der nahe Parkplatz am **Freizeitbad Arobella** genannt [**047:** N 51°22'36.3" E 09°00'36.4", Schlesienstraße, 10 - 22/23 Uhr; www.arobella.de].

Beide Plätze haben den Vorteil, dass die **Tourist-Information** nicht weit entfernt ist und man sich dort mit dem vielfältigen touristischen Angebot vertraut machen kann, bevor man über einen Teil der insgesamt anderthalb Kilometer langen Großen Allee bis zum Schloss gelangt *(Mo - Fr 9.30 - 17 Uhr; zusätzlich Ostern - Ende Herbstferien Hessen Sa 10 - 12 Uhr; Große Allee 24; Telefon 05691/801240; www.bad-arolsen.de).*

Bad Arolsen

Seit 1997 darf sich Arolsen dank der gesundheitsfördernden Wirkung der Heilquelle „Bad“ nennen. Die Stadtgeschichte beginnt jedoch bereits im Jahr 1131, als das Augustinerinnen-Kloster Aroldessen gegründet wurde. Prägend ist die Zeit als Residenzstadt (1655 - 1918) der Grafen und Fürsten zu Waldeck und Pyrmont sowie danach bis 1929 als Hauptstadt des Freistaates Waldeck.

Als Wahrzeichen der Stadt gilt das **Residenzschloss**, das im Barockstil 1710 bis 1810 erbaut wurde und in dem 1858 Königin Emma der Niederlande geboren wurde. Noch heute werden Teile des Schlosses von den Nachfahren der Fürstenfamilie bewohnt, während wir „Bürgerlichen“ einen Blick in einige der Salons und andere opulent ausgestattete Räumlichkeiten nebst Waffen- und Ordensammlung werfen können *(Führungen Apr. - Okt. zwischen 10 - 17 Uhr; Nov. - März Mi - Sa zwischen 14 - 17 Uhr; So/Feiertage 11 - 17 Uhr; letzte Führung jeweils 16 Uhr; Eintritt; www.schloss-arolsen.de).*
Im Westflügel des Schlosses befindet sich eine wechselnde Ausstellung des **Museums Bad Arolsen** zur zeitgenössischen sowie älteren Kunst und zur Fotografie. Das Museum verteilt sich insgesamt auf vier weitere Gebäude, die wir im Rahmen unseres Stadtrundgangs nachfolgend *vorstellen (Mi - Sa 14.30 - 17 Uhr; So 11 - 17 Uhr; Eintritt; www.museum-bad-arolsen.de).* Die beiden **ältesten Gebäude des Schlossvorhofes, die Orangerie** und die **Alte Klosterscheune** gehen auf die Klosterzeit zurück. Das **Gärtnerhaus** und **die Fürstliche Reitbahn** datieren aus der Fürstenzeit. Zusammen mit einem Neubau werden die historischen Gebäude als Hotel genutzt.
Genau gegenüber und in gerader Sichtachse des Schlossportals führt die Schlossstraße zum **Fürstlichen Marstall**, in dem das **Christian Daniel Rauch-Museum** untergebracht ist. In Kooperation mit der Alten Nationalgalerie Berlin werden hier Skulpturen des klassizistischen Bildhauers ausgestellt *(Mi - Sa 14 - 17 Uhr; So 11 - 17 Uhr; Eintritt; www.museum-bad-arolsen.de).* Vorbei am **Goldenen Hochzeitshaus** gelangen wir zum **Neuen Schloss mit Baumpark und Heilquelle** *(Heilwasserausschank Ostern - Ende Apr. So - Fr 10.30 - 11.15 Uhr; Mai - Okt. tägl. 10.30 - 11.15 Uhr u. 16 - 16.45 Uhr).*
Zurück am Schloss, gehen wir die Schlossstraße nun in westliche Richtung und stoßen mitten in die schöne Altstadt mit ihren sehenswerten Bürgerhäusern aus dem 18. Jahrhundert. In einem der ältesten Häuser, dem **Schreiberschen Haus** wird über die Entstehung und Entwicklung der Residenzstadt informiert und Arbeiten der Malerdynastie um Wilhelm von Kaulbach aus dem 19. Jahrhundert gezeigt *(Apr. - Okt. Sa/So 14.30 - 17 Uhr; Eintritt; www.museum-bad-arolsen.de).*

In der nächsten Seitenstraße Richtung Große Allee befindet sich das **Kaulbach-Haus**. Im Geburtshaus des Historienmalers und Illustrators vertiefen wir unser Wissen über Kaulbach und seine Familie *(Apr. - Okt. Sa/So 14.30 - 17 Uhr; Eintritt; www.museum-bad-arolsen.de)*. Am Ende der Schlossstraße, dort wo die evangelische Stadtkirche zu finden ist, führt rechts die Rauchstraße zum **C. D. Rauch-Geburtshaus**. Im letzten der fünf Gebäude des Museums Arolsen werden Porträts des Künstlers und persönliche Erinnerungsstücke präsentiert *(Apr. - Okt. Sa/So 14.30 - 17 Uhr; Eintritt; www.museum-bad-arolsen.de)*.

Aus der Stadt kommend gelangen wir über die Große Allee auf die B252 Richtung Korbach, verlassen diese bereits an der übernächsten Ausfahrt Richtung B450/Fritzlar/Wolfhagen und orientieren uns an der nächsten Kreuzung neu.

Im Bad Arolser Stadtteil **Mengeringhausen** gibt es eine Vielzahl voann gut erhaltenen Fachwerkhäusern. Hierzu gehören auch die ehemalige **Alte Wasserburg** und ein Ackerbürgerhaus aus dem 17. Jahrhundert, in dem das **Heimatmuseum** untergebracht *ist (Mai - Okt.; jeden 2. und 4. So im Monat 14 - 17 Uhr; Eintritt; www.museum-mengeringhausen.de)*. Außerdem vermerken wir um den Ort vier Parkplatzmöglichkeiten, bevor wir über einen längeren Zeitraum das Wohnmobil in Fahrt halten werden.

(048) WOMO-Stellplatz:
Mengeringhausen, Altes Munitionsdepot

GPS: N 51°21'07.2" E 09°00'20.1". **Max. WOMOs:** 2 - 3.
Ausstattung: Bank.
Beschreibung: Der einfache, asphaltierte Parkplatz ist eigentlich nur die Zufahrt zum alten Munitionsdepot und das Wohnmobil wird einfach am

Straßenrand geparkt. Die Örtlichkeit liegt außerhalb und ist im Allgemeinen ruhig und einsam.
Zufahrt: An der vorgenannten Kreuzung rechts Richtung Twistesee fahren. Nach etwa 700 m rechts dem Hinweis „Retrievertreff" weitere 400 m folgen.

(049) WOMO-Badeplatz: Mengeringhausen, Schwimmbad

GPS: N 51°21'48.6" E 08°58'52.3", Walmer Weg. **Max. WOMOs:** 2.
Beschreibung: Der einfache, geschotterte Parkplatz ist teilweise schattig und liegt in der Nähe von Häusern am Ortsrand.
Zufahrt: An der vorgenannten Kreuzung links nach Mengeringhausen fahren. Von der Durchgangsstraße zunächst dem Hinweis „Weißer Stein" und gleich danach dem Hinweis zum Freibad folgen Der Parkplatz liegt gegenüber dem Schwimmbad.

(050) WOMO-Wanderparkplatz: Mengeringhausen, Freudenbrunnen

GPS: N 51°21'53.5" E 08°57'44.0" Leiborner Straße. **Max. WOMOs:** 2.
Ausstattung: Bänke, Müllbehälter.
Beschreibung: Der einfache geschotterte Parkplatz liegt am Waldrand außerhalb des Ortes. Von hier kann man zu Wanderungen und Radtouren aufbrechen.
Zufahrt: An der vorgenannten Kreuzung links nach Mengeringhausen fahren. Von der Durchgangsstraße dem Hinweis „Weißer Stein" knapp 2 km bis zum Parkstreifen am Teich folgen.

(051) WOMO-Wanderparkplatz: Mengeringhausen, Waldlehrpfad

GPS: N 51°21'57.1" E 08°57'18.1"
Max. WOMOs: 2.
Ausstattung: Infotafel, Bänke, Müllbehälter.
Beschreibung: Der einfache Waldparkplatz liegt unter Bäumen außerhalb der Ortschaft und ist nachts einsam. Von hier kann man zu Wanderungen aufbrechen. Lagern und offenes Feuer verboten!
Zufahrt: Wie zum vorgenannten Parkplatz und der schmalen Straße rund 500 m weiter bis zum Parkplatz folgen.

Auf der B252 rollen wir weiter Richtung Korbach bis Berndorf und biegen dort rechts ab nach Helmscheid, das wir durchfahren und dann Richtung Diemelsee abzweigen. Langsam, aber stetig geht es bergauf in den hessischen Teil des ansonsten westfälischen Hochsauerlandes, das sogenannte Oberland – besser bekannt unter der plattdeutschen Bezeichnung **Upland**. Ab Flechtdorf beginnt der 334 Quadratkilometer große

Naturpark Diemelsee, der mit zwei Dritteln im Nordwesten Hessens und mit einem Drittel in Nordrhein-Westfalen liegt. Direkt an der Landesgrenze bilden der Hegekopf und der Langenberg mit jeweils 843 Metern Höhe die höchsten Erhebungen. Die abwechslungsreiche Berg- und Tallandschaft, die von ausgedehnten Laub- und Nadelwäldern über- und von Bächen durchzogen wird, findet ihren Mittelpunkt am Diemelsee.
Uns spricht besonders der Wechsel zwischen Stille in den einsamen Wäldern und Trubel in den teils lebhaften Ortschaften an. Die Vielzahl an **Freizeitmöglichkeiten wie Wandern, Kanu- und Radfahren, der Besuch von Museen, Hallen- und Freibädern oder Bergwerken und nicht zuletzt der Wintersport** machen den Landstrich zusätzlich attraktiv. Also auf in den Naturpark, der uns auf unserer Strecke bis Korbach begleiten wird *(www.naturpark-diemelsee.de)*!
Zunächst gelangen wir durch das hübsche Tal des Aarbachs nach **Adorf** und befinden uns damit auch im **Nationalen GeoPark Grenzwelten**. Das ist nicht etwa eine neue Schutzkategorie wie ein Natur- oder Nationalpark, sondern vielmehr ein werbewirksames Gütesiegel, das auf besondere geologische und erdgeschichtliche Attraktionen im Grenzgebiet von NRW und Hessen aufmerksam machen soll.

Grube Christiane und die Martenbergklippe

Demzufolge ist im Ort der Hinweis zum **Besucherbergwerk Grube Christiane** nicht zu verfehlen [N 51°22'26.7" E 08°47'57.9", Bredelarer Straße].
Das Bergwerksmuseum in den Räumen der ehemaligen Aufbereitungsanlage unterhalb des Förderturms zeigt anhand von zahlreichen Bildern, Modellen, Schautafeln und originalen Exponaten den Weg des gehauenen Steins vom Abbau bis hin zur Verhüttung. Während der neunzigminütigen Führung durch das Bergwerk werden uns auf 1,2 Kilometern unter Tage die Arbeitsbedingungen und -techniken beim Eisenerzabbau der verschiedenen Jahrhunderte in den Stollen und Strecken nähergebracht. Gleichzeitig erfahren wir etwas über die Verknüpfung des Bergbaus mit der Wirtschafts-, Lebens- und Wohnwelt einer ganzen Region *(Apr. - Okt. Mi/Sa 13 - 17 Uhr; So/ Feiertage 10 - 17 Uhr; Juni - Aug. zusätzlich Mo 13 - 17 Uhr; letzte Führung 16 Uhr; Eintritt.)*.

Eine weitere Besonderheit der Erdgeschichte ist die **Martenbergklippe**, die wir von Adorf Richtung Giershagen erreichen. Der dazugehörige kleine Parkplatz liegt links auf einer Kuppe in Sichtweite mehrerer Windräder [N 51°22'31.1" E 08°48'51.8"].

Martenberg-Klippe

Nach einem kurzen Weg über eine Weide stehen wir vor der acht Meter hohen Klippe, die im Volksmund Rosenschlösschen genannt wird und Spuren von 300 Millionen Jahre alten versteinerten Meerestieren und Pflanzen enthält. Sammler müssen ihre Hämmerchen in der Tasche lassen – das Naturdenkmal ist geschützt und Fossilien und Mineralien dürfen nicht entnommen werden.

Eine weitere Anlaufstelle für alle Wissensdurstigen ist das in Adorf gut ausgeschilderte **GeoFoyer**, in dem die Erd- und Landschaftsgeschichte rund um den Diemelsee in einer multimedialen Ausstellung vertieft werden kann *(täglich 8 - 19 Uhr; www.geopark-grenzwelten.de)*.

Von Adorf ist der Weg durch die ansprechende, hügelige Landschaft mit Wiesen, Feldern und Wäldern zum **Diemelsee** und zur **Diemeltalsperre** gar nicht zu verfehlen.

Die 194 Meter lange und 42 Meter hohe Sperrmauer liegt bereits in NRW und wurde 1912/13 zur Wasserregulierung von Weser und Mittellandkanal sowie zum Hochwasserschutz und zur Stromerzeugung erbaut.

Bald rollen wir in den Luftkurort **Heringhausen** ein, dessen Ortsbild von alten Fachwerkhäusern geprägt ist und als touristisches Zentrum am See gilt. Mehrere Campingplätze sind ausgeschildert und die **Tourist-Information** liegt Richtung Willingen im **Haus des Gastes** an der rechten Straßenseite [N 51°21'48.1" E 08°43'42.0", der Parkplatz liegt gegenüber]. Hier sollte man sich unbedingt schlaumachen, denn die Freizeitmöglichkeiten sind fast unerschöpflich und bieten für jeden Geschmack etwas *(Mo - Fr 9 - 13 Uhr/13.30 - 16 Uhr; Sa 10 - 12 Uhr; Kirchstraße 6; Telefon 05633/91133; www.diemelsee.de)*.

(052) WOMO-Campingplatz:
Diemelsee-Heringhausen, Campingpark Hohes Rad

GPS: N 51°21'46.9" E 08°43'07.9", Hohes Rad 1.
Telefon: 05633/99099 o. 0171/9937185, www.camping-diemelsee.de.
Öffnungszeit: Ganzjährig.

Ausstattung: Spielplatz, kleiner Laden, Brötchenservice, WLAN.
Beschreibung: Der nette Betreiber hat seinen meist schattenlosen Campingplatz terrassenförmig angelegt. Der Platz ist lediglich durch die Zufahrtsstraße vom See getrennt und liegt außerhalb der Ortschaft. Direkt am Eingang befindet sich ein separater, enger Wohnmobilstellplatz für 5 WOMOs mit Stromanschluss, in der Gebühr ist die Nutzung von Duschen und Sanitäranlagen enthalten. Direkt am Platz beginnen ausgewiesene Rad- sowie Wanderstrecken und das gesamte Wassersportprogramm am See kann gegen Gebühr genutzt werden.
Preise: €€.
Zufahrt: In Heringhausen Richtung Willingen fahren und hinter der Brücke rechts zum ausgewiesenen Campingplatz abbiegen.

(053) Offizieller WOMO-Stellplatz: Diemelsee-Heringhausen, Hohes Rad

GPS: N 51°21'52.4" E 08°43'09.1", Hohes Rad. **Max. WOMOs:** 20.
Ausstattung: Müllbehälter.

Beschreibung: Der einfache, geschotterte Parkplatz liegt auf zwei Ebenen direkt am See, ist meist schattenlos und befindet sich außerhalb der Ortschaft. Die etwa 100 m entfernte öffentliche Toiletten- und WC-Anlage kann benutzt werden und direkt am Parkplatz beginnen ausgewiesene Rad- und Wanderstrecken (z. B. der 14 km lange Rundwanderweg H6 um den See) und das gesamte Wassersportprogramm am See kann gegen Gebühr genutzt werden.
Am etwas unterhalb gelegenen See gibt es linker Hand einen Hundestrand. Der Parkplatz ist eingeschränkt klappstuhlgeeignet.
Preise: €, am Campingplatz zu zahlen.
Zufahrt: Wie zum vorgenannten Campingplatz, jedoch ca. 200 m weiter der Straße bis zum Parkplatz folgen.
Hinweis: Wohnwagen-Gespanne sind nicht gestattet!

(054) Offizieller WOMO-Wanderparkplatz: Diemelsee-Heringhausen, Strandbad

GPS: N 51°22'30.1" E0 8°43'20.7", Am See. **Max. WOMOs:** 3 - 5.
Ausstattung: Infotafel, Tisch und Bank, Müllbehälter.

Beschreibung: Der einfache Parkplatz liegt außerhalb des Ortes am Waldrand oberhalb des Sees und ist durch die Uferrandstraße von diesem getrennt. In der Nähe befinden sich ein Imbissstand, ein Restaurant und ein WC. Strandbad und Schiffsanleger sind in der Nähe und direkt am Parkplatz starten ausgewiesene Rad- und Wanderwege. Ein Hundestrand befindet sich der Straße folgend am Anglerstrand.
Zufahrt: In Heringhausen Richtung Helminghausen und nach Überqueren der Sperrmauer Richtung Willingen fahren. Der Parkplatz liegt ca. 500 m später auf der rechten Straßenseite gegenüber einem Großparkplatz.

Natürlich wird auf dem fast 20 Millionen Kubikmeter Wasser fassenden Diemelsee von Ostern bis Oktober täglich von 11 bis 17 Uhr

Am Diemelsee

zur vollen Stunde auch der Anker für Personenschiffe gelichtet (*www.seerundfahrten-diemelsee.de*).
Für unser folgendes Wandervorhaben genau das Richtige.

WOMO-Wandertipp: Höhenwandern am Diemelsee

Mittelschwere Wanderung von ca. 7 Kilometern Länge mit An- und Abstiegen sowie grandiosen Ausblicken.
Vom Stellplatz am Strandbad gehen wir zum Schiffsanleger und setzen mit der „MS Muffert“ zur Anlegestelle am Badestrand in Heringhausen über. Ab hier folgen wir dem **Fährschiffwanderweg** und einem Teil des insgesamt 63 Kilometer langen **Diemelsteigs**, der mit seiner weitgehend naturbelassenen Wegführung auch an anderen Stellen abwechslungsreiche Wanderungen verspricht. Die Beschilderung mit dem markanten D ist gar nicht zu verfehlen und der Uferrandweg bringt uns bequem mit herrlichen Ausblicken auf kleine Buchten, Segler, Surfer und allerlei Badevolk an einen Parkplatz. Nun folgt ein ziemlich heftiger Anstieg zum rund 500 Meter hohen Aussichtspunkt St. Muffert, der als heimlicher Höhepunkt des Diemelsteigs gilt. Für die Strapaze werden wir jedoch mit einem herrlichen Panoramablick auf beide Enden des Sees, die imposante Sperrmauer und die Berge des Uplandes entschädigt. Weiter führt der Weg zum Gipfel des Eisenbergs und dann zu einem weiteren Aussichtspunkt. Der anschließende Abstieg führt an der Sperrmauer vorbei zurück zu unserem WOMO.

Alle **Radsportbegeisterten** können zum Beispiel zu einer mit einer weißen Eins auf grünem Grund ausgewiesenen knapp **13 Kilometer langen Schleife rund um den Diemelsee** starten oder mit der weißen Drei auf schwarzem Grund die **32 Kilometer lange Stadt-Land-See-Tour** abradeln.
Welche Fortbewegungsart auch immer gewählt wurde, nach einem Verschnaufen im Seecafé setzen wir das WOMO in Bewegung und folgen der Straße um den See.
Nachdem wir die Itter überquert haben, richten wir uns wieder Richtung „Campingpark Hohes Rad“. Selbstverständlich hätten wir auch direkt von dort Stormbruch erreichen können, doch dann wäre uns eine Fahrt mit herrlichen Sichten in die wunderschöne Landschaft entgangen.

Unterwegs im Naturpark Diemelsee

Wir peilen **Ottlar** an, das WOMO schnauft bergauf und schon ist die Zufahrt zum 738 Meter hohen Dommel, dem höchsten Berg der näheren Umgebung erreicht.

(055) WOMO-Wanderparkplatz: Ottlar, Dommel

GPS: N 51°19'54.5" E 08°40'39.5", Am Dommel. **Max. WOMOs:** 2

Ausstattung: Tisch und Bank, Müllbehälter.

Beschreibung: Der einfache, geschotterte Parkplatz liegt außerhalb der Ortschaft am Waldrand ist schräg und hat eine famose Aussicht. Hier führen Rad- und Wanderwege vorbei und ein etwa 3 km langer Rundweg mit einem ordentlichen Anstieg führt hinauf auf den Dommel mit Aussichtsturm. Der Parkplatz ist am Rand der Wiesenfläche eingeschränkt klappstuhlgeeignet.

Zufahrt: Etwa 1,5 km hinter Ottlar rechts dem Hinweis zum Parkplatz Dommelturm auf schmaler Straße weitere 1,5 km folgen.

Richtig schön ist es hier und nach dem Aufstieg zum Dommel und den letzten Stufen des Aussichtsturms bietet sich ein Rundblick ins Sauerland sowie ins Waldecker Land.

Nach dem Diemelsteig kreuzen wir bei unserem Spazierweg hier den **Uplandsteig**, der bedingt durch die Topografie der Landschaft auf 64 Kilometer recht anspruchsvolle Touren um Willingen bietet.

Als Nächstes durchfahren wir Rattlar, den höchst gelegen Urlaubsort im Upland. Auffallend ist der veränderte Baustil der Häuser, die mit den schieferverkleideten Fassaden sehr an das Sauerland erinnern. In einer großen Schleife erreichen wir erst talwärts und dann wieder bergauf **Schwalefeld**.

Der Höhenluftkurort liegt im idyllischen Aartal und ist von blühenden Wiesen, duftenden Kornfeldern und scheinbar endlosen Wäldern umgeben. In so einer Idylle fehlt nur noch eine geheimnisvolle Burgruine, die wir vom nächsten Parkplatz aus finden werden.

(056) WOMO-Wanderparkplatz: Schwalefeld, Schwaleburg

GPS: N 51°19'10.1" E 08°37'38.1". **Max. WOMOs:** 2.
Ausstattung: Bank, Schutzhütte.
Beschreibung: Der einfache, geschotterte Parkplatz liegt am Waldrand außerhalb des Ortes, ist schräg und hat je nach Standort eine grandiose Aussicht. Er ist eingeschränkt klappstuhlgeeignet.
Zufahrt: Im Ort in einer Linkskurve rechts dem Hinweis zum Wanderparkplatz (am Scheideweg links) etwa 1,3 km auf schmaler Straße folgen.

Hinweis: Die Zufahrt erfolgt über eine schmale, kurvige Straße bergauf und hat kaum Ausweichmöglichkeiten. **Nur für WOMOs bis 7 m Länge!**

Na ja, Burgruine ist übertrieben, denn auf der freien Bergkuppe des Hegebergs können wir nach etwa 500 Metern Fußweg nur noch die Reste der wohl auf das achte bis zehnte Jahrhundert datierten **Ringwallanlage** erkennen. Im Hinblick auf die Ausdehnung muss sie zu einer der beeindruckendsten frühgeschichtlichen Befestigungen Mitteleuropas gehört haben. Schön ist es hier oben allemal und natürlich bietet sich vom Aussichtsturm mal wieder eine tolle Aussicht.

Blick von der Schwaleburg zum Ettelsberg

Der Ettelsberg, Hausberg Willingens, rückt in greifbare Nähe und wir wollen ihm noch näher auf die Pelle rücken. Der Weg nach **Willingen** ist gar nicht zu verfehlen und gleich am Ortseingang vermerken wir einen Parkplatz, um von hier dem etwa 200 Meter entfernten Besucherbergwerk einen Besuch abzustatten [N 51°17'59.7" E 08°36'41.4", Schwalefelder Straße]. Dort gibt es zwar auch eine Parkmöglichkeit, die aber für WOMOs eng werden könnte [N 51°17'53.9" E 08°36'43.5"].
Um es vorwegzunehmen, alle Parkplätze dürfen laut der Aussage der **Tourist-Information**, auch wenn sie nur für Pkw ausgewiesen sind, tagsüber von WOMOs genutzt werden *(Mo - Fr 9 - 17Uhr; Sa 9 - 14 Uhr; So 9 - 12 Uhr; Am Hagen 10; Telefon 05632/9694353; www.willingen.de)*. Der große, gebührenpflichtige Parkplatz an der Seilbahn bietet sich für den Tagesbesuch mit dem Wohnmobil am ehesten an [N 51°17'30.2" E 08°36'09.0"].

(057) Offizieller WOMO-Stellplatz: Willingen, Wohnmobilpark Willingen

GPS: N 51°17'23.1" E 08°36'47.3", Am Hagen. **Max. WOMOs:** 50.
Telefon: 05632/960719, www.wohnmobilpark-willingen.de.
Ausstattung: V/E, Strom, Gasflaschentausch Brötchenservice, WC, Benutzung der Duschen im Lagunenbad gegen Gebühr, WLAN, Infotafel, Liegewiese.
Beschreibung: Der gepflegte, geschotterte und winterfeste Platz liegt am Ortsrand unterhalb des Ettelsbergs und Wiesen, Rad- und Wanderwege sowie Loipen und Pisten starten quasi direkt vor der WOMO-Tür.

In der Nähe befinden sich das Erlebnisbad mit Innen- und Außenpool, Saunalandschaft, Rutschen, Whirlpool sowie Restaurant. Ebenso sind Eislaufhalle, Kino und die Tourist-Info ganz in der Nähe. Das Ortszentrum ist nach ca. 10 Gehminuten erreicht und auch die Sommerrodelbahn und Kartbahn sind nur wenig weiter entfernt.
Preise: €€€.
Zufahrt: Im Ort in Richtung Brilon (B251) den Hinweisen zur Tourist-Info bzw. den WOMO-Piktogrammen folgen.
Hinweis: Im Winter nachts gegebenenfalls Geräuschbelästigung durch Schneekanonen.

(058) Offizieller WOMO-Stellplatz: Willingen, Winterstellplatz

GPS: N 51°17'26.3" E 08°36'37.4", Am Ettelsberg. **Max. WOMOs:** 10.
Beschreibung: Einfacher geschotterter Parkplatz, der im Winter zusätzlich zur Übernachtung genutzt werden darf. Dann hängt an der Einfahrt ein Hinweis! Der Platz befindet sich nahe allen erwähnten Freizeitmöglichkeiten.
Preise: €, zahlbar im Schwimmbad.
Zufahrt: Wie zum vorgenannten Stellplatz. Der Parkplatz liegt schräg gegenüber der Tourist-Info an der Straße.

Willingen und die Schiefergrube Christine

Der Kur- und Wintersportort Willingen wurde 1380 erstmals erwähnt, ist heute eine der bedeutendsten Fremdenverkehrsgemeinden Deutschlands und ein international bekannter Wintersportort.
Im quirligen Ort vermischen sich in der Hauptsaison Kurgäste mit an- und abreisenden Gästen mit Koffern vor unzähligen Ladengeschäften, Bars, Restaurants, einem Brauhaus und Tanzcafés.
Das Freizeit- und Sportangebot in und um Willingen ist vielfältig und wir erlauben uns die folgenden Zeilen der Imagebroschüre Willingens zu entnehmen, denn besser können wir es nicht formulieren:
Abenteuer-Golfplatz, Eissporthalle, Kabinen-Seilbahn, Hochheideturm, Glasbläserei, Kartbahn, Kletterhalle, Lagunen-Erlebnisbad, Mühlenkopfschanze, Sommerrodelbahn, Wild- und Freizeitpark, gepflegtes Rundwanderwegenetz, Mountainbike-Parcours mit Freeride- und Downhillstrecken.

Blick vom Ettelsberg über Willingen

Im Winter bietet Willingen großen und kleinen Skihasen alles, was man sich an Schneespaß vorstellen kann: **20 Skilifte** an fünf beschneiten Hängen, **80 Kilometer gespurte Langlaufloipen, Rodelhang, Skischulen und Skikinderland mit Zauberteppich, Snowboard- und Swingbobfahren, Pferdeschlittenfahrten, Après-Ski, FIS-Weltcup-Skispringen** mit den Top-Athleten und vieles mehr.
Wer auf den Trubel über Tage verzichten möchte, der begibt sich unter die Erde und in die am Ortsrand liegende **Schiefergrube Christine**.
Im ehemaligen Bergwerk liegen vier Schieferbänke, die zu der etwa 350 bis 400 Millionen Jahre alten, mitteldevonischen Kalk- und Schieferformation gehören. Der Schiefer wurde mittels Sprengungen gewonnen, an die noch heute das Schild „Pulverkammer" erinnert, in der explosives Material gelagert wurde. Die Schieferblöcke wurden per Hand weiterverarbeitet, indem man sie zunächst mit Hämmern und Keilen in transportfähige Stücke zerkleinerte und nach draußen beförderte. Dort wurden sie mit Diamantsägeblättern in kleinere Stücke zersägt und in grubenfeuchtem Zustand mit Spalteisen und Holzhammer an Spalttischen in fünf bis acht Millimeter dünne Platten geteilt. Im trockenen Zustand wurde mit Gesteinsschere und Hammer die endgültige Form geschaffen, in der die Platten auf die Dächer aufgebracht wurden. 1971 wurde die Schiefergrube Christine stillgelegt und als Bestandteil des **GeoPark Grenzwelten** zur Besichtigung freigegeben.
Die konstant kühlen Temperaturen im Berg lassen uns bei Außentemperatur von momentan 25 Grad trotz unserer Jacken etwas frösteln, aber dem hier mindestens vier Wochen eingelagerten Willinger Christstollen verhelfen sie zu einer besonderen Reife. Gruppen ab 25 Personen können im Bergmann-Kochgeschirr unter Tage essen und für geschulte Taucher werden in den überfluteten Stollen Tauchgänge angeboten *(Apr. - Okt. Mi - Sa Führungen jeweils 10.30 Uhr u. 11.30 Uhr u. 14.30 Uhr u. 15.30 Uhr; So Führungen jeweils 10.30 Uhr u. 11.30 Uhr; Nov. - März Mi - So Führung 10.30 Uhr; Eintritt; www.willingen.de).*

Einige der oben genannten Freizeitmöglichkeiten haben wir sowohl im Sommer als auch im Winter mit viel Freude ausprobiert und für uns beschlossen, dass wir sicher wieder herkommen werden. Als besonders schön haben wir eine Winterwanderung in Erinnerung.

WOMO-Wandertipp: Willingen im Winter

Leichte Wanderung von etwa acht Kilometern Länge mit einigen An- und Abstiegen, die natürlich auch in den anderen Jahreszeiten gut zu gehen ist.

Am Wohnmobil-Park vorbei gehen wir geradeaus Richtung Wald, um uns gleich links zu halten und in den Ortsteil Stryck zu gelangen. Über die Straße „Am Dicken Stein" erreichen wir die Mühlenkopfstraße, die uns ein kurzes Stück rechts zum Wald und zum **Hotel-Restaurant Stryckhaus** führt *(Wirtsstube täglich 12 - 23 Uhr)*. Dort schwenken wir links und zur **Mühlenkopfschanze**. Die größte Großschanze der Welt ist von unten betrachtet tatsächlich gigantisch, und nachdem wir den Höhenunterschied von rund 120 Metern mit der **Standseilbahn** *(Di - Fr 11 - 17 Uhr; Sa/So/Feiertage 10 - 17 Uhr; Gebühr)* überwunden haben, eröffnet sich je nach Jahreszeit ein wunderschöner Blick über die verschneiten oder bewaldeten Berge. Getoppt wird dieser nur noch von der Aussichtsplattform des Anlaufturms *(täglich 10 - 17 Uhr; Gebühr)*.

Über den Winterwanderweg gelangen wir, den Anlaufturm vor Augen, links wandernd immer bergan zum 838 Meter hohen **Ettelsberg**. Im Spätsommer zieht die Blüte der Hochheide jährlich Tausende von Besuchern an, während wir jetzt nur den **Hochheideturm** erblicken können *(täglich 9 - 17 Uhr; Gebühr)*. 241 Stufen oder ein Aufzug führen auf die Plattform des 59 Meter hohen Turms inklusive fantastischer Rundsicht. Und da in Willingen scheinbar alles hoch und groß ist, gibt es auch gleich noch die größte **Outdoor-Kletterwand** an der Außenseite.

Die wohl bekannteste Berghütte des Sauerlandes ist direkt neben der Bergstation der **Ettelsberg-Seilbahn** zu finden *(tägl. 9 - 17 Uhr; im Skibetrieb 8.30 - 16.30; Flutlicht-Skifahren: Mi/Fr/Sa 18.30 - 21.45 Uhr; Gebühr; www.ettelsberg-seilbahn.de)*. Der Wirt sorgt mit seiner Schleudertrompete oder dem Alphorn für **gute Stimmung** und hat dem brennenden „Hüttengeist" sowie der Erbsensuppe im Glas zu wahrem Kultstatus verholfen. Die Einkehr in die **Ettelsberghütte (Siggis Hütte)** gehört wenigstens einmal ins Programm eines Willingen-Besuchs – jedenfalls scheinen so viele Menschen nicht irren zu können *(täglich ab 9 Uhr bis 15 Minuten vor letzter Seilbahn-Talfahrt)*!

Von hier gehen wir über die verschneite Fahrstraße immer talwärts, kreuzen die Skipiste und bevor es über die Straße zurück zum Ausgangspunkt unseres Marsches geht, den **Alm-Gasthof Zum Wilddieb** *(So - Do 11 - 20 Uhr; Fr/Sa 11 - 21 Uhr; Telefon 05632/6232; www.zumwilddieb.de).*

Bei der Weiterfahrt über die B251 Richtung Korbach passieren wir den Parkplatz an der Zufahrt zur Mühlenkopfschanze und peilen in **Usseln** die ausgeschilderte **Tourist-Information** an *(Mo - Fr 9 - 12 Uhr/15 - 16.30 Uhr; Sportstraße 7; www.usseln.de).* Laut Auskunft einer Mitarbeiterin ist das einmalige Übernachten auf den Parkplätzen an der ruhigen Seitenstraße kein Problem [**059:** N 51°16'55.6" E 08°39'43.3", Sportstraße]. Das **Freibad** ist in der unmittelbaren Nähe und der Weg durch die Straßen mit den im typisch blau-grauen Schiefergewand verkleideten Häusern ist einem heilklimatischen Kurort würdig.

Usseln und seine Museen

Das **Heimatmuseum** an der B251 gegenüber der Sportstraße widmet sich der Lebensweise, Geschichte und Kultur des Waldecker Uplandes und des früheren dörflichen Lebens *(Mi/So 16 - 18 Uhr; Führungen jeweils 16 und 17 Uhr; Nov. - Mitte Dez. geschlossen).*
Ein Stück weiter an der B251 wartet das **Upländer Milchmuhseum** auf große und besonders kleine Besucher. In der alten Usselner Molkerei werden neben ehemaligen Molkereigeräten historische Exponate aus dem Alltag der häuslichen Milchverarbeitung, Milchgefäße aus Afrika und vielerlei Kurioses rund um die Milch gezeigt. Das Muhseum (es heißt wirklich so!) ist ein Museum zum Anfassen und so versuchen wir uns gleich beim Melken der Museumskuh redlich. Im Milchgarten wird der Zusammenhang zwischen Wildkräutern, Pflanzen und Milch erläutert und für Kinder wird auf dem Milchpfad eine Rallye angeboten.

Blick von der Mühlenkopfschanze

Upländer Milchmuhseum

Klasse gemacht und ein Erlebnis für diejenigen, die denken, dass alle Kühe lila sind *(Di - Fr 10 - 17 Uhr; Sa/So/Feiertage 11 - 17 Uhr; Eintritt nach eigenem Ermessen; www.muhseum.de)*. Gleich nebenan decken wir uns im **Molkereiladen** mit hauseigenen Produkten ein, bevor es zum wahrscheinlich abgedrehtesten Museum unserer Reise geht.
Kurz vor dem Ortsausgang wenden wir uns Richtung Medebach und haben gleich den **Skilift und den Wander- und Loipenplan** vor Augen. 500 Meter später stehen wir ungläubig vor und wenig später im **Curioseum** [N 51°16'47.7" E 08°40'48.2"]. Man muss schon ein recht skurriles Selbstverständnis und ungeheure Leidenschaft haben, um eine derartige Sammlung an Krempel, Kunst und Kitsch zusammenzutragen. Alles, aber wirklich alles, was Menschen im Laufe ihres Lebens gebaut, benutzt, gesammelt und dann wieder weggeworfen haben, findet sich auf übervollen 1.500 Quadratmetern Fläche! Unmöglich alles aufzuzählen und auch vergebens, denn die schrille wie auch schräge

Curioseum

Ausstellung muss man einfach besucht haben. Am besten sogar zwei- oder drei Mal, damit man überhaupt realisiert, was die Augen zu sehen bekommen. Ob's einem gefällt oder nicht, mag jeder für sich entscheiden – dem Sammler Schlömer wird es egal sein, denn wie übersetzt er frei nach Konfuzius: „Wer mich nicht versteht, ist ganz einfach nur doof!“ Lieber Herr Schlömer, manches haben wir tatsächlich nicht verstanden, aber faszinierend und unterhaltsam war es für uns auf alle Fälle *(Mai - Okt. 10 - 17.30 Uhr; Nov. - Apr. Sa/So/Feiertage 10 - 17 Uhr; Eintritt; www.curioseum-willingen.de).*

Von nun an geht es auf der B251 bergab und in Neerdar, nach eigenen Angaben „das Tor zum Upland“, schließt sich selbiges hinter uns.
Die üppigen Nadelbaumbestände wechseln mehr und mehr in Laub- und Mischwäldern und die in der Mehrzahl schieferverkleideten Gebäude sind Vergangenheit. Hinter Wiesengrund biegen wir auf die L3437 Richtung **Bömighausen**/Alleringhausen ab.

(060) WOMO-Campingplatz: Bömighausen, Camping Bahrenberg

GPS: N 51°16'40.8" E 08°45'58.6", An der Neerdar 10.
Telefon: 0152/55985934 *(werktags ab 16 Uhr; sonst durchgehend)*, www.camping-bahrenberg-willingen.de

Öffnungszeit: Apr. - Sep.
Ausstattung: Waschmaschine, Wäschetrockner, WLAN.
Beschreibung: Der terrassenförmig angelegte Campingplatz liegt oberhalb eines kleinen Sees und bietet wenig Schatten. Dafür kann er als Ausgangspunkt für Wanderungen auf dem Uplandsteig oder für Radtouren im Upland genutzt werden. Im etwa 800 m entfernten Ort gibt es ein Restaurant.
Preise: €.
Zufahrt: Die Zufahrt zum Campingplatz befindet sich hinter dem südwestlichen Ortsausgang auf der rechten Straßenseite.

Durch das schöne Neerdatal erreichen wir wenig später Alleringhausen.

(061) WOMO-Wanderparkplatz: Alleringhausen, Raumbergteich

GPS: N 51°15'07.3" E 08°45'57.8", An der L3437/K60. **Max. WOMOs:** 2.
Ausstattung: Bänke, Müllbehälter.
Beschreibung: Der einfache, geschotterte Parkplatz liegt außerhalb des Ort und an einem kleinen Teich. Es gibt Rad- und Wanderwege.
Zufahrt: Hinter Alleringhausen rechts Richtung Nieder-Schleidern abbiegen. Der Parkplatz liegt direkt hinter dem Abzweig auf der rechten Seite.

Der weitere Weg Richtung Korbach führt uns nach **Goldhausen**. Der Ortsname kommt nicht von ungefähr, denn am weithin sichtbaren Eisenberg, dem Hausberg des naheliegenden Korbachs wurde vermutlich im elften, sicher aber im zwölften Jahrhundert das erste Gold gefunden.

(062) WOMO-Wanderparkplatz: Goldhausen, Eisenberg

GPS: N 51°14'58.9" E 08°49'25.0".
Max. WOMOs: 2 - 3.
Ausstattung: Müllbehälter.
Beschreibung: Der einfache, geschotterte Parkplatz liegt am Ortsrand in der Nähe der **Gaststätte Eisenberg-Hütte** *(Sommeröffnungszeiten Sa/So ab 11 Uhr)*. Hier führen Rad- und Wanderwege vorbei und das Besucherbergwerk ist gut zu erreichen.
Zufahrt: Der Vorfahrtsstraße bis ans Ortsende und dann dem Hinweis links zum Goldbergwerk folgen. Die Zufahrt, vorbei an einem ersten Wanderparkplatz mit Infotafel, ist durch den Wald etwas holprig.

GeoPark Grenzwelten – Das Gold der Region

Die Gold führenden Gesteine entstanden vor etwa 325 Millionen Jahren durch Sedimentablagerungen. Durch unterschiedliche Vorgänge unterscheidet man „primäre Berggold-Lagerstätten“ wie am Eisenberg oder „sekundäre Seifengold-Lagerstätten“, wie sie in fast allen Fließgewässern mehr oder weniger zu finden sind. Neben den Funden des begehrten Edelmetalls am Eisenberg wurde vermutlich schon sehr viel früher Gold aus dem Flusskies der nahen Eder gewaschen. Deutschlandweit

gibt es nur wenige Regionen, in denen der Goldabbau wirtschaftlich von Bedeutung war. Der Eisenberg gilt als reichste Goldlagerstätte Mitteleuropas – in der Betriebszeit sind über die Jahrhunderte maximal 1,2 Tonnen reines Gold gewonnen worden. Bereits 1620 kam der Bergbau zum Erliegen und weitere Versuche des Goldabbaus bis ins Jahr 1981 scheiterten. Noch heute erinnern viele Spuren wie Schürf- oder Goldwaschhalden und Stolleneingänge an den Bergbau.
Zwei unterirdische Strecken der ehemaligen Goldstollen sind im **Besucherbergwerk** bei einer abenteuerlichen zweistündigen Führung zu erleben *(Führungen für Einzelpersonen Mitte Apr. - Okt. meist Sa/So 10.30 u. 14.30 Uhr; in den Sommerferien Mi 14.30 Uhr; Eintritt;* ***Anmeldung mind. 2 Tage vorher unbedingt erforderlich!*** *Telefon 05631/53-232; www.goldspur-eisenberg.de).*
Nach dem Besuch im Bergwerk führt ein frei zugänglicher markierter **Rundgang mit Infotafeln** bis zum Gipfel des Eisenbergs, auf dem der **Georg-Viktor-Turm** bestiegen und die freigelegten Grundmauern der **Burgruine Eisenberg** besichtigt werden können
Auch wenn wir den Edersee noch nicht erreicht haben, möchten wir an dieser Stelle schon einmal darauf hinweisen, dass man in Edertal-Mehlen im Sommer mit ein bisschen Geduld am **Goldwaschplatz** selbst zum Goldwäscher werden kann [N 51°10'01.2" E 09°06'36.9", Waldecker Straße, vgl. Tour 4, Seite 135; Anmeldung Telefon 0163/4054970; www.goldwelten.de].

Stellplatz Nr. 063

Auf der Spur des Goldes fahren wir über Lengefeld weiter nach **Korbach**. Die Stadt bietet drei offizielle WOMO-Stellplätze an, von denen wir zwei der guten Ordnung wegen, aber nicht aus Überzeugung für einen guten Stellplatz angeben [**063:** N 51°16'41.4" E 08°52'34.4", Arolser Landstraße/Friedrichstraße, einfacher, gebührenpflichtiger Parkplatz für zwei Mobile] und [**064**: N 51°15'53.1" E 08°53'01.8", Wildunger Landstraße]. Der erste, einfache Parkplatz ist allerdings perfekter Ausgangspunkt für Radtouren auf dem 26 Kilometer langen **Ederseebahn-Radweg** zwischen Korbach und Bad Wildungen]. Ein weiterer einfacher Parkplatz findet sich etwa 500 Meter von der Innenstadt entfernt und bietet sich als Tagesparkplatz an [N 51°16'18.4" E 08°51'36.6", Medebacher Landstraße].

(065) Offizieller WOMO-Stellplatz: Korbach, Tennishalle

GPS: N 51°16'20.8" E 08°51'22.3", Westring. **Max. WOMOs:** 5.
Ausstattung: Infotafel, Müllbehälter.
Beschreibung: Die am Ortsrand gelegenen, geschotterten und durch Hecken getrennten Parzellen liegen etwa 1 - 1,5 km vom Zentrum entfernt und am Rande einer Kleingartenanlage. In der Nähe befinden sich Supermärkte und nachts ist es ruhig. Für die gebührenpflichtige Ver- und Entsor-

gung kann der nachfolgende Stellplatz in Meineringhausen aufgesucht werden. Der Platz ist eingeschränkt klappstuhlgeeignet.
Zufahrt: Bei Erreichen des Kreisels in Korbach links und gleich wieder links dem WOMO-Piktogramm folgen.
Hinweis: Nur für WOMOs bis max. 7 - 7,50 m Länge.

Hansestadt Korbach

Der Weg in die Altstadt ist dank guter Beschilderung von allen Stell- beziehungsweise Parkplätzen gar nicht zu verfehlen.
Obwohl wir nicht am Meer sind und uns Korbach nicht sofort in den Sinn kommt, wenn wir an den mächtigen Bund der Hanse im Mittelalter denken, darf sich die Stadt seit Juni 2013 wieder offiziell **Hansestadt** nennen. Korbach wurde als Curbecki im Jahr 980 erstmals urkundlich erwähnt und wuchs aus einem Königshof Karls des Großen. An der Kreuzung mittelalterlicher Fernstraßen gelegen, entwickelte sich bereits im 12. Jahrhundert ein reger Handelsplatz, der für Aufschwung und den Ausbau der Stadt sorgte. Ein doppelter Mauerring mit Türmen und befestigten Toren, zwei mächtige gotische Kirchen, große Bürger- und Lagerhäuser sowie das eindrucksvolle steinerne Rathaus auf der Grenze zwischen Alt- und Neustadt zeugten vom Reichtum. Ab Mitte des 13. Jahrhunderts hatte Korbach eine Münze und die eigene Währung förderte die handelspolitische Bedeutung zusätzlich. Seit Mitte des 14. Jahrhunderts gehörte die Stadt nachweislich zur Hanse und wird 1469 erstmalig in einer Liste deutscher Hansestädte genannt. Doch der Dreißigjährige Krieg, die Pest und schließlich eine furchtbare Brandkatastrophe brachten das Ende der Herrlichkeit.
Nur die beiden Kirchen und die hansetypischen Lagerhäuser blieben aus jener Zeit erhalten. Die heute wieder mit **prachtvollen und schön restaurierten Fachwerkbauten** besäumte Altstadt wurde bis auf ein Patrizierhaus erst nach dem Brand gebaut. Im Anbau des Rat-

Hartwigsches Haus mit Barockportal

Wolfgang Bonhage-Museum mit Kilianskirche

hauses, der so gar nicht ins „Wohlfühl"-Stadtbild passen will, ist die **Tourist-Information** zu *finden (Mo - Fr 10 - 17 Uhr; Sa 10 - 13 Uhr; Stechbahn 2; Telefon 05631/53232; www.korbach.de).*

In Korbach können wir prima allein vor uns hinbummeln, aber eine **Stadtführung** *(Apr. - Okt. Di 14.30 Uhr/Sa 10.30 Uhr; Treffpunkt Tourist-Info; Gebühr)* oder zumindest das Faltblatt der „Goldspur", die mit im Bürgersteig eingelassenen „Goldtalern" markiert ist, bringt uns die baulichen Juwelen erst richtig nah.

Dass sich Neubauten prima mit sanierter Altbausubstanz verbinden lassen, zeigt das **Wolfgang Bonhage-Museum** auf beeindruckende Weise. Doch nicht nur das Gebäudeensemble ist sehenswert. Das Museum bietet einen äußerst spannenden Rundgang durch die Stadt- und Regionalgeschichte und präsentiert die Geschichte der Goldlagerstätte am Eisenberg sowie die Entstehung und Verwendung von Gold. Einen weiteren Schwerpunkt behandelt die **Korbacher Spalte**, die wir uns später genauer anschauen *(März - Okt. Di - So/Feiertage 11 - 16.30 Uhr; Nov. - Feb. Di - Fr 14 - 16.30 Uhr; Sa/So//Feiertage 11 - 16.30 Uhr; Eintritt; www.museum-korbach.de).*

Im **Restaurant Goldstuben** am Rathaus beschließen wir den angeneh-

Fachwerkhäuser in der Innenstadt

Goldtaler im Wandtresor im Bonhage-Museum

men Stadtbesuch mit einer mit Gold bestäubten Currywurst *(Mo - Fr ab 17 Uhr; Sa ab 11 Uhr; Stechbahn 8; Telefon 05631/50090; www.goldflair.de)*. Wer mehr auf leckeren Kuchen steht, der kann in gemütlicher Atmosphäre im **Antikcafé Fundus** einkehren *(Im Sack 5; Telefon 05631/66898)*.

Untrennbar mit Korbach ist ein uralter Dackel verbunden, den wir vom Südring Richtung Marburg/Frankenberg besuchen wollen.

(066) WOMO-Stellplatz: Korbach, Korbacher Spalte

GPS: N 51°15'45.9" E 08°52'50.6", Frankenberger Landstraße.

Max. WOMOs: 2.
Ausstattung: Infotafeln, Bänke.
Beschreibung: Einfacher, geschotterter, meist schattenloser Parkplatz am Ortsrand.
Zufahrt: Vom Südring an einem Kreisel rechts in die Frankenberger Landstraße abbiegen und hinter dem Ortsausgang am Kalkturm rechts den Hinweisen zur Korbacher Spalte folgen.
Hinweis: Gegebenenfalls Geräuschbelästigungen durch die Straße und ein nahe gelegenes Firmengelände möglich.

Korbacher Spalte, Kalkturm und GeoPfad

Im Korbacher Museum haben wir bereits in einem Diorama die lebensgroßen Modelle 250 Millionen Jahre alter Wirbeltiere gesehen und erste Einblicke in die Lebensumstände der Vorfahren der späteren Saurier und Säugetiere erhalten. Eine Tonlichtschau gab uns Informationen über die Umstände der Entstehung und die Verfüllung der Spalte. Nun stehen wir also vor der 20 Meter tiefen, bis 350 Zentimeter breiten und etwa einen Kilometer langen Erdspalte, die 1964 entdeckt wurde. Sie zählt neben dem Unesco-Welterbe „Grube Messel" als bedeutendstes paläontologisches Bodendenkmal Hessens und ist eine der weltweit seltensten Fossilienfundstellen von säugetierähnlichen Reptilien. Unter anderem wurde ein Procynosuchus gefunden, der wegen seiner kurzen Beine die Bezeichnung „Korbacher Dackel" erhielt. Diese ersten Bewohner Korbachs stehen am Anfang der Evolutionsgeschichte der uns heute bekannten Säugetiere.
An der Zufahrtsstraße wird im **GeoFoyer Kalkturm** Korbach zusätzlich über einen der ältesten Wirtschaftszweige der Welt, die Gewinnung und Verarbeitung von Kalkstein, *informiert (Das Freigelände im Steinbruch ist durchgängig freizugänglich, ansonsten März - Okt.*

Di - So/Feiertage 11 - 16.30 Uhr; Nov. - Feb. Di - Fr 14 - 16.30 Uhr; Sa/So/ Feiertage 11 - 16.30 Uhr; Führungen Apr. - Okt. So 11.15 Uhr; Gebühr; www.korbach.de)

Auf dem **GeoPfad** kann den erdgeschichtlichen Spuren auf einem 20 Kilometer langen Rundweg bis zum Eisenberg und zurück weiter nachgegangen werden.

Nach diesem Ausflug in die geologische Vergangenheit der Region müssen wir unbedingt den Weg nach **Meineringhausen** und zum dortigen Stellplatz nachreichen.

(067) Offizieller WOMO-Stellplatz: Meineringhausen, Hobbywiese

GPS: N 51°15'33.5" E 08°56'17.2", Walmestraße. **Max. WOMOs:** 17.

Kontakt: Telefon 05631/4584 oder 0171/5384468, www.womo-korbach.de.

Öffnungszeiten: Ganzjährig.

Ausstattung: V/E, Strom, Dusche, WC, Brötchenservice, WLAN; vor dem eigentlichen Stellplatz gibt es zusätzlich fünf Plätze ohne Stromanschluss.

Beschreibung: Der am Ortsrand gelegene schöne und gepflegte Stellplatz weist große Parzellen auf Rasengitter auf, die schattenlos sind. Dafür gibt es kleine Grünflächen vor dem WOMO und man kann es sich in einer Gartenanlage und an einer Grillstelle richtig gutgehen lassen oder sich in einer gemütlichen Scheune mit Kaminofen aufhalten. Direkt am Stellplatz führt der **Ederseebahn-Radweg** entlang und ein E-Bike-Verleih kann vermittelt werden. Unsere kurze und knappe Zusammenfassung: Ein feiner Stellplatz in ruhiger Lage!

Preis: €€.

Zufahrt: Vom Kreisel nahe der Korbacher Spalte am Südring zunächst Richtung Kassel und dann auf der B251 nach Meineringhausen fahren. Dort den WOMO-Piktogrammen folgen.

Von hier oder aber auch von Korbach aus erreichen wir bald die B252 Richtung Marburg/Frankenberg und in deren Verlauf

Herzhausen. Der Ort gehört zur Gemeinde **Vöhl** im Nordwestteil des **Naturparks Kellerwald-Edersee** sowie am Rand des **Nationalparks Kellerwald-Edersee**, die mit weiteren 14 Ortsteilen den gesamten westlichen Teil des **Edersees** umfasst. Bevor wir uns eingehender mit der „größten Badewanne" Nordhessens beschäftigen, statten wir dem **NationalparkZentrum Kellerwald** einen Besuch ab [N 51°10'30.7" E 08°53'32.1"].

Nationalpark Kellerwald-Edersee mit NationalparkZentrum Kellerwald

Der Nationalpark Kellerwald-Edersee umgrenzt den Edersee im Naturpark Kellerwald-Edersee und umfasst eine Zone von 7.688 Hektar, die besonders geschützt und unbewohnt ist. Hier befinden sich Felsen und Blockhalden, Quellen und Bäche, Schluchten, die sich zwischen bewaldeten Bergkuppen entlangziehen, und Waldwiesen. Zwischen all dem tummelt sich eine bunt gemischte Fauna vom Rothirsch über Mufflon, Fuchs und Hermelin bis hin zu vielen Fledermausarten, Vögeln und Käfern.

Die Brücke von Asel

Last but not least gibt es **einen der größten zusammenhängenden Buchenbestände Mitteleuropas**. Diesem ist seit 2011 der **Unesco-Titel Weltnaturerbe** zu verdanken. Ein Urwald soll wieder entstehen und die Natur wird sich selbst überlassen, sodass umgestürzte Bäume nicht weggeräumt werden und Wanderer sie auf den zahlreichen Routen wie dem Urwaldsteig umgehen oder überklettern müssen.
Wer den Nationalpark bei einer Wanderung nicht auf eigene Faust erkunden möchte, kann sich einer **Rangerführung** anschließen, die im NationalparkZentrum vermittelt wird.
Doch auch ansonsten lohnt sich der Besuch im innovativen **Besucherzentrum**. Geschickt inszeniert und mit faszinierender Technik ausgestattet kann man an verschiedenen Stationen mit Drehen, Drücken, Kurbeln und Schieben vielen kleinen Geheimnissen der Buchenwälder und ihrer Bewohner auf die Spur kommen. Der Clou ist ein **3D-Kino**, in dem man sich mit einem Ranger auf einen faszinierenden Streifzug durch die Wildnis begibt und als vierte Dimension den Wind in den Wäldern, das Wasser der Bäche oder aber auch das Kitzeln vorbeistreifender Käfer spüren kann. Oberhalb des Nationalpark-Zentrums wird im **WildnisErlebnisgelände** die Entwicklung einer Wildnis erlebbar und Kinder können sich ordentlich austoben und die ganz

Kleinen können sich in der Vogelnest-Schaukel geborgen fühlen. Wer sich nicht für den Lagerfeuer- und Picknickbereich begeistern kann, aber trotzdem Lust auf etwas Essbares hat, der wird im **GastRaum** fündig *(Apr. - Okt. Mo - Sa 11 - 17 Uhr; So 9 - 18 Uhr; Nov. - März Di - Fr 10 - 16.30 Uhr; Sa 10 - 17 Uhr; So 9 - 17 Uhr)*.

Ein tolles Gesamtprogramm für Groß und Klein, das die Jüngeren nicht nur verstehen, sondern richtig cool finden *(Apr. - Okt. täglich 10 - 18 Uhr; Nov. - März Di - So 10 - 16.30 Uhr; Eintritt; ermäßigtes Kombiticket für NationalparkZentrum, WildtierPark und Baumkronenweg möglich; Hunde im Außenbereich an der Leine gestattet; www.nationalparkzentrum-kellerwald.de)*!

Gegenüber dem NationalparkZentrum ist der **Camping- und Ferienpark Teichmann** mit separatem **WOMO-Stellplatz** an der Straße als gute Adresse für einen längeren Aufenthalt zu nennen [**068:** N 51°10'30.1" E 08°53'30.2", Zum Träumen 1A, Telefon 05635/245, Gebühr €€€; www.camping-teichmann.de].
Bevor wir zur Umrundung des Edersees starten, schauen wir noch kurz in **Asel-Süd** vorbei. Die Zufahrt zu diesem Miniörtchen befindet sich zwischen NaturparkZentrum und Campingplatz [N 51°10'55.7" E 08°57'12.7"].
Manch einer wird sich fragen: Was sollen wir hier? Okay, hier gibt es einen Campingplatz – aber viel interessanter ist der Blick auf den See. Vielleicht ist dort immer noch nichts außer einer Personenfähre zu entdecken, die in der Hauptsaison mehrmals am Tag die Strecke zum anderen Ufer nach Asel zurücklegt. Vielleicht ist aber auch gerade Herbst und Niedrigwasser, und Fußgänger sowie Radfahrer können die **alte, vierbogige Ederbrücke** benutzen, die beim Bau der Edertalsperre 1914 in den Fluten versank und nur ab und zu Luft schnuppern darf. Ein faszinierendes Erlebnis, das immer wieder Tausende

Aussicht auf den Kellerwald

von Besuchern an den Edersee kommen lässt.

Wanderparkplatz Basdorf

Zurück in Herzhausen schlagen wir den Weg Richtung Waldeck ein. Die Straße führt nicht direkt am Edersee entlang, sondern in Kurven hinauf durch den Wald sowie zwischen Feldern und Wiesen nach Vöhl. Doch keine Bange, bald werden wir uns ins Edersee-Getümmel stürzen! Zuvor notieren wir jedoch einen einfachen **Picknickplatz** in einer Linkskurve hinter dem Ort, von dem sich eine schöne Sicht über den Kellerwald ergibt [N 51°12'03.6" E 08°56'56.8", Basdorfer Straße].

Kurz vor **Basdorf** wartet ein natürlich gewachsenes **Maislabyrinth** einschließlich Mini-Abenteuerland auf kleine Entdecker *(Jul./Aug. Mo - Fr 11 - 19 Uhr; Sa/So 11 - 20 Uhr; Sep./Okt. Mi - Fr 14 - 18 Uhr; Sa/So 12 - 18 Uhr; Eintritt; Hunde an der Leine gestattet; www.maislabyrinth-edersee.de).*

Wir folgen der Straße weiter an Basdorf vorbei und quartieren uns am Sportplatz für die Nacht ein.

(069) WOMO-Wanderparkplatz: Basdorf, Sportplatz

GPS: N 51°11'57.1" E 08°59'07.6". **Max. WOMOs:** 2 - 3.
Ausstattung: Infotafel, Tisch und Bank.
Beschreibung: Der außerhalb des Ortes gelegene einfache Waldparkplatz ist meist schattenlos. Hier führen Wander- und Radwege vorbei und morgens wie abends führen die Einwohner ihre Hunde aus. Der Platz ist eingeschränkt klappstuhlgeeignet.
Zufahrt: Hinter dem östlichen Ortsausgang von Basdorf dem Fußball-Piktogramm folgen, an der nächsten Kreuzung rechts und an der folgenden Kreuzung bis zu einem Picknickplatz außerhalb des Ortes fahren. Dort rechts halten und wenig später dem Hinweis zum Wanderparkplatz folgen.

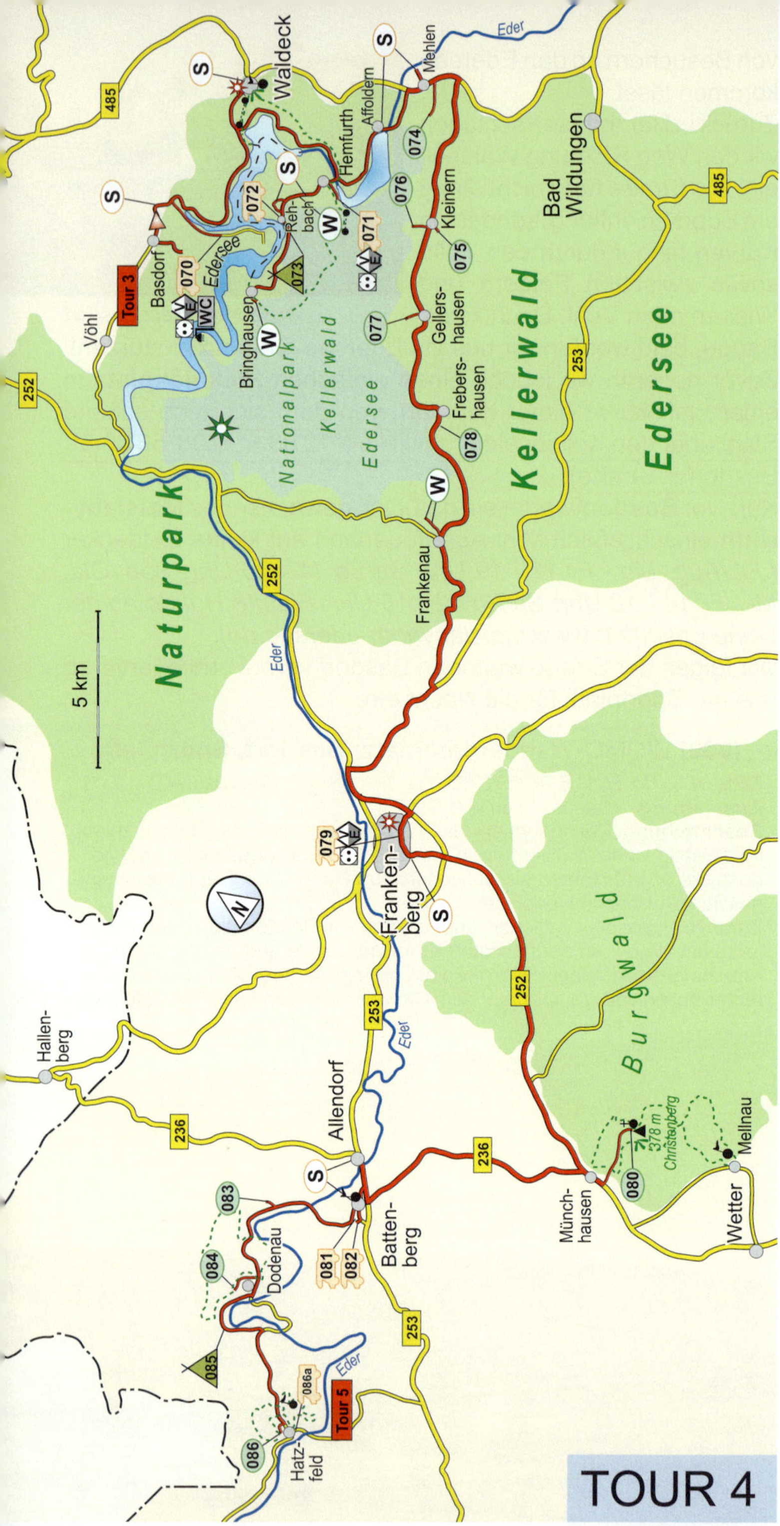
TOUR 4
Waldeck
Mehlen
Eder
Affoldern
Hemfurth
Rehbach
Edersee
Basdorf
Tour 3
Vöhl
Bringhausen
Nationalpark Kellerwald Edersee
Naturpark Kellerwald Edersee
Kleinern
Gellershausen
Frebershausen
Frankenau
Bad Wildungen
5 km
Frankenberg
Hallenberg
Allendorf
Battenberg
Dodenau
Hatzfeld
Tour 5
Burgwald
Münchhausen
Wetter
Mellnau
378 m Christenberg
070
071
072
073
074
075
076
077
078
079
080
081
082
083
084
085
086
086a
252
253
236
485

Tour 4 165 km

Waldeck – Hemfurth – Rehbach – Frankenberg Battenberg – Allendorf – Füllnhausen – Hatzfeld

Stellplätze:	Rehbach, Bringhausen, Hemfurth, Kleinern, Gellershausen, Frebershausen, Frankenau, Münchhausen, Battenberg, Füllnhausen, Dodenau, Hatzfeld
Campingplätze:	Rehbach Campingplatz Rehbach, Dodenau Ferienplatz Edertal, Marburg Campingplatz Lahnaue
Besichtigen:	Waldeck Schloss, Edersee Staumauermuseum, Aquapark, Sommerrodelbahn, Baumkronenpfad, Wild- u. Kletterpark, Museum Sperrmauer; Frankenau Alte Apotheke, Hülsenbeckmuseum; Frankenberg Stadtbild, Thonet-Museum; Münchhausen Christenberg, Allendorf Werksmuseum Via Temporis; Battenberg Besucherbergwerk, Stadtmuseum; Hatzfeld Museum Ammes Haus, Emmauskapelle
Wandern:	Edersee, Münchhausen, Dodenau, Hatzfeld
Radfahren:	Edersee Ederseeradrundweg, Eder-Radweg
Baden:	Edersee, Battenberg.
Essen:	Rehbach Fischerhütte und Fischräucherei, Hemfurth Jausenstation Zum Waldbölker, Frebershausen Hofcafé am Nationalpark, Frankenberg Zur Sonne, Mellnau Kuckuckshütte, Christenberg Waldgasthaus

Auf den nächsten beiden Touren werden wir vorwiegend in den Kreisen Waldeck-Frankenberg und Marburg-Biedenkopf unterwegs sein und in eine fast unberührter Natur in einer reizvollen Mittelgebirgslandschaft mit herrlichen Ausblicken starten. Die beiden Landkreise erinnern uns daran, dass wir vorübergehend aus Nordhessen nach Mittelhessen „einreisen“ und damit gleichzeitig eine Sprachgrenze überschreiten. Ohne auf die Einzelheiten einzugehen, sei erwähnt, dass in Nordhessen mehr „geschnuddelt“ wird, während sich die mittelhessischen Dialektarten für uns schon mehr dem „Gebabbele“ der Südhessen nähern. Wer genau hinhört, wird die feinen, aber grundlegenden Veränderungen schnell bemerken. Wir Nordhessen reagieren

ziemlich empfindlich, wenn „unser“ Platt mit dem populären „Äbbelwoihessisch“ des Südens verwechselt wird. Aber so wird es wohl allen Menschen ergehen, die die Mundart ihrer Region, ihrer Stadt oder ihres Dorfes pflegen. Eines haben wir Hessen auf jeden Fall gemeinsam: eine abwechslungsreiche und geschichtsträchtige Heimat!

Eder-Radweg

Solange wir uns an oder nahe der Eder bewegen, werden wir immer wieder auf den 171 Kilometer langen **Eder-Radweg** treffen, der von Erndtebrück in NRW durch das Waldecker Land vorbei an der Edermündung in die Fulda bis nach Baunatal-Guntershausen führt. Die Qualitätsradroute verläuft auf meist ruhigen Rad- und Wirtschaftswegen entlang des Flusses durch die reizvolle Mittelgebirgslandschaft mit herrlichen Buchen- und Fichtenwäldern, vorbei an Gebirgsbächen sowie einsamen Wiesen und durch alte Fachwerkstädtchen. Wenn auch nicht jeder der genannten Stell- und Campingplätze direkt am Wegesrand liegt, so muss man meist nur kurzzeitig das Rad zur Eder rollen lassen und trifft dort auf den gut markierten Streckenradweg. Den Rückweg radelt man zurück oder steigt auf den ÖPNV um, mit dem man dann entspannt zum Ausgangspunkt der abwechslungsreichen Tour zurückgebracht wird *(www.eder-radweg.de)*.

Von Basdorf fahren wir weiter Richtung Waldeck. Als Erstes verspricht die **Sommerrodelbahn** in **Nieder-Werbe** besonders für die Jüngeren Fun & Action *(Mai/Sep./Okt. 11- 18 Uhr; Juni - Aug. 10 - 18.30 Uhr; Sa/So/Feiertage eine Stunde früher; Eintritt; witterungsabhängige Änderungen möglich; www.sommerrodelbahn-edersee.de)*. Im angeschlossenen kleinen Freizeitpark warten Tiere auf Streicheleinheiten, eine Trampolin- und Bungeeanlage erlaubt große Sprünge und kleine Quadfahrer kommen auf ihre Kosten [N 51°12'36.2" E 09°00'04.7", Unter dem Hagen].

Bald haben wir die Ederseerandstraße erreicht und etliche gebührenfreie und -pflichtige Tagesparkplätze säumen ab jetzt unseren Weg, genau wie etliche Campingplätze und drei Stellplätze.

Blick über den Edersee zu Schloss Waldeck

Edersee

Die sehr beliebte Ferienregion rund um den Edersee bietet für fast jeden Geschmack etwas. Beim Bau der Edertalsperre in den Jahren 1908 bis 1914 dachte wohl niemand an die touristische Nutzung des flächenmäßig zweitgrößten Stausees Deutschlands. Er sollte vielmehr die Wasserzufuhr auf der Weser und dem Mittellandkanal regulieren und somit die dortige Schifffahrt garantieren. Das enorme Fassungsvermögen des Sees von fast 200 Millionen Kubikmeter brachte die Erbauer später auf die Idee, das Wasser zur Stromgewinnung zu nutzen. Die Flutung des Edertals brachte jedoch einen großen Einschnitt in das Leben von 700 Menschen, deren Dörfer Asel, Bringhausen und Berich in den Wassermassen versanken. Sie wurden in höhere Ortschaften oberhalb des Sees und nach Neu-Berich bei Bad Arolsen umgesiedelt. Während der Zeiten der Trockenheit gibt der Edersee nach und nach die Reste der ehemaligen Dorfstellen frei und man kann auf alten Wegen wandern oder an der Bericher Hütte das Talsperrenmodell besuchen, an dem die Vorrichtungen der Wasserablässe getestet wurden. Der 17. Mai 1943 brachte für die Anlieger Zerstörung und Tod, als die britische Armee während des Zweiten Weltkriegs die Staumauer bombardierte und 160 Millionen Kubikmeter Wasser ins Tal schossen. Im gleichen Jahr wurde die Mauer durch Zwangsarbeiter unter teils menschenunwürdigen Bedingungen wiederaufgebaut und Anfang der 1990er-Jahre umfangreich saniert.
Heute stellt sich dem Besucher des 27 Kilometer langen und an der breitesten Stelle 1,2 Kilometer messenden Edersees die Qual der Wahl bei der Frage, welche Wassersportart er nutzen möchte: Surfen, Segeln, Stand-Up-Paddeling, Wasserski, Tauchen oder die Fahrten mit Ruder-, Tret- und Elektro- sowie mit Paddelbooten? Soll es lieber doch die geruhsame Fahrt auf einem der Ausflugsschiffe sein oder das Schwimmen in den Strandbädern? Selbst Angler kommen auf ihre Kosten und mancher Petrijünger machte hier schon den Fang seines Lebens. Auch ohne große Ambitionen zum Wasser kommt keine Langeweile auf und die Uferbereiche können auf den Nationalpark-Steigen, bei Touren auf dem eigenen oder gemieteten Fahrrad, E-Bike oder Segway umrundet werden. Wenn wir im Anschluss weitere Freizeitvergnügen benennen, wird klar, warum der Edersee ein so beliebtes und vielseitiges Urlaubsziel ist, das wir unmöglich in all seinen Facetten beleuchten können.

Beleuchtete Staumauer

Ein Besuch der **Edersee Touristik** in Affoldern ist deshalb unbedingt *angeraten (Mo - Do 9 - 16 Uhr; Fr - So/Feiertage 9 - 14 Uhr; Hemfurther Straße 14; Telefon 05623/99980; www.edersee.com)* oder auf der Staumauer in Hemfurth *(Ostern - Okt. 11 - 17 Uhr; Telefon 05623/999850)* oder im NationalparkZentrum Kellerwald in Vöhl *(Apr. - Okt. 10 - 18 Uhr; Nov. - März 10 - 16.30 Uhr; Weg zur Wildnis 1; Telefon 05635/992781)*. Der Edersee, gern auch als Badewanne Nordhessens bezeichnet, ist landschaftlich so wundervoll in den Nationalpark sowie Naturpark Kellerwald eingebettet und bietet eine ungeheuer große Vielzahl von Freizeitvergnügen, sodass wir nicht umhinkommen, den See und die nahe Umgebung in die **Top Ten** aufzunehmen.

(070) Offizieller WOMO-Stellplatz: Waldeck, Wohnmobilpark Edersee Alm

GPS: N 51°11'17.0" E 09°00'37.0", Halbinsel Scheid. **Max. WOMOs:** 100.
Kontakt: Telefon 05634/5249957, www.wohnmobilpark-edersee-alm.de.
Ausstattung: V/E, Strom, Dusch- und WC-Container, Restaurant mit Biergarten (Hunde nicht gestattet), Brötchenservice, Gasflaschentausch, Müllbehälter.

Beschreibung: Der terrassenförmig angelegte, schattenlose und parzellierte Platz liegt auf der Halbinsel Scheid außerhalb des Ortes mit einem der schönsten Aussichten auf den Edersee und Schloss Waldeck. Einen direkten Seezugang sucht man vergeblich, aber dafür kann man von hier zu Rad- und Wandertouren aufbrechen.
Preise: €€€.
Zufahrt: Von Nieder-Werbe kommend am nördlichen Rand des Edersees kurz vor Erreichen der Ederseerandstraße (L3086) rechts auf die Insel Scheid (K22) abbiegen und dem WOMO-Piktogramm ca. 2,5 km folgen.

(071) Offizieller WOMO-Stellplatz: Hemfurth, An der Eder

GPS: N 51°10'13.6" E 09°03'03.3", Kraftwerkstraße 9. **Max. WOMOs:** 30.
Ausstattung: V/E, Strom, Tisch und Bänke, Müllbehälter.
Beschreibung: Der einfache, asphaltierte Mix-Parkplatz liegt zum Teil unter Bäumen sowie an einer Wiese. Unmittelbar dahinter fließt die Eder und im nahen Ortszentrum finden sich Metzgerei, Supermarkt, Fischräucherei und Restaurants. Der Platz eignet sich bestens als Ausgangspunkt für Wanderungen und Radtouren. Die nahe Standseilbahn befördert auch Fahrräder, Wildpark und TreeTop Walk sind ca. 3 km entfernt. Die Staumauer mit Schiffsanleger, Bootsverleih und Aquapark befindet sich in etwa 1 km Entfernung.

Preise: WOMOs bis 8 m Länge €, darüber €€.
Zufahrt: Am südlichen Rand des Edersees von der Ederseerandstraße (L3086) nach Hemfurth (K35) abbiegen und nach Überqueren der Ederbrücke links dem WOMO-Piktogramm folgen.

(072) Offizieller WOMO-Stellplatz: Rehbach, Rehbachteich

GPS: N 51°11'02.0" E 09°01'34.1", Am Eschelsberg. **Max. WOMOs:** 20.
Ausstattung: Müllbehälter.

Beschreibung: Der einfache, geschotterte Parkplatz ist halbschattig und liegt außerhalb des Ortes am Waldrand in der Nähe eines Teiches und nahe dem Edersee. Bis zum kleinen Supermarkt des Campingplatzes und zu den Restaurants (u. a. die unten genannte **Fischerhütte**) sowie einer **Fischräucherei** sind es ca. 500 m (Ostern - 15. Okt. 11 - 17 Uhr; Di Ruhetag; in den Sommerferien tägl. geöffnet; unbedingt die Lachsforellen probieren!). Fußweg zum Baumkronenpfad (600 m), zum Kletterwald (1500 m) und zum Wildpark (2000 m). Hier ist der perfekte Einstieg für Wander-sowie Radtouren und Nordic Walking ist ebenfalls möglich.
Preise: 0 - 24 Uhr Wohnmobile bis 8 Meter Länge €, darüber €€.
Zufahrt: Am südlichen Rand des Edersees von der Ederseerandstraße (L3086) nach Hemfurth und von dort nach Rehbach (K35) fahren. Am Ortseingang rechts und hinter einem Parkplatz rechts ca. 150 m bis zu einem weiteren Parkplatz fahren.

(073) WOMO-Campingplatz: Rehbach

GPS: N 51°10'56.7" E 09°01'19.0", Strandweg 9.
Kontakt: Telefon 05623/2049, www.campingplatz-rehbach.de.
Öffnungszeit: Ende Mär. - Okt.
Ausstattung: Badestrand, Kinderspielplatz, Volleyballplatz, Imbiss, Supermarkt, Waschmaschine, Trockner, E-Bike-Verleih.
Beschreibung: Die Parzellen der einfachen Anlage am Ortsrand sind zum Teil durch Hecken getrennt und liegen oberhalb des Sees. Mit der nahen Edersee Fähre kann man zur Halbinsel Scheid übersetzen und dadurch seinen Radius bei Wander- und Radtouren erweitern.
Preise: €€€.
Zufahrt: Wie zum vorgenannten Stellplatz, jedoch in Rehbach dem Campingplatz-Piktogramm folgen.

Von Nieder-Werbe aus befahren wir die Randstraße am Edersee im Uhrzeigersinn. Nach einer ordentlichen Linkskurve und dort, wo sich die Werbe und die Eder zum See vereinen, findet sich ein kleiner Hinweis für Fußgänger zur Bericher Hütte und zum Sperrmauermodell (Foto).

Die bei normalem Wasserstand tief im See verborgenen geheimnisvollen Orte gehören wie die alte Aseler Brücke (vgl. Tour 3, Seite 122) zum sogenannten **Edersee-Atlantis**. Bei sinkendem Wasserspiegel tauchen die einst beim Stauseebau gefluteten Orte langsam auf und man kann durch das ausgetrocknete Seebett und über sonst im Wasser verborgene Bergrücken wandern. In der **Bericher Hütte** wurde im 18. und 19. Jahrhundert Eisenerz verarbeitet und an dem nur wenige Meter entfernten **Sperrmauermodell** wurden vor dem Bau der eigentlichen Sperrmauer diverse Einrichtungen zum Ablassen des Wassers getestet (Foto vorherige Seite). Wer sich über die Wasserhöhen und alten Dorfstellen informieren möchte, tut das am besten bei der **Edersee Touristik** oder schaut auf der Edersee-Atlantis-App aus einem der gängigen App-Stores nach. Mit deren Hilfe richten sich zusätzlich einige der alten Bauten detailgetrau wieder auf (*www.edersee.com*).
An der Uferpromenade der Waldecker Bucht lockt das öffentliche **Strandbad** mit Liegewiese und Badeinsel und zahlreiche Restaurantbetriebe laden zur Einkehr ein. Am Abzweig hinauf nach **Waldeck** liegt die Talstation der **Waldecker Bergbahn**, die den Edersee mit dem 200 Meter über dem See gelegenen Luftkurort verbindet, uns später noch gute Dienste leisten wird und auch Fahrräder transportiert *(Apr. - Okt. 9.30 - 17.30 Uhr; Mitte Mai - Anfang Sep. bis 18.30 Uhr; Gebühr).*

Waldeck

Der Name Waldeck steht für die aus zehn Stadtteilen bestehende Stadt, aber auch für die ehemalige Grafschaft Waldeck, aus dem das Fürstentum Waldeck-Pyrmont hervorging. Bevor die Fürsten in Arolsen ab 1655 ihr Domizil schufen, war bereits **Schloss Waldeck** ihre Residenz und der allgegenwärtige achteckige Waldecker Stern ihr Wappensymbol [N 51°12'13.9" E 09°03'27.3", Schlossstraße].
Der ehemalige Stammsitz beherbergt, nachdem es als Frauengefängnis, Zuchthaus und Kriegsgefangenenlager diente, heute ein Hotel-Restaurant und das **Burgmuseum**, in dem die wechselvolle Geschichte spannend und wissenswert aufbereitet wird *(Apr. - Okt. 10 - 18 Uhr; Nov. - März So 12 - 16 Uhr; Eintritt)*. Der Besuch der Burganlage ist kostenfrei und der traumhafte Blick von der **Aussichtsterrasse** über den unter uns schimmernden Edersee und die grünen Wipfel des Kellerwaldes gehört zweifelsfrei zu einer der reizvollsten Fernsichten Nordhessens.

Auf der Ederseerandstraße setzen wir zur weiteren Umrundung des Sees an und passieren wenig später die Ostseite der mächtigen Staumauer. Auch hier werden den Besuchern zahlreiche Wassersportaktivitäten angeboten und der Zustieg auf die Fahrgastschiffe ist möglich *(www.personenschiffahrt-edersee.de)*. Die Straße windet sich in Kurven weiter zwischen Wasser und steilen Berghängen, bis wir die Eder rechts nach **Hemfurth** überqueren (Stellplatz s. o.).

Wenn wir bisher dachten, dass bei uns der Strom aus der Steckdose käme, werden wir, der Straße vorbei am Stellplatz folgend, im **Pumpspeicherkraftwerk** eines Besseren belehrt. Der Betreiber unterhält auf dem Kraftwerksgelände einen Ausstellungsraum, in dem die Geschichte des Edersees vermittelt und anhand eines Modells die Funktionsweise des Werks erklärt wird. Außerdem verkehrt neben den riesigen Druckrohren zwischen Kraftwerk und den Hochspeicherbecken eine ***Standseilbahn*** *(Ostern - Okt. Di - So Bergfahrt stündlich 11 - 17 Uhr; Talfahrt stündlich 11.15 - 17.15 Uhr; Fahrradmitnahme möglich; Gebühr; standseilbahn-zum-peterskopf.de).*

Schwindelfreiheit und Vertrauen in die Seilbahntechnik vorausgesetzt, überwindet man die 300 Höhenmeter zum Peterskopf problemlos und wird nach einem Fußmarsch von 600 Metern bis zur Aussichtsplattform mit einem herrlichen Blick über das Waldecker Land belohnt. Wer nach der Fahrt oder während einer Wander- oder Radtour über den Urwald- sowie Kellerwaldsteig oder den Peterskopfweg (Parkplatz s. u.) eine Einkehrmöglichkeit sucht, der wird in der **Jausenstation Zum Waldbölker** *fündig (Di - So 11 - 17 Uhr; Telefon 05623/1782; www.waldboelker.de).*
Ein Spaziergang vom Stellplatz in Hemfurth durch den Ort Richtung Sperrmauer-West führt zum **Aquapark**, der bei Kindern sehr beliebt ist. Der mit Wassertreppen, -rutschen, -rädern und -vorhängen ausgestattete Wasserspielplatz ist ein Mini-Edersee zum Mitmachen und „Nassmachen“ *(Ostern - Okt.; kostenfrei).* Die Durchgangsstraße führt weiter Richtung Rehbach/Bringhau-

sen und wir streifen das **Sperrmauer-Museum** [N 51°10'28.9" E 09°02'50.5", Forsthausstraße], das sich mit der Geschichte, besonders der Zerstörung der Talsperre auseinandersetzt *(Ostern - Okt. 11 - 17 Uhr; Eintritt)*. Nachdem wir den links liegenden Wanderparkplatz zum vorgenannten Peterskopf notiert haben [N 51°10'18.7" E 09°02'03.6", Peterskopfweg] folgen gleich zwei Besuchermagneten der Region.
Im **Wildtierpark** tummeln sich heimische Tierarten vom Schwarz- und Rotwild über Luchs, Wildpferd und Wisent oder Waschbär in weitgehend natürlicher Umgebung [N 51°10'56.2" E 09°02'46.1"]. Das Schaufüttern der Tiere und die Flugvorführungen der **Greifenwarte** vor der grandiosen Kulisse des Edersees zählen sicher zu den Höhepunkten eines Besuchs. Da sich Gänsegeier, Steinadler und Uhu am äußersten Ende des Parks in die Lüfte schwingen, sollte ein halbstündiger Fußmarsch vom Parkplatz dorthin einkalkuliert werden *(Mai - Okt. 9 - 18 Uhr; Nov. - Feb. 11 - 16 Uhr; März/Apr. 10 - 18 Uhr; Flugvorführung März - Mitte Nov. Di - So 11 Uhr und 15 Uhr; Eintritt; Hunde nicht gestattet; Telefon 05623/973030; www.wildtierpark-edersee.eu)*.

Gleich nebenan befindet sich der **TreeTopWalk**, Hessens erster Baumkronenweg [N 51°11'11.2" E 09°01'54.8", Brühlfeld]. Barrierefrei und rollstuhlgeeignet geht es 750 Meter bis zum Eingang, auf denen Interessantes und Wissenswertes zum Thema Wald vermittelt wird. Der 250 Meter lange und bis zu 30 Meter hohe Pfad bietet Einblicke in das oberste Stockwerk des Waldes und, wie könnte es anders sein, einen tollen Blick auf das Wasser und Schloss Waldeck *(Apr. - Okt. täglich ab 10 Uhr; Nov. - März Sonderöffnungszeiten; Eintritt; Hunde an der Leine gestattet; www.baumkronenweg.de).*
Ein weiteres Höhenabenteuer zwischen Baumkronen kann im **Kletterpark** in einer Höhe zwischen drei bis elf Metern erlebt werden, wenn sich an Seilen, Tauen, Balken und Netzen entlang gehangelt *wird (Apr./Okt. Sa/So/Feiertage 10.30 - 18 Uhr; Fr 13 - 18 Uhr; Mai - Sep. Sa/So/Feiertage 10.30 - 19 Uhr; Mi - Fr 13 - 19 Uhr. Hessische Sommerferien täglich 10.30 - 19 Uhr; Eintritt; Telefon 01577/3828012; www.kletterpark-edersee.de).*
Zurück auf der Kreisstraße führt unser Weg jetzt nach **Rehbach**, wo wir einen sowohl für Wohnmobile als auch für Wohnwagen geeigneten Parkplatz vorfinden (Beschreibung s. o.).

Unterwegs auf dem TreeTop-Walk

Um den Jachthafen des kleinen Örtchens ist alles auf Sommerfrische eingestellt. Wer mit dem Rad auf dem 57 Kilometer langen Ederseeradrundweg (ER) bis nach Rehbach gerollt ist oder von hier eine der kürzeren Etappen starten möchte, kann mit der **Edersee-Fähre** (*Apr./Okt. Sa/So/Feiertage 10 - 18 Uhr; Mai - Sep. Mo - Fr 11 - 17 Uhr; Sa/So/Feiertage 10 - 18 Uhr)* zur Halbinsel Scheid übersetzen und von dort weiter durch die fjordähnliche Landschaft radeln. Am schönsten ist es für uns, nach einem ausfüllenden Tagesprogramm in der **Fischerhütte** die gute Küche und die hervorragenden Fischgerichte zu angemessenen Preisen zu genießen *(Strandweg 9, Telefon 0172/2862893, www.fischerhuette-edersee.de; das Restaurant wird derzeit renoviert und soll Ende 2020/Anfang 2021 wiedereröffnen).* Wenn dann auch noch an einem lauen Abend die Sonne blutrot über dem See untergeht und die Leinen an den Booten in einer leichten Brise klappern, dann ist die nordhessische Urlaubsidylle perfekt!

In **Bringhausen** ist dann Schluss mit der motorisierten Umrundung des Sees und wir begnügen uns mit dem Hinweis auf den ausgeschilderten Wanderparkplatz Kirchweg von dem vier beziehungsweise fünf Kilometer lange **Rundwanderwege** in den Nationalpark führen [N 51°10'17.2" E 08°59'09.3"].

Da wir gerade von Wanderungen schrieben, sollte jetzt auch eine folgen und einen Teil der landschaftlichen Schönheiten rund um den Edersee per pedes offenbaren. Wir entscheiden uns für eine Teilstrecke des 68 Kilometer langen **Urwaldsteigs**, der ein **Wanderhighlight** der Region darstellt, und starten am Parkplatz des von überall sichtbaren Waldecker Schlosses [N 51°12'13.9" E 09°03'27.3", Schlossstraße; vgl. S. 130]. Der Einstieg ist natürlich von weiteren Wanderparkplätzen beziehungsweise von einigen der genannten Stellplätze ebenfalls möglich.

WOMO-Wandertipp: Unterwegs auf dem Urwaldsteig

Mittelschwere Wanderung von etwa 20 Kilometern Länge mit einigen steilen An- und Abstiegen und herrlichen Aussichten auf schmalen Pfaden, Wald- und Forstwegen. Kombiniert mit Seilbahnen sowie Schiffspassagen und beliebig kürzbar.

Um es vorwegzunehmen: Der Hauptweg ist mit einem weißen UE auf blauem Kreis markiert, die Nebenstrecken mit einem blauen Kreis, die kürzere Routen möglich machen. Ein Verlaufen ist somit im „tiefen Urwald" eher unwahrscheinlich.

Vom Parkplatz am Schloss gehen wir ein Stück Richtung Stadt und halten uns an der Kreuzung leicht abfallend rechts und wieder links über eine kleine Wiese in den Wald. Immer links haltend erreichen wir die Bahnhofstraße, gehen kurz rechts, um uns über die Straße Am Ziegenberg links in den Krüppelwald aus Eichen und Buchen führen zu lassen. Entlang der Steilhänge umrunden wir eine Schlucht, übersteigen quer über den Weg liegende Baumstämme, streifen Wiesen, genießen Ausblicke und erreichen nach etwa drei Kilometern den unserer Meinung nach schönsten Aussichtspunkt am Edersee, die „Kanzel". Am felsigen Hang werden die knorrigen Baumgestalten hoffentlich noch lange erhalten bleiben, während wir den Uhrenkopf umwandern und zu einem weiteren Aussichtspunkt mit Blick auf die Talsperre gelangen. Von hier führt der blaue Punkt zum einen parallel zur Straße durch den Buchenwald nach Waldeck zurück oder hinab zur Sperrmauer. Von dort gelangt man mit dem Schiff an die Uferpromenade nach Waldeck-Strandbad (insgesamt ca. acht Kilometer).

Wir laufen jedoch auf dem Pfad am Talhang parallel zur Uferstraße, erreichen diese nach etwa zwei Kilometern und überqueren eine Brücke. Wenig später stehen wir vor dem Pumpspeicherwerk in Hemfurth. Ganz in der Nähe hätten wir vom Stellplatz in Hemfurth ebenfalls die Wanderung beginnen können. Für den Weg über das Kraftwerksgelände und den Ticketerwerb müssen wir etwa 15 Minuten einkalkulieren, damit wir die stündliche Abfahrt der Standseilbahn nicht verpassen. Rasch umgehen wir mit der Fahrt den heftigen Anstieg zu Fuß auf den Großen Hegekopf beziehungsweise Petersberg und haben so genug Kraft, um von der Bergstation der Seilbahn mit oben bereits erwähnter **Jausenstation Waldbölker** aufwärts zum Hochspeicherbecken mit grandioser Aussicht zu gelangen.

Auf einer Zuwegung Richtung Bringhausen erreichen wir den Hauptweg des Urwaldsteigs und marschieren auf schmalen Pfaden durch die alten Buchenbestände des Nationalparks Kellerwald. Am „Sauermilchplatz" müssen wir erst mal verpusten, schauen uns das Grab des wegen seiner lauten Stimme „Waldbölker" genannten Försters an und peilen als Nächstes die Umrundung des felsigen Daudenbergs an. Hierzu wählen

wir den steinigen Nebenweg (blauer Punkt) und gelangen via „Fünfseenblick" am Waldrand links zum ebenfalls oben erwähnten Parkplatz Kirchweg. Der blaue Punkt führt uns nun hinab nach Bringhausen und zum Schiffsanleger *(Fahrzeiten beachten! Fahrplan bei den Tourist-Infos erhältlich o. über www.personenschiffahrt-edersee.de)*.
Ein wenig müssen wir warten, doch dann schippern wir in einer halben Stunde entspannt über den Edersee bis zum Waldecker Strandbad und zur letzten kleinen Etappe unserer ausgiebigen Wanderung. Entlang der Uferpromenade schlendern wir ziemlich ermattet bis zur Waldecker Bergbahn, denn den steilen Anstieg zurück nach Waldeck bewältigen wir lieber locker schwebend mit der Seilbahn. Von der Bergstation sind es nur noch wenige Meter bis zum Ende unserer Ganztagestour und zum WOMO. Einzig das Wetter spielt bei unserem Marsch nicht so richtig mit. Die nebelverhangenen Aussichten strahlten jedoch einen teils besonderen Reiz aus und können den erfreulichen Aspekt des Wandererlebnisses durch einen der letzten Urwälder Deutschlands in keiner Weise schmälern *(www.urwaldsteig-edersee.de)*!

Der Ederseerandstraße von Hemfurth Richtung Bad Wildungen folgend liegt rechter Hand der Affolderner See. Hier verkehrt auf zwei Kilometern die **Eder-Draisine** *(Hauptsaison: täglich Betrieb; Nebensaison: am Wochenende u. Feiertage; Gebühr)*, deren Haltestelle in **Affoldern** am Infopoint der **Edersee-Touristik** zu finden ist [N 51°10'04.9" E 09°04'29.2", Hemfurther Straße, Öffnungszeiten s. o.].

Goldwaschplatz in Mehlen

In **Mehlen** kann man sein Glück bei der Goldwäsche versuchen (vgl. Tour 3, S. 115) und anschließend den Blick entspannt über die Landschaft schweifen lassen.

(074) WOMO-Wanderparkplatz: Mehlen, Dinkelsburg

GPS: N 51°09'36.8" E 09°05'51.5". **Max. WOMOs:** 2.

Ausstattung: Infotafel.
Beschreibung: Der einfache, fast schattenlose und geschotterte Parkplatz befindet sich außerhalb des Ortes an einer Wiese und liegt bereits haarscharf im Naturpark. Dies bedeutet, dass man hier auf gar keinen Fall Campingleben an den Tag legen sollte! In der Nähe gibt es eine Grillhütte und vom Parkplatz kann man nicht nur die Aussicht genießen, sondern insbesondere zu Wanderungen (Mehler-Holz-Route 6,3 km/Goldgräberpfad 7,7 km) aufbrechen.
Zufahrt: Von Affoldern Richtung Giflitz/Kleinern fahren und in Mehlen am östlichen Ortsausgang von der B485 links den Hinweisen zum Wanderparkplatz/Grillhütte ca. 1 km auf schmalem Sträßchen mit wenigen Ausweichmöglichkeiten folgen.
Hinweis: Nur für Wohnmobile bis max. 7 m Länge geeignet! Gegebenenfalls kann es bei Veranstaltungen in der Grillhütte auf dem Parkplatz unruhig und eng werden.

Über Giflitz sind wir flott im Luftkurort **Kleinern**, der durch den **Dorferkundungspfad** näher kennengelernt werden kann und mit der kleinen Freizeitanlage am Wesebach ein lauschiges Erholungsplätzchen bietet. Schmetterlingsliebhaber finden im Pavillon mit der charakteristischen Dachform Informationen über die grazilen Papillons, die überall zwischen den Bauerngärten und den Streuobstwiesen flattern.

(075) WOMO-Wanderparkplatz: Kleinern, Freizeitanlage Spicke

GPS: N 51°08'20.4" E 09°03'19.1", Zur Spicke. **Max. WOMOs:** 2.
Ausstattung: Bänke.
Beschreibung: Der einfache, halbschattige Parkplatz auf Wiese liegt am Ortsrand. Hier ist ein idealer Ausgangspunkt für Nordic Walking-Runden

(3,8 - 7,8 km), Wanderungen (Dorfpfad 10 km) sowie Radtouren und Kinder können sich auf dem Spielplatz austoben.
Zufahrt: Im Ort ca. 500 m den Hinweisen zur Freizeitanlage folgen.

(076) WOMO-Wanderparkplatz: Kleinern, Schmetterlingspavillion

GPS: N 51°08'43.2" E 09°03'10.7", Elmsbergweg. **Max. WOMOs:** 1 - 2.
Ausstattung: Infotafel, Bänke, Müllbehälter.
Beschreibung: Der einfache, geschotterte, halbschattige Parkplatz ist schräg, liegt außerhalb des Ortes am Eingang des Nationalparks. Er bietet eine hübsche Aussicht und ist Ausgangspunkt für Wanderungen und Radtouren.
Zufahrt: Am Ortsende rechts ca. 500 m bis zum Parkplatz fahren.

Am südlichen Rand des Naturpark Kellerwald-Edersee fahren wir durch das anmutige Wesebachtal nach **Gellershausen**, dessen Ortskern restaurierte Fachwerkfassaden prägen.

(077) WOMO-Wanderparkplatz: Gellershausen

GPS: N 51°07'56.5" E 09°00'46.6". **Max. WOMOs:** 2 - 3.

Ausstattung: Infotafel, Wanderwege.
Beschreibung: Einfacher, geschotterter, meist sonniger Parkplatz am Waldrand außerhalb des Ortes mit Anschluss an Wander- und Radwege.
Zufahrt: Am östlichen Ortsanfang im spitzen Winkel oder ca. 600 m später rechts (Am Zollstock) jeweils ca. 500 m bis zum Parkplatz fahren.
Hinweis: Der Parkplatz ist nur für Fahrzeuge bis 3,5 Tonnen anzufahren. Die zweite Zufahrt ist anfangs sehr steil.

Bevor wir durch das schöne Tal **Frebershausen** erreichen und dort am westlichen Ortsausgang einen weiteren Wanderparkplatz nahe dem romantischen Quernstgrund neben der Straße notieren **[078:** N 51°06'35.2" E 08°58'39.9", An der L3332. Wanderwege 4,9 - 8 km Länge], machen wir auf einer Höhe Pause im gemütlichen **Hofcafé am *Nationalpark*** *(Sa ab 14 Uhr; So ab 13.30 Uhr; www.hofcafe-am-nationalpark.de).* Hausgebackener Kuchen mit duftendem Kaffee oder eine deftige Brotzeit mit Ahler Wurscht ist genau das Richtige, um frisch gestärkt den Weg nach **Frankenau** einzuschlagen. Um die Umgebung auf Schusters Rappen zu erkunden, bietet sich der am östlichen Ortseingang an der Kellerwaldhalle gelegene Parkplatz an [N 51°05'37.8" E 08°56'24.0", An der L3332] oder man folgt dem Hinweis zur Kellerwalduhr etwa anderthalb Kilometer, um dort auf einen weiteren, sehr schrägen Parkplatz zu treffen [N 51°06'21.3" E 08°56'53.2"].

Unterwegs in der Arche - Region

Der Mitbegründer des Dadaismus, **Richard Hülsenbeck** wurde in Frankenau geboren und in der „Alten Apotheke“ kann man seine Lebens- und Wirkungsgeschichte verfolgen *(nach Voranmeldung: Telefon 06455/8595).*

Wir befinden uns aber auch in der ersten **Arche-Region** Hessens, die den Ausschnitt einer kleinbäuerlichen Kulturlandschaft des Kellerwaldes zeigt. Auf den Weidekoppeln, Heide- und Huteflächen sowie entlang alter Triften leben alte bodenständige Haustierrassen auf engsten Raum. Auf unterschiedlich langen (vier bis sieben Kilometer) und gut ausgeschilderten **Arche-Erlebnispfaden**, die zu Fuß oder mit der Kutsche erkundet werden können, begegnen wir Hinterwälder Rindern, Heidschnucken, Ziegen, Gänsen und mit dem Rheinisch-Deutschen

Aussicht vom Kellerwaldsteig ins westfälische Sauerland

Kaltblut einer alten Pferderasse. Eine kulturhistorische Zeitreise in die Natur, die Alt und Jung anspricht. In der **Kultureiche** kann die Thematik vor- oder nachher auf sehr anschauliche Weise vertieft werden *(Nov. - März 10 - 16 Uhr; in den Sommermonaten 8 - 18 Uhr; www.arche-region-kellerwald.de).*

Um die Beziehung zwischen Mensch und Wald von der Eiszeit bis heute geht es in der sogenannten **KellerwaldUhr**. Natürlich spielt die im Kellerwald beheimatete Buche dabei eine große Rolle und man kann den von ihr „erzählten“ Geschichten am Lagerfeuer sitzend lauschen *(täglich 10 - 18 Uhr).*

Der **Kellerwaldsteig** führt hier vorbei und die Ruine der alten Quernstkirche, ein altes Pilgerziel, sowie die an ihrer Stelle errichtete und auch vom vorgenannten Parkplatz in Frebershausen zu erwandernde Quernstkapelle inmitten schönster Natur sind Ziele der Stille und Besinnlichkeit.

Wir folgen der Vorfahrtsstraße Richtung Frankenberg und erreichen hinter Allendorf bei Geismar die B253, rollen auf dieser zur B252 und sind bald in **Frankenberg** gelandet.

(079) Offizieller WOMO-Stellplatz: Frankenberg Ederberglandhalle

GPS: N 51°03'20.4" E 08°48'02.6", Teichweg. **Max. WOMOs:** 4.

Ausstattung: V/E, Strom.

Beschreibung: Der hinter einem Großparkplatz gelegene, dennoch ruhige, geschotterte und teils schattige Stellplatz liegt etwa 500 m von der bergauf liegenden Innenstadt entfernt. In unmittelbarer Nähe befindet sich ein Supermarkt mit Bäcker, ein recht ordentliches Steakhaus und das Frei- und Hallenbad.

Zufahrt: Von der B252/B253 Richtung Rosenthal und am Kreisel links zum Supermarkt fahren und den WOMO-Piktogrammen folgen.

Hinweis: Wenn der Stellplatz voll ist, dann haben wir auch schon WOMOs auf dem Großparkplatz stehen sehen. Im Winter ist die V/E nicht zu nutzen.

Frankenberg

Hoch über der Eder und einer Furt ließ Landgraf Konrad von Thüringen die Stadt als Stützpunkt an strategisch wichtiger Stelle 1233/34 erbauen. Schön lässt es sich in der **historischen Altstadt** zwischen den Fachwerkhäusern der Alt- und Neustadt bummeln. Zahlreiche Gebäude des 16. und 19. Jahrhunderts sind erhalten geblieben, während von der mittelalterlichen Stadtbefestigung lediglich der aus dem 13. Jahrhundert stammende Hexenturm und das Steinhaus, vermutlich 1240 errichtet, den Sprung in die Neuzeit geschafft haben. Überragt wird die Stadt von der **Liebfrauenkirche**, deren älteste Teile auf das Jahr 1286 zurückgehen.

Absoluter Mittelpunkt ist das **Historische Rathaus** zwischen Ober- und Untermarkt. Die „Schokoladenseite" ist nicht eindeutig auszumachen, zu schön ragen die zehn Erkertürme des spätgotischen Gebäudes in den Himmel. In der Rathaushalle findet neben anderen Veranstaltungen samstags der über die Stadt hinaus bekannte und beliebte **Wochenmarkt** statt. Über dem Eingangsportal prangt eine farbenprächtige Huckepack-Schnitzfigur des Bildhauers und Steinmetzes Philipp Soldan, der 1500 in Frankenberg geboren wurde und dessen Motive den kunstgeschichtlichen Übergang von der Spätgotik zur Renaissance markieren. Das Glockenspiel von 1999 ertönt täglich um 11.45 Uhr und 15.45 Uhr; während die **kostenfreie Stadtführung** *(Apr. - Okt.)* um 10.30 Uhr hier beginnt. Weitere Führungen sind in der **Tourist-Information** buchbar *(Apr. - Okt. Mo - Fr 10 - 17 Uhr; Sa 10 - 13 Uhr; Nov. - März Mo - Fr 10 - 13 Uhr; Untermarkt 12, Telefon 06451/717672, www.ederbergland-touristik.de).*

Historisches Rathaus

Holzschnitzereien am Rathaus

Unterhalb des Rathauses lädt hinter den Fassaden mehrerer Fachwerkbauten das schicke **Hotel-Restaurant Zur Sonne** zum Innehalten ein. Von der bodenständigen Regionalküche bis zum hochpreisigen Gourmetmenü ist für jeden Geschmack und Geldbeutel etwas dabei *(www.sonne-frankenberg.de)*.

Unser Tipp: Die Torten des Cafés sind einfach göttlich!

Zu erwähnen ist weiterhin das **Kloster St. Georgenberg**, welches zu Fuß vom Stellplatz aus gut erreichbar ist. Das ehemalige Zisterzienserinnenkloster entstand in mehreren Bauphasen von 1249 bis ins 17. Jahrhundert und besticht besonders durch den Nordflügel, an dessen Ostseite sich die spätromanische ehemalige St.-Mauritius-Kapelle befindet. Weiterhin ist hier das **Heimatmuseum** untergebracht, das sich unter anderem ausführlich mit den Arbeiten des Holzschnitzers Soldan befasst *(Mi, Sa/So 14 - 17 Uhr)*.

Untrennbar mit Frankenberg ist der Name Thonet verbunden, denn seit 1889 produziert die Firma, die weltweit als Pionier des Möbeldesigns gilt, in der Stadt. Das **Museum Thonet** präsentiert die Lebensgeschichte von Michael Thonet, der das Biegen von massivem Holz bei den bekannten Wiener Kaffeehaus-Stühlen so meisterlich beherrschte und perfektionierte und damit den Übergang vom Handwerk zur industriellen Serienproduktion im 19. Jahrhundert schaffte [N 51°03'07.8" E 08°47'16.2", Michael-Thonet-Straße]. Neben dem legendären Stuhl Nummer 14 aus Bugholz sehen wir Stahlrohrmöbel aus der Bauhaus-Zeit genauso wie Kinderwiegen und anderes Mobiliar. Noch heute fertigt Thonet in Frankenberg und im Showroom sind die aktuellen Kollektionen anzuschauen. Bei einer Führung durch die Fabrik erleben wir nicht nur das Biegen von Holz, sondern auch von Stahlrohr und könnten an-

Altstadtensemble mit dem ältestem Steinhaus der Stadt

Thonet-Museum

schließend im Factory Outlet einen der berühmten Klassiker erstehen *(Mo - Fr 9 - 17 Uhr; Sa 14 - 16 Uhr; Eintritt frei; Führungen gegen Gebühr; Outlet: Mo - Fr 10 - 16 Uhr; jeden 1. Sa im Monat 14 - 16 Uhr; Telefon 06451/5080; www.thonet.de).*

Zurück an der B252/B253 setzen wir unsere Reise fort und bleiben auf der B253, von der wir wenig später nach Ernsthausen abbiegen und in den **Burgwald** eintauchen. Das größte zusammenhängende Waldgebiet Hessens und eines der Größten Mitteleuropas, gilt als „grüne Lunge" Deutschlands und ist ein beliebtes Wandergebiet. Von einigen unserer folgenden Stellplätze lassen sich gut markierte Wander- und Radwege in reizvoller Landschaft erkunden *(www.traumhaftes-wandermaerchen.de).* Kurz vor Ernsthausen ist die B252 erreicht, der wir Richtung Marburg bis nach **Münchhausen** folgen, um dort der Geschichte auf die Pelle zu rücken und die Gegend zu Fuß zu erkunden.

(080) WOMO-Wanderparkplatz: Münchhausen, Christenberg

GPS: N 50°57'19.0" E 08°45'00.0". **Max. WOMOs:** 2 - 3

Ausstattung: Tisch und Bänke, Müllbehälter.

Beschreibung: Der einfache Wiesenparkplatz liegt außerorts am Waldrand und bietet wenig Schatten. In der Nähe befindet sich eine Gaststätte *(Mo/Di Ruhetag)* und ein Friedhof. Auf die Besucher sollte Rücksicht genommen werden und demzufolge ist der Platz nur bedingt klappstuhlgeeignet. Ideal ist er jedoch als Ausgangspunkt für die folgende und andere Wanderungen.

Zufahrt: Von der B252 im Ort hinter der Fußgängerampel links Richtung Christenberg ca. 3 km bis zum Bergplateau fahren. Der Parkplatz liegt linker Hand neben dem Friedhof an einer großen Wiese.

Schon in vorchristlicher Zeit befand sich auf dem **Christenberg** ein keltischer Fürstensitz, während die Franken im Mittelalter Wallanlagen bauten und die Kesterburg als Festung gegen die

Martinskirche auf dem Christenberg

Sachsen nutzten. Sehenswert ist die Martinskirche aus dem 11. Jahrhundert auf dem einsamen Kult- und Begräbnisberg sowie das historische Küsterhaus mit der Dauerausstellung „Kelten und Franken“ *(geöffnet wie Gaststätte, den Schlüssel gibt es dort).*

WOMO-Wandertipp: Rund um den Christenberg

Mittelschwere Wanderung von 16 Kilometern Länge mit einigen heftigen An- und Abstiegen. Es gibt einen weiteren, jedoch nur 4,5 km langen, ausgeschilderten Wanderweg zur Burgruine Mellnau, sodass man mit gleichem Rückweg nach nur etwa 9 km wieder am Ausgangspunkt ankommt.

Vom Christenberg erwandern wir im Uhrzeigersinn auf dem Rundkurs ein weiteres Wanderhighlight des westlichen Teils des Burgwaldes (Rotes C auf weißem Grund).Waldlandschaften mit Teichen und Quellen, stille Täler und wundervolle Aussichtspunkte begleiten den gesamten

Burgruine Mellnau

Weg. Nach etwa 7,5 km erreichen wir die **Burgruine Mellnau** aus dem 13. Jahrhundert, von der sich ein Panorama vom südlichen Burgwald bis ins Ederbergland und den Höhen des Sauerlands bietet. Gleich neben der Ruine kehren wir in der **Kuckuckshütte** ein *(Di - Do ab 11.30 Uhr; Fr/Sa/So ab 10 Uhr)* und wandern über den Wetterkopf nach Münchhausen. Vorbei am Spiegelteich sind wir nach weiteren 3 Kilometern wieder auf dem Christenberg angekommen und beschließen die gut ausgeschilderte Extratour auf der Terrasse des **Waldgasthauses** *(Mi- So ab 11.30 Uhr)*.

Von Münchhausen aus haben wir über die B236 Richtung Battenberg schnell die B253 erreicht. Technikinteressierte schwenken dort rechts nach Allendorf, während alle anderen den direkten Weg nach **Battenberg** einschlagen.

(081) Offizieller WOMO-Stellplatz: Battenberg, Frei- und Hallenbad

GPS: N 51°00'44.3" E 08°38'06.9", Senonchesstraße. **Max. WOMOs:** 3.
Ausstattung: Glascontainer, Müllbehälter.
Beschreibung: Der am Ortsrand gelegene, einfache, asphaltierte Großparkplatz ist von Bäumen umgeben und ein idealer Ausgangspunkt für die ausgeschilderte 12 km lange Extratour-Wanderung Drachenflug.
Zufahrt: Auf der Durchgangsstraße in den Ort fahren, dann rechts Richtung Dodenau und wenig später links dem WOMO-Piktogramm bis zum links gelegenen Parkplatz folgen.
Hinweis: Wasserversorgung an der Esso-Station und Fiat Bienhaus (Battenfelder Straße 6).

(082) Offizieller WOMO-Stellplatz: Battenberg, Festhalle

GPS: N 51°00'33.4" E 08°38'11.2". **Max. WOMOs:** 3.
Ausstattung: Müllbehälter.

Beschreibung: Der einfache, geschotterte Parkplatz liegt außerhalb des Ortes unmittelbar an der Festhalle und ist von Bäumen umgeben.
Zufahrt: Wie zum vorherigen Stellplatz, jedoch der Durchgangsstraße weiter bis kurz vor Erreichen der B253 folgen. Rechts weist das WOMO-Piktogramm zum Stellplatz.
Hinweis: Wasserversorgung an der Esso-Station und Fiat Bienhaus (Battenfelder Straße 6). Gegebenenfalls Geräuschbelästigung durch die Bundesstraße.

Allendorf und Battenberg

Beide Gemeinden liegen im Tal der Eder und bilden trotz ländlicher Abgeschiedenheit einen der Industrie- und Gewerbeschwerpunkte des Landkreises Waldeck-Frankenberg. Hauptarbeitgeber ist die international tätige Firma für Heiztechnik-Systeme Viessmann in **Allendorf** [N 51°01'48.9" E 08°40'40.1", Viessmannstraße]. Die Unternehmensgeschichte wird für Besucher im hauseigenen **Museum Via Temporis** veranschaulicht und widmet sich gleichzeitig dem Lebenswerk Dr. Hans Viessmanns, der nach dem Krieg den vom Vater übernommenen Handwerksbetrieb zum Weltunternehmen ausbaute *(Kostenfreie Werksfüh-*

rungen finden im Allgemeinen freitags statt und können unter Telefon 06452/702268 oder www.viessmann.de gebucht werden).

Das über der Stadt liegende **Jagdschloss** in **Battenberg** ist Sitz der Kreisverwaltung und der terrassenförmige, in ständiger Erweiterung befindliche **Barockgarten** bietet Ruhe und mit den umliegenden Gebäuden ein schönes Beispiel für den schlichten hessischen Landbarockstil. Nach den Fürsten von Waldeck-Pyrmont, in deren Waldecker Schloss eine Vorfahrin des niederländischen Königs Willem Alexander geboren wurde, hat Hessen mit der Adelsfamilie von Battenberg einen weiteren Fuß in die Tür europäischer Königshäuser gesetzt. Beispielhaft wird im Alten Rathaus mit dem **Stadtmuseum** der britische Zweig der Familie vorgestellt, die wegen der zunehmenden Deutschenfeindlichkeit nach dem Ersten Weltkrieg in Großbritannien den Namen „Battenberg" frei übersetzt in „Mountbatten" verwandelten. Weitere Abteilungen widmen sich der Jagdgeschichte und den Battenberger Hirschsteinen, den Motorradrennen der 1950er-Jahre sowie dem Bergbau *(Apr. - Okt. So 14 - 17 Uhr; Eintritt).*

Jagdschloss in Battenberg

Im **Besucherbergwerk Burgbergstollen** können die Bergbauaktivitäten und die Förderung von Braunstein früherer Zeiten in der Tiefe des kegelförmigen Burgbergs nachvollzogen werden, während sich vom Turm der oberhalb gelegenen **Kellerburgruine** eine weite Rundsicht bietet *(Mai - Sep. jeden 1. So im Monat 14 - 17 Uhr; Eintritt).* Für die Besichtigung können WOMOs bis maximal 7 Meter Länge oberhalb des Friedhofs auf zwei Parkplätzen geparkt werden [N 51°00'53.3" E 08°38'27.7" oder N 51°00'50.1" E 08°38'17.9", Am Burghain; die Zufahrt erfolgt am besten Richtung Dodenau und dann über die Burgbergstraße oder man nimmt den Fußweg von den vorgenannten Stellplätzen].

Auf der Strecke nach Dodenau überqueren wir die Eder, die in großen Schleifen durch das Tal mäandert, und notieren einen Parkplatz hinter der Zufahrt nach Kröge.

(083) WOMO-Wanderparkplatz: Füllnhausen

GPS: N 51°02'05.8" E 08°37'58.5". **Max. WOMOs:** 2 - 3.
Ausstattung: Infotafel.

Beschreibung: Der einfache, zweckdienliche Parkplatz ist geschottert und liegt außerorts am Waldrand vor einer Wiese.
Zufahrt: Ca. 500 m hinter der Zufahrt nach Kröge etwa 300 m bis zum Parkplatz fahren.

Hoch und runter geht es durch die mit Wiesen sowie Wäldern bestückte und den Augen so wohltuende Landschaft in den hübschen Luftkurort **Dodenau**.

(084) WOMO-Wanderparkplatz: Dodenau, Wildgehege

GPS: N 51°01'58.6" E 08°34'27.4". **Max. WOMOs:** 2.
Ausstattung: Infotafel, Bank, Müllbehälter.
Beschreibung: Der einfache, geschotterte Parkplatz im Wald vor dem **Wildgehege** (ganzjährig geöffnet) an einer großen Waldwiese liegt außerhalb der Ortschaft. Um das Gehege windet sich der Walderlebnispfad, Nordic Walking-Strecken sind ausgeschildert und Radfahrer sowie Mountainbiker finden auf vielen Wegen Abwechslung. Im Winter ist hier ein Loipeneinstieg und zu allen Jahreszeiten ist die folgende Wanderung ein Genuss.
Zufahrt: Im Ort an der Dorflinde hinter einem Bruchsteinhaus rechts etwa 2 km bis zum Parkplatz fahren.

WOMO-Wandertipp: Auf die Lindenhardt

Mittelschwere Wanderung von etwa zwölf Kilometern Länge mit leichten An- und Abstiegen.
Der Weg (Markierung gelbes L auf blauem Grund) führt zunächst zur

Schachbrett-Schmetterling

Keudelburg. Hinter der Lindenhardt, ein Waldkomplex, dessen Eichen für die ortsansässigen Gerbereien bis Mitte des letzten Jahrhunderts „geerntet“ wurden, treffen wir auf einen Hirschstein. Landgraf Ludwig VIII. ließ diese Steine immer dort aufstellen, wo er kapitale Hirsche erlegte oder gefangen nahm. Eine Replik ist übrigens auch in Battenberg am Alten Rathaus zu finden. Durch die ausgedehnten Wiesen und Weiden der Ederaue gelangen wir anschließend auf den Bergrücken von Dodenau, genießen die weitreichenden Aussichten und landen nach einem abwechslungsreichen Marsch wohlbehalten am WOMO.

Durch Dodenau rollen wir hinab zur Eder, halten uns rechts Richtung Hatzfeld und streifen das **Freibad**. Wenig später treffen wir auf einen einfachen, aber idyllisch und in ruhiger Lage am Wasser gelegenen Campingplatz.

(085) WOMO-Campingplatz: Dodenau, Ferienplatz Edertal

GPS: N 51°01'31.9" E 08°34'08.6".
Kontakt: Telefon 06452/1791, www. camping-dodenau.de.
Öffnungszeit: Ganzjährig bis auf die Zeit vom 1. bis 25. Nov.
Ausstattung: Imbiss, Spielgeräte.
Beschreibung: Der naturbelassene, einfache Campingplatz liegt außerhalb der Ortschaft auf einem Wiesenareal direkt an der Eder. Es gibt eine Bootseinlassstelle, eine Bademöglichkeit und zahlreiche Möglichkeiten für Wander- und Radtouren.
Preise: €€.
Zufahrt: Von Dodenau ca. 2 km Richtung Hatzfeld fahren.

Eigentlich wollen wir auf direktem Weg **Hatzfeld** ansteuern, aber nachdem wir ein schönes Tal durchfahren haben und auf der Höhe bereits den Blick auf den Ort werfen können, folgen wir rechts dem Hinweis zum Panoramapfad.

(086) WOMO-Wanderparkplatz: Hatzfeld, Grillhütte

GPS: N 51°00'01.6" E 008°32'37.8".
Max. WOMOs: 2 - 3.
Ausstattung: Infotafel, Tisch und Bänke.
Beschreibung: Der einfache Waldparkplatz liegt außerhalb und bietet eine schöne Aussicht auf den Ort. Man kann von hier aus auf dem Ederhöhen-

weg wandern oder wie wir die folgende Wanderung beginnen.
Zufahrt: Von der K115 nördlich des Ortes im spitzen Winkel rechts abbiegen und dann ca. 800 m dem Hinweis Panoramaweg/Grillhütte auf sehr engem Sträßchen auf den letzten 500 m ohne Ausweichmöglichkeit bis zum Parkplatz folgen.

WOMO-Wandertipp: Panoramapfad

Leichte abwechslungsreiche Wanderung von etwa zehn Kilometern Länge mit An- und Abstiegen.
Auch hier wartet wieder ein präzise ausgeschilderter, toller Wanderweg (gelbes P auf blauem Grund). Wie im Ederbergland nicht anders zu erwarten mit vielen Auf- und Abstiegen, aber dem Namen gemäß mit vielfältigen Ausblicken ins herrliche Tal. Gleich am Anfang geht es ziemlich heftig bergauf durch den Wald, aber nach kurzer Zeit werden wir schon mit dem ersten schönen Panorama belohnt. Die Landstraße überquerend gelangen wir zur oberhalb des Ortes gelegenen **Burgruine Hatzfeld**. Vom Rand der Ruine sehen wir auf die **Eder**, deren Quelle sich im Westfälischen befindet und 176 Kilometer später in die Fulda mündet. Anschließend schauen wir vom Aussichtspunkt Hardt bis zu unserem nächsten Ziel, der Sackpfeife und gelangen durch die Mischwälder nach einem weiteren Überqueren der Landstraße zurück zum Ausgangspunkt.

Burgruine Hatzfeld

In Hatzfeld selbst gibt es neben dem Feuerwehrgerätehaus an der Eder einen einfachen, offiziellen **WOMO-Stellplatz** zu nennen [**086a:** N 50°59'28.5" E 08°32'51.6", Edertalstraße].
Nahe der Stadtkirche St. Johannis wartet **Ammes Haus**. Das in einem Fachwerkhaus von 1769 untergebrachte Museum zeigt die Lebens- und Arbeitswelt der Landfrauen in der ersten Hälfte des 20. Jahrhunderts, wobei ein Raum der Hebamme gewidmet ist, die nach ihrem Einzug namensgebend für das Haus war *(Apr. - Okt. jeden 2. So im Monat 14 - 17 Uhr; www.hatzfeldeder.de)*.

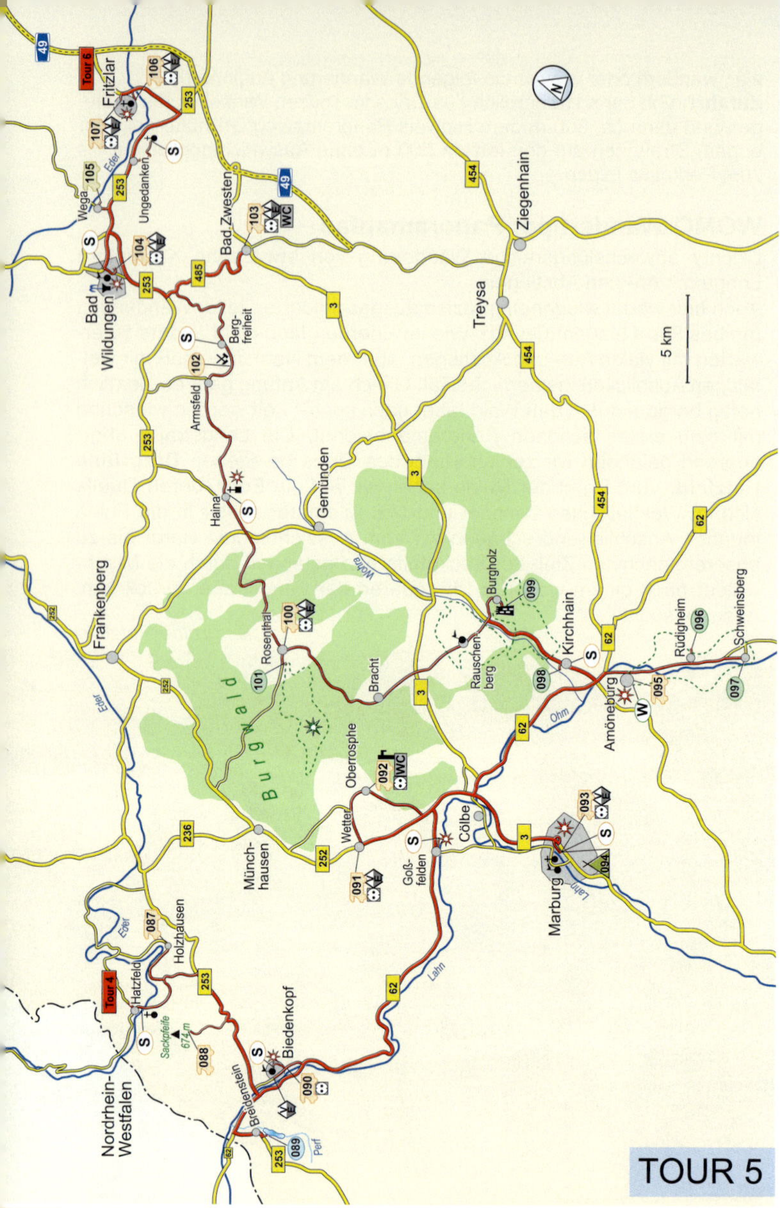

Tour 5 — 265 km

Biedenkopf – Marburg – Amöneburg – Kirchhain Bad Wildungen – Fritzlar

Stellplätze:	Breidenbach, Biedenkopf, Wehrda, Burgholz, Rosenthal, Bergfreiheit, Wega, Ungedanken, Fritzlar.
Campingplätze:	Marburg Campingplatz Lahnaue.
Besichtigen:	Biedenkopf, Landgrafenschloss mit Hinterland-

	museum, Goßfelden Otto-Ubbelohde-Haus, Marburg Stadtbild, Landgrafenschloss mit Kasematten, Elisabeth-kirche, Haina Klosterkirche und Psychatriemuseum, Bergfreiheit Besucherbergwerk, Schneewittchenhaus, Bad Wildungen Schloss Friedrichstein, Ungedanken Büraberg, Fritzlar Stadtbild, Dom, Regionalmuseum.
Wandern:	Rauschenberg, Burgholz, Rosenthal, Bracht.
Radfahren:	Rosenthal Lahn-Eder-Radweg, Fritzlar Ederauenradweg.
Baden:	Perfstausee, Wehrda, Rosenthal, Bad Wildungen, Fritzlar.
Essen:	Marburg Bückingsgarten; Amöneburg Restaurant Dombäcker, Hotel-Restaurant Weber; Bad Wildungen Schlosscafé, Wega Koppenretscher Wirt, Ungedanken Restaurant Zum Büraberg; Fritzlar Fischzuchtbetrieb mit Hofladen, Weinstiege, Café Hahn, Pizzeria Roma da Enzo, Eis Café Venezia.

Wir halten uns nun Richtung Battenfeld und vermerken kurz hinter dem Ortsausgang von Hatzfeld rechts einen kleinen Parkplatz [N50°59'03.2" E08°33'02.3", Edertalstraße], von dem die aus dem 12. Jahrhundert stammende **Emmauskapelle** zu besichtigen ist. Die Orgel von 1686 ist eine der ältesten, noch spielbaren in Hessen und mit einem barocken Orgelprospekt reich verziert.

Kurzzeitig folgen wir dem Flusslauf bis nach Holzhausen, um auf den dortigen Stellplatz zu verweisen.

(087) Offizieller WOMO-Stellplatz: Holzhausen, Sportplatz

GPS: N 50°59'07.4" E 08°35'54.2", Tannenweg. **Max. WOMOs:** 3 - 5.
Beschreibung: Den einfachen Wiesenplatz unter Bäumen haben wir unterhalb des Sportplatzes gefunden. Er liegt außerhalb des Ortes, in dem es eine Gaststätte gibt. Wanderer werden sich über den Ederhöhenweg freuen. Der Platz ist durchaus klappstuhlgeeignet.
Zufahrt: Von der Durchgangsstraße im Ort dem Tannenweg gut 300 m hinauf folgen. Je nachdem von welcher Seite man in den Ort fährt, folgt man

entweder dem Hinweis zum Sportplatz oder folgt dem WOMO-Piktogramm.
Hinweis: Wir haben auf der Wiesenfläche direkt unterhalb des Sportplatzes gestanden. Folgt man dem Sträßchen links, soll der Stellplatz auf der Wiese eigentlich gegenüber dem Vereinsheim zu finden sein. Zum Zeitpunkt unserer Recherche war dort allerdings keine Zufahrt zu finden.

Zurück auf unserer Hauptstrecke verlassen wir vorerst das Edertal und biegen nach Eifa ab, um dort über die B253 Richtung Dillenburg stetig bergauf zu einem der beliebtesten Ausflugsziele der Region, der 674 Meter hohen **Sackpfeife** zu fahren. Vom Aussichtsturm schweift der Blick über das Schiefergebirge, das Marburger Bergland und an klaren Tagen bis zum Taunus.

(088) Offizieller WOMO-Stellplatz: Biedenkopf, Sackpfeife

GPS: N 50°56'54.6" E 08°31'51.5". **Max. WOMOs:** 5.

Beschreibung: Einfacher, gepflasterter oder asphaltierter Parkplatz am Waldrand weitab von der Ortschaft. In der Nähe befinden sich das Freizeitzentrum mit verschiedenen Angeboten, eine Gaststätte, verschiedene Wanderwege, der Sinnespfad sowie der Loipeneinstieg.
Preise: €.
Zufahrt: Von der B253 ca. 3 km den Hinweisschildern folgen.
Hinweis: An der Berghütte sind gebührenpflichtige WOMO-Stellplätze ausgewiesen, jedoch werden immer mal wieder Wohnmobile auf dem öffentlichen Parkplatz toleriert.

Das **Freizeitzentrum** bietet eine Sommerrodelbahn und das Bungee-Trampolin gilt unter Kindern als großer Renner. Außerdem gibt es Autoscooter, Spielplätze, mehrere Grillplätze und im Zoo freuen sich diverse Kleintiere über Kontakte. Etwas ruhiger ist es auf dem Sinnespfad, während es im Winter

wieder lebhafter wird, wenn die Ski-Abfahrt bei Flutlicht und die gespurten Loipen locken, die Lifte laufen, Rodler auf der Schlittenbahn jauchzen und die Ski-Schule Kurse anbietet *(Apr. - Sep. Sa/So/Feiertage 12 - 18 Uhr; Mi/Do/Fr 14 - 18 Uhr; Sommerferien Hessen/NRW täglich 12 - 18 Uhr; Winter: Mo - Fr 14 - 20 Uhr; Sa/So und in den Ferien 11 - 20 Uhr; Eintritt; www.biedenkopf-tourismus.de).*
Bevor wir in Biedenkopf einlaufen, planen wir einen Abstecher zum **Perfstausee** ein.

(089) WOMO-Badeplatz: Biedenkopf-Breidenstein, Perfstausee

GPS: N 50°54'42.3" E 08°27'38.9". **Max. WOMOs:** 3 - 5.
Beschreibung: Der einfache, teils schattige, geschotterte Parkplatz liegt am Ortsrand und bietet Anschluss an ein ausgedehntes Radwegenetz. In der Nähe befindet sich eine Gaststätte *(Di - So ab 11 Uhr)*. Um den beliebten Badesee führt ein asphaltierter Spazierweg mit Ruhebänken, das angrenzende Naturschutzgebiet bietet Wasservögeln ein Refugium und der Badestrand mit zeitweiliger DLRG-Aufsicht ist auch für kleine Kinder geeignet. Den Badegästen steht zusätzlich eine Liegewiese zur Verfügung.

Zufahrt: Der B253/B62 Richtung Bad Laasphe bis nach Breidenstein und dort den Hinweisen zum See folgen.

Ganz unter uns: Auch wenn wir zusätzliche Kilometer „schrubben", ziehen wir die beiden letztgenannten Stellplätze dem offiziellen Stellplatz in Biedenkopf allemal vor. Aber sei's drum. Wir wollen über die B62 sowieso nach **Biedenkopf**, kommen am Stellplatz vorbei und notieren zumindest die Daten. Eine frei zugängliche **V/E-Station** befindet sich am **Freibad** in den Lahnauen *(Sommer Mo - Fr 7.30 - 20 Uhr; Sa/So/Feiertage 8.30 - 20 Uhr)*.

(090) Offizieller WOMO-Stellplatz: Biedenkopf, Stadtwerke

GPS: N 50°54'36.2" E 08°31'40.7", Mühlenweg. **Max. WOMOs:** 4.
Ausstattung: Strom. V/E ca. 1 km entfernt am Freibad in den Lahnauen [N 50°54'48.9" E 08°31'16.8", Am Freibad].
Beschreibung: Der einfache gepflasterte Parkplatz liegt hinter einem Pkw-Parkplatz teils unter Bäumen und es sind etwa 300 m in den Ort mit Geschäften und Gaststätten.
Preise: €.
Zufahrt: Von der B62 an der Ausfahrt Biedenkopf-Mitte abfahren und der Durchgangsstraße bzw. dem WOMO-Piktogramm ca. 400 m folgen.

Biedenkopf

Die im oberen Lahntal gelegene Stadt blickt auf eine 760-jährige Geschichte zurück. Vom Stellplatz oder einem der Parkplätze am

Hinterwälder Trachten

Straßenrand besuchen wir die **Tourist-Information** im Rathaus *(Mo - Fr 9 - 12 Uhr; Mo/Mi/Do auch 14 - 16 Uhr; Hainstraße 63; Telefon 06461/95010; www.biedenkopf-tourismus.de)*. Mit einem Stadtführer in Papierform spüren wir der Vergangenheit in den engen Gassen um den Marktplatz nach. Vorbei an der Hirsch-Apotheke verlassen wir mit der Stadtgasse die Vorstadt und betreten den ehemals von der Stadtmauer umgebenen alten Stadtkern. Das Eckhaus mit der Nr. 3 ist ein typisches Einhaus, in dem sich die Stallungen im Erdgeschoss befanden und die oberen Stockwerke als Wohnbereich dienten. Die Fachwerkhäuser sind aus heimischen Eichenhölzern und meistens in der hier üblichen Geschossbauweise gezimmert. Die Häuser der Untergasse stehen mit ihrer Rückseite auf der Stadtmauer. Das älteste Rathaus der Stadt, ein 1732 errichtetes, imposantes Fachwerkgebäude steht „Bei der Kirche 14". An den drei nicht verschieferten Wänden finden wir im ersten Obergeschoss in der Balkenkonstruktion jeweils zweimal den „Wilden Mann" oder „Hessenmann", der statische und ornamentale Funktionen vereint und auch mit altem heidnischem Brauchtum in Verbindung gebracht wird. Im vermutlich ältesten Haus der Stadt, dem Schenkbarschen Haus, befindet sich ein Privatmuseum, in dem antike

Blick über die Stadt zum Landgrafenschloss

Postkutsche im Hinterlandmuseum

Ikonen und außereuropäische Textilien der Öffentlichkeit vorgestellt werden. Das Museum ist nur nach telefonischer Absprache unter der Telefonnummer 06461/89180 zu besuchen oder kann im Rahmen einer mittelalterlichen Stadtführung *(Mär. - Okt. jeden 2. So im Monat 11.30 Uhr; Treffpunkt Rathaus Hainstraße; Gebühr)* besichtigt werden.
Auf einem etwa 200 Meter langen Bergrücken über der Stadt liegt das **Landgrafenschloss**, das Mitte des 15. Jahrhunderts von Heinrich III. zu Hessen-Marburg erbaut wurde. Wer den anstrengenden Fußweg hinauf mit dem WOMO umgehen möchte, findet am Schloss einen Besucherparkplatz [N 50°54'55.2" E 08°31'34.5"].
Zunächst diente die ursprüngliche Burg zur Sicherung der Landesgrenzen der hessisch-thüringischen Landgrafen. Das später errichtete Schloss war als Witwensitz gedacht, wurde allerdings nie bezogen und diente als Fruchtspeicher, Lager und Pferdestall. Diesem Umstand ist es zu verdanken, dass es in großen Teilen bis heute in seiner originalen Bausubstanz erhalten blieb. Besonders eindrucksvoll ist die Dachkonstruktion, die ein seltenes Beispiel für das Zimmermannshandwerk des 15. Jahrhunderts darstellt und bei einem bauhistorischen Rundgang vom Palas bis zum Dach angeschaut werden kann. 1908 wurde ein Regionalmuseum eröffnet, das heute auf 1000 Quadratmetern als **Hinterlandmuseum** geführt wird *(Apr. - 15. Nov. Di - So 10 - 18 Uhr; Eintritt; www.marburg-biedenkopf.de)*. In verschiedenen Abteilungen wird die Regional- und Kulturgeschichte des Hinterlandes präsentiert, dessen Bezeichnung der isolierten Lage zuzuschreiben ist. Von der ehemaligen Residenzstadt Darmstadt aus gesehen, lag das Gebiet „ganz weit hinten“. Ein besonderes Augenmerk legt das Museum auf seinen umfangreichen Trachtenbestand und die anfallenden Dialekte, die sich im Grenzland von Dorf zu Dorf verändern. Eine weitere Abteilung ist dem **Grenzgangsfest** gewidmet, das seit 1839 alle sieben Jahre in Biedenkopf stattfindet und inzwischen zu einem über seine Heimatgrenzen hinaus bekannten dreitägigen Volksfest geworden ist. Es entwickelte sich seit 1693 aus dem notwendigen Abschreiten und Festlegen der Gemarkungsgrenzen *(zuletzt 2019; www.grenzgangsverein.de)*.

Auf der B62 fahren wir zügig Richtung Marburg und halten uns dabei entlang der Flusslandschaft der Lahn, die mit üppigen Waldlandschaften, reizvollen Wiesen und Feldern unsere Streckenführung bereichert.

In **Goßfelden** halten wir uns an der Ampelkreuzung rechts Richtung Wehrda und folgen anschließend links dem Hinweis zum **Otto-Ubbelohde-Haus** [N 50°52'06.1" E 08°44'43.0", Otto-Ubbelohde-Weg].

Otto-Ubbelohde-Haus

Der kurze Fußweg vom Parkplatz zum Haus in den Lahnwiesen ist schnell zurückgelegt und wir fühlen uns beim Betreten des Gartens und beim Anblick des Gebäudes, das von den Ideen des englischen Landhausbaus beeinflusst ist, in eine andere, fast märchenhafte Welt versetzt. Kein Wunder, denn der Landschaftsmaler und Grafiker Otto Ubbelohde (1867 - 1922) wurde vor allem durch seine Anfang des 20. Jahrhunderts entstandenen Illustrationen der Märchen und Sagen der Brüder Grimm bekannt. Davor wirkte er lange in München und in der Künstlerkolonie Worpswede bei Bremen. Die Vorlagen für die Märchenmotive fand er in heimischen Trachten ebenso wie in Gebäuden aus den Städten und Dörfern sowie Landschaften seiner Heimat. Dem von uns bereits besuchten Christenberg schien er besonders zugeneigt zu sein, denn das alte Küsterhaus inspirierte ihn für das Hexenhaus von „Hänsel und Gretel“ und die Martinskirche findet sich als Motiv in „Aschenputtel“ (vgl. Foto Tour 4, S.144). Im ehemaligen Wohn-

und Arbeitshaus wird das vielfältige Leben und Wirken Ubbelohdes vorgestellt und wechselnde Ausstellungen runden das Bild ab. Nicht nur für Märchenliebhaber ein lohnender *Besuch (Mär. - Okt. Sa 13 - 17 Uhr; So 11 - 17 Uhr; Nov. - Feb. Sa/So 13 - 16 Uhr; Eintritt; der Garten ist jederzeit zugänglich, www.otto-ubbelohde.de).*

Das zwischen dem Burgwald und den Ausläufern des Rothaargebirges liegende Städtchen **Wetter** ist von hier schnell erreicht. Ein gut ausgebautes **Rad- und Wanderwegenetz**

Der Diebsturm in Wetter

verheißt viel Erholung und Freizeitspaß. Ein **historischer Stadtrundgang** führt an Gebäuden aus dem achten Jahrhundert vorbei und ermöglicht Einblicke in die Stadtgeschichte.

(091) Offizieller WOMO-Stellplatz: Wetter, Hallenbad

GPS: N 50°54'03.5" E 08°43'38.5", Schulstraße 25. **Max. WOMOs:** 6.

Ausstattung: V/E, Strom.

Beschreibung: Der einfache, geschotterte, fast schattenlose Stellplatz liegt abgeteilt von einem Pkw-Parkplatz am Ortsrand neben dem Hallenbad. Die Stellflächen sind durchaus als gut dimensioniert zu bezeichnen, ruhig am Ortsrand an einer Wiese gelegen und klappstuhlgeeignet. Gegenüber dem Parkplatz befindet sich nicht nur ein Bouleplatz, sondern auch der Aufgang zur Altstadt. Das Ortszentrum mit Bäcker und guter Pizzeria ist rechts gehend gut 300 m entfernt.

Preise: €.

Zufahrt: Von der Durchgangsstraße den Hinweisen zum Hallenbad und den WOMO-Piktogrammen folgen.

Auf dem Weg von Wetter Richtung Mellnau sehen wir noch einmal die Burgruine Mellnau, die wir bei unserer Wanderung (Tour 4, Seite 144) erwandert haben. In **Oberrosphe**, einem Ortsteil von Wetter, hält die Stadt in der reizvollen Naturlandschaft Mittelhessens einen weiteren Stellplatz parat.

Burgruine Mellnau

(092) Offizieller WOMO-Stellplatz: Oberrosphe, Mehrgenerationenplatz

GPS: N 50°54'40.3" E 08°46'45.0", Blaues Lenchen. **Max. WOMOs:** 2.

Ausstattung: Frischwasser, Strom, WC.

Beschreibung: Die ausgewiesenen, einfachen, schattenlosen Stellplätze sind gepflastert und bedingt klappstuhlgeeignet. Der große Platz liegt in der Dorfmitte in der Nähe des Bürgerhauses und ist weiterhin mit einem Spielfeld, einem Bouleplatz und einem Wasserspielplatz ausgestattet. Ein ausgedehntes Rad- und Wandernetz verspricht traumhafte Touren (z. B. die mit S gekennzeichnete und rund 13 km lange Stirnhelletour). Ganz in der Nähe kann man im Dorfmuseum der Brauchtumspflege und der Heimatgeschichte auf die Spur kommen.

Preise: €.

Zufahrt: Im Ort den Hinweisen zum Wanderparkplatz folgen.

Weiter über Unterrosphe und Göttingen ist die Strecke nach **Marburg** nicht zu verfehlen und auf der B3 ist die alte Universitätsstadt an der Lahn bald erreicht.

(093) Offizieller WOMO-Stellplatz: Marburg

GPS: N 50°48'12.0" E 08°46'32.4", Jahnstraße. **Max. WOMOs:** 10.

Ausstattung: V/E, Strom.

Beschreibung: Die abgeteilten, befestigten Parzellen sind schattenlos und lassen ein wenig Platz, um sich neben dem WOMO auszubreiten. Der Platz liegt neben den Sportanlagen und es herrscht eine gewisse Unruhe. In die Innenstadt sind es etwa 600 m Fußweg, den man sehr schön am Lahnufer hinter sich bringen kann. Der Stellplatz ist ein guter Ausgangspunkt, um auf dem Lahnradweg längere oder kürzere Touren abzuradeln *(www.daslahntal.de).*

Preise: €€.
Zufahrt: Von der B3 kommend dem WOMO-Piktogramm folgen.
Hinweis: Marburg befindet sich in einer **Umweltzone** und die Zufahrt zum Stellplatz ist für Fahrzeuge ohne grüne Plakette verboten. Bitte beachten Sie entsprechende Hinweise! Nur für WOMOs bis ca. 8 m Länge! Gegebenenfalls Geräusche durch die Bundesstraße.

(094) WOMO-Campingplatz: Campingplatz Lahnaue

GPS: N 50°48'07.4" E 08°46'22.9", Trojedamm.
Kontakt: Telefon 06421/21331, www.lahnaue.de.
Öffnungszeiten: Apr. - Okt.
Ausstattung: Separate Behindertendusche/-toilette, Waschmaschine, Wäschetrockner, Minigolf-Anlage, WLAN.
Beschreibung: Der ordentliche Campingplatz am Ufer der Lahn ist teils schattig und liegt etwa 800 m von der Innenstadt entfernt, die man sehr schön entlang des Lahnufers erreichen kann. Der Campingplatz ist ein guter Ausgangspunkt, um auf dem Lahnradweg längere oder kürzere Touren abzuradeln *(www.daslahntal.de)*. Im Frühjahr und Herbst ist der Platz hochwassergefährdet und entsprechende Infos sind zu beachten.
Preise: €€.
Zufahrt: Von der B3 kommend den Campingplatz-Piktogrammen folgen.
Hinweis: Marburg befindet sich in einer **Umweltzone** und die Zufahrt zum Campingplatz ist für Fahrzeuge ohne grüne Plakette verboten. Bitte beachten Sie entsprechende Hinweise!
Gegebenenfalls Geräusche durch die Bundesstraße.

Für den Kurzbesuch eignet sich der zwischen den beiden Plätzen liegende Parkplatz am Hallenbad am besten, da alle anderen Stadtparkplätze für Wohnmobile unter Umständen eng werden können [N 50°48'05.5" E 08°46'24.9", Sommerbadstraße]. Von allen genannten Örtlichkeiten führt ein Uferweg entlang der Lahn bis zur Weidenhäuser Brücke, auf der wir den

Blick über die Lahn zum Landgrafenschloss

Fluss überqueren und rechts gehend nach etwa 300 Metern die **Tourist-Information** erreichen *(Mo - Fr 9 - 16 Uhr; Sa 10 - 14 Uhr; Feiertage geschlossen; Biegenstraße 15; Telefon 06421/99120; www.marburg-tourismus.de).* Wir könnten an einer der angebotenen kostenpflichtigen **öffentlichen Stadtführungen** mit unterschiedlichen Schwerpunkten teilnehmen, doch uns reizt der Stadtspaziergang auf eigene Faust. Mit Informationsmaterial samt Stadtplan eingedeckt, starten wir zu einem sehr erfreulichen Besuch Marburgs, der natürlich keinen Anspruch auf Vollständigkeit erhebt und sich locker über zwei Tage oder mehr ausdehnen kann.
Die Häuser der Altstadt sind dicht an dicht an den steilen Hang des Schlossbergs gebaut und die engen Gässchen und Treppenaufgänge zum Schloss verlangen gute fußgängerische Kondition. Bequemer geht es mit dem **Oberstadt-Aufzug** in der Nähe der Tourist-Information oder mit dem Bus, der gegenüber der Brücke am Rudolphsplatz Richtung Schloss fährt. Wie auch immer man sich entscheidet, es macht einfach Laune, durch Marburg zu bummeln. Das besondere, vielleicht studentische Flair ist überall spürbar und die Straßencafés sowie kleinen Geschäfte für jeden Geschmack laden im verkehrsberuhigten, historischen Zentrum zum Verweilen und Einkehren ein. Die Fachwerkkulissen unterhalb des Schlosses sowie am Ufer der Lahn versprühen ungeheuer viel Charme und sorgen gleichzeitig für ein Gefühl von Geborgenheit und Gemütlichkeit, sodass wir die verwinkelte Altstadt sehr gern in unsere **Top Ten** aufnehmen.

Marburg

Erstmals als „Marcburg“ im Besitz der Landgrafen von Thüringen 1138/39 urkundlich und 1222 als Stadt erwähnt, erhielt die **Landgräfin Elisabeth von Thüringen** (1207 bis 1231), besser bekannt als die Heilige Elisabeth, nach dem Tod ihres Ehemanns ein Stück Land

Elisabethkirche

bei Marburg als Witwensitz. Dort gründete sie ein Hospital, in dem sie bis zu ihrem Tod Kranke pflegte und in dessen Kapelle sie begraben wurde. 1235 wurde sie heiliggesprochen und über ihrer Grabstätte wurde bis 1283 ein Gotteshaus errichtet. Eigentlich vom Deutschen Orden als Kirche für die eigene Schutzpatronin, die Jungfrau Maria, erbaut und geweiht überwog jedoch bald die Anziehungskraft des Grabes Elisabeths als Pilgerstätte und in der Bevölkerung manifestierte sich der Name **Elisabethkirche** bis heute *(Apr. - Sep. 9 - 18 Uhr; Okt. 9 - 17 Uhr; Nov. - Mär. 10 - 16 Uhr; Eintritt)*.

Beeindruckend ist die schlichte frühgotische Architektur des Bauwerks, das als erste rein gotische Hallenkirche auf deutschem Boden kunsthistorisch besonders interessant ist. Erhalten ist der gotische Hochaltar aus Sandstein im Ostchor, hinter dem Buntglasfenster unter anderem vom Leben Elisabeths und ihrer Barmherzigkeit erzählen. In der Sakristei wird der kunsthandwerklich bedeutende Schrein aufbewahrt, in dem sich ursprünglich die Gebeine der ehemaligen Landgräfin befanden.
Diese ließ einer ihrer Nachfahren, der zum Protestantismus übergetretene Landgraf **Philipp I. von Hessen** (1504 bis 1567), jedoch entfernen und beendete damit den Reliquienkult. Philipp, auch der Großmütige genannt, führte 1526 die Reformation in Hessen ein und ermöglichte 1529 das Religionsgespräch zwischen Luther, Zwingli und Melanchthon. Bereits 1527 hatte er die erste protestantische Universität, die bis heute seinen Namen trägt, gegründet und damit den Ruf der Stadt mit dem universitären Charme der Altstadt zwischen Lahn und Schloss geprägt.
Das imposante **Landgrafenschloss** ist das Wahrzeichen Marburgs und seine Geschichte reicht bis ins neunte und zehnte Jahrhundert zurück. Im letzten Viertel des 13. Jahrhunderts wurde der Fürstensaal errichtet und gilt mit einer Fläche von 420 Quadratmetern als Deutschlands größter gotischer Profansaal. Seine Funktion als landgräfliche Residenz verlor das Schloss mit dem Tod des kinderlosen Landgrafen Ludwig IV. im Jahr 1604. Später diente es unter anderem als Gefängnis sowie Hessisches Staatsarchiv und seine Ausstattung ist entsprechend mager. Trotzdem ist ein Rundgang durch die Räumlichkeiten mit wechselnden Ausstellungen oder der Besuch des **Universitätsmuseums für Kulturgeschichte** lohnenswert *(Apr. - Okt. Di - So 10 - 18 Uhr; Nov. - Mär. Di - So 10 - 16 Uhr; Eintritt; Führungen Apr. - Okt. So 15 Uhr; Gebühr)*.
Besonders schön ist ein Spaziergang durch den Schlosspark, und dass die Aussicht aus luftiger Höhe auf die Dächer Marburgs und das Umland großartig ist, versteht sich von selbst. Die **Kasematten**, unterirdisch im 17. und 18. Jahrhundert angelegte Geschützstände, bilden das Kernstück der ehemaligen Befestigung rund um das Schloss, und können im Rahmen einer Führung besichtigt werden *(Apr. - Okt. Sa 15.15 Uhr; Gebühr; Treffpunkt: Schlossvorhof)*.

Für uns gibt es zwei Wege zurück: Zum einen führt die etwas weniger steile „Landgraf-Philipp-Straße" nach unten, die wegen ihres holprigen Steinpflasters auch als „Pferdestraße" bezeichnet wird und vor Jahrhunderten eine extra schräge und mit höheren oberen Kanten versehene Pflasterung erhielt, damit die Pferde mit ihren Hufen nicht abrutschten. Zum anderen gibt es die sehr steile Bickell-Treppe, die uns am **Restaurant und Biergarten Bückingsgarten** vorbeiführt *(Mo - So 12 - 22 Uhr; Telefon 06421/1657771; www.bueckingsgarten-marburg.de)*. Die kleine kulinarische Pause beschert uns zudem einen grandiosen Blick, bevor es weiter bergab geht.

Immer mal wieder begegnen uns auf dem **Grimm-Pfad** Märchenfiguren oder Zitate der Grimms. Sie weisen darauf hin, dass die Brüder in Marburg studierten, zwischen 1802 und 1806 in der Barfüßerstraße 35 lebten und hier viele Freundschaften mit anderen, die damalige Zeit prägenden Zeitgenossen geschlossen wurden. Zur Vertiefung dieser Zeit bietet sich das **Marburger Haus der Romantik** am Markt *an (Di - Fr 14 - 17 Uhr; Sa/So 11 - 13/14 - 17 Uhr; Telefon 06421/917160; www.romantikmuseum-marburg.de)*.

Am **Marktplatz** zentriert sich das Leben der Oberstadt. Das **Historische Rathaus** (erbaut 1512 bis 1527) dominiert den Platz und zu jeder vollen Stunde schlägt der Rathausgockel oberhalb der Uhr mit den Flügeln und kräht auf die Menge hinunter, die sich mittwochs und samstags zum **Wochenmarkt** einfindet. Am **Steinernen Haus** aus den Anfängen des 14. Jahrhundert fällt sofort der gotische Treppengiebel ins Auge, während die Tauben schnell den Reis aufpicken, der für Brautpaare geworfen wird, die sich dort trauen lassen. Der Marktplatz soll aber auch Schauplatz der Gründung des Landes Hessen gewesen sein, als Sophie von Brabant, älteste Tochter der Heiligen Elisabeth, hier nach dem Tod des letzten Ludowingers 1248 ihren damals vierjährigen Sohn Heinrich zum Landgrafen ausgerufen haben soll. Auch wenn dies eine rührende Geschichte ist, so brauchte Heinrich tatsächlich noch etliche

Marktbrunnen auf dem Marktplatz

Jahre, um die Landgrafenwürde 1292 endlich erlangen zu können und damit Marburg zur Residenzstadt zu erheben. Kirchenliebhaber sollten die **Lutherische Pfarrkirche** mit ihrem schiefen Turm und die **Kugelkirche** mit einem beeindruckenden Netzgewölbe auf dem Weg zum oder vom Schloss in der Oberstadt besuchen. In der Nähe der Elisabethkirche wartet die kleine gotische St. Michaelskapelle, die von den Marburgern allerdings nur **Michelchen** genannt wird. Die Kapelle kann nicht besichtigt werden, aber der alte Pilgerfriedhof strahlt eine ganz besondere Atmosphäre aus und lädt zum Ausruhen ein.

Ausruhen kann man natürlich auch im **Botanischen Garten**, in dem im Freilandbereich und in Schaugewächshäusern eine große Pflanzenvielfalt zu bewundern ist *(Apr. - Okt. 9 - 18 Uhr; Nov. - Mär. 9 - 16 Uhr; Eintritt; Hunde nicht gestattet; www.uni-marburg.de)*. Der Garten wird von der Universität gepflegt, deren erstes Gebäude ein Dominikanerkloster war. An dessen Stelle am Rudolphsplatz steht heute die im neugotischen Stil errichtete **Alte Universität**, in der monumentale Wandgemälde die Stadt- und Universitätsgeschichte zeigen. Wegen des laufenden Universitätsbetriebs ist eine Besichtigung der Aula nur im Rahmen einer Gästeführung möglich. In der angeschlossenen **Universitätskirche** bestechen eine expressionistische Innenansicht mit Jugendstilelementen, der Christus-Gewölbeschlussstein aus dem Anfang des 14. Jahrhunderts sowie Kanzel und der Altar aus der Barockzeit *(Di - So 9 - 19 Uhr)*. Der Universität verdanken die Stadt und ihre Besucher weitere Museen, die je nach Gusto ein Stunden füllendes Programm bieten.

Das **Museum Anatomicum** zeigt Präparate (Skelette, menschliche Körperteile und Organe), die bei Interesse hochspannend, aber wegen ihrer besonderen Wirkung für Kinder unter zehn Jahren tabu sind. Jugendliche bis vierzehn Jahre müssen in Begleitung eines Erwachsenen sein *(jeden 1. Sa im Monat 10 - 12 Uhr; Eintritt)*. Des Weiteren kann man sich in der **Ethnographische Sammlung** *(Mo - Do*

Idylle auf der Lahn

Blick über den Marktplatz zum historischen Rathaus

9 - 16 Uhr) und der **Religionskundliche Sammlung** *(Mo 14 - 16 Uhr)* oder im **Kunstmuseum** *(Mo/Mi - So 11 - 17 Uhr; letzter Do im Monat 11 - 21 Uhr; Eintritt)* die Zeit vertreiben.

Marburg ist eine alte, geschichtsträchtige Stadt, die uns bei jedem Besuch durch ihre Lebendigkeit in ihren Bann zieht. Und sie ist eine Stadt, die ohne ihren Fluss nicht vorstellbar ist. Die Lahn schlängelt sich über viele Kilometer durch Marburg und die Wege rechts und links des Wassers laden zu Spaziergängen ein. Am Ufer und an den neuen Lahnterrassen kann man picknicken oder einfach nur das süße Nichtstun genießen.

Nachdem wir einen kleinen Bummel durch den Vorort Weidenhausen, der auf der Seite des Stell- und Campingplatzes liegt, mit engen Gassen, hübschen Fachwerkhäusern sowie netten Kneipen und Geschäften hinter uns haben, lassen wir rundum zufrieden den Tag auf der Terrasse am **Ufercafé** an der Weidenhäuser Brücke ausklingen *(Mo - So 9 - 23 Uhr)*. Zusätzlich bietet das Ufercafe einen **Boots- und Fahrradverleih** *(9 - 21 Uhr; Gebühr; www.bootsverleih-marburg.de)*.

Während man mit den Tret- oder Ruderbooten die idyllische Lahn entspannt erkunden kann und immer wieder neue Stadtansichten vom Fluss aus wahrnimmt, wird der Entdecker-Radius zum Beispiel mit dem hier zu mietenden E-Bike natürlich grundlegend erweitert. Da lockt der **Lahntalradweg**, der durch malerische Fachwerkorte und weitläufige Naturschutzgebiete führt und einen Abstecher zum **Otto-Ubbelohde-Radweg** zulässt oder gar bis zur Lahnmündung nahe Koblenz reicht. Wer sich mehr auf zwei Beinen bewegen möchte, dem sind der **Lahn-Dill-Berglandpfad** oder der **Burglandpfad** ans Herz gelegt, die beide an der Elisabethkirche starten. Die Rückwege können bequem mit dem ÖPNV zurückgelegt werden *(Auskunft in der Tourist-Information)*. Entlang des Spazier- und Radwegs an der Lahn befindet sich der **Planetenlehrpfad**, der auf sechs Kilometern sowohl für blinde als auch sehende Menschen konzipiert ist und Kinder spielerisch das Sonnensystem erkunden lässt.

Wir bahnen uns den Weg zur B3 und verlassen Marburg Richtung Kassel, um schon bald auf die B62 nach **Amöneburg** zu wechseln.

(095) Offizieller WOMO-Stellplatz: Amöneburg, Sportplatz

GPS: N 50°47'43.7" E 08°55'51.6", In den Lückeäckern. **Max. WOMOs:** 4.
Ausstattung: Es sollen eine Duschmöglichkeit und eine Entsorgungsmöglichkeit nach Absprache und gegen Gebühr in der Tennishalle zu vorhanden sein – wir konnten dies jedoch nicht überprüfen.
Beschreibung: Einfacher, schattenloser und geschotterter Parkplatz in der Nähe von Häusern unterhalb der etwa 1 km entfernten Altstadt. Ausgeschilderte Wandermöglichkeiten sowie Radrouten und ein Supermarkt in der Nähe sind vorhanden.
Preise: €€.
Zufahrt: Von der B62 und an den folgenden zwei Kreiseln Richtung Homberg (Ohm) abbiegen, um später aus östlicher Richtung nach Amöneburg und bergauf zu fahren. Dann dem WOMO-Piktogramm folgen.

Rund um Amöneburg

Die schon von Weitem unübersehbare Stadt liegt auf einem 365 Meter hohen Basaltkegel und bietet von der Ruine der ehemals mächtigen Burganlage einen sensationellen Fernblick ins Amöneburger Becken. Der Charme des historischen Ortes entfaltet sich in den engen Gassen mit ihren dicht aneinander geschmiegten und gepflegten Fachwerkhäusern, die sich rund um die Stiftskirche St. Johannes der Täufer aus dem 19. Jahrhundert drängen. An gleicher Stelle gründete der Heilige Bonifatius, von dem später noch einmal die Rede sein wird, im Jahr 721 sein erstes Missionskloster. Der weiteren Geschichte von der Frühgeschichte über die keltische Latènezeit bis hin zur Neuzeit wird im **Museum Amöneburg** erzählt. Mindestens genauso interessant aufbereitet ist im **NIZA** (Naturschutz-Infozentrum) die naturkundliche Ausstellung zu Hessens zweitältestem Naturschutzgebiet, das die Stadt umgibt *(Apr. - Okt. jeden 1. u. 3. So im Monat 14 - 18 Uhr; sonst über die Stadtverwaltung; Eintritt; Schulgasse; www.nizamuseum.de)*. Wer das seit 1927 ausgewiesene Naturschutzgebiet beim Wandern entdecken möchte, der kann das auf der zehn Kilometer langen **Amanaburch-Tour**

Marktplatz

Alter Grenzstein mit Mainzer Rad und Blick auf Amöneburg

oder anderen bestens ausgeschilderten Wanderungen tun. Dabei wird auch die immer noch funktionstüchtige **Brücker Mühle** gestreift, in der seit dem 13. Jahrhundert Getreide gemahlen wird und die über ein Wasserkraftwerk verfügt *(Besichtigung nach Absprache; der Hof verfügt über Gastronomie und einen Bioladen; Telefon 06422/850864; www.brueckermuehle.de)*. Ein weiterführendes und erklärendes Infoblättchen oder eine Wandertafel finden sich beispielsweise am **Wanderparkplatz Gollgarten** an der westlichen Zufahrt nach Amöneburg [N 50°47'46.0" E 08°55'03.8", Lkw verboten].

Wer nach dem Rundgang durch die Bergstadt oder einer Wander- oder Radtour Hunger verspürt, der wird am Marktplatz sowohl in einem Fachwerkhaus von 1725 im **Restaurant Dombäcker** (So/Mo Ruhetag; Telefon 06422/94090; www.dombaecker.de) als auch im **Hotel-Restaurant Weber** (Di Ruhetag; Telefon 06422/94230; www.hotel-weber.de) regional und saisonal gut bekocht.

WOMO-Radwandertipp: Zum Schweinsberger Moor

Mit dem Fahrrad kann man vom Stellplatz in westlicher Richtung hinab zur Landstraße rollen und auf dem **Radweg R6** nach rund fünf Kilometern südwärts nach **Schweinsberg** gelangen (Foto unten). Als Wanderer vertraut man sich, vom Stellplatz ebenfalls Richtung Landstraße gehend, der ausgeschilderten insgesamt etwa zwölf Kilometer langer **Geotour Kreuz & Quer** an (Foto oben).

Beide Versionen führen durch das Tal der Ohm in den kleinen Ort, der von der aus dem 13. Jahrhundert stammenden Burg Schweinsberg dominiert wird. Am südlichen Dorfrand schließt sich das **Schweinsberger Moor** an, das zu den letzten Urlandschaften Mitteleuropas zählt. Das seit 1977 unter Naturschutz stehende Moor ist überwiegend mit Schilf bewachsen und mit 43 Hektar das größte zusammenhängende Schilfgebiet Mittel- und Nordhessens.

Sonnenröschen am Kreuzwarthügel

Bei der vorstehenden Wanderung streiften wir zwei Parkplätze, die wir hier notieren möchten. Er ist der offizielle Beginn der Kreuz & Quer-Wanderung, und wer schon einmal hier ist, der sollte auf jeden Fall auf den nahen Kreuzwarthügel steigen. Vom insgesamt 235 Meter hohen, mit Gras bewachsenen Basalthügel bietet sich ein wunderbarer Blick ins Amöneburger Becken und das gegenüberliegende Amöneburg.

(096) WOMO-Wanderparkplatz: Rüdigheim, Sportplatz

GPS: N 50°46'57.0" E 08°57'36.5". Zum Warthügel.
Max. WOMOs: 2 - 3.
Ausstattung: Infotafel.
Beschreibung: Einfacher, fast schattenloser, geschotterter Parkplatz außerhalb des Ortes am Sportplatz. Idealer Ausgangspunkt für die erwähnte Kreuz & -Quer-Wanderung.
Zufahrt: Von der L3073 Richtung Homberg (Ohm) in Rüdigheim den Hinweisen nach zum Sportplatz ca. 1 km fahren.

(097) WOMO-Wanderparkplatz: Schweinsberg, Bürgerhaus

GPS: N 50°46'01.0" E 08°57'55.5", Am Bürgerhaus. **Max. WOMOs:** 2.
Ausstattung: Müllbehälter.
Beschreibung: Einfacher, gepflasterter Parkplatz unter Bäumen am Ortsrand nahe der Feuerwehr an den Wiesen. Startmöglichkeit für Radtouren und u. a. auch für die erwähnte Kreuz & Quer-Wanderung.
Zufahrt: Im Ort den Hinweisen zur Feuerwehr folgen.

Nördlich von Amöneburg, und gar nicht zu verfehlen, liegt **Kirchhain**, das seit dem Jahr 1352 Stadtrechte besitzt und bis heute für seine Märkte bekannt ist [N 50°49'10.0" E 08°55'22.0", Marktstraße]. Neben den **Wochenmärkten** (Mi/Sa, vormittags) in der Fußgängerzone, sind dies der **Ostermarkt** (Wochenende vor Ostern), der **Martinsmarkt** (letztes Wochenende im Okt.) und der **Neujahrsmarkt** (30. Dez.; wenn dieser auf einen Sonntag fällt, dann findet der Markt am Samstag davor statt) in der Innenstadt, die viele Besucher anziehen. Im historischen

Rathaus am Markt

Stadtzentrum fällt in den Gassen rund um die Stadtkirche besonders das Haus „Blauer Löwe“ aus dem Jahr 1612 auf. Kirchhain liegt aber auch an der Kreuzung der Hessischen Radfernwege R2 und R6 und lädt zusammen mit den lokalen Radwanderwegen zu **ausgedehnten Radtouren** im Ohm- und Wohratal ein. Diese können beispielsweise ins **Naturschutzgebiet Erlensee** führen, welches durch die Renaturierung eines Kiesabbaugebietes zum beliebten Naherholungsgebiet wurde. Unterschiedliche Biotope und ein idyllischer See gehören ebenso dazu wie ein Skulpturenpfad. Da wir von Kirchhain Richtung Rauschenberg unterwegs sind, bietet sich der folgende Parkplatz als Ausgangspunkt für die Erkundung an.

(098) WOMO-Wanderparkplatz: Kirchhain, Sandfang

GPS: N 50°50'06.5" E 08°55'00.7".
Max. WOMOs: 2.
Ausstattung: Müllbehälter.
Beschreibung: Einfacher, geschotteter, schattenloser Parkplatz außerhalb des Ortes, aber direkt am Radweg im Tal der Wohra an einem kleinen See gelegen.
Zufahrt: In Kirchhain Richtung Rauschenberg fahren und kurz hinter der Bebauungsgrenze von Kirchhain links dem Hinweis Sportanlagen SV Kirchhain folgen. Nach ca. 250 m kann man bereits am Wegesrand unter Bäumen parken oder man fährt kurz danach links auf den kleinen Parkplatz.

In der leicht hügeligen Landschaft mit ihrem Wechsel zwischen Wiesen und kleinen Wäldern vermerken wir einige Wanderparkplätze, von denen man in die traumhaften **Wandergebiete** mit besonders reizvollen Naturerlebnissen starten kann. In **Burgholz** findet sich hierfür am Aussichtsturm eine perfekte Einstiegsmöglichkeit.

Blick vom Aussichtsturm

(099) WOMO-Wanderparkplatz: Burgholz, Aussichtsturm

GPS: N 50°52'17.0" E 08°56'49.6", Turmstraße. **Max. WOMOs:** 2-3.
Ausstattung: WC, Müllbehälter.
Beschreibung: Der einfache, geschotterte Parkplatz am Orts- und Waldrand ist meist schattig und idealer Ausgangspunkt für Wanderungen und Radtouren. Es gibt eine Schaukel sowie Tisch und Bänke und in der Nähe befindet sich eine Gaststätte.
Zufahrt: Von der L 3073 nach Burgholz abbiegen und dem Hinweis zum Aussichtsturm durch den Ort folgen.

WOMO-Wandertipp: Himmelsberg

Mittelschwere Wanderung von rund 18 Kilometern Länge mit An- und Abstiegen.
Der mit rotem H auf weißem Grund markierte Wanderweg führt vorbei am Hunbergturm mit einer fantastischen Fernsicht und zur Hunburg. Von der fränkischen Großburg sind nur noch Reste zu erkennen und schon geht es auf sehr abwechslungsreicher Route weiter nach Himmelsberg. Im elften und zwölften Jahrhundert durch die Zisterzienser gegründeten Ort streifen wir die neugotische Kirche St. Nikolaus und die alte Dorflinde, um ein zweites Mal das Wohratal zu kreuzen und Richtung Kirchhain und später zurück nach Burgholz zu gehen. Der Weg leitet uns durch alte und junge Waldbestände, bietet interessante Aussichtspunkte und schlängelt sich an Wiesenweihern und Streuobstwiesen vorbei. Auch bei dieser Wanderung begleitet uns ein perfektes Markierungsnetz, das weitere Beschreibungen unnötig macht.

Mittlerweile bewegen wir uns geografisch wieder nach Nordhessen und erreichen Richtung Gemünden die an den Ausläufern des Burgwalds gelegene, kleinste selbstständige Stadt Hessens. Hübsch ist es in **Rosenthal** und die Umgebung lädt zu Ausfahrten mit dem Rad auf dem **Lahn-Eder-Radweg** oder zu ausgedehnten **Wanderungen** in die Umgebung ein. Etwas geruhsamer geht es auf dem 2,6 Kilometer langen **Wildrosenweg** zu. Nicht nur während der Blütezeit, auch in den grauen Monaten des Jahres sind die bunten Hagebutten der Wildrosen ein Augenschmaus.

(100) Offizieller WOMO-Stellplatz: Rosenthal, Fischewosse

GPS: N 50°58'33.9" E 08°52'08.0", Willershäuser Straße.
Max. WOMOs: 5.
Ausstattung: V/E, Strom, Wanderwege, Tisch und Bänke.
Beschreibung: Der einfache, geschotterte, teils schattige Platz liegt im Ort neben einem Skaterplatz und Basketballfeld. Direkt nebenan

befindet sich ein **Restaurant** *(Di Ruhetag, sonst ab 17.30 Uhr; Sa/So zusätzlich 12 - 14.30 Uhr)*. Guter Ausgangspunkt für Rad- und Wandertouren.
Preise: Gebührenfrei, um eine Spende wird gebeten.
Zufahrt: Im Ort dem WOMO-Piktogramm folgen.
Hinweis: Während des Heimatfestes an den ersten beiden Wochenenden im Juli geschlossen.

(101) WOMO-Wanderparkplatz: Rosenthal, Seegerteichhütte

GPS: N 50°58'20.5" E 08°51'21.3", Rodaer Straße. **Max. WOMOs:** 1 - 2.
Ausstattung: Infotafel, Tisch und Bänke.
Beschreibung: Der einfache, geschotterte Platz ist fast schattenlos und liegt am Ortsrand an einem kleinen Teich neben einer Veranstaltungshütte. Er ist idealer Ausgangspunkt für die nachstehende Wanderung, aber auch für weitere Rad-, Nordic Walking- und Wandertouren.
Zufahrt: Im Ort Richtung Frankenberg, dann nach Roda fahren. Der Parkplatz liegt am östlichen Ortsende links.

Hinweis: Gegebenenfalls bei Veranstaltungen in der Hütte zur Übernachtung nicht nutzbar!

WOMO-Wandertipp: Zu den Franzosenwiesen

Mittelschwere Wanderung von rund 20 Kilometern ohne nennenswerte Steigungen.
Ausdauernde Wanderer lassen sich von dem langen Marsch bestimmt begeistern. Von der Seegerteichhütte führt die Wanderung (Markierung rotes F auf weißem Grund) zum Naturschutzgebiet Franzosenwiesen,

das seinen Namen von der historischen Nutzung durch die Hugenotten erhielt. Die Moorbereiche sind heute Lebensraum einer überregional bedeutenden Tier- und Pflanzenwelt. Historische, sagenumrankte Plätze wie beispielsweise die Herrenbrücke, die Herrenbänke und der Landgrafenborn aus dem 17./18. Jahrhundert weisen auf die Jagdleidenschaft der hessischen Landgrafen im Burgwald hin. An der Herrenbrücke queren wir das „Rote Wasser", das seinem Namen alle Ehre macht, und erklimmen später den bereits erwähnten Basaltschlot des Badensteins.

Wir haben uns für diese Wanderung hauptsächlich erwärmen können, da wir unterwegs kaum einer Menschseele begegnet sind und die Stille sowie die Schönheiten der Natur genießen konnten. Die besonderen klimatischen Bedingungen lassen uns an Pflanzen vorbeigehen, die wie das Wollgras, gar nicht hierhergehören. Zurück bleibt ein intensives Wandererlebnis, das noch nicht einmal durch die Einkehr in einem Gasthof unterbrochen werden kann und die Mitnahme von Proviant unverzichtbar macht. Wem der Weg zu lang ist, kann hinter den Franzosenwiesen etwa drei km der Gesamtstrecke abkürzen, indem er rechts Richtung Bracht/Rosenthal und später über den Wetterweg an eine Waldkreuzung gelangt. Dort führt links der X-Weg bis zum Rastplatz an den Herrenbänken und dann rechts auf den wieder mit rotem F gekennzeichneten Weg zur Seegerteichhütte zurück. Wir sind beide Varianten gelaufen und können versichern, dass durch die Abkürzung nichts Wesentliches dieser naturnahen Wanderung verpasst wird.

Wir folgen der Durchgangsstraße durch Rosenthal und peilen als nächstes **Haina** an. Beschaulich rollen wir leicht bergauf und bergab entlang der Wiesen, schauen dem südlichen Teil des Kellerwaldes entgegen und erfreuen uns an den lichten Mischwäldern, die im Herbst ein wundervolles Bild des nordhessischen „Indian Summers" vermitteln.

Gut, dass wir bei unserer Wanderung genug psychische Kraft geschöpft haben, denn das folgende Museum gehört nicht zu den alltäglichen Anlaufstellen einer ansonsten touristisch geprägten Reise. Nach rund zwölf Kilometern haben wir den mächtigen Turm des ehemaligen Zisterzienserklosters vor uns und lassen uns auf den Besucherparkplatz P1 der Anlage führen [N 51°01'41.5" E 08°58'22.9", Einfahrt Poststraße/Wilhelm-Tischbein-Straße].

Klosterkirche, Psychiatriemuseum und Tischbeinhaus

Hinter den ehemaligen Klostermauern befindet sich eine psychiatrische Klinik, über deren Höfe wir zur **Klosterkirche Haina** gehen. Das 1188 gegründete Kloster gehört heute zu den besterhaltenen Zisterzienserklöstern Deutschlands und galt mit seinem beachtlichen

Besitz zwischen Kassel und Frankfurt als eines der wohlhabenden mittelalterlichen Klöster des Ordens. Im Zuge der Reformation wurde es aufgelöst und 1533 durch Landgraf Philipp den Großmütigen in ein Hospital für alte, kranke und gebrechliche Männer der Landbevölkerung umgewandelt. An diese Veränderung erinnert in der Klosterkirche ein Relief des Landgrafen von Philipp Soldan, dessen Arbeiten wir bereits in Frankenberg begegnet sind. Die Kirche ist einer der frühesten Gotikbauten Deutschlands und die Glasmalereien sowie die Messpriesterbank sind erwähnenswert *(Führungen Mai/Jun. - Okt. So 14 Uhr; www.klosterhaina.de)*.

In der einstigen Parlatur (Brüdersaal) der alten Klosteranlage befindet sich das **Psychiatriemuseum**, das einen Einblick in die Hospital- und Krankenhausgeschichte ermöglicht. So wird die Historie der Armen- und Krankenfürsorge verbunden mit den Nöten und Ängsten der Gebrechlichen und deren Angehörigen bei der Aufnahme eindrücklich dargestellt. Bereits ab dem frühen 16. Jahrhundert behandelte man hier psychisch Kranke, die damals noch mit dem Begriff „Wahnsinnige“ tituliert wurden. Anfangs wurden die sogenannten „Geisteskranken“ nur „verwahrt“, mit Beginn der Aufklärung und im 19. Jahrhundert begann die Behandlung, die nach damaligen Erkenntnissen „Erziehungsmaßnahmen“ und zwangsweise Ruhigstellung nach sich zog. Wie Folterwerkzeuge wirken die seinerzeit benutzten Gerätschaften wie das „hohle Rad“ oder der „Zwangsstuhl“ und die Beschreibungen der Anwendung lassen uns einen eiskalten Schauer über den Rücken laufen. Des Weiteren werden Rechnungen über Medikamente, Aufnahmegesuche, Apothekergefäße sowie eine Geld- und Urkundentruhe von 1678 gezeigt. Eine weitere Abteilung beschäftigt sich mit den Reformen der Psychiatrie Anfang des 20. Jahrhunderts, thematisiert aber auch die Ermordung „unheilbarer oder lebensunwerter Kranker“ im Rahmen der NS-Euthanasie-Programme. Die vierte

Abteilung dokumentiert weitere Wandlungen in der psychiatrischen Behandlung, die in Haina eher langsam vorankamen. Ab Mitte der 1950er-Jahre nahm das traditionelle Männerhospital auch Frauen auf, Wohngruppen wurden gegründet und neue Medikamente verschafften den Patienten mehr Bewegungsfreiheit. Nicht selten wurden psychische Probleme jedoch mehr „beruhigt“ als gelöst und erst ab den 1990er-Jahren begann man mit der Umsetzung der modernen, am Menschen orientierten Psychiatrie. Wer sich mit dieser umfassenden Thematik auseinandersetzen möchte, ist im Psychiatriemuseum an der richtigen Stelle *(die Ausstellung wird derzeit aktualisiert und soll voraussichtlich 2021 wiedereröffnet werden).*

An der äußeren Mauer des ehemaligen Klosters befindet sich das **Tischbeinhaus**, in dem Johann Heinrich Wilhelm Tischbein (1751 bis 1829) geboren wurde, der später als „Goethe-Tischbein“ in die Geschichte einging. Eine kleine Dauerausstellung beschäftigt sich mit ihm und weiteren berühmten Mitgliedern seiner Familie, die einst als Bäcker und Schreiner im Kloster Haina ansässig waren und aus der etwa 40 bedeutende Künstler hervorgingen *(Apr. - Okt. Fr - So 11 - 17 Uhr; www.klosterhaina.de).*

Das war ganz schön starker Tobak, sodass ein Spaziergang durch den **Stamfordschen Garten** nicht schaden kann und für Ablenkung sorgt. Der historische Rundweg beginnt am Tischbeinhaus mit Infotafeln zur Geschichte sowie Kultur und führt fünf Kilometer durch den klassizistischen Landschaftsgarten, der im späten 18. Jahrhundert rund um das Kloster angelegt wurde.

Schneewittchen und die Sieben Zwerge

Bei Verlassen der Klosteranlage halten wir uns kurzzeitig Richtung Löhlbach, um dann rechts Richtung Battenhausen zu schwenken. Über Hüttenrode sowie Armsfeld geht es Richtung Bad Zwesten und auf dem weiteren Weg ins Schneewittchendorf **Bergfreiheit** kommen wir uns tatsächlich ein wenig wie bei den sieben Zwergen hinten den sieben Bergen vor.

(102) WOMO-Stellplatz: Bergfreiheit, Besucherbergwerk Grube Bertsch

GPS: N 51°02'42.3" E 09°05'30.0", An der L3296. **Max. WOMOs:** 2.
Ausstattung: Tisch und Bänke.
Beschreibung: Der einfache, geschotterte Parkplatz liegt außerhalb des Ortes am Waldrand nahe der Straße. Gaststätten befinden sich etwa 500 m entfernt im Ort.
Zufahrt: Zwischen Fischbach und Bergfreiheit den Hinweisen zum Bergwerk folgen.

Das Schneewittchendorf

Ausgerüstet mit Schutzhelm und Ostfriesennerz besuchen wir die **Grube Bertsch**, in der seit 1552 Kupfererz abgebaut wurde und die Eindrücke aus der ehemaligen Bergwerksarbeit vermittelt *(Apr. - Okt. Mi - So 14 Uhr/14.45 Uhr/15.30 Uhr; Eintritt)*. Heute ist die **Edelsteinschleiferei Lange** im Besitz der Schürfrechte und holt den rot-weiß gefleckten Kellerwald-Achat aus dem Berg. Im Ort Bergfreiheit kann den Schleifern über die Schulter geschaut werden und das eine oder andere

Schneewittchenhaus

Steinchen als fertiges Schmuckstück erworben werden *(Schleiferei: Mo - Fr 15 - 17 Uhr; Geschäft: Mo - Fr 15 - 17 Uhr; Im Urfttal 9; www.edelsteinschleiferei-lange.de).*

Weshalb Bergfreiheit auch als **Schneewittchendorf** bezeichnet wird, wird uns in der Dorfmitte klar, als wir die holde Maid und die Sieben Zwerge plastisch vor uns haben [N 51°02'56.2" E 09°05'48.9", Kellerwaldstraße].

Ob Schneewittchen einst eine vertriebene Adelstochter, die von den Bergleuten aufgenommen wurde, oder eine schöne Waldecker Prinzessin war, ist nebulös. Die Sieben Zwerge erinnern hingegen an die zur damaligen Zeit übliche Kinderarbeit im Kupferbergwerk. Die Brüder Grimm machten daraus ein Märchen und im **Schneewittchenhaus** kann man den Spuren der Prinzessin und ihrer Gefährten folgen. Tatsächlich märchenhaft wird es an jedem zweiten Sonntag im Monat, wenn Schneewittchen und die Sieben Zwerge Besucher in dem kleinen sogenannten Einzimmerhaus empfangen und sich die Scheinwelt mit der Realität von Adelsgeschichte und ausgebeuteten Kindern vermischt *(Karfreitag - Okt. Mi - So, Nov. - Gründonnerstag Sa/So 15 - 17 Uhr; Eintritt; www.bergfreiheit.de).*

Im **Historischen Bergamt**, das in einem um 1676 errichteten Fachwerkgebäude untergebracht ist und der örtlichen Bergbauverwaltung als Refugium diente, kann die Geschichte des Bergbaus nachvollzogen werden. In der Ausstellung werden Erze und Mineralien gezeigt und das Modell eines Hammerwerks sowie eine rekonstruierte Schmiede veranschaulichen die Verarbeitung des Erzes *(Karfreitag - Okt. Mi - So 14 - 16 Uhr; Eintritt; www.bergfreiheit.de).*

Im bergigen Nordhessen mit der landschaftlichen Schönheit des Kellerwaldes kommen wir uns manchmal tatsächlich ein wenig wie in einem Märchen der Brüder Grimm vor, doch auf der B485, die wir auf dem Weg nach **Bad Zwesten** bald erreichen, haben Prinzen hoch zu Ross längst nichts mehr verloren und die reale Welt auf dem Weg in den kleinen Kurort hat uns schnell eingeholt.

(103) Offizieller WOMO-Stellplatz: Bad Zwesten, Am Kurpark

GPS: N 51°03'30.3" E 09°10'33.8", Hardtstraße 7. **Max. WOMOs:** 10.
Ausstattung: V/E, Strom, WC während der Öffnungszeiten des Bewegungsbades, Infotafel.
Beschreibung: Befestigter, teils schattiger Stellplatz in direkter Nähe von Kurhaus und Kurpark am Ortsrand. Bis in den Ort mit Geschäften und Restaurants sind es etwa 500 m. Mit dem Ticket erhält man am Parkscheinautomaten gleichzeitig die Kurkarte, mit der es Vergünstigungen an diversen Stellen gibt und eine Person freien Eintritt im Hallen-

Bewegungsbad bekommt. Der durch die hohen Bäume beeinträchtige SAT-Empfang kann durch ein geeignetes Kabel verbessert werden (im Kurhaus, Bad oder bei der Kurverwaltung zu den Öffnungszeiten gegen ein Pfand erhältlich). Weitere Informationen sind in der **Tourist-Information** *(Mo - Fr 9 - 16.30 Uhr; Mi bis 13 Uhr; Sa 10 - 12 Uhr; Ringstraße 1; Telefon 05626/773;* www.badzwesten.de*)*. Von hier kann man mit dem Rad prima nach Bad Wildungen, Richtung Edersee und in die weitere Umgebung aufbrechen (E-Bike-Verleih in der Tourist-Information). Natürlich gibt es auch genug Möglichkeiten für Wanderwillige.
Preise: €, Kurzparken möglich.
Zufahrt: Von der B485 nach Bad Zwesten fahren und dort den WOMO-Piktogrammen bis zum Kurhaus folgen.
Hinweis: Aufenthaltsdauer maximal 3 Tage. Das Kurbad ist aufgrund von Renovierungsarbeiten voraussichtlich mindestens bis Ende 2021 geschlossen.

Auch wenn das Kurbad in Bad Zwesten bis mindestens Ende 2021 geschlossen bleibt, ist das adrette Örtchen einen Abstecher wert, bevor es auf der B485 in das nächste Kurbad geht.

(104) Offizieller WOMO-Stellplatz: Bad Wildungen, Am Bahnhof

GPS: N 51°07'12.2" E 09°08'11.0", Bahnhofstraße 31. **Max. WOMOs:** 28.
Ausstattung: V/E, Strom, Infotafel.

Beschreibung: Die schön angelegten Parzellen befinden sich auf Rasengittersteinen, sind zum Teil durch Hecken getrennt und liegen zwischen alten Bäumen. In der Nähe fährt der Stadtbus (Linie 1) im 30-min-Takt vom Ortsrand in die Alt-/Innenstadt und zurück, aber auch über einen ca. 1 km langen, ausgeschilderten Fußweg gelangt man dorthin. Ganz in der Nähe befinden sich verschiedene Supermärkte und Rad- und Wanderwege führen in die nahe sowie weitere Umgebung.
Preise: €.
Zufahrt: Von der B253/485 erst Richtung Korbach, dann nach Bad Wildungen fahren und dort dem WOMO-Piktogramm folgen.
Hinweis: Hinter dem Bahnhof gibt es einen asphaltierten Ausweichplatz für WOMOs, falls der Stellplatz belegt ist. Gegebenenfalls tagsüber Geräuschkulisse durch die Straße.

Bad Wildungen

Die Stadtrechte wurden Wildungen 1242 verliehen, im 14. Jahrhundert erkannte man bereits die Heilkraft der Quellen und in der zweiten Hälfte des 19. Jahrhundert entwickelte sich der Kurbetrieb. Seitdem hat sich Bad Wildungen zu einem der größten Heilbäder Deutschlands entwickelt und über 20 Kliniken haben sich hier sowie im Stadtteil Reinhardshausen angesiedelt und behandeln Patienten unter anderem mit einem ganzheitlichen, medizinisch-balneotherapeutischen Programm, der Wildunger Badekur.

Kurschattenbrunnen

Seitdem der gepflegte Kurpark mit historischer Wandelhalle und der Park von Reinhardshausen verbunden wurden, kann die Stadt stolz den **größten Kurpark Europas** vorweisen. In der Wandelhalle ist das **Quellenmuseum** *(10 - 18 Uhr)* untergebracht, das sich der Bedeutung Wildungens als Heilbad widmet und die Entwicklung beziehungsweise den Einfluss des Kurbetriebs auf das wirtschaftliche und gesellschaftliche Leben der ehemaligen Ackerbürgerstadt beleuchtet.

Der Fußweg vom Stellplatz durch die historische Altstadt zum Kurviertel verläuft stetig ansteigend zur Brunnenallee. An deren oberem Ende zeugt der monumentale Fürstenhof, ehemals Hotel und heute Fachklinik, im schönsten Jugendstil vom mondänen Aufenthalt der Jahrhundertwende. Am unteren Ende der Allee ist zum einen die **Tourist-Information** *(Mo - Fr 9 - 17 Uhr; Sa 9 - 11 Uhr; www.bad-wildungen.de)* zu finden und zum anderen der **Kurschatten-Brunnen**, der mit einer herrlich frivolen Figurengruppe den Badeaufenthalt auf die Schippe nimmt.

Vom Stellplatz führt ab dem Kreisel der 2,2 Kilometer lange **Rundweg Der blaue Stuhl** durch die historische Fachwerk-Altstadt und zur **Stadtkirche**, einer gotischen Hallenkirche mit einem sehenswerten Altarbild. Nicht weit entfernt finden wir im Herzen der Altstadt das **Stadtmuseum** *(Di - So 14 - 17 Uhr; Eintritt, www.museum-bad-wildungen.de)*. Die witzig gestalteten blauen Stühle entlang des Weges

Unterwegs in der Wildunger Altstadt

geben Hinweise auf Spielmöglichkeiten, sodass auch Kinder Spaß an einem Stadtspaziergang bekommen können. Ansonsten wird die **Freizeitanlage Heloponte** mit Schwimm-, Sport und Freizeitangeboten bestimmt dafür sorgen *(Mo geschlossen; www.heloponte.de)*.
Oberhalb der Stadt liegt das ausgeschilderte und über teils enge Straßen zu erreichende barocke **Schloss Friedrichstein** (Foto Seite 177) im verwunschen wirkenden Altwildungen mit einem besuchenswerten **Museum** [N 51°07'29.9" E 09°07'40.5", Schlossstraße]. Der Schwerpunkt liegt in einer umfangreichen Ausstellung zur hessischen Militärgeschichte und beinhaltet außerdem eine wertvolle Sammlung alter Jagdgeräte. Als Ergänzung sind einige Räume dem ehemaligen Fürstentum Waldeck und dem Königreich Westfalen unter Jérôme Bonaparte, dessen Haupt- und Residenzstadt Kassel war, gewidmet *(10 - 17 Uhr; Mo geschlossen, Eintritt; www.museum-bad-wildungen.de)*. Nach dem Museumsbesuch lohnt sich in den Sommermonaten die Einkehr ins **Schlosscafé** mit schönster Terrassenaussicht oder gemütlicher Atmosphäre im Gewölbekeller *(Mi - So/Feiertage 10 - 17 Uhr)*.

Richtung Kassel geht es auf der B253 weiter, aber nur um in **Wega** einen Stopp beim **Koppenretscher Wirt** einzulegen *(Mi - Fr 16 - 22 Uhr; Sa ab 15 Uhr; So ab 11 Uhr; Vor der Linde 14; Telefon 05621/963655; www.koppenretscher.de)*. Außer den guten Burgern sollte man im Dezember hier auch die **Waldecker Schepperlinge** probieren. Das „Nationalgericht“ des Waldecker Landes ist eine Art Kartoffelpfannkuchen, der um Bad Wildungen herum traditionell mit Speck und Zwiebeln zubereitet wird. Er darf jedoch nicht mit Reibekuchen gleichgesetzt werden, denn der Unterschied in Rezeptur, Konsistenz und Geschmack ist ganz erheblich.
Nach dem deftigen Mahl können wir auf Nachfrage auf dem zum Gasthaus gehörigen Wiesenparkplatz gebührenpflichtig übernachten [**105:** N 51°07'49.3" E 09°10'37.3", Am Straßenacker. Auf Wunsch wird das Wohnmobil mit Strom versorgt und die Stellplatzgebühr wird bei Einkehr im Gasthaus verrechnet].
Wenig später verlassen wir in **Ungedanken** ein weiteres Mal die Bundesstraße, um diesmal der ersten Christianisierung durch den Heiligen Bonifatius auf die Spur zu kommen und folgen dem Hinweisen St. Brigida für etwa zwei Kilometer [N 51°07'12.0" E 09°14'10.3"].

Büraberg

Auch wenn die kleine Kirche es kaum noch erkennen lässt, haben sich auf dem Gipfelplateau seit Jahrtausenden Menschen angesiedelt. Sie ist das einzig verbliebende Bauwerk der Büraburg, die zwischen 741/742 und 746/747 Bischofssitz des vom Heiligen Bonifatius errichteten Hessenbistums wurde, später als stark befestigte Fluchtburg beim Einfall der Sachsen diente, im Dreißigjährigen Krieg teilweise zerstört wurde und nach und nach zerfiel. Die Kirche St. Brigida zählt zu den ältesten Sakralbauten Deutschlands östlich des Limes, denn die erhaltenen Bauteile der Chorbogenwand werden auf die Mitte des sechsten Jahrhunderts datiert. Mehrere Schautafeln bieten eine kurze geschichtliche Zusammenfassung, während das Regionalmuseum in Fritzlar besonders Geschichtsinteressierten Führungen vermittelt.

Von hier können wir den beschilderten, fünf Kilometer langen Fußweg nach **Fritzlar** antreten oder einfach nur einen weiten Blick auf die Stadt und das Umland werfen. Letzteres liegt uns mehr und die Fahrt mit dem WOMO auf der Bundesstraße bringt uns flott in die **Dom- und Kaiserstadt,** in der uns einiges Sehenswertes und zwei Stellplätze erwarten.

(106) Offizieller WOMO-Stellplatz: Fritzlar, Ederaue

GPS: N 51°07'27.5" E 09°15'58.0", Pipprichsweg. **Max. WOMOs:** 18.
Ausstattung: V/E, Strom, Grillplatz, Müllbehälter.
Beschreibung: Der auf befestigtem Untergrund angelegte einfache Platz bietet keinen Schatten und liegt in den Ederauen am Ortsrand sowie in der Nähe von Häusern und ist klappstuhlgeeignet. In die Stadt mit Geschäften und Restaurants muss ein ca. 1 km langer Fußweg in die Stadt einkalkuliert werden. Das Freibad liegt in der Nähe, ebenso wie Wanderwege. Der Edersee-Radweg verläuft direkt am Platz. Weiterhin ist es nur ein kurzer Fußweg zu einem **Fischzuchtbetrieb mit Hofladen** *(Do/Fr 10 - 17 Uhr; Sa 9 - 12 Uhr; www.fischzucht-rameil.de).* Bei einer Radtour oder einem Spaziergang an der Eder aufwärts kann man gut im rund 4 km entfernten Ungedanken im **Restaurant Zum Büraberg** einkehren *(Küche 17 - 21 Uhr; So ab 10.30; Küche 11.30 - 13.30 Uhr; Bahnhofstraße 5; Telefon 05622/9880; www.hotel-bueraberg.de).*
Preise: €.
Zufahrt: Von der B 253 auf die B450 nach Fritzlar abbiegen. Am folgenden Kreisverkehr den WOMO-Piktogrammen folgen. Nach insgesamt rund 4 km ist der Stellplatz erreicht.
Hinweis: Geschlossen in der 2. und 3. Juliwoche aufgrund des Volkfestes „Pferdemarkt“. Manchmal gastiert der Zirkus auf dem Festplatz und man kann das hautnah vom Stellplatz aus beobachten.

(107) Offizieller WOMO-Stellplatz: Fritzlar, Am Grauen Turm

GPS: N 51°07'53.8" E 09°16'08.7", Am Grauen Turm. **Max. WOMOs:** 10. **Ausstattung:** V/E, Strom, WC *(8-18 Uhr)*, Glascontainer, Müllbehälter. **Beschreibung:** Der gepflasterte, einfache Parkplatz für WOMOs ist ausgewiesen, liegt unter Bäumen und im Ort direkt an der Stadtmauer. Von hier sind es nur wenige Hundert Meter zu Geschäften, Supermärkten und Restaurants.
Preise: 7 €/24 Stunden; Kurzparken 1 - 4 Stunden möglich, 1€/Stunde.
Zufahrt: Wie zum vorgenannten Stellplatz, jedoch der B450 in die Stadt und dann den WOMO-Piktogrammen folgen.

Fritzlar

Vom erstgenannten Stellplatz bietet sich der Einstieg in den **Ederauenradweg** an, der hier auf einem landschaftlich sehr reizvollen Abschnitt seiner insgesamt 180 Kilometer verläuft und Anschluss an weitere Radwege hat. Für einen kleinen Spaziergang kann man sich dem 3,5 Kilometer langen **Mühlengrabenpfad** anvertrauen, der unweit des Stellplatzes an der Heilig Geist Kapelle beginnt. Wegen der direkten Nähe zur Altstadt eignet sich der Stellplatz am Grauen Turm am besten für die Stadtbesichtigung.
Die Gründung der fast 1300-jährigen Stadt ist dem Wirken des katholischen **Heiligen Bonifatius** zu verdanken. Im äußersten Zipfel des Frankenreichs fällte er im Jahr 723 eine Eiche, die dem heidnischen Gott Donar geweiht war ... kein Blitz zuckte, kein Donner grollte und da, so will es die Überlieferung, besannen sich die Chatten und ließen sich zum Christentum bekehren. Aus dem Eichenholz soll Bonifatius an gleicher Stelle im Jahr 724 eine Kirche errichtet, später ein Kloster gegründet haben.
Durch die Lage am Schnittpunkt wichtiger Straßen und die Gründung einer Pfalz durch Karl den Großen wurde die Stadt zum bevorzugten Aufenthaltsort deutscher Könige und Kaiser in Hessen. Seit Mitte des 19. Jahrhunderts ist Fritzlar Garnisonsstadt und noch heute befindet sich am Stadtrand ein Bundeswehr-Heeresflugplatz. Da wir uns inmitten eines der größten Weißkohlanbaugebiete Deutschlands befinden, hat

Aussicht vom Büraberg nach Fritzlar

sich zudem der Sauerkrauthersteller **Hengstenberg** angesiedelt und sich zum zweitgrößten Arbeitgeber nach der Bundeswehr entwickeln können *(Werksverkauf: Di 8 - 13 Uhr; Do 12 - 17 Uhr; Pappelallee 4 - 16; www.hengstenberg.de)*.

Jetzt aber wieder zur historischen Altstadt, die von einer Stadtmauer mit zahlreichen Türmen umgeben ist. Der 38 Meter hohe **Graue Turm** am Stellplatz ist der größte erhaltene Wehrturm Deutschlands, kann bestiegen werden, bietet einen wunderschönen Blick über die Stadt und beherbergt Ausstellungen wie beispielsweise zur Hexenverfolgung *(Apr. - Okt. 10 - 12/13.30 - 17 Uhr; Eintritt)*.

Fritzlar ist ein Kleinod, denn überall kann man Geschichte atmen und die Fachwerkbauten um den Marktplatz mit dem Rolandsbrunnen vermitteln eine selten gewordene Geschlossenheit. Mittendrin befindet sich im stattlichen dreigeschossigen **Hochzeitshaus** von 1580 und 1590 sowie dem benachbarten Patrizierhaus von 1526 das **Regionalmuseum**, das Ausstellungen zur Ur- und Frühgeschichte sowie zur Stadtgeschichte präsentiert *(das Museum wird zur Zeit unserer Recherche umgebaut und völlig neu konzipiert; es wird voraussichtlich 2021 barrierefrei wiedereröffnet werden und ganzjährig geöffnet sein; Eintritt; da uns die Ausstellungsbereiche bereits im „alten“ Zustand gefallen haben, sollten die neuen Bereiche unbedingt einen Besuch wert sein)*.

Vom Marktplatz geht es zur **Tourist-Information** *(Mo 10 - 18 Uhr; Di - Do 10 - 17 Uhr; Fr 10 - 16 Uhr; Sa 10 - 14 Uhr; Zwischen den Krämen 5; Telefon 05622/988643, www.fritzlar.de)*, die in einem der ältesten Fachwerkgebäude der Stadt untergebracht ist und zum 1109 erstmals erwähnten **Rathaus**, dem ältesten Amtshaus Deutschlands. Hier beginnen durch die Stadtführergilde durchgeführten **öffentlichen *Stadtführungen*** *(Mär. - Okt. Mo - Sa 10.30 Uhr; Sa auch 14.30 Uhr; So/Feiertage 11 Uhr; Gebühr)*.

Nicht zu übersehen ist der **Dom Sankt Peter**, der durch seine zwei Türme auffällt, die in der Zeit des Baus noch Seltenheitswert hatten *(Mo - Fr 9 - 17 Uhr; Sa 9 - 16 Uhr; So/Feiertage 12 - 16 Uhr)*. Um das Jahr 732 ersetzte Abt Wigbert den ersten des von Bonifatius errichteten Holzbau durch eine Steinkirche, während nach der kriegerischen Zerstörung Fritzlars im Jahr 1079 der heute erhaltene Dom vom 11. bis zum 14. Jahrhundert entstand. Zu den bedeutenden künstlerischen Werken im Kirchenraum gehören das Reliquiengrab des im Jahr 747 verstorbenen Wigberts sowie eine lebensgroße Sandstein-Skulptur des sitzenden Heiligen Petrus im Messgewand.

Im **Dommuseum** ist die Entwicklung der Sakralkunst vom Mittelalter bis zum 20. Jahrhundert nachzuvollziehen. Besonders kostbar ist der

Vier-Türme-Blick und Dom Sankt Peter

Domschatz, der neben Gold- und Silberarbeiten aus dem 11. bis 14. Jahrhundert auch das wertvolle sogenannte Heinrichkreuz ausstellt. Es ist reich mit Edelsteinen und Gemmen verziert und beinhaltet im Mittelpunkt eine Partikel vom Kreuz Christi. Im **Lapidarium** befinden sich Sarkophage und Grabplatten, während in der **Dombibliothek** unter anderem Handschriften, Urkunden und frühe Buchdrucke verwahrt werden *(Apr. - Okt. Di - Sa 10 - 12 Uhr u. 14 - 17 Uhr; So/Feiertage 14 - 16.30 Uhr; Nov. - Mär. Di - Fr 14 - 16 Uhr; Sa 10 - 12 Uhr u. 14 - 16 Uhr; So/Feiertage 14 - 16 Uhr; Eintritt)*.

Roland-Brunnen am Marktplatz

Es ist einfach schön, durch die Gassen der Altstadt zu bummeln, dem Duft von frischen Kräutern und Backwaren auf dem **Wochenmarkt** (Mi/Sa vormittags von Mai - Sep. samstags mit Musikprogramm) nachzugehen oder in kleinen Läden oder Boutiquen zu stöbern.

Am Ende unseres Besuches in Fritzlar kommen wir auf das leibliche Wohl zurück: Zum Frühstück oder für die „lekkerste" holländischen Pommes in Nordhessen gehen wir gern ins **Café Hahn** am Markt *(Mo/Mi/Do/So 9 - 20 Uhr; Fr/Sa 9 - 22 Uhr; Marktplatz 1; Telefon 01573/1571439; www.cafehahnfritzlar.de)*.

Fast nebenan bietet die **Weinstiege** feine Weine zu nordhessischer Alter Wurst an *(Di/Do 14 - 19 Uhr; Mi 10 - 14 Uhr; Fr 14 - 22 Uhr; Sa 10 - 14 Uhr u. 17 - 22 Uhr; Marktplatz 11; Telefon 05622/9198044; www.weinstiege.de)*.

Wer's italienisch mag, dem sei der Besuch der **Pizzeria Roma da Enzo** an der B450 nahe der Ederbrücke *(Mi - Mo 17.30 - 24 Uhr; Mi/Do/So zusätzlich 11.30 - 14.30 Uhr; Di Ruhetag; Gießener Straße 61; Telefon 05622/3277; www.da-enzo-fritzlar.de)* oder in der Fußgängerzone im **Eis Café Venezia** angeraten. Hier gibt es nicht nur feine Eiskreationen zum Schlecken, sondern auch typische italienische und portugiesische Gerichte gegen den kleinen Hunger *(10 - 21 Uhr; Kasseler Straße 22a; Telefon 05622/1394; www.eiscafevenezia.net)*.

Marktplatz

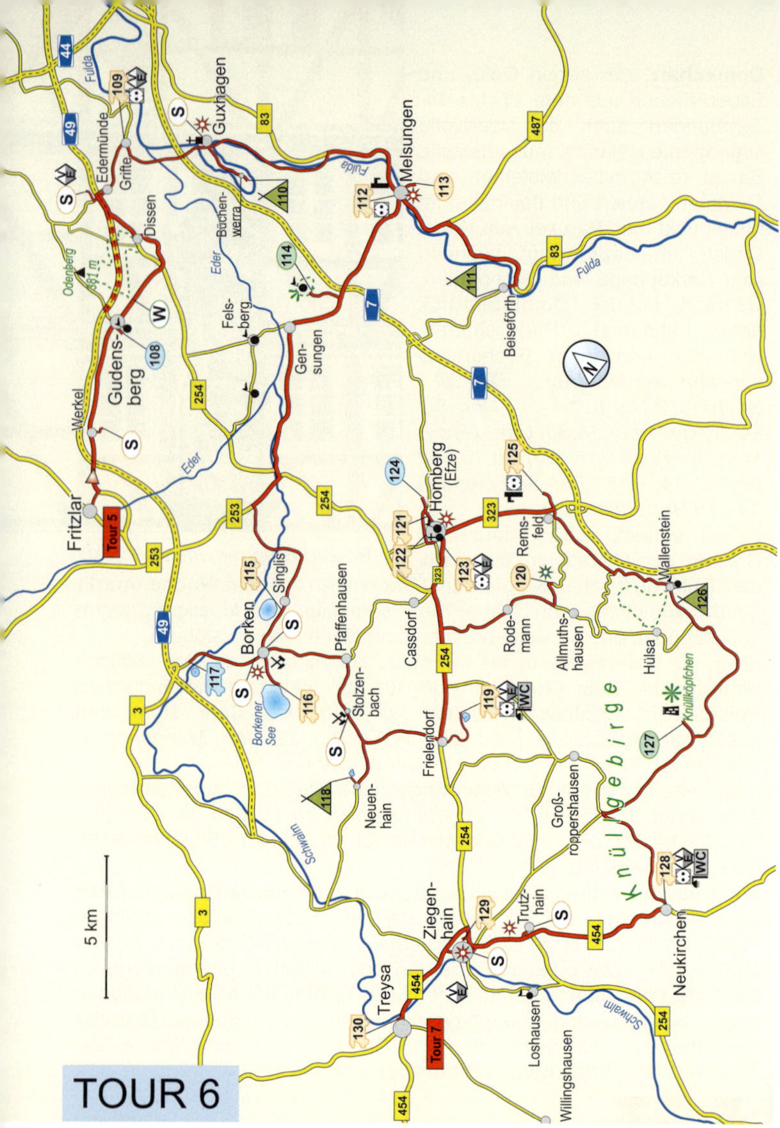

Tour 6 — 235 km

Gudensberg – Melsungen – Borken – Frielendorf Homberg (Efze) – Knüllwald – Ziegenhain – Treysa

Stellplätze: Gudensberg, Grifte, Melsungen, Gensungen, Singlis, Borken, Neuenhain, Frielendorf, Knüllwald, Homberg, Richberg, Neukirchen, Schwalmstadt, Ziegenhain, Treysa.

Campingplätze: Büchenwerra Campingplatz Zur Fuldaschleife, Beiseförth Campingplatz Beiseförth, Neuental Camping platz Neuenhainer See, Knüllwald Campingplatz Wallenstein

Besichtigen:	Gudensberg Obernburg; Guxhagen Gedenkstätte Breitenau; Melsungen Heimatmuseum; Gensungen Burgruine Heiligenberg; Borken Braunkohle- u. Bergbaumuseum, Gedenkstätte Stolzenbach; Frielendorf Museumsladen; Knüllwald Tierpark; Homberg Haus der Geschichte, Burgruine, Feuerwehr- und Kyffhäusermuseum, Offroadpark; Ziegenhain Museum d. Schwalm; Trutzhain Gedenkstätte; Treysa Totenkirche.
Wandern:	Gudensberg, Gensungen, Wallenstein.
Baden:	Gudensberg, Borken, Homberg, Frielendorf, Wallenstein.
Essen:	Gudensberg Chattenstube, Griesels Milchhof; Büchenwerra Gaststätte Hartung; Gensungen Burg hotel Heiligenberg mit Restaurant; Homberg Café Markt 13; Wallenstein Café-Bistro-Restaurant Strandbad No. 1; Neukirchen Schwälmer Stubb; Schwalmstadt Restaurant Rosengarten.

In den Touren 6 und 7 beeindrucken immer wieder die vielen gut erhaltenen Fachwerkgebäude, die in den Städten und Dörfern in den verschiedensten Varianten erhalten sind. Man muss kein Architektur-Experte sein, um sich von der Gemütlichkeit als auch von der Baukunst in Orten wie Fritzlar, Melsungen oder Homberg verzaubern zu lassen. Zwischen der Schwalm und dem Knüllgebirge liegt die weitläufige, leicht bergige Wald- und Wiesenlandschaft des Rotkäppchenlandes. Der böse Wolf lebt schon lange im Wildpark Knüll, doch das rote Käppchen, die typische Kopfbedeckung der Schwälmer Tracht und namensgebend für das Grimmsche Märchen ist bis in die Gegenwart lebendig geblieben. Die Vulkane im Naturpark Hoher Vogelsberg sind längst erloschen, dennoch ist das Thema im Vulkaneum in Schotten sehr präsent und die Mittelgebirgslandschaft zwischen den von Bächen und Quellflüssen durchzogenen Tälern mit dem typischen dunkelblauen Basaltgestein der Region lädt zu ausgedehnten Wanderungen und Radtouren ein (www.grimmheimat.de und www.naturpark-vulkanregion-vogelsberg.de).

Von Fritzlar aus peilen wir Grebenstein an und befinden uns wenig später inmitten einer Landschaft mit ganz besonderem Charakter.

Blick in den Chattengau

Chattengau

Der **Chattengau** liegt zwischen Kassel, der Eder sowie Fritzlar und wird von imposanten Bergkegeln zwischen Äckern geprägt. Die meist bewaldeten Hügel entstammen einer urzeitlichen Vulkanlandschaft und bieten herrliche Aussichten auf Felder, auf denen sich je nach Jahreszeit gelber Raps im Wind wiegt und sich Rot- oder Weißkohl über die Ackerkrume duckt.
Wem bei der Bezeichnung die elektronische Kommunikation über das Internet, der „Chat", einfällt, ist auf dem Holzweg, denn der germanische Stamm der Chatten hatte mit dem uns bekannten „World Wide Web" sicher noch nichts am Hut. Die alten Germanen blieben während der Völkerwanderung hier hängen und machten, wie wir bereits wissen, später die Bekanntschaft mit Bonifatius, der sie christianisierte. Der Apostel Deutschlands, wie der Heilige von der katholischen Kirche bezeichnet wird, berichtete vom „pagus hassorum", dem Gau der Hessen, der wiederum die Keimzelle der Landgrafenschaft Hessen wurde. Erst Mitte des 20. Jahrhunderts verlor sich der Begriff Hessengau und für das Kennenlernen der Basaltkuppenlandschaft bietet sich heute zum Beispiel die **Tour de Chattengau** an. Der beschilderte, insgesamt 36 Kilometer lange **Radweg** überwindet etwa 120 Höhenmeter und verläuft durch die Kommunen Edermünde, Gudensberg sowie Niedenstein. Wegen der Anstiege ist die Tour als mittelschwer einzustufen und sollte im Uhrzeigersinn befahren werden, da sie dann weniger anstrengend ist.

In **Werkel** angekommen nennen wir gerne den hier ansässigen „Schrauber" unseres Vertrauens und hoffen gleichzeitig, dass keiner unserer Leser ihn unfreiwillig aufsuchen muss. Die gut ausgeschilderte **Kraftfahrzeugwerkstatt LZ Alsfeld** ist Vertragspartner für Iveco- und Fiat-Nutzfahrzeuge und unser WOMO wird hier nicht nur im Notfall bestens versorgt [N 51°09'22.0" E 09°19'00.0", Am Freien Hof 32, Telefon 05622/99640].
In der Ferne erspähen wir bereits die **Ruine Obernburg**, die oberhalb des Stadtzentrums von **Gudensberg** liegt.

(108) WOMO-Badeplatz: Gudensberg, Terrano Naturbad

GPS: N 51°10'15.2" E 09°21'36.4", Schwimmbadweg. **Max. WOMOs:** 2-3.

Beschreibung: Der einfache, asphaltierte, mit Bäumen und Büschen begrenzte, leicht schräge Parkplatz liegt am Ortsrand. Der Fußweg ins Zentrum mit Geschäften und Restaurants beträgt etwa 1 km. Hier kann man auch den Einstieg in die oben erwähnte **Tour de Chattengau** finden. Bei einem knapp 2 km langen Spaziergang durch die Felder oder mit dem WOMO ist **Griesels Milchhof** in Oberschütz zu erreichen. Im Hofcafé und Hofladen gibt es feinste Eis-Leckereien, Milchshakes und zur Tasse Kaffee ein Stück Kuchen *(Fr - So/Feiertage 14 - 18 Uhr; Oberster Riedsweg 1, www.griesels-milchhof.de)*.
Zufahrt: Am Kreisverkehr im Ort rechts den Hinweisen zum Schwimmbad folgen.

Hier kann man nicht nur schwimmen, sondern auch den Blick in den Chattengau schweifen lassen. Im Sommer lädt das Naturbad mit schönen Liegewiesen und in den übrigen Jahreszeiten das Hallenbad mit Saunalandschaft ein *(Mo - So 12 - 19 Uhr)*. Die Parksituation im Ort ist für unsereins etwas schwierig, aber mit etwas Glück findet das WOMO ein Plätzchen am Rathaus. Hier startet der **Kulturpfad**, der zu verschiedenen Sehenswürdigkeiten des Fachwerkstädtchens führt. Besonders schön sind die originellen Stadtführungen, die in der **Tourist-Information** im Rathaus gebucht werden können *(Mo - Fr 8 - 12 Uhr; Mo - Mi 14 - 16 Uhr; Do 14 - 18 Uhr; Kasseler Straße 2; Telefon 05603/933-0; www.gudensberg.de)*. So führt beispielsweise ein Trommler in historischer Uniform durch die romantischen Gassen am Schlossberg und zum letzten erhaltenen Wehrturm der einstigen Stadtbefestigung.

Wanderhungrige fahren von hier nicht gleich auf die Autobahn A49 Richtung Kassel, sondern bewegen sich erst mal Richtung Deute. Kurz hinter dem Ortsausgang von Gudensberg liegt linker Hand ein Wanderparkplatz, von dem man den Sagen und Mythen in der charakteristischen Landschaft des Chattengaus begegnen kann [N 51°10'59.3" E 09°23'02.3", An der K6/K7].

WOMO-Wandertipp: Josef-Mertin-Weg

Leichte Wanderung von etwa 8,5 Kilometern Länge auf Wald- wie auch Wiesenpfaden und befestigten Wegen.

Der im Uhrzeigersinn fast durchgängig mit JM markierte Weg verläuft durch die offene Landschaft und bietet herrliche Aussichten auf die waldreiche Umgebung. Einzig die Geräusche der nahen Autobahn stören die Wanderidylle.

Etwas aufpassen müssen wir, als wir den Abzweig zum Turm auf den Odenberg erreichen, denn nur wenige Meter danach fehlt die Markierung, die uns rechts durch die Felder abwärts zum nicht zu übersehenden Scharfenstein bringen soll. Auf dem zerklüfteten Basaltkegel lässt es sich prima klettern, während wir nach der Umrundung des sagenumwobenen Felsens wieder auf dem asphaltierten Weg bis zum Ortsbeginn von Dissen marschieren. Hier ist die Wegmarkierung zur Zeit unserer Recherche nicht mehr lesbar und wir orientieren uns gefühlsmäßig nach links. Bald treffen wir wieder auf das bekannte JM, das uns erst um den Ort und dann mitten hineinführt. In der **Chattenstube** *(Mi - So 8.30 - 22 Uhr)* legen wir eine kleine Pause ein, bevor wir ein kurzes Stück an der Bundesstraße entlang und anschließend erst am Ortsrand und dann durch die Wiesen zurück zum Ausgangspunkt der Wanderung gehen.

Blick über Gudensberg

Bei Dissen erreichen wir die B254, zweigen bald nach Haldorf ab und erreichen wenig später **Grifte**.

Wer sich von hier Richtung Autobahn hält, stößt an der dortigen Zufahrt auf das **Campingzubehör-Geschäft Kuno's Outdoor** sowie den WOMO-Händler **Kuno's Mobile Freizeit mit Werkstatt** *(Mo - Fr 9 - 18 Uhr; Sa 9 - 13 Uhr)* und einer zu den Öffnungszeiten zugänglichen, gebührenpflichtigen **V/E-Station** [N 51°13'00.6" E 09°24'50.8", Frankfurter Straße 6a].

(109) Offizieller WOMO-Stellplatz: Grifte, Ederaue

GPS: N 51°12'44.7" E 09°26'56.0", Auenweg. **Max. WOMOs:** 6.
Ausstattung: V/E, Strom, Tisch und Bänke.

Beschreibung: Der einfache, geschotterte, teils schattige Stellplatz liegt am Ortsrand. In der Nähe befinden sich Supermärkte und Bäcker und das Ortszentrum mit Gaststätten ist etwa 400 m entfernt. Der Stellplatz liegt am Eder-Radweg auf dem man nach Kassel radeln kann (einfache Strecke ca. 15 km) oder der zur etwa 1 km entfernten Mündung der Eder in die Fulda führt.
Preise: €.
Zufahrt: Der Durchgangsstraße durch den Ort bis zu einem Kreisel und dort den WOMO-Piktogrammen links folgen.
Hinweis: Gegebenenfalls kann es durch die nahe Straße oder die Bahnlinie zu Geräuschbelästigungen kommen.

Mündung der Eder in die Fulda

Am Kreisverkehr halten wir uns geradeaus Richtung **Guxhagen**, überqueren die Autobahn und orientieren uns wenig später gemäß der Beschilderung zur Gedenkstätte. Das WOMO wird am besten an der Straße Richtung Fluss geparkt.

Gedenkstätte Breitenau

Bereits in der Reformationszeit wurde das im Jahr 1113 gegründete Benediktinerkloster aufgelöst. Erhalten geblieben ist die mächtige Kirche, eine dreischiffige Pfeilerbasilika im romanischen Stil, die 1579 zu einem Fruchtspeicher und Pferdestall umgebaut und im Dreißigjährigen Krieg zerstört wurde.

Ab dem Deutsch-Französischen Krieg 1870/71 begann eine völlig andere Nutzung des ehemaligen Klosters, als die zum Speicher umgebaute Klosterkirche zum Lager für französische Kriegsgefangene wurde. Danach wurde das Gebäude geteilt und diente von 1874 bis 1949 als Arbeitshaus mit zuchthausähnlichem Charakter für Bettler, Landstreicher, Obdachlose und Prostituierte. Mit der Machtübernahme der Nationalsozialisten im Jahr 1933 wurde Breitenau zum Konzentrationslager für politisch andersdenkende Personen, die vorwiegend aus dem Regierungsbezirk Kassel kamen. Von 1940 bis 1945 nutzten die Machthaber die Anlage unter katastrophalen Haftbedingungen als Arbeitserziehungslager für ausländische Zwangsarbeiter. Von 1952 bis 1973 wurde das Gelände als geschlossenes Fürsorgesorgeheim für Mädchen genutzt. Heute befinden sich hier ein Wohnheim und eine Rehabilitationseinrichtung für psychisch erkrankte Menschen sowie die Gedenkstätte Breitenau, die in einer Ausstellung mit künstlerischen Mitteln an die Geschichte des Ortes heranführt, durch ein Modell den Aufbau des ehemaligen Lagers verdeutlicht und entscheidend zur Vergangenheitsbewältigung beiträgt. Neben vier besonders dokumentierten Einzelschicksalen Gestapo-Gefangener, ist uns außerdem der Esslöffel eines niederländischen Zwangsarbeiters in Erinnerung. In den Löffel bohrte der Häftling die Initialen seines Namens, um ihn als Sieb zu nutzen und aus der dünnen Kohlsuppe die festen Bestandteile heraussieben zu können (Foto unten). Außerdem gibt es in der Gedenkstätte etwa 3000 Originalakten ehemaliger Häftlinge, die eingesehen werden können.

Für Einzelbesucher findet sonntags um 14.30 Uhr eine gebührenfreie Führung durch die Gedenkstätte und das Außengelände sowie den Haftteil der ehemaligen Klosterkirche statt *(Mo - Fr 9 - 13 u. 14 - 16 Uhr; So 13 - 17 Uhr; Sa und an Feiertagen; die in der Woche liegen geschlossen; Führungen in der Woche nach Voranmeldung; Telefon 05665/3533; www.gedenkstaette-breitenau.de).*

Zurück auf der B83 geht es weiter Richtung Melsungen. Das **Mittlere Fuldatal** bietet ideale Voraussetzungen zum Wasserwandern sowie Radfahren *(www.mittleres-fuldatal.de).*

(110) WOMO-Campingplatz: Büchenwerra, Campingplatz Zur Fuldaschleife

GPS: N 51°10'39.5" E 09°28'42.5", Zum Bruch.
Kontakt: Telefon 05665/961044 oder 05665 2771, www.fuldaschleife.de.

Öffnungszeit: Mär. bis Dez.
Ausstattung: Spiel- und Bolzplatz, Bootfahrstation, Kanuverleih, E-Bikeverleih, Angeln, Waschmaschine/Trockner, WLAN, Lebensmittel- und Gasflaschenverkauf, Gaststätte/Café, Biergarten.
Beschreibung: Der direkt an einer großen Schleife der Fulda gelegene befestigte Wiesenplatz ist teils schattig und Ausgangspunkt für Rad- und Wandertouren. Sollte die WOMO-Küche kalt bleiben, dann empfiehlt sich die Einkehr im **Gasthaus Hartung mit Metzgerei** bei nordhessischen „Schmeckewöhlerchen" oder anderen schmackhaften Gerichten *(Di Ruhetag, Telefon 05665/2431, www.gasthaus-hartung.com).*
Preise: €€.
Zufahrt: Den Hinweisen zum Campingplatz folgen.
Hinweis: In der Ortsmitte unbedingt den Anfahrtshinweis für lange Fahrzeuge beachten!
Auch wenn sie nicht zu sehen ist, kann es zu Geräuschbelästigungen durch die Autobahn kommen.

Entlang der Fulda fahren wir durch die waldreiche Umgebung geruhsam auf der B83 weiter in eine der schönsten Fachwerkstädte unserer Reise. Der Bundesstraße Richtung Rotenburg/Fulda folgend befindet sich ein schön gelegener, einfacher, aber gepflegter **Campingplatz** zwischen dem Fluss und einem Naturbadesee in **Beiseförth** [**111:** N 51°04'40.7" E 09°32'54.1", Brückenstraße, Telefon 05664/7709885 oder 0173/9708693 oder 0151/155540009, www.camping-beiseförth.de, Apr. - Okt., Preis €€].

(112) Offizieller WOMO-Stellplatz: Melsungen, An der Fulda

GPS: N 51°08'04.0" E 09°32'35.0", Schlachthofstraße. **Max. WOMOs:** 10.
Ausstattung: Wasser, Strom.
Beschreibung: Der gepflasterte, parzellierte, einfache Stellplatz ist meist sonnig und liegt am Rand eines öffentlichen Parkplatzes an der Fuldabrücke nahe der Altstadt. Zahlreiche Einkaufsmöglichkeiten und Gaststätten befinden sich in der Nähe. Der Platz ist idealer Ausgangspunkt für eine Stadtbesichtigung und für Touren auf dem Fulda-Radweg.

Preise: € je angefangene 12 Stunden.
Zufahrt: Im Ort dem WOMO-Piktogramm folgen.
Hinweis: Durch die nahe Straße, die Bahnlinie und den Skaterplatz kann es zu Geräuschbelästigungen kommen. Wohnwagengespanne nicht gestattet.

(113) WOMO-Stellplatz: Melsungen, Waldschwimmbad

GPS: N 51°07'19.2" E 09°33'14.5", Dreuxallee/Evesham Allee.
Max. WOMOs: 5.
Beschreibung: Einfacher, schräger, teils schattiger, asphaltierter Parkplatz am Ortsrand. Die Altstadt liegt etwa 2 km bergab entfernt.
Zufahrt: Nach dem Überqueren der Fuldabrücke am offiziellen Stellplatz den Hinweisen zum Sportplatz Todi-Allee beziehungsweise den Schwimmbad-Piktogrammen folgen.

Melsungen

Die Stadt wurde erstmals um das Jahr 800 urkundlich erwähnt, war oft Schauplatz kriegerischer Handlungen und Spielball weltlicher und kirchlicher Fürsten. Mehrfach wechselte sie die Besitzer, bis schließlich einer der hessischen Landgrafen 1427 die Oberhand behielt. An der Kreuzung mittelalterlicher Handelsrouten wurde Melsungen Umschlagplatz für Waren aller Art, es wurden Märkte abgehalten und Wollen- und Leineweber sowie Schneider und Metzger siedelten sich an. Bis ins 20. Jahrhundert bildete das Textilgewerbe einen bedeutenden Wirtschaftsfaktor, während heute ein medizinisch-pharmazeutisches Unternehmen der größte Arbeitgeber der Stadt ist.
Aus der bewegten Zeit der vergangenen Jahrhunderte zeugt das nahezu geschlossene, mittelalterliche Stadtbild von über 400 Fachwerkbauten. Vom Stellplatz gelangen wir fuldaaufwärts an die **Bartenwetzerbrücke**, die sechsbogig und in ihren Grundfesten seit 1595/96 behäbig im Fluss

steht. Lange Zeit wetzten die Holzfäller aus den umliegenden Wäldern am Brückensandstein ihre Barten, mittelhochdeutsch für Axt oder Beil, um sie zu schärfen (Foto vorherige Seite). Heute beäugen zwei bronzene Bartenwetzerfiguren die Spuren ihrer längst verstorbenen Vorbilder und beobachten die Besucher des **Heimatmuseums**. Im ehemaligen Elektrizitätswerk am Brückenende werden Exponate unter anderem zu den Themen Stadtgeschichte, Energiegewinnung, Tierwelten im und am Fluss, zur Landwirtschaft und Entwicklung der ortsansässigen Industriebetriebe vorgestellt *(Ostern - Mitte Dez. So 15 - 17 Uhr; Eintritt)*.
Von hier geht es geradewegs in die fast autofreie Altstadt und der Spaziergang durch die Gassen Melsungens ist immer wieder ein Vergnügen. Ungestört können wir die Fassaden der Häuser aus dem 16. bis 19. Jahrhundert sowie aus dem Klassizismus und der Gründerzeit betrachten, die mit teils wunderschönen ornamentalen Verzierungen geschmückt sind. Es gibt auch figürliche Darstellungen wie zum Beispiel den fast lebensgroßen „Marktmeister" in der Tracht des 16. Jahrhunderts am Marktplatz/Ecke Brückenstraße. Unbestrittener Mittelpunkt der Stadt ist das imposante **Rathaus**, das zu den schönsten Fachwerk-Rathäusern Deutschlands zählt. Der dreigeschossige freistehende Bau wird von vier Ecktürmen und von einem zentralen Dachreiter in Form eines Uhrturmes gekrönt, in dem bei geöffnetem Fenster die Symbolfigur Melsungens, ein großer geschnitzter Bartenwetzer sichtbar wird *(täglich um 12 u. 18 Uhr)*.
In der Nähe gelangen wir zur **Stadtkirche** aus dem 14. Jahrhundert und dahinter in die Burgstraße, in der an einem reich verzierten Bürgerhaus zwei „nackerte" Figuren vermutlich Adam und Eva darstellen sollen. In der Straßenverlängerung gelangen wir zum **Landgrafenschloss**, das 1550 bis 1557 als Jagdschloss erbaut wurde und heute von verschiedenen Behörden genutzt wird. Hinter einem kleinen Wirtschaftshof verbirgt sich der **Schlossgarten**, in dem links ein Rest der Stadtmauer zu erkennen ist. Von der ehemaligen Befestigung ist ansonsten nicht mehr viel erhalten, lediglich der 1387 errichtete Eulenturm hat es bis in unsere Zeit geschafft.
Das gemütliche Fachwerkflair, die Straßencafés, Geschäfte und Märkte machen Melsungen zu einer sympathischen Stadt, die zudem noch einiges an Veranstaltungen zu bieten hat. Erwähnen möchten wir das

Marktplatz mit Rathaus

Fachwerk am Marktplatz

alljährlich im Okt. stattfindende **Nordhessische Spezialitätenfestival**, bei dem regionale Erzeuger wohlschmeckenden Käse, leckere Ahle Wurscht, Weine, Honig und vieles mehr anbieten *(www.nordhessen-geschmackvoll.com)*. Weiterführende Informationen erhält man in der **Tourist-Information** *(Mai - Okt. Mo - Fr 10 - 17 Uhr; Sa 10 - 12.30 Uhr; Nov. - Apr. Mo - Do 10 - 16 Uhr; Fr 10 - 13 Uhr; Sandstraße; www.melsunger-land.de)*. Hier beginnen **öffentliche Stadtführungen** *(Di u. So 14 Uhr; Sa 11 Uhr; Gebühr)* und wer die Fulda auf ganz besondere Art erkunden möchte, kann an jedem ersten Sonntag im Monat eine **Floßfahrt** buchen.

Aus Melsungen heraus führt uns die B253 Richtung Felsberg ziemlich steil bergauf und nach der Unterquerung der Autobahn in ein längst verödetes Braunkohlerevier sowie ein beliebtes Ausflugsziel inmitten des chattischen Kernlandes.

(114) WOMO-Wanderparkplatz: Gensungen, Heiligenberg

GPS: N 51°07'52.5" E 09°27'43.3", Heiligenbergallee. **Max. WOMOs:** 2 - 3.

Ausstattung: Infotafel, Tisch und Bänke, Schutzhütte, Mülleimer.

Beschreibung: Einfacher Waldparkplatz mit Anschluss an Wander- und Radwege und dem **Burghotel Heiligenberg mit Restaurant** und toller Terrassenaussicht ins Edertal *(Telefon 05662/831, www.burghotel-heiligenberg.de)*.

Zufahrt: Von der B253 ca. 1,5 km bis zum Parkplatz fahren.

Die **Burgruine Heiligenberg** liegt auf dem 393 Meter hohen Heiligenberg, der wegen seiner herrlichen Aussicht vom Edertal bis ins Kasseler Becken und auf die umgebenen Basaltkuppen auch gern **Hessenlandes Krone** genannt wird und neben der Felsburg sowie der Altenburg zu einer der drei mittelalterlichen Burgen Felsbergs gehört.

Burgruine Heiligenberg

Wer Lust auf **Kunst am Wanderweg** hat, kann sich hier Lust auf mehr holen. Der Grundidee des Projektes **Ars Natura** nach entstehen entlang zweier Fernwanderwege Kunstpfade, die unter anderem das Zusammenspiel von Kultur und Natur konkret erfahrbar machen. Originelle Überraschungen machen die am Heiligenberg beginnende kleine Runde von 2,5 Kilometern Länge spannend und ermöglichen uns manch neuen Blickwinkel. Weitere Strecken und Beschreibungen der Kunstwerke finden sich im Internet (*www.ars-natura-stiftung.de)*. Im weiteren Verlauf der B253 gelangen wir nach Gensungen, von wo der Blick auf die **Felsburg** der Kleinstadt Felsberg jenseits der Eder fällt. Während wir ohne Ergebnis darüber nachdenken, warum der sich nach oben verjüngende Turm im Volksmund „Butterfass" genannt wird, sehen wir am anderen Ufer der Eder die **Altenburg**, die das Burgentrio Felsbergs komplettiert. Wir befinden uns weiterhin auf der B253 Richtung Bad Wildungen, bis wir Richtung Frielendorf abbiegen. Wir kommen durch Lendorf und damit in das ehemalige Braunkohlerevier Nordhessens, das mittlerweile rekultiviert wurde und mit dem von Wiesen sowie Wäldern umgebenen **Borkener Seenland** zu einer beliebten Freizeitlandschaft geworden ist. Auf dem etwa

Aussicht vom Heiligenberg

24 Kilometer langen **Seen-Rundweg** können über Radwege sowie Nebenstraßen und mit einigen kleinen Steigungen alle im folgenden genannten Seen umrundet werden.

Schaufelrad in Singlis

In **Singlis** erreichen wir den nach dem Ende des Tagebaus gefluteten **Singliser See**, der sich aufgrund optimaler Windverhältnisse zu einem der besten nordhessischen **Surfspots** entwickelt hat. Bei Flaute vertreibt man sich mit **Stand-up-Paddeln** die Zeit und von den **Liegewiesen** kann der Sprung ins kühle Nass gewagt werden. Aber auch **Spaziergänger** und **Radfahrer** können auf dem Rundweg um den See Erholung finden und einen Stellplatz gibt es zusätzlich zu vermelden. Bemerkenswert ist bei entsprechendem Sonnenlicht die intensive Blaufärbung der Wasseroberfläche.

(115) Offizieller WOMO-Stellplatz: Singlis, Singliser See

GPS: N 51°03'19.0" E 09°18'40.0", An der L3149. **Max. WOMOs:** 5.
Ausstattung: Zeitweise Dixie-Toilette.
Beschreibung: Der einfache, geschotterte Parkplatz liegt außerhalb des Ortes ist teils schattig und verfügt über ausgewiesene Stellplätze am Parkplatzrand. In unmittelbarer Nähe bietet der **Borkener Surf Club** perfekte Möglichkeiten zum Surfen, Segeln und SUP *(www.borkenersurfclub.de)*. Tau-

chen sowie Kanu- und Kajakfahren sind ebenfalls möglich. Während der Saison und bei gutem Wetter öffnet das **Café-Bistro** *(10 Uhr bis Sonnenuntergang)* und am westlichen Seeufer ist ein Hundestrand ausgewiesen.
Preise: €.
Zufahrt: Hinter Singlis den Hinweisen zum See folgen.

Singliser See

Alte Seebären träumen bei der Weiterfahrt nach Borken vielleicht noch vom ehemaligen **Küstenwachboot KW18**, das hier seinen endgültigen Liegeplatz am See gefunden hat.

Außer vom stillgelegten Kraftwerk ist in und um **Borken** vom Bergbau nicht mehr viel zu sehen und wir müssen dem bestens ausgeschilderten Bergbaumuseum einen Besuch abstatten, um uns mit der Materie näher beschäftigen zu können. Zum

Parken bietet sich der ausgewiesene offizielle, einfache, asphaltierte **WOMO-Stellplatz** am Hallenbad an [**116:** N 51°02'40.2" E 09°16'26.0", Westrandstraße] an oder man versucht sein Glück auf einem auch für Busse ausgewiesenen Parkplatz [N 51°02'43.2" E 09°17'10.5", Am Tor]. Am besten sagt uns der Parkplatz direkt am 3,5 Hektar großen Themenpark des Museums zu [N 51°03'07.1" E 09°15'58.3", Am Freilichtmuseum 1], um von dort den Besucherstollen und eine Ausstellung zur regionalen Bergbaugeschichte im ältesten noch erhaltenen Fachwerkhaus aus dem Jahr 1473 in der Altstadt Borkens nach etwa zwei Kilometer zu Fuß oder per Rad zu erreichen.

Nordhessisches Braunkohle-Bergbaumuseum und Naturschutz-Informationszentrum

Im Großraum Borken wurde im Jahr 1897 mit dem Abbau der Braunkohle begonnen, die von 1922 bis 1991 in einem Dampfkraftwerk vor allem zur Stromerzeugung genutzt wurde. Neben wirtschaftlichen Gründen spielte sicher auch die Kohlestaubexplosion von 1988 in der Grube Stolzenbach bei der Einstellung des Tagebaus eine Rolle. Eine in Borken ausgeschilderte **Gedenkstätte** zwischen Stolzenbach und

Braunkohle-Bergbaumuseum

Dillich erinnert an das Unglück, das nur 6 von 57 Kumpel überlebten (Parkplatz siehe nächste Seite).
Im **Themenpark Kohle und Energie** veranschaulichen rotierende Bohrgeräte, rasselnde Schaufel-Eimerkettenbagger, feurig-rauchende Kraftwerkskessel und laufende Turbinen, wie die Kohle einst zur Energiegewinnung genutzt wurde. Das Schöne ist, dass man dabei selbst aktiv werden und Industriekultur authentisch erleben kann. Sonntags fährt zudem die Besucherbahn über das Gelände, während im bereits erwähnten **Besucherstollen** der Arbeitsalltag der Bergleute erlebt werden kann. Da rotieren dann Walzen, rattern Förderbänder, knattern Bohrgeräte und kleine Besucher finden im **Kindererlebnisstollen** bergmännische Arbeitsbedingungen vor.
Dem Museum ist das **Naturschutz Informationszentrum Borkener See** angeschlossen, in dem interaktive Medien, Tiere und Pflanzen veranschaulichen, wie aus den Tagebauen neue Landschaften entstehen. Toll gemacht und unter sachkundiger Führung ein Stunden füllendes Erlebnis *(Besucherstollen/Bergbaugeschichte/Themenpark 1. So vor Ostern - letzten Fr im Okt. Di - So 14 - 17 Uhr; Besucherstollen letzter Fr im Okt. - 1. So vor Ostern So 14 - 17 Uhr; Eintritt; www.braunkohle-bergbaumuseum.de).*

Historisches Rathaus

Wer mag, kann auf dem 32 Kilometer langen **Braunkohle-Rundweg** per Rad oder zu Fuß noch mehr von der Bergbaufolgelandschaft erleben. Oder man beginnt am offiziellen Stellplatz eine etwa sechs Kilometer lange **Wanderung um das Naturschutzgebiet Borkener See**. Wem der Sinn mehr nach einem Badetag steht, der orientiert sich von Borken aus Richtung Autobahn und erreicht nach rund drei Kilometern den äußerst beliebten **Naturbadesee Stockelache** mit einem gebührenpflichtigen Parkplatz, an dessen Rand drei einfache, ausgewiesene **WOMO-Stellplätze** zu finden sind [**117:** 51°04'02.9" E 09°14'46.2"]. Von Mai bis September bieten **Wasserrutsche, Badeinseln, Volleyball-Felder, Bootsverleih und Abenteuerspielplatz** viel Spaß für Groß und Klein. Klar, dass bei dem Remmidemmi Eintritt verlangt wird und Hunde nicht gestattet sind.

Gedenkstätte Stolzenbach

Bei der Weiterfahrt erreichen wir Pfaffenbach, verlassen dort die Landstraße und streifen in **Stolzenbach** die oben erwähnte **Gedenkstätte** [N 51°00'37.0" E 09°17'37.5"].
Wenig später sind wir über Dillich flott am nicht mehr im Borkener Seenland befindlichen **Neuenhainer See** angekommen.

Der zu **Neuental** gehörende fünf Hektar große **Naturbadesee** ist ein friedliches Plätzchen für Erholung und Freizeitspaß. Flach angelegte, in der Saison bewachte Schwimmbereiche an einer großen Liegewiese laden genauso wie Tret- und Paddelboote zu sportlichen Aktivitäten für die ganze Familie ein *(Baden während der Saison Mo - Fr 8 - 18.30 Uhr; Sa/So 9 - 18.30 Uhr; Eintritt; das Mitbringen von Hunden ist nicht gestattet)*.

Naturbadesee Stockelache

(118) WOMO-Campingplatz: Neuental-Neuenhain, Campingplatz Neuenhainer See

GPS: N 50°59'42.2" E 09°16'00.5", Seeblick.
Kontakt: Telefon 06693/1287, www.neuenhainer-see.de.
Öffnungszeit: Apr. - Okt.
Ausstattung: Kiosk, Imbiss, behindertengerechter Sanitärraum, Waschmaschine/Trockner, Abenteuerspielplatz, Bademöglichkeit, Volleyball-Feld, WLAN.
Beschreibung: Der direkt am See gelegene Campingplatz ist teils schattig und befindet sich außerhalb des Ortes mit Anschluss an Rad- und Wanderwege. Gegenüber dem Eingangsbereich sind auf einem einfachen, asphaltierten, ganzjährig zu nutzenden Parkplatz acht **offizielle WOMO-Stellplätze** mit V/E und Strom ausgewiesen.
Preise: Campingplatz €€ - €€€, WOMO-Stellplatz €.
Zufahrt: In Neuenhain den Hinweisen zum Campingplatz folgen.

Unser weiterer Weg nach **Frielendorf** und zum nächsten Badesee ist nicht zu verfehlen.

(119) Offizieller WOMO-Stellplatz: Frielendorf, Wohnmobil-Park Silbersee

GPS: N 50°59'02.0" E 09°20'48.0", Zum Silbersee. **Max. WOMOs:** 40.
Kontakt: Telefon 0172/7230666, www.wohnmobil.park-silbersee.de.
Öffnungszeit: Apr. - Okt.
Ausstattung: V/E, Strom, Toilette/Waschraum und Dusche, weitere Duschen im Wellness-Paradies.

Beschreibung: Der schöne, im Grünen gelegene, beleuchtete und teils schattige Stellplatz befindet sich am Waldrand außerhalb des Ortes, dessen Zentrum etwa 2 km entfernt ist. Die Stellplätze auf befestigter Wiese verfügen alle über Stromanschlüsse und die Stellplatzgebühr beinhaltet den Zugang zum Badesee, die Angelkarte sowie Ermäßigungen für diverse

Attraktionen der Umgegend. Gastronomische Betriebe sind fußläufig zu erreichen und das Angebot an Rad- und Wanderwegen ist groß.
Preise: €€.
Zufahrt: Im Ort den WOMO-Piktogrammen folgen.
Hinweis: Keine Wohnwagengespanne.

Im Ort erinnert der **Museumsladen** an Großmutters Zeiten, wenn die Ladenglocke beim Eintreten freundlich bimmelt und uns feine Düfte um die Nase wehen *(Di u. Do 15 - 17 Uhr; Telefon 05684/923458)*. Der Tourismus-Verein informiert gern über weitere Freizeitmöglichkeiten in und um Frielendorf *(Mo - Mi 8.30 - 13 Uhr; Do 13 - 16 Uhr; Fr 8.30 - 12 Uhr; Ziegenhainer Straße 2; Telefon 05684/7827; www.frielendorfaktiv.de)*.
Im Südwesten des Ortes ist der **Campingplatz Frielendorf nahe dem Freibade** zu finden und nordöstlich ist der von viel Wald umgebene und im Sommer Badespaß pur versprechende etwa acht Hektar große **Silbersee** aus einem Tagebaugelände entstanden. Nebenher hat sich hier ein **Freizeit- und Ferienzentrum** entwickelt, der für Spaß und Erholung bei der ganzen Familie sorgt. Vom **Kletterpark** *(Mi - Fr 14 - 18 Uhr; Sa/So/Feiertage 12 - 19 Uhr; Jul./Aug. auch Mo/Di 14 - 18 Uhr; Eintritt; www.kletterpark-silbersee.de)*, über eine **Bobbahn** *(Mai - Okt. je nach Saison ab 10 Uhr oder ab11 Uhr; www.silbersee-bob.de; Eintritt)* und das **Kinderspielparadies Frielo-Land** *(Di - Fr 14 - 19 Uhr; Sa/So/Feiertage 12 - 19 Uhr; Eintritt. www.frielo-land.de)* sowie ein **Wellness-Paradies** *(www.wellnessparadies-silbersee.de)* gibt es so ziemlich alles, was den Aufenthalt abwechslungsreich gestaltet. Ab dem Jahr 2021 ist eine Adventure-Golf-Anlage vorgesehen. Um das alles nutzen zu können oder für **Wanderungen** und **Radtouren** auf gut markierten Wegen eine perfekte Basis zu haben, bietet sich der oben genannte WOMO-Stellplatz an.
Von der B254 Richtung Homberg ist der für die Haltung verschiedener Hirscharten und von Wildschafen überregional bekannte Wildpark nicht zu verfehlen.

Silbersee

(120) WOMO-Stellplatz: Knüllwald, Wildpark P2

GPS: N 50°59'18.9" E 09°26'08.0".
Max. WOMOs: 3 - 5.
Beschreibung: Der einfache, teils schräge Wiesenparkplatz im Wald liegt außerhalb des Ortes im Wald in unmittelbarer Nachbarschaft des Wildparks.
Zufahrt: Den Hinweisen zum Wildpark folgen.

Naturzentrum Wildpark Knüll

Hier begegnen wir dem Wolf beziehungsweise einem ganzen Wolfsrudel, das mit zwei Braunbären auf einem 7000 Quadratmeter großen Gelände eine Art Wohngemeinschaft gebildet hat. In den großflächigen Waldgehegen leben weitere 40 heimische Tierarten, von denen sich einige im Park frei bewegen und so aus allernächster Nähe beobachtet werden können. Auf dem großen Spielplatz können sich Kinder austoben, in der Gaststätte ist Verpflegung für alle angesagt und vom Aussichtsturm auf dem Streuflingskopf kann das Auge weit in die Ferne blicken. Die Ausstellung im Naturentdeckerhaus beschäftigt sich zudem mit der Kultur- und Naturlandschaft des Knülls und behandelt naturkundliche und umweltrelevante Themen *(Feb. - Mär. 10 Uhr bis zur Dämmerung, Apr. - Okt. 9 - 19 Uhr; Nov. - Jan. Sa/So 10 Uhr bis zur Dämmerung; Eintritt; aufgrund der freilaufenden Tiere ist die Mitnahme von Hunden auf das Gelände nicht gestattet; www.wildpark-knuell.de).*

In der Abenddämmerung erhalten wir Besuch von zwei Rehen. Bevor sie uns verraten können, ob sie aus dem Wildpark entwischt sind oder sich „legal" in freier Wildbahn tummeln, verschwinden sie genauso geräuschlos, wie sie gekommen sind. Zurück an der B254 durchfahren wir das von Landwirtschaft geprägte Gebiet, in welchem Rüben für die Zuckerfabrik in Wabern und Kraut, das später in den Dosen des Fritzlarer Sauerkrautherstellers landet, angebaut werden. Wir wechseln auf die B323 und registrieren die Abfahrt zur historischen Altstadt von **Homberg**. Zur Stadtbesichtigung empfehlen wir jeweils zwei einfache und tagsüber gebührenpflichtige Parkbuchten auf ausgewiesenen offiziellen **WOMO-Stellplätzen** am Rand des sehenswerten Innenstadtkerns [**121:** N 51°02'09.5" E 09°24'37.5", Hans-Staden-Allee, nur für WOMOs von 8 bis 8,50 Meter Länge. **122:** N 51°01'57.2" E 09°24'15.0", Wallstraße. Die Zufahrten erfolgen am besten zunächst wie zum Schwimmbad. Der erste Parkplatz liegt am Busbahnhof in der Wallstraße, der zweite Richtung Stadtmitte].

Weißkraut-Feld

(123) Offizieller WOMO-Stellplatz: Homberg, Wohnmobilstellplatz

GPS: N 51°01'39.6" E 09°24'50.1", Waßmuthshäuser Straße/Dresdener Allee. **Max. WOMOs:** 7.

Ausstattung: V/E, Strom, Infotafel, Müllbehälter.

Beschreibung: Der geschotterte, meist sonnige, einfache Stellplatz liegt am Ortsrand und etwa 1,5 - 2 km von der Altstadt entfernt. Obwohl die tagsüber stark frequentierte Bundesstraße unmittelbar neben dem Stellplatz verläuft, ist es nachts relativ ruhig.

Zufahrt: Von der B323 Richtung Homberg (Efze) fahren und den WOMO-Piktogrammen folgen.

Hinweis: Der Stellplatz liegt recht weit vom Zentrum entfernt und es muss zusätzlich erst mal ordentlich bergauf gegangen werden, um die Altstadt zu erreichen.

(124) WOMO-Badeplatz: Homberg, Freibad am Erleborn

GPS: N 51°02'37.5" E 09°24'53.5", Erlebrunnenweg. **Max WOMOs:** 2 - 3.

Beschreibung: Der einfache, geschotterte, teils schattige Parkplatz liegt außerhalb des Ortes hinter dem Freibad mit einem in der Saison geöffneten Bistro *(Mai - Sep.)*.Die Altstadt ist etwa 1,5 km entfernt.

Zufahrt: Wie zum vorgenannten Stellplatz, jedoch am Kreisverkehr weiter bergauf Richtung Kassel/Bad Wildungen fahren. Auf der Wallstraße, später auf der Kasseler Straße, wird das Stadtzentrum umrundet und aus dem Ort herausgefahren, um zunächst rechts Richtung Melsungen/Malsfeld abzubiegen und nach etwa 1,5 km Richtung Stadtmitte und kurz danach rechts der Beschilderung rund 800 m zum Schwimmbad zu folgen.

Marktplatz mit Stadtkirche St. Marien

Homberg an der Efze

Homberg ist wunderschön! So einfach könnte man das reizende Städtchen mit seinen zahlreichen Fachwerkbauten kurz und knapp beschreiben. Denn egal, ob man nun vom Stellplatz hinauf- oder vom Parkplatz hinabgekommen ist, ein Bummel durch die engen Gassen macht einfach nur Laune. Auch hier treffen wir wieder auf ein geschlossenes Stadtbild innerhalb der fast vollständig erhaltenen **Stadtmauer**. Gesichert wurde die Stadt einst durch sieben Wachtürme, von denen lediglich der **Pulverturm** aus dem 13. Jahrhundert vollständig erhalten blieb. Am besten gefällt es uns rund um den Markt mit sehenswerten Gebäuden wie dem auf 1480 datierten **Gasthaus Zur Krone**, dessen Schankraum 1721 öffnete und das damit zu den ältesten Gasthäusern Hessens gehört. Dem Gasthaus selbst hat das aber nichts genützt, denn zur Zeit unserer Recherche wurde das prächtige Patrizierhaus leider nicht bewirtschaftet. In der alten **Engel-Apotheke** von 1680 befindet sich heute das **Haus der Geschichte**, in dem die wichtigsten Ereignisse der Reformation interaktiv und tatsächlich spannend dargestellt werden, sowie das Hohenburg Museum, welches sich mit der Burggeschichte beschäftigt *(Di - Fr 8 - 12 Uhr u. 13 - 17 Uhr; Sa 10 - 16 Uhr; Eintritt)*. Nach dem Besuch wird unser Blick zu weiteren Gebäuden, darunter das Löwenhaus von 1617 mit einem wertvollen Renaissanceportal oder das Fünffensterhaus mit der Löwenapotheke, gelenkt. Unübersehbar ist die **Tourist-Information** *(Mo - Do 10 - 17 Uhr; Fr 10 - 13 Uhr; Sa/So 11 - 15 Uhr; Marktplatz 19; Telefon 05681/939161; www.homberg-efze.eu)*. Gleich nebenan überragt die **Stadtkirche St. Marien** das Altstadtzentrum. In dem 1340 als dreischiffige gotische Hallenkirche erbauten Gotteshaus berief 1526 Landgraf Philipp der Großmütige die Homberger Synode ein, die die Reformation für das damalige Hessen beschloss. Heute schaut uns Philipp als Statue vom Marktplatz hinterher, als wir Richtung Rathaus spazieren und das Hochzeitshaus von 1552, in dem das **Heimatmuseum** untergebracht ist, vor Augen haben *(3. So vor Ostern - Okt. Mi 14.30 - 16.30 Uhr; Sa/So 10 - 12 Uhr u.14.30 - 16.30 Uhr; Eintritt)*. Durch das kleine Gässchen bergauf, vorbei am **Kyffhäuser Museum** *(So 11 - 12 Uhr)* gelangen wir zum **Hochzeitspförtchen**. Durch die einzige Fußgängerpforte zur Burg erklimmen wir mühsam den Burgberg und staunen nicht schlecht, als uns oben die „Stadtadelige Hildegardis" in vollem Ornat empfängt. Des Rätsels Lösung: Hildegardis ist im richtigen Leben Stadtführerin

Hochzeitspförtchen

und wechselt extra für uns (wenig stilecht hinter einem Pkw auf dem Burgparkplatz) ihr Gewand, um uns als „Weiße Frau“ am Brunnen der **Ruine Hohenburg** zu erwarten. Im fahlen Mondlicht berichtet sie von Verrat, aber auch von Treue bis in den Tod und es gruselt und fasziniert uns zugleich. Ein bleibender Eindruck, den jeder Besucher ähnlich erleben kann, wenn er sich einer **öffentlichen Stadtführung** anschließt *(Apr. - Okt. Sa u. Mi 10.30 Uhr; Treffpunkt Landgraf Philipp-Denkmal am Marktplatz; Gebühr)* oder sich ganzjährig für eine **Abendführung** *(1. Fr im Monat 18.30 Uhr)* beziehungsweise für eine **Themenführung** gegen Gebühr in der Tourist-Info anmeldet.

Den gerade erwähnten Burgparkplatz sollte man übrigens mit dem WOMO wegen der teils engen Zufahrt nicht anfahren! Dafür darf man es aber auf gar keinen Fall versäumen, den Burgturm zu besteigen. Von dort bietet sich ein phänomenaler Rundblick ins nordhessische Bergland und in die Ebene der Schwalm, obwohl der klotzige Turm gar nichts mit der Burggeschichte zu tun hat. Dieser wird, wie bereits erwähnt im Haus der Geschichte nachgegangen.

Nachdem wir vom Burgberg hinabgestiegen sind, lassen wir die anheimelnde Atmosphäre der Altstadt noch etwas auf uns wirken und kehren im **Café Markt 13** bei selbsthergestellten Kuchen und Torten sowie kleinen warmen Mahlzeiten immer wieder gern ein *(Mo - Fr 18 Uhr; Sa/So/Feiertage 9 - 18 Uhr; Telefon 05681/8198456; www.cafemarkt13-homberg.de).*

Am Morgen starten wir auf der B323 Richtung Knüllwald und damit in die **Schwalm**, die zwischen dem Kellerwald im Westen, dem Knüll im Osten und dem Vogelsberg im Süden liegt und im Norden in das Borkener Becken übergeht. Der von den Flüssen Fulda, Eder und Schwalm durchzogene Landstrich wird liebevoll **Rotkäppchenland** genannt *(www.rotkaeppchenland.de).*

Schwälmer Trachtenpuppen

Na klar, da haben schon wieder die Brüder Grimm ihre Hand im Spiel, denn ein rotes Käppchen tragen hier die jungen Frauen und Mädchen, wenn sie zu besonderen Anlässen ihre imposante Schwälmer Tracht anlegen. Belegt ist das zwar nicht eindeutig, aber wir glauben gerne, dass sich die schreibenden Brüder in der Schwalm zu dem Märchen vom kleinen Mädchen und dem Wolf inspirieren ließen, zumal wir es gleich zweimal mit Meister Isegrim zu tun bekommen. Doch zunächst erreichen wir einen Kreisverkehr in Remsfeld, an dem sich die **Tourist-Information Knüllwald** befindet *(Mo - Mi 9 - 17 Uhr; Do - Fr 9 - 15.30 Uhr; Hauptstraße 34; Telefon 05681/930808; www.knuelltouristik.de).*

Links abbiegend kommen wir zum Knüllwalder Tagebau, der am Wochenende sein Gelände und den Fuhrpark für ein ganz besonderes Vergnügen öffnet *(Sa/So/Feiertage Apr. - Okt. 10 - 18 Uhr; Nov. - Mär. 10 - 16 Uhr; Tel. 0172/5690662; www.offroadpark-knuellwald.de).*

(125) Offizieller WOMO-Stellplatz: Knüllwald, Offroadpark - Böser Wolf

GPS: N 51°00'45.0" E 09°28'07.5", Hellwigwerke 4. **Max WOMOs:** 10.
Ausstattung: Sanitärgebäude, Strom, Wasser, Grillplatz.
Beschreibung: Der einfache, befestigte Wiesenplatz liegt auf dem Gelände unter Bäumen außerhalb der Ortschaft.
Preise: €€. **Zufahrt:** Am Kreisel in Remsfeld/ B323 den Hinweisen zum Offroadpark ca. 1 km folgen.

Wer schon immer gern Herr oder Frau über Radlader, Dumper oder Raupe sein wollte, eine rasante Jeep-Tour durch Schlammlöcher erleben oder gar einen Panzer fahren wollte, der ist hier genau richtig. Immer ist ein erfahrener Instrukteur dabei und nach getaner Arbeit kann am Lagerfeuer gefachsimpelt und der actionreiche Tag verarbeitet werden. Wir wissen jetzt jedenfalls, dass es gar nicht so einfach ist, mit einem 30-Tonnen-Kettenbagger Berge zu versetzen. Was das Ganze mit dem „Bösen Wolf“ zu tun hat, erschließt sich uns zwar nicht, aber das Kind musste wahrscheinlich einfach einen Namen haben.

Am vorgenannten Kreisel fahren wir Richtung Knüllwald/Remsfeld und streifen den Abzweig zum **Wildpark Knüll**, den wir bereits besucht haben und der uns mit richtigen Wölfen Bekanntschaft schließen ließ (vgl. Seite 201).

Durch das landschaftlich reizvolle und stark bewaldete **Knüllgebirge**, kurz Knüll genannt, erreichen wir bald **Wallenstein**. Der kleine Ort bietet nicht nur ein feines **Naturschwimmbad**, sondern unterhalb der im Dreißigjährigen Krieg zerstörten Burg einen hübsch gelegenen Campingplatz.

(126) WOMO-Campingplatz: Knüllwald, Campingplatz Wallenstein

GPS: N 50°57'00.7" E 09°29'35.8", Burgstraße.
Kontakt: Telefon 05686/395, www.campingplatz-wallenstein.de.
Öffnungszeit: Campingplatz Apr. - Sep., WOMO-Stellplatz ganzjährig.
Ausstattung: Nutzung des Schwimmbades für Gäste des Campingplatzes kostenfrei.

Beschreibung: Die teils schrägen und schattigen Wiesenplätze der Anlage liegen am Ortsrand. Idealer Ausgangspunkt zur Erkundung der Burg und zum Einstieg in Rad- und Wanderwege. Z. B. können auf dem 4,5 km langen Schlossbrunnenweg die nähere Umgebung erkundet und die alte Wasserversorgung der Burg entdeckt werden). Sehr empfehlenswert ist das dazugehörende **Café-Bistro-Restaurant Strandbad No. 1** *(Mo - Fr 14 - 22 Uhr; Sa/So/Feiertage ab 10 Uhr; während der Schwimmbadsaison 10 - 22 Uhr; Reservierung unter o. g. Telefonnummer ratsam).*
Vor dem Campingplatz befindet sich ein einfacher, asphaltierter Parkplatz, der als offizieller **WOMO-Stellplatz** mit V/E und Strom genutzt wird.
Preise: Campingplatz €€ - €€€, WOMO-Stellplatz €€.
Zufahrt: Im Ort den Hinweisen zum Campingplatz und dem WOMO-Piktogramm folgen.

Auch wenn man hier nicht für einen längeren Aufenthalt vor Anker geht, kann der vor dem Campingplatz liegende Parkplatz als Ausgangspunkt zu einer bei Naturfreunden als Geheimtipp geltenden Wanderung genutzt werden.

WOMO-Wandertipp: Lochbachpfad

Leichte Wanderung von etwa 8,5 Kilometern Länge mit einigen An- und Abstiegen auf Wald- und Forstwegen sowie Pfaden mit teils steigartigem Charakter.
Vom Campingplatz gehen wir in den Ort bis zur Knüllwaldstraße, halten uns links und folgen am Ortsausgang rechts der Straße Am Ebig und dem Hinweis zur Lochbachklamm. In einer Rechtskurve schwenken wir links auf den durchgängig mit einem roten L auf weißem Grund gut markierten Lochbachpfad.
Durch ein kleines Wiesental erreichen wir aufwärts die Lochbachklamm. Das tief eingeschnittene Bachbett zeigt großflächig sichtbare und ausgewaschene Gesteinswände aus Buntsandstein. Über 150 Höhenmeter überwindet der Waldbach, wäscht die weicheren Gesteinsschichten aus und gräbt sich durch das starke Gefälle weiter in den Boden. Sturzquellen ergießen sich über die Felsen und unter dem Blätterdach breitet sich eine Farnlandschaft aus. Über zahlreiche Holzbrücken queren wir den Bach mehrmals und bemerken in der wildromantischen Umgebung kaum, dass der Weg auf einem von Wurzeln und Steinen bestückten Pfad recht steil nach oben führt.
Obwohl wir den eigentlichen Höhepunkt der Wanderung bereits hin-

ter uns haben, erfreuen wir uns an den Magerwiesen mit ihrer vielfältigen Flora, nachdem wir das freie Feld bei Hülsa erreicht haben, und genießen später den herrlichen Ausblick auf das Knüllköpfchen und den Eisenberg. Über den weiterhin gut beschilderten Weg gelangen wir an eine Schutzhütte, von der wir über das Rinnetal bis zum Kellerwald blicken können. Immer durch den Wald gehend passieren wir eine weitere Schutzhütte und marschieren über das Ebigköpfchen zurück nach Wallenstein und weiter bis zum Campingplatz.

Nach diesem erfreulichen Marsch durch die Stille der Natur geht es nun weiter nach Schwarzenborn und zum Knüllköpfchen, das wir von unserer Wanderung auf dem Lochbachpfad bereits von Weitem gesehen haben.

(127) WOMO-Wanderparkplatz: Richberg, Knüllköpfchen

GPS: N 50°54'57.7" E 09°25'16.5". **Max. WOMOs:** 2 - 3.
Ausstattung: Infotafel.
Beschreibung: Der einfache, geschotterte, schattenlose, teils schräge Parkplatz befindet sich außerhalb des Ortes in der Nähe einer Gaststätte. Hier beginnen Rad- und Wanderwege.
Zufahrt: Den Hinweisen zum Knüllköpfchen folgen.

Lange galt das 634 Meter hohe **Knüllköpfchen** oberhalb Hessens kleinster Stadt Schwarzenborn als höchste Erhebung des Knüllgebirges, doch der weiter südlich liegende Eisenberg machte ihm dieses Attribut um schlappe zwei Meter streitig. Sei's drum! Die **Aussicht vom Knüllturm** ist fantastisch und das Wandern in einer Landschaft mit vulkanischem Ursprung ist von hier wieder sehr erfreulich.
Die Landstraße führt nun direkt in den Luftkurort Neukirchen mit einem überregional bekannten und beliebten Stellplatz.

Aussicht vom Knüllköpfchen

(128) Offizieller WOMO-Stellplatz: Neukirchen, Reisemobilpark Urbachtal

GPS: N 50°52'18.5" E 09°20'58.0", Urbachweg 1. **Max. WOMOs:** 47.
Kontakt: Telefon 06694/5155933 oder 015121429338, www.reisemobilpark-urbachtal.de.
Öffnungszeit: Ganzjährig.
Ausstattung: V/E, Strom, Sanitärgebäude mit behindertengerechten WC, Waschmaschine, Wäschetrockner, Grillstation, Brötchenservice, Gasflaschentausch, Mietwagen. Empfehlenswerte **Jausenstation Schwälmer Stubb** direkt am Platz *(Do - So 18 - 22 Uhr)*.
Beschreibung: Der überwiegend ebene, teils schattige und gepflegte Platz befindet sich auf Schotterrasen am Ortsrand und ist von Wiesen und Wäldern umgeben. Ein idealer Ausgangspunkt für Rad- und besonders für Wandertouren. Im etwa 300 m entfernten Ortszentrum befinden sich Supermärkte, Bäckereien, Restaurants und weitere Geschäfte. Am Marktplatz wird im denkmalgeschützten **Märchenhaus** aus dem 16. Jahrhundert die Welt der Brüder Grimm lebendig *(Mo - Fr 10 - 12 Uhr u.14.30 - 16.30 Uhr; Mittwochnachmittag geschlossen; Eintritt)*.
Preise: €€€.
Zufahrt: Im Ort den WOMO-Piktogrammen folgen.
Hinweis: Der Platz bietet sich für Clubtreffen o. Ä. an und wird auch häufig dafür genutzt.

Über die B454 gelangen wir nach **Schwalmstadt** und zunächst in den Ortsteil Trutzhain. Im weiteren Verlauf der Bundesstraße erreichen wir später Ziegenhain und Treysa, die zusammen mit den umliegenden Dörfern seit gut 50 Jahren die nach dem Fluss Schwalm benannte Stadt bilden.
Somit gibt es zwei Stadtkerne, die rund vier Kilometer auseinanderliegen und erfreulicherweise auch zwei WOMO-Stellplätze. Die **V/E-Station** für beide Plätze befindet sich ausgeschildert dazwischen, ist freizugänglich und über die B454 gut zu erreichen [N 50°55'15.6" E 09°13'35.9", An der Feuerwache]. Für einen Kurzbesuch in Ziegenhain verweisen wir auf den Parkplatz, den wir erreichen, wenn wir auf der B254 die Zufahrt zum folgenden Stellplatz passieren und bei der nächsten Möglichkeit Richtung „Wasserfestung" der Straße folgen [N 50°54'41.8" E 09°14'24.5", Landgraf-Philipp-Straße].

(129) Offizieller WOMO-Stellplatz: Ziegenhain, Sportanlagen

GPS: N 50°55'02.0" E 09°14'43.6", Fünftenweg 28. **Max. WOMOs:** 10.
Ausstattung: Infotafel.
Beschreibung: Der einfache, asphaltierte, teils schattige Parkplatz liegt gegenüber dem Freibad und neben den Sportanlagen am Ortsrand. Das Zentrum ist etwa 1 km entfernt. Nachts ist es ruhig und der Grünstreifen hinter

dem WOMO ist bedingt klappstuhlgeeignet.
Zufahrt: In Ziegenhain von der B454 Richtung Treysa dem WOMO-Piktogramm folgen.
Hinweis: In der Nähe befindet sich ein Busparkplatz und bei unserem letzten Besuch liefen morgens die Motoren warm.

(130) Offizieller WOMO-Stellplatz: Treysa, Stadion

GPS: N 50°54'52.8" E 09°11'33.4", Zwalmstraße 5. **Max. WOMOs:** 5.
Ausstattung: Infotafel.

Beschreibung: Einfacher, geschotterter, teils schattiger Parkplatz direkt an der Schwalm nahe der Straße am Ortsrand. Das hübsche kleine Zentrum mit Gaststätten und Bäckerei ist etwa 500 m entfernt.
Zufahrt: Von der B454 kommend in Treysa hinter der Eisenbahnbrücke dem WOMO-Piktogramm folgen. An der abknickenden Vorfahrtsstraße geradeaus und direkt hinter der Schwalm rechts fahren .
Hinweis: Durch die nahe Bahnstrecke kann es gegebenenfalls auch nachts zu Geräuschbelästigungen kommen.

Schwalmstadt

Beginnen wir die Erkundung von **Ziegenhain**, das sich auch gern als **Konfirmationsstadt** bezeichnet. Vom hessischen Landgrafen Philipp I. wissen wir bereits, dass er einer der politischen Anführer der Reformationsbewegung war. Bis heute wird die Konfirmation der evangelischen Gläubigen weltweit so gefeiert, wie es in der nordhessischen „Ziegenhainer Kirchenzuchtordnung“ im Jahr 1539 erstmals geregelt wurde.
Am **Paradeplatz** befindet sich die Neue Wache, ein spätbarocker Putzbau von 1769 und einst Unterstand für Wachsoldaten, in der die **Tourist-Information** beheimatet ist *(Mo - Fr 10 - 13 Uhr u. 14 - 17 Uhr; der Eingangsbereich mit vielen Info-Flyern ist täglich von 8 - 22 Uhr geöffnet; Paradeplatz 7; Telefon 06691/207400; www.schwalm-touristik.de)*.
Der Platz ist das Zentrum der ursprünglichen **Wasserfestung**, die Landgraf Philipp I. 1537 bis 1548 erbaute und die damals als größte hessische Befestigungsanlage und als uneinnehmbar galt. Durch ihre Lage in der feuchten Schwalm bot sie einen natürlichen Schutz gegen Angriffe und es entstand die Redewendung „So fest wie Ziegenhain“. Die Mauern und Wälle wurden abgetragen und heute sind nur noch Teile des inneren Wassergrabens erhalten. Rund um den Paradeplatz gruppieren sich Gebäude des ehemaligen Schlosses, die seit 1842 als Strafanstalt, heute JVA, genutzt werden und die Stadtkirche von 1665 - 67 mit einer Orgel von 1769 - 71.
Im sogenannten Steinernen Haus, das für einen Festungskommandanten gebaut wurde und bei dem es sich um eine Dreiflügelanlage mit Treppenturm und einem Obergeschoss aus Fachwerk handelt, befindet sich das **Museum der Schwalm** *(Di - So/Feiertage 14 - 17 Uhr; Eintritt; www.museumderschwalm.de)*. In der stadtgeschichtlichen Abteilung ist ein Modell der Wasserfestung nebst allerlei Ausrüstungsgegenständen der Festungsbesatzung und Festungsbewohner zu sehen. Heimatbezogene Malerei wird genauso vorgestellt, wie eine rekonstruierte Töpferwerkstatt oder die nachgestellte Schusterwerkstatt mit Werkzeugen und Schwälmer Schuhen. Die Schritte der Flachsverarbeitung sind dargestellt und die bäuerliche Wohnkultur der Schwalm um 1900 vermitteln Küche und Schlafstube. Weiterhin sind kunstvolle Weißstickerei-

en vom 18. bis 20. Jahrhundert zu besichtigen. Besonders umfassend wird auf die Schwälmer Tracht eingegangen, die eine der prachtvollsten überlieferten Volkstrachten überhaupt darstellt und weit über die Landesgrenzen hinaus bekannt ist. Zahlreiche Trachtenpuppen präsentieren die je nach Anlass und Lebensalter getragene Bekleidung. Unbedingt sehenswert!
Ein Stückchen weiter bewundern wir eines der schönsten Fachwerkhäuser Deutschlands, das um 1620 erbaut wurde, und finden dort sehr zu unserer Freude das **Restaurant Rosengarten**. Die Küche ist bodenständig und wenn man schon mal hier ist, sollten unbedingt die Schwälmer „Dicke Klöß“ probiert werden *(Mo - Sa ab 17.30 - 22 Uhr; Di - Sa 11.30 - 14 Uhr; So 11.30 - 14.30 Uhr; Muhlystraße; Telefon 06691/947030; www.rosengarten-schwalmstadt.com)*.
Im Ortsteil **Trutzhain** richten wir uns nach den Hinweisen zur Gedenkstätte und stellen das WOMO auf einem an der Straße liegenden Parkplatz nahe von **Gedenkstätte und Museum Trutzhain** ab [N 50°54'03.7" E 09°16'14.8", Abbé-Pierre-Dentin-Straße]. Wir befinden uns in der jüngsten hessischen Gemeinde, deren Gründung im Jahr 1951 eine bewegende Geschichte voranging. Auf dem Gelände befand sich von 1939 bis 1945 das größte Kriegsgefangenenlager Hessens, dessen symmetrische Form der ehemaligen Barackenanlagen noch heute gut zu erkennen ist und die unter Denkmalschutz steht. In der ehemaligen Wachbaracke ist das Museum untergebracht, das sich der Geschichte des Lagers widmet. In der authentischen Umgebung lassen sich die unmenschlichen Bedingungen der Kriegsgefangenen, zu denen auch der spätere französische Staatspräsident Mitterand gehörte, mittels originaler Bild- und Sachzeugnisse nachvollziehen. Zum STALAG IX A (Stammlager) gehörten zwei getrennt angelegte Friedhöfe. Der heutige Gemeindefriedhof diente als Bestattungsort der westalliierten und polnischen Gefangenen, während auf dem weit abgelegenen Waldfriedhof sowjetische, serbische und italienische Tote anonym und teils in Massengräbern verscharrt wurden. Nach 1945 wurden zunächst Kriegsgefangene der Wehrmacht, SA- und SS-Angehörige sowie NSDAP-Mitglieder interniert, später diente das Lager als Durchgangsstation für osteuropäische Juden auf dem Weg in ihre neue

Museum der Schwalm am Paradeplatz

Heimat nach Übersee. Ab 1948 fanden Flüchtlinge und Vertriebene der ehemaligen Ostgebiete und dem Sudetenland dort eine Unterkunft. In der Folge entwickelte sich binnen kurzer Zeit eine „Flüchtlingssiedlung" mit einem florierenden Handwerks-, Gewerbe- und Industriestandort, der zur Gründung der selbstständigen Gemeinde führte *(Di - Do 9 - 13 Uhr u. 14 - 16 Uhr; Fr 9 - 13 Uhr; 2. u. 4. So im Monat 14 - 17 Uhr; www.gedenkstaette-trutzhain.de)*.

Blick auf die Lagerstraße im Jahr 1942

In **Treysa** arbeiten wir uns vom Stellplatz hinauf zum **Marktplatz** vor, an dem der Marktbrunnen mit dem sogenannten **Johannismännchen** den Mittelpunkt bildet. Die Brunnenfigur von 1683 ist ähnlich der Rolandfigur anderer Städte, die als Symbol für das ehemalige Marktrecht der Stadt fungiert. Zum wunderbaren Fachwerkensemble drumherum gehört auch das Rathaus, das während des Dreißigjährigen Krieges einem Brand zum Opfer fiel, sodass nur noch die aus Bruchstein gemauerte Südwand existiert. Die imposante Ruine der ehemaligen Stadtkirche, wegen ihrer späteren Nutzung für Beerdigungen **Totenkirche** genannt, stammt aus dem 12./13. Jahrhundert und wirkt im weichen Abendlicht fast mystisch (Foto unten). Der sogenannte Buttermilchturm dient heute noch als Glockenturm. Laut einer Sage erhielt er seinen Namen, als er während einer Belagerung mit Buttermilch bestrichen wurde, um dem Feind zu beweisen, dass es in der Stadt noch genügend Vorräte gäbe. Wir verlassen die Anlage abwärts und gelangen über den Mauerweg zur Steingasse, in der besonders das Fachwerkhaus Nr. 29 sehenswert ist. Weitergehend erreichen wir das erstmals 1367 erwähnte ehemalige **Hospital** mit hübschen Wandmalereien und stoßen wenig später auf den **Hexenturm**, der von der unteren Stadtbefestigung fast vollständig erhalten geblieben ist. Schaurig ist der Blick in das Angstloch, das in der Mitte des Turms liegt und durch das Delinquenten in das Verlies befördert wurden.

Tour 6
Ziegenhain
Treysa
254
454
7
Zella
131
WC
Schwalm
Breiten-
bach
N
136
Burg Herzberg
Willingshausen
S
132
254
133
Hattendorf
5
62
134
Neudorf
Eifa
Alsfeld
135
E
5 km
62
254
137
Romrod
Schwalm
Lauterbach
5
49
275
Meiches
Tour 8
Dirlammen
Ermenrod
144
Helpers-
hain
Hörgenau
145
Stum-
pertenrod
S
E
WC
Herbstein
Ruppertenrod
143
E
Ulrichstein
Flensungen
Naturpark
276
138
49
Hoher
142
Grünberg
Freienseen
763 m
W
Hohherodskopf
139
C
S
275
276
S
Nidda
Vogelsberg
Laubach
Schotten
140
Rainrod
141
455
Gedern
275
Nidda
Nidda
TOUR 7

Tour 7 200 km

Zella – Alsfeld – Breitenbach – Freienseen – Laubach Schotten – Hoherodskopf – Ulrichstein – Herbstein

Stellplätze:	Zella, Willingshausen, Hattendorf, Eudorf, Alsfeld, Breitenbach, Romrod, Freienseen, Laubach, Rainrod, Hoherodskopf, Ulrichstein, Meiches, Herbstein.
Campingplätze:	Laubach Caravanpark, Schotten Camping am Niddastausee.
Besichtigen:	Willingshausen Malerstübchen; Alsfeld, Märchenhaus, Regionalmuseum; Breitenbach Burg Herzberg; Romrod Schlossmuseum; Laubach Schloss mit Museum, Puppenstubenmuseum, Museum Fridericianum; Schotten, Vulkaneum, Vogelsberger Heimatmuseum, Informationszentrum Hoherodskopf; Ulrichstein Museum im Vorwerk, Vogelsberggarten; Herbstein, Fastnachts- und Statt Museum.
Wandern:	Rainrod, Hoherodskopf, Ulrichstein, Herbstein.
Radfahren:	Schotten, Niddaroute, Herbstein Vulkanradweg.
Baden:	Schotten, Rainrod, Ulrichstein, Herbstein.
Essen:	Alsfeld Mainzer Tor, Breitenbach Burgschänke Ulrichstein Landgasthof Groh.

Wenn man sich schon in dieser Gegend aufhält, sollten weitere Erkundungstouren in die Schwalm, in der altes Brauchtum und die Liebe zur Tracht lebendig gehalten werden, nicht fehlen. Auf regionalen und überregionalen **Rad- sowie Wanderwegen** entlang unserer Stellplätze lässt sich der Landstrich bestens erleben. Bei der alljährlich in den hessi-

Tanzvorführung während der Rotkäppchenwoche

schen Sommerferien an verschiedenen Orten stattfindenden **Rotkäppchenwoche** fängt eine „märchenhafte“ Zeit an, wenn Erzähler, Puppenspieler, Tänzer und Musiker die Fantasie von Kindern und Erwachsenen anregen. Wir haben beispielsweise im Schlosspark von **Loshausen** einen anregenden Nachmittag mit der Tanz- und Trachtengruppe verbracht und uns mit selbst gebackenem Kuchen der Landfrauen verwöhnen lassen *(www.rotkaeppchenland.de)*.
Loshausen ist von Schwalmstadt über die B254 Richtung Alsfeld genauso gut zu erreichen wie der Nachbarort **Zella**.

(131) Offizieller WOMO-Stellplatz: Zella, Landgasthof Bechtel

GPS: N 50°52'34.5" E 09°15'25.4", Vor der Brücke 4. **Max. WOMOs:** 4.

Kontakt: Telefon 06691/94650, www.hotel-bechtel.de.
Ausstattung: Strom, Wasser, Dusche und WC im Hotel zu nutzen.
Beschreibung: Der einfache, geschotterte, meist sonnige Parkplatz liegt am Ortsrand an den Feldern hinter dem Hotelgebäude. Das Essen im **Restaurant** ist gut und im Eingangsbereich lohnt es sich, einen Blick in den Spezialitäten-Kühlschrank zu werfen.
Preise: €€, Einkehr erwünscht.
Zufahrt: Von der B254 Richtung Willingshausen/Loshausen abbiegen und dem WOMO-Piktogramm folgen.

In den Schwälmer Bäckereien und manchmal auch in den Metzgereien wird meist am Mittwoch eine leckere Schwälmer Spezialität angeboten. Der **Schwälmer Kartoffelplatz oder Kartoffelbloatz** wird aus Kartoffeln und Brotteig hergestellt und mit Porree und/oder Speck sowie Schmand bestrichen. Anstelle der Kartoffel können für den Reibekuchen auch Äpfel oder Zwiebeln verwendet werden.
Um die angefutterten Kalorien wieder loszuwerden, kann zum Beispiel von obigem Stellplatz eine Radtour auf den ruhigen Nebenstraßen nach **Willingshausen** hilfreich sein oder man bemüht das WOMO und verspeist die gehaltvolle Mahlzeit vor Ort.

(132) WOMO-Stellplatz: Willingshausen, Sportplatz

GPS: N 50°50'46.1" E 09°11'43.6".
Max. WOMOs: 2 - 3.
Ausstattung: Müllbehälter.
Beschreibung: Der einfache, geschotterte, teils schattige Parkplatz liegt außerhalb des Ortes an den Wiesen und am Waldrand.
Zufahrt: Im Ort Richtung Alsfeld fahren und kurz hinter der Brücke über den kleinen Bach Antreff rechts dem Hinweis zum Sportplatz folgen.

Der Ort ist als eine der ältesten Malerkolonien Europas bekannt, seitdem sich die Künstler Gerhardt von Reutern und Ludwig Emil Grimm 1830 hier niederließen und weitere Maler der deutschen Kunstszene folgten, um in der ländlichen Umgebung Motive für ihre Bilder zu finden. Mitten im Herzen des Schwälmer Dorfes liegt das **Malerstübchen**, das ein Stück Kunstgeschichte des 19. und 20. Jahrhunderts widerspiegelt. Die Ausstellung zeigt Werke der Willingshäuser Künstler genauso wie die Handwerkskunst der Schwälmer Weißstickerei und der Strickerei. In der neuen Kunsthalle finden ständige Wechselausstellungen statt, denn bis heute zieht es Künstler in den idyllischen Ort. Weiterhin werden Hobbymalkurse angeboten und im liebevoll hergerichteten Hirtenhaus sind die Stipendiaten der Malerkolonie untergebracht (*Di - So 10 - 12 Uhr u. 14 - 17 Uhr; Eintritt; www.malerkolonie.de*).

In der Schwalm - Blick zur Kapelle Schönberg in Röllshausen

Die B254 bringt uns weiter Richtung Alsfeld und in **Hattendorf** zu einem unserer Lieblingsplätze

(133) WOMO-Campingplatz: Hattendorf, Naturcamping Berfhof

GPS: N 50°47'50.0" E 09°17'40.3", Berfhof 2.
Kontakt: Telefon 06639/919030, www.berfhof.de.
Öffnungszeit: Mitte Apr. - Mitte Okt.
Ausstattung: Strom, Wasser, Dusche und Waschraum, WC, Grillplatz. Keine Entsorgung!
Beschreibung: Die einfache, sonnige Wiese hinter dem alten, gepflegten Viertseithof aus dem 18. Jh. ist etwas für Naturliebhaber, die Stille und Ruhe genießen möchten. Die Lage außerhalb des Ortes direkt an den Feldern

und die freundlichen Betreiber begeistern uns bei jedem unserer Besuche. Kinder dürften bestimmt an den Tieren von Eseln, über Ziegen, Hühnern und Laufenten bis zum Hund oder den Katzen ihre Freude haben. Von hier wandert oder radelt man einfach los und wer Sehnsucht nach der Stadt hat, der besteigt an der nahen Haltestelle den Bus nach Alsfeld.
Preise: €.
Zufahrt: Von der B254 Richtung Alsfeld nach Hattendorf abbiegen und dem Hinweis zum Berfhof folgen.

Auf dem weiteren Weg nach Alsfeld vermerken wir in **Eudorf** einen weiteren offiziellen **WOMO-Stellplatz am Gasthaus Schäferhof** [**134:** N 50°46'04.0" E 09°17'30.0", Ziegenhainer Straße 30; Telefon 06631/96600; www.hotel-zum-schaeferhof.de; Preis €; Strom; Einkehr erwünscht].
Von hier ist es nur noch einen Katzensprung in das zwischen Schwalm und Vogelsberg gelegene oberhessische **Alsfeld**, in dem wir uns zunächst auf den immer gut frequentierten Stellplatz leiten lassen.

(135) Offizieller WOMO-Stellplatz: Alsfeld, Erlenstadion

GPS: N 50°44'53.5" E 09°16'43.0", Fuldaer Tor. **Max. WOMOs:** 45.
Ausstattung: V/E, Strom, Tische und Bänke, WLAN, Infotafel.
Beschreibung: Der einfache, gepflasterte, meist sonnige Parkplatz befindet sich am Ortsrand und liegt etwa 300 m vom Zentrum mit Restaurants, Cafés, Einkaufsmöglichkeiten sowie von Frei- und Hallenbad. entfernt. Der Platz wird täglich von Bäckereien mit Backwaren beliefert. Durch die umlaufenden Rasenflächen ist der Platz durchaus klappstuhlgeeignet.
Preise: €.
Zufahrt: Bei Erreichen der B62 Richtung Alsfeld fahren und dann dem WOMO-Piktogramm folgen.
Hinweis: Gegebenenfalls Geräuschbelästigung durch die nahe Autobahn.

Alsfeld

Leicht bergauf gelangen wir mitten in das im Jahr 1069 erstmals als Adelsfelt urkundlich erwähnte Fachwerkjuwel. Durch die günstige Lage an der Handelsstraße zwischen Frankfurt nach Leipzig entwickelten sich rasch Handel und Zünfte und bereits 1222 bis 31 erhält Alsfeld Stadt- und Marktrechte. Nicht nur der wirtschaftlichen Blüte des 16. Jahrhunderts verdankt die Stadt über 400 erhaltene wunderschöne Fachwerkbauten, sondern auch dem bereits 1878 einsetzenden Sinn nach Denkmalschutz. Unseren Rundgang durch enge, verwinkelte Gassen, vorbei an idyllischen Plätzchen und einer beeindruckenden Fachwerkkulisse aus dem 15. und 16. Jahrhundert beginnen wir am

Marktplatz. Gleich neben der mächtigen **Walpurgiskirche** aus dem 13. Jahrhundert steht eines der **bedeutendsten deutschen Fachwerk-Rathäuser**. Das Schmuckstück wurde 1512 bis 1526 als früher Rähmbau mit starken Hölzern auf einen steinernen spätgotischen Unterbau gesetzt, der einst als Markthalle fungierte. Unter dem mit Türmchen gekrönten Dach residieren Bürgermeister sowie Magistrat und neben den senkrechten und horizontalen fallen konvex gebogene Holzstreben auf, die kunstgeschichtlich als „Alsfelder Streben" bekannt sind. Über Eck ist das älteste Fachwerkhaus der Stadt zu finden, dessen früheste Teile aus dem Jahr 1350/51 stammen und auf dessen Rückseite der Schwälmer Brunnen an die Verbundenheit mit dem Trachtengebiet der Schwalm erinnert.

Die **Tourist-Information** ist in dem mit einem steilen Treppengiebel verzierten **Weinhaus** aus dem Jahr 1538 zu finden *(Mo - Fr 9.30 - 15.30 Uhr; Sa 10 - 13 Uhr; Markt 3; Telefon 06631/182165; www.alsfeld.de)*. Um der gesamten Schönheit Alsfelds auf den Grund zu gehen, bieten sich eine **offene Stadtführung** *(Sa 11 Uhr; Mai/Okt. zusätzlich 14 Uhr; Treffpunkt Rathaus; Gebühr)* oder eine der anderen ideenreichen Stadtführungen an, die teilweise kindgerecht aufbereitet sind. Alternativ ist der **Audiowalk** zu nennen, dessen beschreibenden Dateien der Sehenswürdigkeiten bereits im Vorfeld auf der Homepage der Stadt heruntergeladen werden können.

Schräg gegenüber befindet sich an der Ecke zur Mainzer Gasse das **Hochzeitshaus**, das als eines der wenigen Steinhäuser 1564 bis 1571 prunkvoll die Renaissance dokumentiert, während auf der anderen Straßenseite das **Stumpf-Haus** aus dem Jahr 1609 als frühestes Fachwerkhaus mit Schnitzwerk gilt. Es zeigt den hölzernen Bäckermeister Stumpf in zeitgenössischer Tracht, der immer noch einen wachsamen Blick auf das Rathaus hat und sich durch die geschnitzten nackten Göttinnen wohl seiner Fruchtbarkeit sicher sein wollte. In der hinter dem Stumpf-Haus liegenden Rittergasse fallen sofort die mächtigen Patrizierhäuser der Familien Minnigerode und Neurath aus den Jahren 1687 und 1688 auf. Einschließlich der rückliegenden Höfe und Scheune residiert hier das **Stadtmuseum**. Beherrscht wird das Gebäude von einer Wendeltreppe aus der Bauzeit des Hauses, deren gewundene Spindel aus einem einzigen Eichenstamm gefertigt wurde und die sich 8,12 Meter hoch über zwei Geschosse erstreckt. In der stadtgeschicht-

Marktplatz und Rathaus

lichen Sammlung mit kunstvoll geschmiedeten Zunftschildern des alten Alsfelder Handwerks und Exponaten aus der Vor- und Frühgeschichte sowie Schwälmer und Katzenberger Trachten betrachten wir Gegenstände der Wohnkultur. Außergewöhnliche Ausstellungsobjekte sind der Thora-Schrein aus der 1938 niedergebrannten Synagoge, die zwölf Meter lange kostbare Alsfelder Tapete von 1814, die Weste des letzten Präsidenten der Deutschen Nationalversammlung von 1848/49 oder ein spätgotisches Messbuch von 1501 aus dem Alsfelder Augustinerkloster. Wechselnde Ausstellungen runden das Bild ab *(im Jahr 2020 wegen Sanierungsarbeiten geschlossen; www.stadtmuseum-alsfeld.de).*
Nur einige Schritte weiter können wir uns im **Märchenhaus** in die Welt der Märchen entführen lassen. Kleine, aber auch große Besucher sind begeistert, wenn sie vor Puppenstuben aus zwei Jahrhunderten stehen oder im Erzählraum den mystischen Geschichten der Märchenerzählerin lauschen können *(Sa 10.30 - 12.30 Uhr; Sa/So 14 - 17 Uhr; hess. Sommerferien/Feiertage/Weihnachtsmarkt täglich 15 - 17 Uhr; Märchenerzählung jede volle Stunde; Eintritt; www.märchenhaus.com).*
Zurück am Marktplatz sollte man sich unbedingt den Besuch bei **Carl Ramspeck** gönnen! Das Geschenkelädchen hat Kultstatus und man findet im urigen Drumherum immer irgendetwas, das man entweder gar nicht wollte oder in anderen Geschäften vergeblich suchte. Danach wird das Geschenk liebevoll verpackt und der eine oder andere verlässt das Geschäft mit glückseligem Lächeln.
Manchmal erscheint uns das Pflastertreten bei unseren Stadtbesuchen etwas mühsam, in Alsfeld wird es jedoch richtig versüßt: Das **Alsfelder Kopfsteinpflaster** ist eine köstliche Komposition aus Florentiner, Karamellsoße und Trüffelfüllung, das beispielsweise im Marktcafé angeboten wird. Im Gegensatz zur nordhessischen „Ahlen Wurscht“ begegnen wir sowohl in Alsfeld als auch im gesamten Vogelsberg der **Kartoffelwurst**. Eine oberhessische Spezialität, die aus Schweinefleisch, kräftigen Gewürzen und zu 30 Prozent aus Kartoffeln besteht. Früher galt sie als „Arme-Leute-Essen“, denn das teure Fleisch wurde mit günstigen Kartoffeln gestreckt. Wenn man sie nicht in den Fleischereien kaufen möchte, kann man sie neben anderen regionalen Gerichten in der **Gaststätte Mainzer Tor** kosten *(Mi/Do 11 - 21.30 Uhr; Fr/Sa 10 - 23.30 Uhr; So 10 - 14.30 Uhr; Mainzer Tor 15; Telefon 06631/2809; www.mainzertor.de).* Alsfeld bietet also einen historischen, kulinarischen und zudem WOMO-freundlichen Rahmen, der den Aufenthalt am

Minigerode - und Neurath-Haus

Ufer der Schwalm angenehm macht. Außerdem locken zahlreiche Veranstaltungen, von denen nur der bezaubernde **Weihnachtsmarkt** im Dezember und der an jedem dritten Samstag stattfindende Spezialitätenmarkt genannt werden sollen.

Wie bereits erwähnt lag das mittelalterliche Alsfeld an einer der wichtigsten Handels- und Heerstraßen zwischen Frankfurt und Sachsen, die wegen ihrer kürzesten Verbindung durch Hessen „Durch die kurzen Hessen" genannt wurde. Um den Schutz der Reisenden zu gewährleisten, wurde im 13. Jahrhundert auf dem 508 Meter hohen Herzberg eine mächtige Burg errichtet. Über die heutige B62 Richtung Bad Hersfeld nähern wir uns nach etwa zwölf Kilometern **Hessens größter Höhenburg** und folgen am Hof Huhnstadt dem Hinweis zur Burg Herzberg. Über das Jahr verteilt finden hier verschiedene Veranstaltungen wie der Frühlings- oder Weihnachtsmarkt sowie Ritterspiele statt. Seit 1968 zieht es außerdem die weltweite Hippie-Szene zum international bekannten **Burg-Herzberg-Festival**, sodass es dann mit Parkmöglichkeiten und auch mit einem Burgbesuch schwierig werden könnte *(www.burgherzberg-festival.de).*

(136) Offizieller WOMO-Stellplatz:
Breitenbach, Burg Herzberg

GPS: N 50°46'07.4" E 09°27'38.6", Zum Herzberg. **Max. WOMOs:** 10.
Ausstattung: Wasser auf Nachfrage, WC während der Öffnungszeiten der Burg.
Beschreibung: Der einfache, teils schattige und unebene Wiesenplatz liegt an der Burg außerhalb der Ortschaft.
Preise: €€.

Zufahrt: Von der B62 über eine teils enge und holprige Straße ca. 2 km den Hinweisen zur Burg folgen.
Hinweis: Bitte vor der Übernachtung nach der Genehmigung in der **Burgschänke** nachfragen *(Mi geschlossen, Telefon 06675/918880, www.herzbergschaenke.de).*

Burg Herzberg

Im südöstlichen Teil Nordhessens gelegen, gelangte die Burg Herzberg im 15. Jahrhundert durch ein Lehen an die Familie von Dörnberg und ist noch heute in deren Besitz. Unter Hans von Dörnberg und dem Festungsbaumeister von Ettlingen wurde die Burg zur fast uneinnehmbaren Festung ausgebaut, sodass selbst ein Teil des Reichsschatzes dort als sicher galt. Noch heute zeugen die mächtigen Burgtürme von der Unbezwingbarkeit der Anlage, die im Dreißigjährigen Krieg als Zufluchtsstätte der Bevölkerung diente, im 18. Jahrhundert verfiel und im

19. Jahrhundert wiederaufgebaut wurde. Heute können wir uns zwischen dem bewohnbaren östlichen Eckturm mit Fachwerkobergeschoss, dem Gerichtsturm mit Verlies, dem südwestlichen Turm mit Rittersaal und der frühgotischen Burgkapelle frei bewegen. In der Kapelle erzählen Grabplatten und Wappen von der Familiengeschichte. Dazu gehört auch, dass die Dörnbergs das Amt des Erbküchenmeisters am Landgrafenhof innehatten. Apropos Küchenmeister: In der **Burgschänke** stärken wir uns zünftig, nachdem wir eine grandiose Aussicht vom höchsten Punkt der Burg genossen haben. Bei gutem Wetter reicht der Rundblick über den Vogelsberg, die Schwalm und die Rhön bis zum Thüringer Wald, den Taunus und gar bis ins Sauerland *(Do - Di 11 Uhr bis zum Einbruch der Dämmerung, Eintritt, www.burg-herzberg.de).*

Unsere Reise führt zurück Richtung Alsfeld und um uns die Stadtdurchquerung zu ersparen, fahren wir für eine kurze Strecke auf die A5 Richtung Frankfurt. An der nächsten Ausfahrt Alsfeld/West verlassen wir die Autobahn bereits wieder und schlagen die B49 Richtung Gießen/Romrod ein. In waldreicher Umgebung liegt am Fuße des nördlichen Vogelsbergs das kleine Städtchen **Romrod**, das ebenfalls an der Heerstraße „Durch die kurzen Hessen“ entstand.

(137) WOMO-Stellplatz: Romrod, Schloss

GPS: N 50°42'45.3" E 09°13'16.9", Lauterbacher Weg. **Max. WOMOs:** 1-2.
Ausstattung: Müllbehälter.

Beschreibung: Der einfache, schattenlose Schotterparkplatz liegt am Ortsrand in der Nähe von Häusern und Gaststätten.
Zum Kennenlernen der Gegend um Alsfeld bietet sich zum Beispiel ein Fahrradtour an. Besonders sportlich ambitionierte Radler werden sich von der **MTB-Marathon-Schleife** angesprochen fühlen, die durch Romrod führt. Sie besteht aus einer Ost- und einer Westschleife (61 u. 81 km lang), die auf kurzen Abschnitten auch mit Trekkingrädern befahren werden können (Infos unter www.alsfeld.de).
Zufahrt: Im Ort links dem Hinweis zum Schlossparkplatz ca. 250 m folgen.

Während Ausgrabungen auf eine mögliche Entstehung der Burg im 11. Jahrhundert und einen Ausbau zur Wasserburg im 12. Jahrhundert hinweisen, ist sicher, dass sie sich zu Anfang des 14. Jahrhunderts im Besitz der Landgrafen von Hessen befand. Im 16. Jahrhundert wurde **Schloss Romrod** zum

schmucken Jagdschloss umgebaut, in dem sich die damalige Hautevolee traf. Heute befinden sich hier die DenkmalAkademie der Deutschen Stiftung Denkmalschutz und ein Hotel-Restaurant. Ein kleiner Spaziergang entlang der wuchtigen Mauern und durch den hübschen **Schlosspark** führt zum unweit gelegenen **Schlossmuseum** in der Kulturscheune an der Alsfelder Straße. Im Museum werden die Funde der archäologischen Grabungen, die Geschichte des Ortes und seine historischen Persönlichkeiten präsentiert *(Fr 10 - 12 Uhr; Sa 15 - 17 Uhr; So 14 - 16 Uhr; Eintritt; www.romrod.de)*.

Bevor wir der B49 weiter folgen, statten wir der **Metzgerei Becker** einen Besuch ab, um uns mit der bereits erwähnten Kartoffelwurst und anderen hausgemachten Wurstspezialitäten einzudecken *(Mo - Sa 6.30 - 13 Uhr; Fr 6.30 - 18 Uhr; Telefon 06636/537; www.meistermetzger-romrod.de)*. Auch wenn wir von Nordhessen aus nur den nördlichen Teil des Vogelsbergs streifen, können wir bereits die von der Landwirtschaft geprägte Natürlichkeit erkennen, die eine erholsame Zeit verspricht.

Vogelsberg

Eines der kleinsten Gebirge Deutschlands empfängt uns mit einer buckeligen Landschaft, die von Mischwäldern mit unzähligen Quellen und Bergwiesen sowie von Hecken durchzogenem Weideland geprägt ist. Als sich vor 10 bis 17 Millionen Jahren aus vielen Schloten und Spalten der Erde Lava ergoss, türmten sich riesige Basaltmassen auf, die durch Erosion und Verwitterung der **Vogelsbergregion** dieses einzigartige Bild verliehen. Nachdem bereits erste Siedlungen in der Bronzezeit gegründet wurden, ab dem 8. Jahrhundert v. Chr. keltische Jäger durch die Wälder zogen und die Römer das bewaldete Hügelland „Buchonia“, das Buchenland, nannten, begann die dauerhafte Besiedlung im 6./7. Jahrhundert n. Chr. durch die Franken. Die zahlreichen Dörfer, die mit den Silben „-rod“ oder „-hain“ enden, weisen auf die Rodungs- und Siedlungsgeschichte ab dem 9. Jahrhundert hin, die dem Buchenland den Garaus machten. Erst im 18. Jahrhundert begann die Aufforstung und der Vogelsberg bekam sein heutiges Aussehen, das zusätzlich allerhand Kulturelles und ein kleines, aber ausgesprochen feines **Wanderrefugium** bietet. Entlang unserer Strecke und von unseren

Stellplätzen bieten sich immer wieder abwechslungsreiche Wanderungen mit herrlichen Fernblicken über die Vulkanfelder an. Wer lieber mit dem Rad'l unterwegs ist, wird auf eine Fülle **regionaler Radwege** treffen. Auf stillgelegten Bahntrassen findet sich etwas für die ganze Familie, Mountainbiker können bis an ihre physischen Grenzen strampeln und wer mit dem **Vulkan-Express-Radbus** *(Mai - Okt.)* auf den Hohen Vogelsberg fährt, kann bergab durch Wälder, Wiesen und kleine Dörfer zurück zum Ausgangspunkt rollen *(www.vogelsberg-touristik.de)*.

Evangelische Kirche in Ruppertenrod

Mit Aussichten auf Wiesenflächen und Wälder rollen wir nach einigem Rauf und Runter in Ermenrod ein und treffen auf eine der typischen Fachwerkkirchlein der Gegend, die, wie die ortsbildprägenden „Vogelsberger Einhäuser“ wegen der Witterung teilweise oder ganz mit Buchenholzschindeln verkleidet sind. In Ruppertenrod bildet die Kirche gar eine Verkehrsinsel mitten im Straßennetz des Dorfes, während wir in Flensungen an einer schnöden Ampelkreuzung links auf die B276 Richtung Laubach/Schotten wechseln. Langsam wird es Zeit, dass wir mal wieder einen Stellplatz vermelden können, und in **Freienseen** werden wir dann auch fündig.

Blick vom Hoherodskopf

(138) WOMO-Stellplatz: Freienseen, Barbarossa-Blick

GPS: N 50°34'03.8" E 09°03'09.6".
Max. WOMOs: 1 - 2.
Ausstattung: Bank mit Aussicht.
Beschreibung: Der einfache, geschotterte und teils schattige Parkplatz liegt außerhalb des Ortes.
Zufahrt: Vor dem nördlichen Ortseingang in einer Rechtskurve links dem Hinweis Grillhütte folgen und an einer Gabelung rechts ca. 700 m weiterfahren.

Zügig gelangen wir in die über 1200 Jahre alte ehemalige Residenzstadt **Laubach**, in der es sich so schön über die basaltgepflasterten Straßen bummeln lässt. Für die Stadtbesichtigung bietet sich der Parkplatz am Friedhof an, den man der Durchgangsstraße Richtung Hungen/Ruppertsburg folgend linker Hand findet [N 50°32'25.1" E 08°59'12.5", August-Krieger-Straße].

(139) Offizieller WOMO-Stellplatz: Laubach, Caravanpark

GPS: N 50°33'00.3" E 09°00'28.5", Kurze Hohl.
Telefon: 06405/1460; www.caravanpark-laubach.de.

Öffnungszeiten: Apr. - Okt.
Ausstattung: Tisch und Bank.
Beschreibung: Die einfache Stellplatzmöglichkeit auf einer zum Teil schrägen Wiese vor dem **Campingplatz** ist etwas für Minimalisten. In der Gebühr ist zwar die Benutzung des Sanitärgebäudes inkludiert, aber ansonsten gibt es außer der frischen Vogelsbergluft nichts. Natürlich kann man von hier zu Radtouren und Wanderungen aufbrechen und in den etwa 2 km entfernten Ort mit Geschäften und Gaststätten gehen.
Preise: €€.
Zufahrt: Im Ort ca. 1,5 km der Beschilderung zum Caravanpark beziehungsweise den WOMO-Piktogrammen folgen.

Laubach

Die engen Gassen der ehemaligen Residenz der Solmser Grafen sind von bis zu 500 Jahre alten Fachwerkhäusern geprägt. Dazwischen plätschern Brunnen und die idyllischen Ecken um den letzten erhaltenen Wehrturm, den **Klipsteinturm**, sind einfach hübsch. Nachdem wir die **Tourist-Information** am Marktplatz aufgesucht haben *(Mo - Fr 9 - 12 Uhr u. 13 - 17 Uhr; Bahnhofstraße 1; www.laubach-online.de)*, besuchen

Schloss Laubach

wir die **Stadtkirche** mit einer prächtigen Barockorgel von 1750 und **Schloss Laubach**, das seit 600 Jahren den Ort dominiert. Bis heute bewohnt die gräfliche Familie die Dreiflügelanlage, die mit ihren drei Türmen und dem herrlichen alten Baumbestand des Schloss- und Kurparks im englischen Gartenstil ein Hingucker ist.

Im **Schlossmuseum** können wir vergangenen Zeiten nachspüren und die Führung durch die **Privatbibliothek** offenbart bibliophile Schätze der besonderen Art *(Öffnungszeiten bitte bei der Tourist-Info erfragen; Eintritt)*. In einem ehemaligen Jagdschloss neben dem Rathaus befindet sich das **Museum Fridericianum**, in dem man sich auf eine interessante Zeitreise durch den Laubacher Raum *begibt (Öffnungszeiten bitte in der Tourist-Info erfragen; Eintritt)*. Eine umfangreiche Sammlung historisch wertvoller Puppenstuben präsentiert sich im **Puppenstuben Museum**. Die etwa 80 Stuben stammen aus dem Biedermeier, dem Jugendstil sowie der Gründerzeit und wurden von Prinzessin Monika von Hannover zusammengetragen *(Öffnungszeiten bitte bei der Tourist-Info erfragen; Eintritt)*.

Ein besonderes Highlight ist der **Weihnachtsmarkt**, der alljährlich Ende November stattfindet und die mittelalterliche Altstadt im weihnachtlichen Ambiente erstrahlen lässt.

Die Bundesstraße schlängelt sich eine Weile durch den Laubacher Wald, bis wir mit Blick auf den Fernsehturm auf der zweithöchsten Erhebung des Vogelsbergs, den Hoherodskopf (764 Meter), nach **Schotten** hinabrollen.

Der Parkplatz des Schwimmbades am nördlichen Ortseingang nimmt das WOMO auf und nach etwa 500 Metern Fußweg ist das Zentrum erreicht [N 50°30'24.5" E 09°07'45.5", Gartenstraße].

Liebfrauenkirche

Schotten

Vom oben genannten Parkplatz ist das **Vogelsberger Heimatmuseum** zu Fuß gut zu erreichen. Das Museum ist in einem stattlichen Fachwerkhaus aus dem Jahr 1816, dessen Inneres 1908 im Jugendstil umgestaltet wurde, untergebracht und zeigt volkskundliche Exponate, Funde der Vor- und Frühgeschichte und des Mittelalters. Sehenswert sind die kleine geologische Abteilung und die wertvollen Schränke und Truhen. Des Weiteren sind Sammlungen von über 1000 Schneekugeln, alten Motorrädern, Pokalen und Filmen, die an den „Schottenring“ erinnern zu sehen. Hinreißend schön sind die Ulrichsteiner Liebesbriefe aus dem Rokoko, bei denen es sich um in Scherenschnitttechnik gefertigte Blätter mit bunt bemalten Mustern und Figuren handelt *(im Jahr 2020 ist das Museum aufgrund von Renovierungsarbeiten geschlossen, www.heimatmuseum-schotten.de).*

Viel weiter in die Vergangenheit führt uns das **Vulkaneum**, das uns auf eine Reise durch die Erdgeschichte mitnimmt und den Vulkanismus im Vogelsberg in einer interaktiven Ausstellung anschaulich erklärt. Weitere Reisebegleiter sind die im Vogelsberg ansässigen Mythen und Sagen und wir verbringen eine für Kinder und Erwachsene gleichermaßen kurzweilige, interessante Zeit in der Ortsmitte *(Mo - Fr 9 - 13 Uhr u.14 - 18 Uhr; Sa/So/Feiertage 10 - 13 Uhr u. 14 - 18 Uhr; geschlossen 24./25. u. 31.12./01.01.; Eintritt; www.vulkaneum.com).*

Der schwebende Stein im Vulkaneum

Der B276/B455 folgend gelangen wir nach wenigen Kilometern an den 65 Hektar großen **Niddastausee** – ein Paradies für Segler, Angler, Surfer und Camper. Radfahrer und Skater sowie Spaziergänger können sich auf dem fünf Kilometer langen Seerundweg austoben, während Liegewiesen und Badebereiche die Sonnenanbeter und Schwimmer anziehen. Wie nicht anders zu erwarten ist hier ordentlich was los und wer den Spaß länger genießen möchte, ist auf dem Campingplatz gut aufgehoben beziehungsweise kann auf dem davorliegenden, gebührenpflichtigen Parkplatz das WOMO abstellen und einen Badetag am 250 Meter entfernten Badestrand verbringen.

(140) WOMO-Campingplatz: Schotten, Niddastausee

GPS: N 50°28'58.1" E 09°05'46.0", Am Campingplatz 1.
Telefon: 06044/1418 oder 01703110451, www.schotten.de.
Öffnungszeit: Ganzjährig.
Ausstattung: Brötchenservice, Gaststätte mit Biergarten, Waschmaschine, Trockner.
Beschreibung: Die Anlage ist terrassenförmig angelegt, teils schattig und befindet sich am Ortsrand direkt am See. In der Nähe befindet sich eine Haltestelle des ÖPNV. Der Radweg R4 liegt vor der Nase und ein weiterer als **Niddaroute** bezeichneter Radweg führt parallel dazu am romantischen Flusslauf der Nidda bis zu ihrer Mündung ins rund 100 km entfernte Frankfurt *(www.niddaroute.de)*.
Preise: €€.
Zufahrt: Von der B455 den Hinweisen zum Campingplatz folgen.

Auf der Suche nach einem ruhigeren Plätzchen am See gelangen wir im weiteren Verlauf der B455 nach **Rainrod** und peilen einen Wanderparkplatz an.

(141) WOMO-Wanderparkplatz: Rainrod, Niddastausee

GPS: N 50°28'34.7" E 09°05'50.4", Zum Stausee. **Max. WOMOs:** 3 - 5.
Ausstattung: Wander- und Radwege (R4), Müllbehälter.
Beschreibung: Der einfache, geschotterte, meist schattige Wanderparkplatz liegt direkt oberhalb des Sees außerhalb der Ortschaft. In der Nähe befinden sich Liegewiesen, von denen man ins kühle Nass eintauchen kann, und ein Rundweg führt um den See. Der Radweg R4 liegt vor der Nase und ein weiterer als **Niddaroute** bezeichneter Radweg führt parallel dazu am romantischen Flusslauf der Nidda bis zu ihrer Mündung ins rund 100 km entfernte Frankfurt *(www.niddaroute.de)*.

Zufahrt: Am Ortseingang links Richtung Dorfgemeinschaftshaus in die Mühlstraße fahren. Nach ca. 350 m links dem Hinweis zum Stausee, später zum Wanderparkplatz auf engem Sträßchen ca. 1,2 km folgen.

Ruhiger wollten wir es haben, doch haben die Rechnung ohne den herrlichen Sommertag gemacht! Rappelvoll ist es auf dem Parkplatz und nur mit Mühe können wir ihn überhaupt erreichen. Einige Wochen später und gefühlte 15 Grad kälter sind wir wieder hier und nichts erinnert an den vorher erlebten Menschenauftrieb.

WOMO-Wandertipp: Zu den Mammutbäumen

Leichte Wanderung von etwa drei Kilometern Länge mit einem Anstieg. Vom Parkplatz kann man dem Uferweg entgegen des Uhrzeigersinns oder den Hinweisschildern oberhalb des Sees zu den Mammutbäumen durch den Wald folgen. Beide Wege treffen zusammen und führen an einer links liegenden Wiese rechts bergauf. Nach circa 500 Metern stehen wir vor den Mammutbäumen! Eigentlich sind sie in Europa gar nicht heimisch, doch das größte Exemplar wurde um das Jahr 1900 ober-

halb des Stausees gepflanzt, misst mittlerweile weit mehr als 30 Meter und hat einen stattlichen Durchmesser von etwa zwei Metern. Ob der Baum irgendwann einen ähnlich großen Stammdurchmesser wie seine überseeischen Kollegen erreichen wird, werden wohl erst viele Generationen nach uns beantworten können. Auf gleichem Weg gehen wir bis zur nächsten größeren Wegekreuzung zurück, halten uns links und verlassen nach circa 500 Metern den Wald, um die letzten Meter mit schöner Sicht zum Parkplatz zurückzugehen.

Unterwegs treffen wir auf die weiß-rot-grüne Wandermarkierung der **Vogelsberg Extratour Eschenrod-Stauseetour Schotten**, auf der wir die Wanderung ausdehnen könnten. Auf dem 14 Kilometer langen Rundweg würden uns neben dem Stausee und den Mammutbäumen viele schöne Aussichten bis zur Basaltkuppe Alteburgskopf begleiten.

Wir kehren jedoch nach Schotten zurück und verlassen an der bereits bekannten Kreuzung die B276 zum Hoherodskopf. Hier ist der **Vogelpark Schotten** ausgeschildert, in dem man nicht nur auf heimische und exotische Vögel trifft, sondern auch Erdmännchen, Bennettkängerus, Luchse, Eisfüchse und Lamas aus der Nähe beobachten kann. Für die Kleinen ist wie so oft das Streichelgehege ein Höhepunkt *(Ende Mär./Anfang Apr. - Okt. 10 - 18 Uhr; Hunde an der Leine gestattet; Eintritt; www.vogelpark-schotten.de).*

Die Straße zieht sich weiter den Berg hinauf und spätestens beim Anblick des Skilifts mit großem Parkplatz hinter Breungeshain wird klar, dass der Vogelsberg auch ein angesagtes **Wintersportgebiet** ist und zu den führenden Skigebieten Hessens gehört. Die Bedingungen für Langlauf sind vom Feinsten, wenn man in der von Frost und Schnee verzuckerten Landschaft auf dem über 45 Kilometer langen Loipennetz in die Spur steigt. Die Abfahrtspisten am **Hoherodskopf** sind vielleicht nicht die schwersten, dafür sind sie familientauglich und haben den längsten Schlepplift Hessens. Selbstverständlich gibt es Skiverleihe und das Schneetelefon gibt Auskunft über die aktuellen Ski- und Rodelmöglichkeiten *(Tel. 06044/6666, www.schotten.de)*. In den übrigen Jahreszeiten sind die Bedingungen zum **Mountainbiken** ideal: Höhenunterschiede von bis zu 500 Metern auf kurzer Distanz auf durchgehend markierten Streckenführungen bieten genug Abwechslung. Auf der Internetpräsenz der **Vogelsbergarena** sind weitere Vorschläge für **Outdoor-Aktivitäten** wie Radfahren, Wandern, Nordic-Walking, Wintersport und Geocaching zusammengefasst *(www.vogelsberg-touristik.de)*.

Für die Erkundung des Plateaus am bestens beschilderten und nicht zu verfehlenden Hoherodskopf bietet sich der Parkplatz am Fernsehturm an [N 50°30'35.8" E 09°13'36.6"]. Hier befindet sich auch der Haltepunkt des **Vogelsberger Vulkan-Express**. Der Radbus befördert am Wochenende kostenfrei Fahrräder, mit denen man zuvor seine ganz individuelle Tour abgefahren ist, oder bringt die Radler an den Ausgangspunkt ihres Ausflugs *(Mai - Okt., www.rmv.de)*.

(142) WOMO-Wanderparkplatz: Hoherodskopf, Steinbruch

GPS: N 50°30'50.9" E 09°13'47.3".
Max. WOMOs: 2 - 3.
Beschreibung: Der einfache Wanderparkplatz liegt unter Bäumen außerhalb der Ortschaft und im hinteren Bereich steht man geschützt. Von hier aus kann man zu Wanderungen starten oder im Winter in die Loipe einsteigen.
Zufahrt: Von der L3291 zum Hoherodskopf links zum ausgeschilderten Parkplatz abzweigen.

Wem es auf dem Hoherodskopf langweilig ist, dem ist nicht zu helfen! Es gibt eine **Sommerrodelbahn** *(Mär. - Okt. 10 - 17 Uhr)*, im **Kletterwald** kann man sich wie Tarzan bei verschiedenen Schwierigkeitsgraden durch die Lüfte hangeln oder dem **Baumkronenpfad** und der **Adventure Minigolfanlage** einen Besuch abstatten *(Apr. - Okt. täglich 10 - 18 Uhr; Eintritt)*.

Das **Naturschutz-Infozentrum** mit **Tourist-Information** hält eine Fülle von weiteren Freizeitvorschlägen bereit und vermittelt beispielsweise Naturparkführungen. Im angegliederten **Naturkundemuseum** finden sich Ausstellungen rund um die Tier- und Pflanzenwelt des Naturparks und die Geologie des erloschenen Vogelsberg-Vulkans *(Mai - Okt. 10 - 17 Uhr; Nov. - Apr. Di - So 11 - 17 Uhr; www.erlebnisberg-hoherodskopf.de)*. Für gastronomische Angebote ist ebenfalls gesorgt und die grandiose Aussicht gibt es gratis.
Wir bevorzugen Schusters Rappen, wählen eine bequeme Wanderung im Oberwald und sparen uns damit die teils doch recht ordentlichen An- und Abstiege.

WOMO-Wandertipp: Auf dem Höhenweg im Oberwald

Leichte, abwechslungsreiche Wanderung von etwa acht Kilometern Länge auf Wald- und Forstwegen mit geringer Höhendifferenz.
Wir starten den durchgängig mit einem grünen H markierten Weg vom Parkplatz am Fernsehturm und gehen am linken Rand des Platzes vor dem Infozentrum entlang. Durch den Wald erreichen wir leicht abwärts die Höhenstraße, die wir überqueren und wenig später neben der Straße ein kurzes Stück auf einem Pfad bis zu einem breiten Forstweg gehen. Bevor wir diesem links folgen, führt rechts ein mit einem Geländer umgrenzter Steig durch die bemoosten Blockfelder zum höchsten Punkt des Vogelsbergs auf den Taufstein (773 Meter). Nach Erklimmen des Bismarckturms eröffnet sich ein weiter Blick über die Baumkronen und bei schönem Wetter bis zur Skyline nach Frankfurt. Seinen Namen

erhielt der Taufstein vermutlich durch den Missionar Bonifatius, dessen Wirken uns schon in Fritzlar begegnete. Wie am Bonifatiusborn zu lesen ist, soll er hier im 8. Jahrhundert gepredigt und getauft haben.
Zurück am Hauptweg marschieren wir vorbei an bizarren Bäumen am

Hang der Blocksteinfelder zum Parkplatz Heide und halten uns dort rechts. Wenig später werfen wir linker Hand einen ersten Blick auf das Hochmoor, in dem knorrige Birken und Wollgras ein stimmungsvolles Bild ergeben. An einer freien Wegekreuzung geht es rechts zum Geiselstein, einer bizarren Felsformation vulkanischen Ursprungs. Über einen Steig kraxeln wir auf den harten Lavakern, um anschließend wieder dem Hauptweg folgend links die Goldwiese zu umrunden, die im Frühling mit einem Meer von Arnika-Blüten übersät ist.
Bald erholen wir uns an der Schutzhütte neben der Quelle der Nidda, die den gleichnamigen Stausee durchfließt und nach 86 Kilometern in Frankfurt in den Main mündet. Neben dem Niddagraben schlängelt sich der naturbelassene Weg bis zur Ringstraße, die wir queren und kurz danach zu den Forellenteichen kommen. Als Floßteiche im Mittelalter angelegt wurden sie später zur Fischzucht genutzt und stehen wegen ihrer seltenen Flora und Fauna heute unter Naturschutz. Das blaue Wasser, die Bergblumenwiesen und die dunklen Nadelbäume verleihen dem Ort ein besonderes Flair.
Über einen Damm gelangen wir wieder in den Wald und schräg rechts zur **Taufsteinhütte** *(Mi - So 11.30 - 23.30 Uhr; Telefon 06044/2381; www.taufsteinhuette.de).* Dort gehen wir ein kurzes Stück parallel zur Straße und überqueren sie ein weiteres Mal. Leicht aufwärts verläuft der Grasweg am Waldrand. Mit Blick über die mit Bäumen besprenkelten Wiesen des Breungeshainer Hangs hinab ins Tal haben wir rasch das Hochplateau und den Ausgangspunkt unserer Wanderung erreicht.

Am Abend machen wir es uns auf den Ruheliegen am Kiosk „Zur schönen Aussicht“ gemütlich und genießen die fantastische Fernsicht, bevor ein traumhafter Sonnenuntergang den erlebnisreichen Tag beschließt und wir uns nach **Ulrichstein** verabschieden. Der Bergort liegt in 614 Metern Höhe und ist damit Hessens höchstgelegene Stadt, deren Häuser sich um den Schlossberg gruppieren.

(143) Offizieller WOMO-Stellplatz: Ulrichstein, Reisemobilpark Panorama

GPS: N 50°34'31.9" E 09°12'21.4", Erlenweg. **Max. WOMOs:** 12.
Ausstattung: V/E, Strom, WC u. Dusche im Naturbadebiotop *(Jun. - Aug.)*, Tische und Bänke, WLAN.
Beschreibung: Der geschotterte, meist schattenlose Stellplatz befindet sich oberhalb des Ortes, dessen Zentrum nach etwa 1 km erreicht wird. Wander- und Radwege laden zur Bewegung im Freien ein und in der Nähe befindet sich im Winter der Loipeneinstieg. Im Ort ist der empfehlenswerte **Landgasthof Groh** ansässig *(Di - Sa 17.30 - 23 Uhr; So 11.30 - 14 Uhr u. 17.30 - 23 Uhr; Telefon 06645/310; www.landgasthof-groh.de)*.
Preise: €.
Zufahrt: Im Ort den WOMO-Piktogrammen folgen.

Zur reinen Ortsbesichtigung bietet sich der Parkplatz am Rathaus mit **Tourist-Information** an *(Mo - Fr 8 - 12 Uhr; Di zusätzlich 13.30 - 15.30 Uhr; Do zusätzlich 13.30 - 18 Uhr; Marktstraße 28 - 32; Telefon 06645/961012; www.ulrichstein.de)*.

Ulrichstein

Unübersehbar sind rund um die Stadt die vielen Windräder, die nicht von ungefähr kommen, da Ulrichstein bundesweit den ersten kommunalen **Windenergiepark** errichtete. Wer sich näher mit der Materie beschäftigen möchte, findet sogar einen **Lehrpfad**, der sämtliche Details erklärt [N 50°35'50.3" E 09°10'43.0"]. Da sich der Windpark ständig erweitert, kann sich die Parksituation vor Ort verändern und eine Nachfrage bei der Tourist-Information ist angeraten.

Burgruine auf dem Schlossberg

Unser Ziel ist jedoch der **Schlossberg**, auf dem einst eine wehrhafte Burg stand. Rund um die Ruine samt super Aussicht liegt der **Vogelsberggarten**. Mehr als sechs Hektar umfasst die Anlage, in der ein ausgebautes Wegenetz vorbei an Bauern- und Kräutergärten, Wildpflanzenbeeten oder typischen Nutztierrassen vorbeiführt. Der Garten ist frei zugänglich und eröffnet immer wieder weite Blicke in die Landschaft des Naturparks.
Auf der Nordseite des Schlossbergs befindet sich das **Museum im Vorwerk**, das in der alten Zehntscheune eingerichtet wurde. Es ermöglicht Einblicke in das ländliche Kulturgut, die Land- und Forstwirtschaft sowie die Jagd – kurzum in alles, was das Leben und Arbeiten im Hohen Vogelsberg ausmacht *(Do - Sa 13 - 16 Uhr; So 10 - 17 Uhr; Eintritt)*. Nach dem Ortsrundgang erfrischen wir uns im **Naturbadebiotop** gleich unterhalb des Stellplatzes, das ein herrliches Schwimmvergnügen im sich auf natürliche Weise reinigenden Wasser bietet *(Jun.- Aug. 10 - 20 Uhr)*.

Vogelsberggarten

WOMO-Wandertipp: Um Ulrichstein herum

Mittelschwere Wanderung von etwa 12 Kilometern Länge mit weiten Blicken und heftigen Anstiegen.
Der Einstieg in diese **Rundwanderung** bietet sich vom Parkplatz am Rathaus an. Der Weg ist durchgängig mit der uns bereits bekannten weiß-rot-grünen Markierung der Vogelsberger Extratouren versehen. Diesmal müssen wir schon einige zum Teil starke Steigungen in Kauf nehmen, um die herrlichen Laubwälder und kleinräumigen Flurlandschaften, das Gründchen-Tal und die schönen Blumenwiesen zu entdecken. Die verbrauchten Kalorien sind anschließend im **Landgasthof Groh** schnell wieder aufgefüllt *(siehe oben)*.

Über Helpershain fahren wir durch die sanfte Hügellandschaft weiter Richtung Alsfeld. Nachdem die Straße eine Weile bergauf führt, folgen wir dem Hinweis zum 560 Meter hohen **Totenköppel**.

Auf dem Weg von Ulrichstein nach Meiches

(144) WOMO-Picknickplatz: Meiches, Totenköppel

GPS: N 50°36'46.5" E 09°15'32.2". **Max. WOMOs:** 2 - 3.

Ausstattung: Infotafel, Tisch und Bänke.

Beschreibung: Der einfache, teils geschotterte und teils unter Bäumen liegende Parkplatz befindet sich außerorts und ist bedingt klappstuhlgeeignet.

Zufahrt: Von der L3162 südwestlich des Ortes dem Hinweis Totenköppel etwa 1 km auf einem schmalen Asphaltband bis zum Parkplatz folgen.

Hinweis: An der Zufahrt ragen die Äste der Bäume teilweise auf die Straße.

Totenköppel

Schön und friedlich, fast verwunschen oder mystisch ist es hier! Darf man den Überlieferungen glauben, dann soll auf dem Gipfel auch hier Bonifatius auf seinem Weg vom Kloster Amöneburg nach Fulda gepredigt haben. Im Türsturz der Meicheser Totenkirche ist die Jahreszahl

1729 zu erkennen. Im Inneren der Feldsteinkirche fällt zunächst die ungewöhnliche Stellung des Altars seitlich der Tür auf, die durch einen Umbau zu erklären ist. Dann schauen wir auf die erst vor wenigen Jahren bei Restaurierungen entdeckte Wandmalerei aus der Entstehungszeit des Kirchleins, das ein Andachtsbild „Christus als Schmerzmann", zeigt. Besonders fasziniert uns jedoch der Sippenfriedhof im Außenbereich. Hessen-, vielleicht auch deutschlandweit einzigartig werden die Verstorbenen nicht in Reihengräbern, sondern traditionell in Sippengräbern bestattet. Zu jedem Haus in Meiches gehört eine bestimmte Grabstätte und die Toten werden in der Regel bei ihren Vorfahren beigesetzt. Ortsfremde ohne Familiengrab finden am Rand des Friedhofs ihren Platz. Ein interessanter Ort, dessen besondere Wirkung sicher auch mit der Weite der Landschaft einhergeht.

Auch wenn die hochwachsenden Bäume teilweise die Blicke verwehren, können wir von der **Aussichtsplattform** immer noch bis zum Büraberg im Ederbergland und nach Amöneburg schauen, bevor wir uns von diesem beschaulichen Ort verabschieden und als Nächstes erst einmal Meiches erreichen. Durch die typische Vogelsberglandschaft durchfahren wir Dirlammen, dessen an der tiefsten Stelle des Ortes erbautes hübsches **Fachwerkkirchlein** mit einem verschindelten Neubau aus dem Jahr 1690 stammt. In Hörgenau biegen wir links nach Eichenrod und Richtung Lauterbach/Fulda ab.

Kirche in Dirlammen

Bei Erreichen der B275 schwenken wir rechts und sehen inmitten von Wäldern, Feldern und Wiesen das auf einer Anhöhe liegende Heilbad **Herbstein**. Durch eine Bohrung wurde 1975 Hessens höchste Heilquelle erschlossen, deren 32,6 Grad warmes Heilwasser die **VulkanTherme** speist *(Mo 14 - 20 Uhr;*

Di - So 9 - 20 Uhr; Telefon 06643/1666). Badekuren lindern Erkrankungen des Bewegungsapparats und die Trinkkuren wirken sich positiv auf verschiedene innere Organe aus. Saunafreunde kommen in der **Vulkan-Sauna** richtig auf Touren, während Wanderer, Spaziergänger und Radfahrer im leichten Reizklima der milden Höhenlage ideale Bedingungen vorfinden. Direkt neben der Therme liegt der WOMO-Stellplatz der Gemeinde.

(145) Offizieller WOMO-Stellplatz: Herbstein, Vulkantherme

GPS: N 50°34' 07.4" E 09°20' 47.3", Zum Thermalbad. **Max. WOMOs:** 11.
Ausstattung: V/E, Strom, WC kostenlos, Duschen gegen Gebühr in der Therme, Müllbehälter.

Beschreibung: Der einfache, asphaltierte, teils schattige Parkplatz befindet sich in der Nachbarschaft zum Thermalbad sowie zu einem Supermarkt und etwa 500 m außerhalb des Ortes. Das Ortszentrum mit einer Bäckerei und Gaststätten ist zu Fuß durch den Kurpark zu erreichen. Hier beginnen Wanderwege und da Herbstein direkt am **Vulkanradweg** liegt, ist von hier auch der Einstieg in den 94 Kilometer langen, mit maximal 3 Prozent Steigung eher als moderat und familienfreundlich zu bezeichnenden Radweg, möglich *(www.vulkanradweg.de).*
Preise: €, zahlbar zu den Öffnungszeiten in der Therme.
Zufahrt: Von der B275 den Hinweisen zum Thermalbad und den WOMO-Piktogrammen folgen.

Herbstein

Durch den natürlich wirkenden Kurpark schlendern wir der hübschen Altstadt entgegen. Als Außenposten des Klosters Fulda im Jahr 930 erstmals erwähnt und um eine Burg und Wehranlage erweitert erhielt Herbstein 1262 Stadtrechte. Rund um die spätgotische Stadtkirche St. Jakobus auf der Bergspitze erschließt sich ein Gassenring, in dem der malerische Marktplatz mit seinem Fachwerk-Rathaus das i-Tüpfelchen ist. Bei einem Kurzspaziergang auf der Stadtmauer schauen wir nicht nur in die Ferne, sondern auch den Anwohnern in die Gärten. In einem alten Bauernhaus in der Obergasse befindet sich das **Fastnachts- und STATT Museum**. Der Name Statt-Museum leitet sich von

Bajazz und Tiroler Paar beim Springerzug

„anstatt" ab und schnell wird uns klar, was es damit auf sich hat. Im Gegensatz zu den Hochglanz-Vitrinen und jeder Menge Technik in den bisherigen Heimatmuseen erwartet uns ein ländlich geprägtes „Homemade"-Museum. In seiner einfachen Art ist es liebenswert – besonders wenn sich in einem abgedunkelten Raum eine laubgesägte Häuserkulisse „entzündet" und Stimmen und Geräusche den Stadtbrand von 1907 lebensecht simulieren bis schlussendlich alles „in Flammen steht" *(So 14 - 16.30 Uhr und nach Vereinbarung)*. Freunde der närrischen Jahreszeit wissen, dass Herbstein eine Hochburg der Fastnacht ist. Unwissende wie wir werden im Fastnachtsmuseum staunend mit der 300-jährigen Tradition der Fastnacht und dem Springerzug, der 2011 bei der Steubenparade in New York dabei war, bekannt gemacht. Alles begann Mitte des 17. Jahrhunderts, als Tiroler Steinmetze in die katholische Enklave Herbstein kamen, um die Stadtmauer zu reparieren. Vermutlich feierten die Herbsteiner bereits damals schon eine Art „Foaselt" und die Tiroler zeigten ihnen ihre heimischen Bräuche, denen begeistert nachgeeifert wurde. Da es Frauen noch nicht erlaubt war, an öffentlichen Veranstaltungen teilzunehmen, wurden kurzerhand Männer in Frauenkleider gesteckt und so tanzen oder besser hüpfen noch heute der Bajazz, der Erbsenstrohbär, aber auch die „weiblichen" Parts der Tiroler Pärchen am Rosenmontag im Springerzug durch die Gassen. Der Springerzug von Herbstein ist so außergewöhnlich, dass wir ihn ohne Zögern in unsere persönlichen **TopTen** aufnehmen.
Alle weiteren Fragen rund um Herbstein werden von der **Kurverwaltung** beantwortet (*Telefon 06643/960019, www.herbstein.de).*

WOMO-Wandertipp: Felsentour

Mittelschwere Wanderung von etwa 13 Kilometern Länge, erweiterbar auf 19 Kilometer mit einigen An- und Abstiegen.
Besonders schön finden wir, dass direkt am oben genannten Stellplatz eine weitere Vogelsberg Extratour beginnt. Wie gehabt, führt die weiß-rot-grüne Markierung auf dem **Rundwanderweg** durch liebliche Wiesenlandschaften. Unterwegs begegnen uns kleine Seen, alte Grenzsteine, schöne Aussichten und jede Menge zu Basalt erstarrte Lava. Die Wanderung auf vorwiegend naturbelassenen Wegen und Feldwegen hat uns richtig begeistert und wegen der guten Markierung ist ein Verlaufen nur schwer möglich.

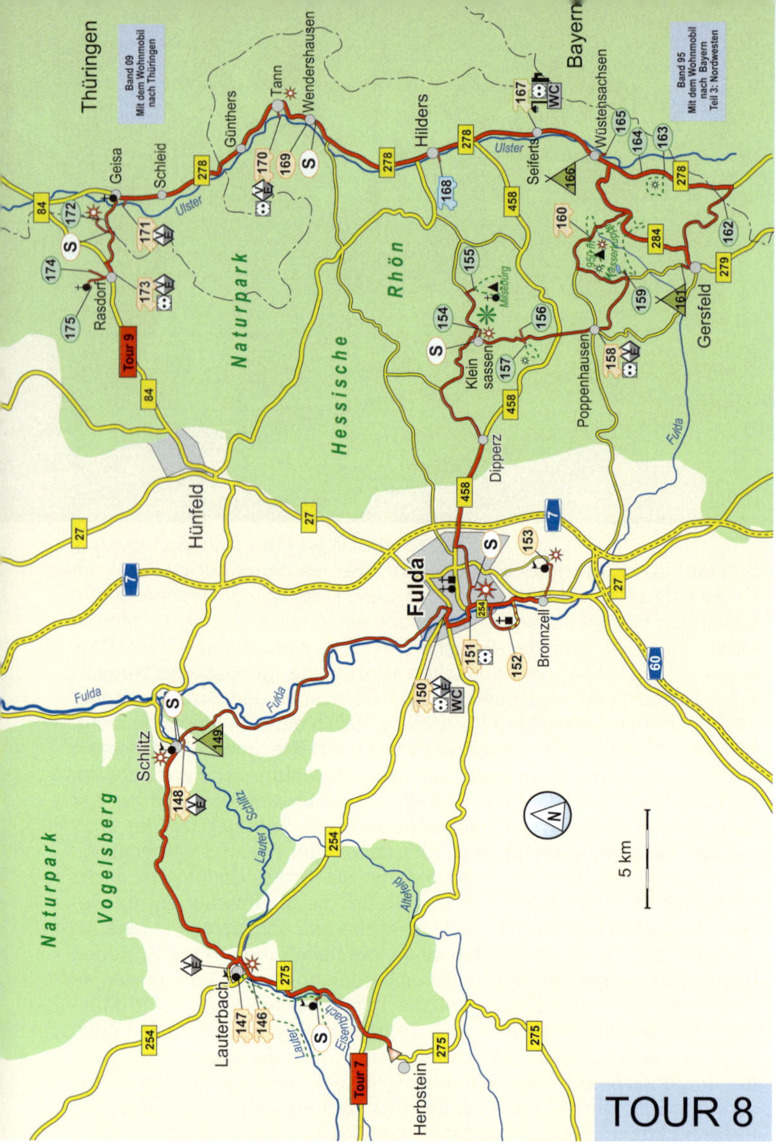

Tour 8 190 km

Lauterbach – Schlitz – Fulda – Kleinsassen Poppenhausen – Wasserkuppe – Geisa – Rasdorf

Stellplätze: Lauterbach, Schlitz, Fulda, Johannesberg, Eichenzell, Kleinsassen, Danzwiesen, Poppenhausen, Wasserkuppe, Gersfeld, Wüstensachsen, Seiferts, Hilders, Wendershausen, Tann, Geisa, Rasdorf.

Campingplätze: Schlitz Camping im Schlitzer Land, Gersfeld Camping- und Wohnmobilstellplatz Hochrhön, Wüstensachsen Campingplatz Rhön Camping-Park.

Besichtigen:	Lauterbach Schloss Eisenbach Landschaftspark, Hohhaus-Museum; Schlitz Burgmuseum, Schlitzer Destillerie; Fulda Barockviertel, Dom, Vonderau-Museum, Kinder-Akademie; Eichenzell Schloss Fasanerie; Kleinsassen Pfundsmuseum; Wasserkuppe Deutsches Segelflugmuseum, Radom; Gersfeld Wildpark; Wendershausen RhönRäuberPark; Tann Grenzmuseum, Naturmuseum, Rhöner Museumsdorf, Sagenkeller, Geisa/Rasdorf Gedenkstätte Point Alpha.
Wandern:	Lauterbach, Kleinsassen, Milseburg, Steinwand, Poppenhausen (Wasserkuppe), Rotes Moor, Geisa, Rasdorf.
Radfahren:	Vulkanradweg, Fulda-Radweg, Ulsterradweg, Milseburgradweg, Via Regia-Radweg, Kegelspiel-Radweg.
Baden:	Lauterbach, Guckaisee, Hilders, Hünfeld.
Essen:	Lauterbach Gasthaus Burg Post, Zur Wachtel, Brasserie Schubert; Frischborn Kneipencafé Zentralstation; Fulda Eismanufaktur Bonifatius, Ristorante Pasta e basta, Brauhaus Wiesenmühle; Eichenzell Café-Restaurant Fasanerie; Kleinsassen Café Kunststation; Steinwand Fuldaer Haus, Zur Steinwand; Poppenhausen Landgasthof Stern, Gersfeld Gasthof Zur schönen Aussicht; Seiferts Krenzers Rhönschafhotel; Tann Gasthof Zur Krone; Rasdorf Landgasthof Zum Adler.

In den folgenden beiden Touren werden wir Sie erneut zu den das Mittelgebirge prägenden Vulkankegeln führen. Diesmal sind sie im Vergleich zu jenen im Vogelsberg wenig bewaldet und der Blick schweift frei über die gewachsene Landschaft. In der Rhön, dem Land der offenen Fernen, wechseln sich Hochmoore mit bunten Bergwiesen ab und bei den abwechslungsreichen Rad- und Wandertouren begegnen wir immer wieder grasenden Rhönschafherden. Die Barockstadt Fulda zeigt uns ein bemerkenswertes städtebauliches Ensemble und wirkt durch ihre bunte Lebendigkeit, im Grenzgebiet zu Thüringen werden wir hingegen mit dem ehemaligen Eisernen Vorhang sowie dem Kalten Krieg konfrontiert. Hier schwingt aber auch

Blick über die Rhön bis zu den weißen Bergen

die Werra in großen Bögen zwischen den zu riesigen Bergen aufgetürmten weißen Abraumhalden und später an der Fulda werden uns zwei deutsche Größen des Programmierens als auch der Rechtschreibung begegnen. Im idyllischen Fuldatal zwischen der Festspielstadt Bad Hersfeld und dem historischen Fachwerkstädtchen Rotenburg können wir uns schließlich bei geruhsamen Radtouren den frischen Fahrtwind um die Nase wehen lassen (www.biosphaerenreservat-rhoen.de, www.rhoen.de und www.mittleres-fuldatal.de).

Von Herbstein wären die rund neun Kilometer nach **Lauterbach** auf dem **Vulkanradweg** zügig abgespult. Wir setzen uns jedoch ins WOMO und rollen auf der B275 gemütlich der Kreisstadt an der Lauter entgegen. So oder so ist ein Abstecher Richtung **Schloss Eisenbach** angesagt, denn der Stammsitz der

Barone Riedesel ist von einem idyllischen Landschaftspark umgeben und einen Besuch wert. Wir biegen also ab und folgen dem Hinweis zum **Gasthaus Burg Post** *(Dez. Mi/Do Ruhetag)*, um den Parkplatz an der im Jahr 1217 erstmals urkundlich erwähnten Schlossanlage zu erreichen [N 50°36'08.1" E 09°23'11.1"]. Neben dem fünfeckigen Bergfried sind von der ursprünglichen Burg die Ringmauer und Mauerteile der Kernburg erhalten. Dieser ursprüngliche Charakter verliert sich, als wir bei einem geruhsamen Spaziergang durch den Park unterhalb des Burgbergs am Eisenbach stehen und zu einem repräsentativen Schloss emporblicken können.

Irgendwo hinter der ehemaligen Zugbrücke residieren die Riedesel nach wie vor, aber gegen das Herumschlendern in der fotogenen Umgebung spricht nichts und so genießen wir die friedliche Atmosphäre, bevor es weiter nach **Lauterbach** geht.

(146) Offizieller WOMO-Stellplatz: Lauterbach, Freizeitzentrum Steinigsgrund

GPS: N 50°37'38.5" E 09°23'32.4", Am Sportfeld. **Max. WOMOs:** 8.
Ausstattung: V/E, Strom, Infotafel.
Beschreibung: Der einfache, gepflasterte, meist schattenlose Parkplatz am Ortsrand befindet sich neben dem Freizeitzentrum mit Erlebnisbad „Die Welle", dessen sanitäre Einrichtungen während der Öffnungszeiten nutzbar sind *(Mo geschlossen)*. Der Fußweg zur Innenstadt mit Geschäften und Gaststätten beträgt etwa 500 m. Nicht weit entfernt gibt es Möglichkeiten zum Minigolf und Tennis spielen und der Einstieg in den Vulkanradweg oder in die Wanderung Bachtour ist problemlos möglich.

Preise: €.
Zufahrt: Von der B275 am Ortseingang links dem WOMO-Piktogramm folgen.

(147) Offizieller WOMO-Stellplatz: Lauterbach, Auf der Bleiche

GPS: N 50°38'18.4" E 09°24'09.7", Bleichstraße. **Max. WOMOs:** 5.
Ausstattung: Infotafel auf dem Weg zur Innenstadt.
Beschreibung: Die Stellplätze befinden sich am Rand eines staubigen Großparkplatzes direkt an der Lauter im Ort. Die Altstadt mit Geschäften und Gaststätten wird auf einem Fußweg entlang des Flüsschens bequem nach etwa 400 m erreicht. Eine gut zugängliche, gebührenpflichtige **V/E-Station** ist nicht weit entfernt [N 50°38'33.8" E 09°23'35.2", David-Eifert-Straße].
Zufahrt: Der B275 in den Ort bis zum Abzweig Königsberger Straße folgen. Dort rechts, parallel zur Lauter ca. 850 m bis zur links liegenden Bleichstraße dem WOMO-Piktogramm folgen.

Lauterbach

Bereits in der fränkischen Rodungs- und Siedlungszeit gegründet, wurde der Ort im Jahr 812 erstmals urkundlich erwähnt. 1266 bekam Lauterbach die Stadtrechte verliehen und gehörte zum großen Territorium des Klosters Fulda. Zumindest eine Zeit lang, denn die Besitzverhältnisse im Mittelalter gestalteten sich kompliziert und eine Weile gehörte das Städtchen je zur Hälfte dem Mainzer Erzbischof wie auch dem Landgrafen von Hessen. Anfang des 15. Jahrhunderts hatten die Ritter und späteren Freiherrn Riedesel ihren großen Auftritt, beerbten nicht nur die verstorbenen Herren von Eisen-

Der Lauterbacher Strolch

Fränkisch-hessisches Fachwerk am Oberen Graben

bach, sondern gelangten durch kluge politische Entscheidungen in den Besitz ganz Lauterbachs und dessen Umgebung. Dies passte wiederum dem Erzbischof nicht, sodass ernste Auseinandersetzungen unvermeidlich waren. Nach der Einführung der Reformation 1527 durch Hermann IV. Riedesel kam es zum endgültigen Bruch mit dem Klerus und erst im Jahr 1684 gelangt Lauterbach endgültig als Lehen an die Riedesel. Das sogenannte Junkerland hatte zu diesem Zeitpunkt eine eigene Verfassung und Gerichtsbarkeit und bestand als eigenständiges Staatswesen bis 1806. Danach gehörte das kleine Ländchen zum Großherzogtum Hessen, die Stadt entwickelte sich bestens und seit 1852 darf sich Lauterbach Kreisstadt nennen.

Als wir vom innerstädtischen Stellplatz entlang der munter plätschernden Lauter in die historische Ortsmitte schlendern, befinden wir uns gleich im malerischsten Teil Lauterbachs. Die alten Fachwerkhäuser in den Straßen Am Graben und Am See, die vorwiegend aus dem 17./18. Jahrhundert stammen, lehnen sich an die alte Stadtmauer und über die **Schrittsteine** lässt sich seit Jahrhunderten die Lauter „mutig überspringen". Hier finden wir auch das **Strolchdenkmal** und der kleine gelockte Bronzebengel erinnert daran, dass 1905 in der Lauterbacher Molkerei der erste Deutsche Camembert produziert wurde. Bald haben wir den **Ankerturm** erreicht, der 1266 erbaut wurde

Barockschloss

und zur Stadtbefestigung gehörte. Ein schmaler Durchgang führt zum Marktplatz mit einer Reihe sehenswerter Fachwerkhäusern, von denen das spätbarocke Bürgerhaus von 1765 genannt sei. Im Inneren der ebenfalls spätbarocken **Stadtkirche** befinden sich mehrere Grabsteine der Riedesel Freiherren zu Eisenbach und eine stehende Muttergottes aus Stein. Längs der Kirche gelangen wir zur Riedeselburg, deren älteste Teile aus gotischer Zeit stammen. Vom Marktplatz ist es nur ein Katzensprung zum Berliner Platz, an dem wir gar nicht wissen, wohin wir die Kamera als Erstes wenden sollen.

Im hübschen Haus der **Stadtmühle** befindet sich die **Tourist-Information** *(Apr. - Okt. Mo - Fr 10 - 13 Uhr u.14 - 17 Uhr; Sa 10 - 13 Uhr; Nov. - Mär. Di - Fr 10 - 13 Uhr u.14 - 16 Uhr; Marktplatz 1; Telefon 06641/184112; www.lauterbach-hessen.de)* – eine gute Anlaufadresse für weitergehende Informationen oder themenbezogene Führungen rund um die Stadt.

Das **Strumpfdenkmal** vor der Stadtmühle steht in Verbindung mit dem historischen Strolch an der Lauter, der der Legende nach ein Wandergeselle war und bei seinem überstürzten Aufbruch aus der Stadt seinen Strumpf verloren hat. Auf der anderen Seite des Berliner Platzes ist das **Hohhaus-Museum** im Stadtpalais der Freiherren von Riedesel nicht zu verfehlen. Im dreiflügeligen Barockschloss zeigt das Heimat- und Regionalmuseum unter anderem ein historisches Klassenzimmer und die Besucher können sich über die Geologie der Vulkanregion Vogelsberg informieren. Als besonderen Schatz birgt das Museum den spätgotischen Lauterbacher Marienaltar. Im Inneren des Doppelflügelaltars befindet sich ein Schrein mit geschnitzten Figuren *(Di, Do/Fr 10 - 12 Uhr u.14 - 17 Uhr; Mi 10 -12 Uhr; Sa/So 14 - 17 Uhr; Eintritt; www.hohhaus.de)*.

Nach diesem erfreulichen Stadtrundgang meldet sich der kleine Hunger, der mit „Beutelches“, einem speziellen Kartoffelkloß, der in einem Leinensack gekocht wird, oder der oberhessischen Form der Quiche, dem „Salzekuchen“ besänftigt werden kann. Beides sehr lecker und neben anderen hessischen Spezialitäten beispielsweise. in der urigen Kneipe **Zur Wachtel** zu bestellen *(Mo Ruhetag; Marktplatz 9; Telefon 06641/917676)*. Wir gehen heute jedoch durch die engen Gassen und über kleine Treppen hinab zur Lauter und kehren in der

Brasserie Schubert ein *(Küche: 11 - 13.30/18 - 21.30 Uhr; Kanalstraße12; Telefon 06641/80146930; www.hotel-schubert-de).* Gern hätten wir in der dazugehörigen Weinstube **Entennest** in intim rustikalem Ambiente den Abend verbracht, aber eine geschlossene Gesellschaft macht uns einen Strich durch die Rechnung. Die Küche im Haupthaus ist jedoch gleich und vor allen Dingen empfehlenswert.
Zufrieden und mit der Melodie *In Lauterbach hab' ich mein' Strumpf verlor'n* auf den Lippen schlendern wir am Wasser zurück zum WOMO und beschließen einen angenehmen Aufenthalt im staatlich anerkannten Luftkurort.

Die sanften Hügel um Lauterbach, die freien Blicke und die schönen Wald- und Wiesenlandschaften locken geradezu zum Wandern.

WOMO-Wandertipp: Lauterbacher Bachtour

Leichte Wanderung von etwa 16 Kilometern mit schwachen Steigungen auf Wiesen-, Wald und Wirtschaftswegen.
Vom Stellplatz am Freizeitzentrum starten wir über die Fußgängerbrücke der Lauter erst mal Richtung Innenstadt, um uns am Wanderportal „Am Eichberg" durchgängig an der nun bereits bekannten weiß-rot-grünen Wandermarkierung der Vogelsberger Extratouren zu orientieren.
Durch ein Waldstück und dann durch die Wiesenlandschaft begleitet der Assmussbach unseren Weg bis Frischborn. Unterbrochen wird die Tour durch die weite Aussicht vom Höhenrücken des Silberbergs, bevor wir Frischborn streifen und am Waldrand zum Naturschutzgebiet Münchwiesen mit seltenen Tier- und Pflanzenarten gelangen. Schön ist es hier und bald queren wir auf Schrittsteinen die Lauter. Durch Laubwälder führt der Weg zum Rothackerkopf und wir gönnen uns an einem kleinen Picknickplatz eine Rast mit schönem Ausblick. In der weiten Flurlandschaft erreichen wir das uns bekannte **Schloss Eisenbach**, von dessen vorgenanntem Parkplatz der Einstieg in die Wanderung ebenfalls möglich ist (Foto unten). Im gemütlichen **Gasthaus Burg Post** legen wir eine Rast ein und lassen es uns richtig gutgehen. Durch den Wald erreichen wir bald die Landstraße nach Frischborn, die wir überqueren. Hier lädt im ehemaligen Bahnhof das **Kneipencafé Zentralstation** zur Einkehr ein *(Mo geschlossen)*, bevor es oberhalb der Lauter, die nun durch den Zusammenfluss mit dem Eisenbach zu einem kleinen Fluss geworden ist, dem Ausgangspunkt der Wanderung entgegengeht. Die letzte Etappe führt mal am Hang, mal am Flussufer entlang und beschließt einen schönen Weg durch die typische Landschaft des nördlichen Vogelsbergs.

Von Lauterbach peilen wir als Nächstes **Schlitz** an und gelangen über die Deutsche Alleenstraße zügig in die Burgenstadt. Für den reinen Stadtbesuch platzieren wir das WOMO meist am Rand einer kleinen Seitenstraße an den Eisteichen westlich des Burgbergs [N 50°40'23.0" E 09°33'30.1", Hainbuche].

(148) Offizieller WOMO-Stellplatz: Schlitz, Am Schwimmbad

GPS: N 50°40'08.8" E 09°34'04.7", Damenweg. **Max. WOMOs:** 5.
Ausstattung: V/E.

Beschreibung: Der einfache, geschotterte, teils schattige Parkplatz liegt am Ortsrand an einer kleinen Straße gegenüber dem Freibad. Mit viel Glück ist der schmale Rasenstreifen hinter oder neben dem WOMO klappstuhlgeeignet. Wenn auf dem nahen Sportplatz oder im Schwimmbad kein Betrieb ist, dann ist der Platz als ruhig einzustufen, ansonsten kann es sehr unruhig sein. Der Fußweg in die historische Altstadt beträgt etwa 1 km und als Ausgangspunkt für Wanderungen und Radtouren eignet sich der Platz auf jeden Fall.
Zufahrt: Im Ort Richtung Fulda orientieren und später dem Hinweis Landesmusikakademie sowie dem WOMO-Piktogramm erst links 1 km und nochmals ca. 500 m rechts folgen.

(149) WOMO-Campingplatz: Schlitz, Camping im Schlitzer Land

GPS: N 50°40'09.9" E 09°34'05.1", Damenweg.
Kontakt: Telefon 06642/97022 (Stadtverwaltung) oder 0170/2675745 (Platzwart), www. schlitz.de.
Öffnungszeiten: Mai bis Mitte Sept.
Ausstattung: Waschmaschine, Trockner, WC und Dusche behindertengerecht.
Beschreibung: Der einfache Wiesenplatz befindet sich unmittelbar am Freibad. Wenn auf dem nahen Sportplatz oder im Schwimmbad kein Betrieb ist, dann ist der Platz als ruhig einzustufen, ansonsten kann es unruhig sein. Der Fußweg in die historische Altstadt beträgt etwa 1 km und als Ausgangspunkt für Wanderungen und Radtouren eignet sich der Platz bestens.
Preise: €€.
Zufahrt: Wie zum vorgenannten Stellplatz und dann den Hinweisen zum Campingplatz folgen.
Hinweis: Wir würden bei schönem Wetter den Aufenthalt auf dem Campingplatz gegenüber dem Stellplatz auf jeden Fall vorziehen.

Schlitz

Im waldreichen Tal der nur rund 13 km langen Schlitz zwischen Vogelsberg, Knüll und Rhön gründete und weihte der Mainzer Bischof 812 eine Kirche. Um das Jahr 1100 folgte eine Befestigungsanlage und in den Jahren 1418 bis 1439 dürften Schlitz die Stadtrechte verliehen worden sein.
Der besondere Reiz des Städtchens geht sicher von den vier Burgen und dem vollständig erhaltenen mittelalterlichen Stadtkern rund um den Marktplatz aus. Die Vorder-, Hinter-, Schachten- und Ottoburg gehörten zu den Befestigungsanlagen, die die Grafen von Schlitz, genannt von Görtz – und die über viele Jahrhunderte die Geschicke des Schlitzerlandes bestimmten, nach außen schützten. Erwähnenswert ist

Am Marktplatz

zusätzlich Schloss Hallenburg, das aus einem mittelalterlichen Gutshof entstand und in dem sich heute der Sitz der Landesmusikakademie befindet.

Auch wenn es sich ziemlich phrasenhaft anhört, müssen wir einfach sagen, dass es in den engen Gassen um die Stadtkirche und den Marktbrunnen gemütlich und kuschelig zugeht. Zur charakteristischen Silhouette gehört der 36 Meter hohe **Hinterturm**, auf den wir bequem mit dem Fahrstuhl emporgleiten und der mit rotem Stoff verkleidet, als riesige Kerze dem alljährlichen **Weihnachtsmarkt** einen fast festlichen Touch verleiht *(Apr. - Okt. 10 - 12 Uhr u.13 - 18 Uhr; Jun./Aug. 10 - 12 Uhr u. 13 - 19 Uhr; Dez. Sa/So 12 - 20 Uhr)*. Einen Einblick in das handwerkliche Leben und die Geschichte der früheren Schlitzer Bürger erlaubt das **Burgmuseum**, das sich in der Vorderburg befindet. Zusätzlich präsentiert es archäologische Funde und verfügt über eine Mineralien- und Fossiliensammlung. In einem eigenen Raum befindet sich eine Sammlung Schlitzerländer Trachten, die neben der Leinenweberei einen weiteren Schwerpunkt des Museums bilden *(Apr. - Okt. 14 - 17 Uhr; Nov/Dez. Sa/So 14 - 17 Uhr; Eintritt)*.

Alle zwei Jahre, jeweils am zweiten Wochenende im Juli herrscht in Schlitz Ausnahmezustand, wenn das **Schlitzerländer Trachtenfest** internationale Trachten- und Folkloregruppen und ihr Publikum in die

Stadt zieht *(zuletzt 2019; www.folklorefestival.org)*. Wer mehr über Schlitz erfahren möchte, sollte sich einer **öffentlichen Stadtführung** anschließen *(Apr. - Okt. Sa 16 Uhr; Gebühr; Treffpunkt Eingang Burgmuseum)*. Themenführungen und weitere Highlights der Region sind in der **Tourist-Information** im Rathaus zu erfragen *(Mo/Di, Do 7.30 - 16.30 Uhr; Mi 7.30 - 18 Uhr; Fr 7.30 - 13 Uhr; An der Kirche 4; Telefon 06642/970 www.schlitz.de)*.

Wer nun noch ein Mitbringsel aus Schlitz sucht, der sollte auf alle Fälle der **Schlitzer Destillerie** einen Besuch abstatten. Über Jahrhunderte wird der traditionelle Korn aus Weizen gebrannt und längst sind edle Obstbrände, Liköre und andere Spirituosen hinzugekommen. Im Manufaktur-Verkauf lassen wir uns beraten, verkosten das edle Gesöff und gönnen uns ein Fläschchen Zwetschgenbrand. Wer Glück hat, schließt sich einer Gruppenführung an und wird in die Geheimnisse der Destillation eingeweiht *(Verkauf Mo - Fr 10 - 17 Uhr; Besichtigung Mo - Sa 10 - 20 Uhr gegen Gebühr; Telefon 06642/5267; www.schlitzer-destillerie.de)*.

Wir trennen uns von Schlitz sowie vom Vogelsberg und bewegen uns durch das Fuldatal flussaufwärts nach **Fulda**. Kaum haben wir den gleichnamigen Landkreis erreicht, begegnen uns erste Bildstöcke, die darauf hinweisen, dass wir uns der „katholischen Ecke“ Hessens zuwenden.

(150) Offizieller WOMO-Stellplatz: Fulda, Weimarer Straße

GPS: N 50°33'21.5" E 09°39'59.0", Weimarer Straße. **Max. WOMOs:** 20.

Ausstattung: V/E, Strom, WC, Tisch und Bänke.

Beschreibung: Die einfachen, gepflasterten, teils schattigen ausgewiesenen Stellplätze liegen am Rand eines Großparkplatzes am Ortsrand. Sie sind teilweise durch kleine Rasenstücke getrennt, sodass der Stellplatz klappstuhlgeeignet ist. In der Nähe befindet sich ein Supermarkt, eine Haltestelle des ÖPNV und die Innenstadt mit dem Barockviertel liegt etwa 500 m entfernt. Die weiter unten beschriebene Probstei in Johannesberg und auch Schloss Fasanerie in Eichenzell sind von hier über den **Fulda-Radweg R1** auf leichter Strecke gut zu erreichen (hin und zurück knapp 20 km).

Preise: €.

Zufahrt: Von Schlitz kommend auf dem Horaser Weg Richtung Fulda Zentrum bis ans Ende fahren und dort rechts dem WOMO-Piktogramm folgen.

Hinweis: Ein idealer, zentrumsnaher Startpunkt für die Stadterkundung und doch ein wenig im Grünen. Durch die Straßennähe kann es gegebenenfalls zu Geräuschbelästigung kommen.

(151) Offizieller WOMO-Stellplatz: Fulda, Johannisau

GPS: N 50° 32' 28.8" E 09°39'59.6", Johannisstraße. **Max. WOMOs:** 10.

Ausstattung: Strom.

Beschreibung: Der einfache, geschotterte, teils schattige Parkplatz liegt am Rand der Fuldaaue nahe den Sportanlagen am Ortsrand. Die Innenstadt mit dem Barockviertel ist etwa 1,5 - 2 km entfernt. Die weiter unten beschriebene Probstei Johannesberg und auch Schloss Fasanerie sind

von hier über den **Fulda-Radweg R1** auf leichter Strecke gut zu erreichen (hin und zurück rund 16 km).
Preise: €.
Zufahrt: Wie zum vorgenannten Stellplatz, dann auf die B254 Richtung Frankfurt wechseln. Später den Hinweisen Stadion bis zum Stellplatz folgen.
Hinweis: Durch den nahen Pkw-Parkplatz und bei Sportveranstaltungen kann es gegebenenfalls unruhig sein. Nachts deutlich ruhiger als der vorgenannte Stellplatz.

Fulda

Die ersten Besiedlungsfunde im Raum Fulda gehen auf die Zeit um 5000 v. Chr. zurück. Nach dem Zerfall des Römischen Reiches entwickelten die Franken ein Machtzentrum und begannen mit der Unterstützung Roms mit der Christianisierung. Jetzt kommt der uns bereits bekannte Bonifatius wieder ins Spiel, der im Jahr 744 den Mönch Sturmius mit der Gründung eines Klosters beauftragte. Dieses sollte ein benediktinisches Musterkloster und zugleich Bonifatius' Alters- und Ruhesitz werden. Soweit kam es jedoch nicht, da der Apostel der Deutschen im Jahr 754 auf seiner letzten Missionsreise ums Leben kam und lediglich in Fulda beigesetzt wurde. Bald entwickelte sich ein Pilgerziel und durch Schenkungen der Wallfahrer wuchsen die Besitzungen des Klosters von Friesland bis Norditalien und vom Elsass bis nach Thüringen immens. Zusätzliche Privilegien garantierten wirtschaftliche und gesetzliche Unabhängigkeit und die Schreibschule des Abtes Rabanus Maurus sorgte für ein kulturelles Zentrum in Mitteleuropa.
Rund um den Klosterbezirk siedelten sich Kaufleute und Handwerker an und schon bald sprach man von „Villa Fuldenis". Die Siedlung entwickelte sich parallel zum Kloster prächtig und gilt als Grundpfeiler der Stadt Fulda, die in der Folge mit Türmen und Toren befestigt wurde. 1220 wurde der Abt des Klosters zum Fürstabt ernannt und somit waren er und seine Nachfolger zusätzlich Reichsfürsten wie auch Herrscher.
Im Mittelalter hatten Stadt und Kloster mit Aufständen, Hexenverfolgung, der Pest und dem Dreißigjährigen Krieg zu kämpfen, bevor es 1678 gelang, das Finanzwesen grundlegend zu sanieren und die Vor-

Hoher Dom zu Fulda

aussetzung für die Bautätigkeiten im 18. Jahrhundert zu schaffen.
Im Jahr 1704 wird mit dem Bau des Doms begonnen, es folgen das Residenzschloss, das Paulustor und etliche Adelspalais. Der **Barockstadt** und ihren Fürsten scheint es an nichts gefehlt zu haben und noch heute zeugen die historischen Straßenzüge von Wohlstand. Die lebendige Innenstadt mit Geschäften, Boutiquen, jeder Menge Kneipen, Straßencafés und Weinlokalen machen den Aufenthalt angenehm, und verschiedene Veranstaltungen sorgen für Abwechslung.
Stürzen wir uns also ins Getümmel und machen der Stadt Fulda unsere Aufwartung. Vom Stellplatz in der Weimarer Straße sind wir in wenigen Minuten am Bonifatiusplatz sowie mitten im Barockviertel und stehen wenig später vor der **Tourist-Information** *(Mo - Fr 9.30 - 18 Uhr; Sa/So/Feiertage 9.30 - 16 Uhr; 24. - 26.12., 1.1. u. Rosenmontag geschlossen; Bonifatiusplatz 1; Telefon: 0661/1021814; www.tourismus-fulda.de)*. Wir erhalten Vorschläge für verschiedene, individuelle Stadtrundgänge oder können uns einer **öffentlichen Führung** anschließen *(1-stündiger Rundgang täglich 11.30 Uhr und 15 Uhr; 2-stündiger Rundgang Apr. - Okt. Fr/Sa/So/Feiertage 14 Uhr; Nov. - Mär. Sa 14 Uhr; Gebühr; Treffpunkt Tourist-Information).* Wir entscheiden uns für einen „schnellen“ Rundgang und könnten uns bei diesem auch von einem „Audio-Guide“ begleiten lassen.
Eine Broschüre und ein Stadtplan tun es aber auch und so stehen wir gut gerüstet gegenüber der Tourist-Information und vor dem **Stadtschloss**. Es wurde 1706 bis 1714 als Residenz für Fürstäbte und spätere Fürstbischöfe erbaut und diente besonders zu Repräsentationszwecken. In den prachtvollen „Historischen Räumen“ ist das absolutistische Machtstreben gut zu erkennen und Sammlungen Fuldaer und Thüringer Porzellans vervollkommnen das Ambiente *(Di - Do 10.30 - 14 Uhr; Fr 14 Uhr; Eintritt)*. Der **Schlossgarten** mit der zwischen 1721 und 1724 erbauten **Orangerie** gehört in das architektonische Gesamtkonzept des barocken Schlosses *(täglich frei zugänglich)*. Eine der schönsten Barockplastiken, die „Floravase“ befindet sich vor der als Veranstaltungsort genutzten Orangerie und beim „Tag der offenen Gärten“ flanieren zahlreiche Pärchen in historischen Gewändern durch den Park. Die festlichen Roben der „Florengäßner Brunnenzeche“ versetzen uns in die Biedermeierzeit Mitte des 19. Jahrhunderts, bevor wir die Pauluspromenade überqueren.

Orangerie im Schlossgarten

Wir erreichen die romanische **Michaelskirche**, die zwischen 819 und 822 als Kapelle des ehemaligen Mönchsfriedhofs des Benediktinerklosters Fulda errichtet wurde. Der als Wahrzeichen der Stadt geltende und dominierende **Hohe Dom** wurde zwischen 1704 und 1712 wie einige weitere Barockbauten von Baumeister Johann Dientzenhofer errichtet. Die religiöse Bedeutung der Kirche ist durch das **Bonifatiusgrab** noch heute aktuell und zieht nach wie vor viele Wallfahrer an. Das **Dommuseum** mit der Schatzkammer bietet einen guten Einblick in die Geschichte des Klosters Fulda und zeigt Sammlungen von kostbaren Behältnissen zur Aufbewahrung von Reliquien, sakralen Gewändern und liturgischem Gerät *(Apr. - Okt. Di - Sa 10 - 17.30 Uhr; So/Feiertage ab 12.30 Uhr; Nov. - Mär. Di - Sa 10 - 12.30 Uhr u. 13.30 - 16 Uhr; So/Feiertage 12.30 - 16 Uhr; Eintritt).*
Die Johannes-Dyba-Allee querend gelangen wir Richtung Kanalstraße in den Teil der Stadt, der sich nach der Gründung des Klosters bildete und verlassen somit den Klosterbezirk. Reste der alten Stadtmauer mit dem **Hexenturm** fallen uns genauso auf, wie ein Fachwerkhaus, in dem der Erfinder, Physiker und Nobelpreisträger Ferdinand Braun im Jahr 1850 geboren wurde. Über die Rosengasse und den Severiberg erreichen wir, vorbei an beindruckenden Häusern aus dem Mittelalter und hübschen Innenhöfen, die gotische **Severikirche.** Als Nächstes empfängt uns ein größerer Platz mit einem Obelisken hinter dem die Stadtpfarrkirche ihre Türme gen Himmel reckt und die als spätester Barockbau Fuldas 1770 bis 1786 erbaut wurde. Ganz in der Nähe können wir den monumentalen Fachwerkbau des **Alten Rathauses** nicht übersehen, während die Heiligen Sturmius, Bonifatius und Benedikt am **Sturmiusbrunnen** auf dem Borgiaplatz die Stadtgeschichte widerspiegeln.
Wir unterbrechen unseren Stadtrundgang, um am Jesuitenplatz dem **Vonderau Museum** einen Besuch abzustatten. Es ist in einer im späten 16. Jahrhundert errichteten Vierflügelanlage untergebracht und stellt die kulturhistorischen und naturkundlichen Entwicklungen des osthessischen Raumes dar. Das Planetarium, das zu den modernsten Deutschlands gehört, ergänzt mit seinen Vorführungen das Museumsangebot *(10 - 17 Uhr; Mo Ruhetag; Eintritt; www.museum-fulda.de).* Toll gemacht und für den Besuch sollte man sich viel Zeit nehmen! Wir wollen jedoch unseren „schnellen“ Stadtrundgang noch beenden und schlendern über die Schulstraße vorbei am Universitätsplatz zur **Abtei St. Maria** und zum Eingang des Benediktinerinnenklosters. Die Klosterkirche besticht mit modernen Kunstwerken und im Klosterladen werden unter anderem Erzeugnisse der Abtei angeboten *(Klosterladen Mo - Fr 10 - 17 Uhr; Sa bis 16 Uhr).*

Stadtschloss

Nur noch wenige Schritte sind es zurück bis zur Tourist-Information und wer mag, kann sich in einer der zahlreichen Lokalitäten vom Stadtrundgang erholen. In der Innenstadt schlecken wir zwischendurch gerne ein Eis aus der **Eismanufaktur Bonifatius** neben der **Stadtpfarrkirche St. Blasius** (So - Do 10 - 21 Uhr; Fr/Sa 10 - 22 Uhr) und während des Mittag- oder Abendessens lassen wir uns im **Ristorante Pasta e basta** fein verwöhnen. Besonders schön sitzt es sich im Sommer auf der Terrasse im Hinterhof *(Di - Sa 12 - 14 Uhr u.17 - 22 Uhr; Florengasse 6; Telefon 0661/3807936)*. Wer es rustikaler mag, dem sei die Einkehr im **Brauhaus Wiesenmühle** nahe der Fulda-Aue angeraten *(kein Ruhetag; Wiesenmühlenstraße 13; Telefon 0661/928680; www.wiesenmuehle.de)*. Nach einer rustikal-bodenständigen Küche zu vernünftigen Preisen und einem Wiesenmühlenbier ist der Rückweg zum WOMO-Stellplatz nach etwa 600 Metern auf dem Fußgängerweg „An der Blumenmauer" und nach Überqueren der Langebrückenstraße schnell und gut zu finden.

Nach all der Kirchengeschichte wundert es uns gar nicht, dass Fulda wie Rom auf sieben Hügeln erbaut ist. Vom Stellplatz an der Weimarer Straße machen wir auf einem der markantesten Erhebungen den spätbarocken Bau des **Klosters Frauenberg** aus, bevor wir das WOMO auf der B254 Richtung Frankfurt/ Bad Brückenau südwärts lenken.
Wir sind zu zwei weiteren Residenzen der kirchlichen Würdenträger unterwegs und erreichen zunächst **Johannesberg**.

(152) WOMO-Stellplatz: Johannesberg, Probstei

GPS: N 50°31'27.5" E 09°39'40.7", Probsteischloss. **Max. WOMOs:** 1 - 2.

Beschreibung: Der einfache, leicht schräge und meist sonnige, geschotterte Parkplatz liegt gegenüber der Probstei am Ortsrand. In der Nähe befindet sich eine Pizzeria und Fulda ist mit dem ÖPNV gut zu erreichen.
Zufahrt: WOMOs über 3,5 t Gesamtgewicht sollten von der B254 Richtung Lauterbach/Großenlüder abbiegen und dann den Hinweisen zur Probstei folgen. Anschließend vor den Probsteigebäuden links ca. 100 m bis zum Parkplatz fahren. Leichtere WOMOs können von der B254 direkt den Hinweisen zur Probstei folgen und hinter den Gebäuden rechts zum linke Hand liegenden Parkplatz fahren.

Die schlichte **Probstei Johannesberg** wurde im 18. Jahrhundert zu einer barocken, schlossähnlichen Anlage mit Barockgarten umgestaltet. Heute befindet sich in den Räumlichkeiten eine

Probstei Johannesberg

Fortbildungsstätte und im Rahmen von Führungen können die historischen Räume im Roten Bau, die Kirche und die **Gartenanlage** besichtigt werden *(Jun. - Sep. So 14.30 Uhr; Eintritt; der Garten ist täglich frei zugänglich).*

Unser nächstes Ziel befindet sich in **Bronnzell** und wie in so vielen benachbarten Orten geht die Namensendung „-zell" auf das Kloster Fulda zurück. Dessen Mönche gründeten kleine Ableger oder „Zellen" der Abtei, aus denen sich später Dörfer entwickelten. Bronnzell, der älteste Stadtteil Fuldas, stellt uns im ersten Moment vor ein kleines Problem, da die Durchfahrt für Lkw und somit auch für WOMOs über 3,5 Tonnen Gesamtgewicht untersagt ist. Nach Rücksprache mit dem Straßenverkehrsamt der Stadt Fulda teilte man uns jedoch mit, dass mit der Verbotsbeschilderung lediglich der Lkw-Durchgangsverkehr aus dem Ort ferngehalten werden soll. Wir und alle anderen WOMO-Besatzungen können selbstverständlich mit unseren „schweren" Vehikeln durch Bronnzell und zum Schloss fahren. Alles klar, muss man nur wissen, und so fahren wir also mit offizieller Genehmigung auf schnurgerader Linie auf das **Schloss Fasanerie** zu.

(153) WOMO-Stellplatz: Eichenzell, Schloss Fasanerie

GPS: N 50°30'28.5" E 09°42'07.8", Fasaneriestraße. **Max. WOMOs:** 2 - 3.
Ausstattung: Müllbehälter.
Beschreibung: Der einfache, geschotterte, teils schräge und meist sonnige Parkplatz liegt außerhalb des Ortes und direkt an der Schlossmauer. Dahinter befindet sich das Schloss mit dem empfehlenswerten **Café-Restaurant Die Fasanerie** mit angrenzendem Biergarten *(Di/Mi 11 - 18 Uhr; Do - So 11 - 23 Uhr; Telefon 0661/9418348; www.die-fasanerie.de).*
Preise: Manchmal wird eine Parkgebühr € verlangt.
Zufahrt: Vor dem Schlossgelände links und gleich wieder rechts.
Hinweis: Durch die an- und abfahrenden Gäste des Restaurants kann es in den Abendstunden unruhig werden.

Schloss Fasanerie mit Schlosspark

Die barocke Schloss- und Parkanlage Fasanerie wurde 1739 bis 1750 als Sommerresidenz der Fuldaer Fürstäbte erbaut und von den Fürstbischöfen bis 1803 genutzt. Im Jahr 1816 fiel das Schloss an die Kurfürsten von Hessen-Kassel, die es im klassizistischen Stil umgestalteten und bis zu seiner letzten Bewohnerin, Landgräfin Anna (1836 bis 1918), auch bewohnten. Heute können wir unter Kronleuchtern die aus verschiedenen Schlössern stammende Kunstsammlung des Hauses Hessen bestaunen, die einen Eindruck vom fürstlichen Leben des 18. und 19. Jahrhunderts vermittelt. Goldgerahmte Porträts, wertvolle Porzellane aus fast allen europäischen Manufakturen sowie antike Vasen und Büsten. Alles vom Feinsten und herrlich anzuschauen *(Apr. - Okt. Di - So/Feiertage 10 - 17 Uhr; Eintritt; Führungen jede volle Stunde)*!
Von der Terrasse des **Café-Restaurants** haben wir einen wunderschönen Blick auf die Wiesen und den von Alleen durchkreuzten Wald des **Schlossparks**. Rund um die Schlossanlage ist eine Landschaft inszeniert worden, die den Idealen der Entstehungszeit entsprach und durch blühende Beete und Seen unterbrochen wird. Jedes Jahr im Mai oder Anfang Juni findet auf dem Gelände eine **Ausstellung zur ländlichen Garten- und Wohnkultur** statt, bei der man alles erstehen kann, was so herrlich unnötig ist, aber das Leben ein wenig bunter macht *(www.gartenfest.de)*.

Die B254 bringt uns nach Fulda zurück und wir orientieren uns von dort Richtung Künzell/Tann. Nach dem Kulturprogramm steht nun etwas Wissenschaftliches auf dem Plan, das für Kinder sicher spannender, aber auch begreifbarer und für Erwachsene ebenfalls interessant ist [N 50°32'43.1" E 09°41'12.9", Mehlerstraße].

Kinder-Akademie Fulda

In einem umgebauten Industriegebäude werden vor allen Dingen Kinder zwischen 5 und 14 Jahren angesprochen. Während der hessischen Schulferien werden Workshops und Mitmachprogramme auch für Tagesbesucher angeboten. Wir wollen uns jedoch der ständigen Ausstellung widmen, in der Kinder an interaktiven Gegenständen ihre Sinne beim Experimentieren und Anfassen erkennen und schulen können. Der Entdeckungsdrang kleiner Forscher ist gefordert und augenscheinlich macht das eine Menge Spaß! Hauptattraktion ist das **„Begehbare Herz“**, das mit 36 Quadratmetern Grundfläche und fünf Metern Höhe einzigartig in Europa sein soll. Im Rahmen einer Führung können wir als „rote Blutkörperchen“ die vier Herzkammern durchlaufen und den Blutkreislauf erforschen. Spielerisch erfahren wir, wie groß das Herz ist, welche Funktion es hat und welche kulturelle Bedeutung von unserem wichtigsten Organ ausgeht. Einzelbesuchern wird die Anmeldung zu einer Führung empfohlen, die wir allen gern ans „Herz legen“ möchten *(Mo - Fr 10 - 17.30 Uhr; So 13 - 17.30 Uhr; Okt. - Apr. auch Sa 13 - 17.30 Uhr; Führung „Begehbares Herz“ Mo - Fr 16 Uhr; So 15 u. 16 Uhr; Eintritt; Telefon 0661/902730; www.kaf.de)*.

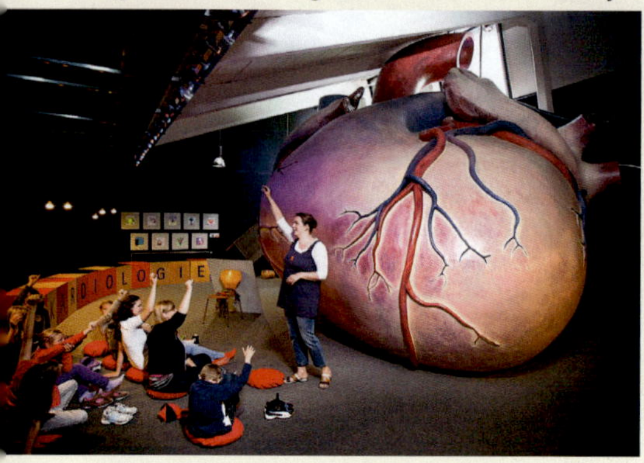

Die B458 führt uns in östliche Richtung aus Fulda hinaus und wir folgen ihr Richtung Hilders/Meinigen. Kaum haben wir das urbane Fulda hinter uns gelassen, als vor uns schon das beeindruckende Panorama der **Kuppenrhön** ins Blickfeld kommt.

Rhön

Mitten in Deutschland gelegen und ehemals durch den Eisernen Vorhang getrennt, liegt der fast 2000 Quadratkilometer große **Naturpark Rhön** vor uns. Er erstreckt sich über Teile Hessens, Thüringens sowie Bayerns und ist fast doppelt so groß wie die Insel Rügen. Die hessische Region umfasst des Rhönvorlandes mit sanften, bis 500 Meter hohen Bergrücken und die kuppige Rhön mit dem Phonoltihmassiv der 833 Meter hohen Milseburg sowie die Hohe Rhön mit Hessens höchstem Berg, der 950 Meter hohen Wasserkuppe.

Die waldreiche Landschaft ist von Dörfern, Weilern und Einzelgehöften durchzogen und die markanten basaltigen, teils kargen Kuppen und Kegel mit ihren ausgedehnten Bergwiesen, Mooren, Quellsümpfen und Bachläufen prägen die charakteristische Landschaft. Die zum Teil waldlosen, flachwelligen, fast menschenleeren Hochplateaus bieten einzigartige Aussichten, die der Rhön zu Recht den Beinamen **Land der offenen Fernen** gibt.

Zusammen mit den vielseitigen und wechselvollen Voraussetzungen des Klimas sowie des Bodens und einer seit Jahrhunderten andauernden pfleglichen Landbewirtschaftung konnte sich eine seltene Pflanzen- und Tierwelt entwickeln. So haben hier unter anderem Birkhähne, Eisvögel, Pirole sowie Wiesenrallen ihre Brutstätten und Schwarzwild, Dachse und anderes heimisches Getier durchstreifen die Weiten.

Eine einzigartige Vegetation bieten die Moore, während an Ufern von Quellen und Bächen häufig die Pestwurz oder die roten bis violetten Blüten von Sumpfstorchschnabel und Blutweiderich auftauchen. Zahllose Orchideenarten entfalten sich auf den Kalksteinböden, die Geröllhalden und Steinrücken werden von vielen Moosen und Flechten überzogen, die sonst nur in arktischen und alpinen Gebieten vorkommen.

Die Besonderheiten der Landschaft sowie der Flora und Fauna haben die Unesco 1991 dazu bewogen, die gesamte Rhön als **Biosphärenreservat** anzuerkennen. Dass Naturschutz durchaus mit sanftem Tourismus in Einklang gebracht werden kann, zeigen die zahlreichen **Radwege**, die sich familienfreundlich in Flusstälern und auf ehemaligen Bahntrassen entlangziehen oder sich an Mountainbiker und konditionsstarke Radfahrer auf dem Hochrhönradweg wenden. Die vielen, gut beschilderten **Wanderwege** stellen für uns ein wahrhaftes Wander-Eldorado mit fast unerschöpflichen Möglichkeiten dar, die zwar fast immer mit Kraxelei verbunden sind, aber grandiose Aussichten bieten.

Blick über die Wasserkuppe nach Norden

Erwähnenswert und äußerst beliebt ist der **Wintersport** in der Rhön. Das Angebot ist so groß, dass für Abfahrtsläufer, Rodler und Langläufer besonders auf der Wasserkuppe kaum ein Wunsch offenbleibt. Hier kann man auch dem Snowkiten nachgehen, bei dem der Skifahrer vom Kite, einem Lenkdrachen ähnlich, über die Piste gezogen wird und ein ganz besonderes Gleiterlebnis erfährt *(www.snowkite.de)*. Über die Schneehöhen, den Zustand von Loipen und den Betrieb der Skilifte informiert das **Schneetelefon** unter der Nummer 06654/1211. Zusammenfassend erwartet uns also in der Rhön ein außergewöhnliches Naturerlebnis, dem wir auf den folgenden Seiten nachgehen wollen *(www.rhoen.de)*.

Wir sind aber erst einmal in Dipperz angekommen und erreichen Richtung Hofbieber bald das Malerdorf **Kleinsassen**. An der kleinen, munter dahinfließenden Bieber bietet sich ein nettes Übernachtungsplätzchen mit Wanderanschluss an und im Ort wartet bereits ein einmaliges Museum, das allerdings nichts mit Malerei zu tun hat. Es wird also am besten sein, wenn wir das WOMO erstmal am Straßenrand parken [N 50°33'02.1" E 09°52'33.5", Biebertalstraße].

(154) WOMO-Wanderparkplatz: Kleinsassen, Biebertal

GPS: N 50°32'47.2" E 09°52'49.9", Alter Weg. **Max. WOMOs:** 2.

Ausstattung: Infotafel, Tisch und Bänke, Grillhütte, Müllbehälter, Gaststätten im Ort (ca. 500 m)/außerorts, teils schräg.

Beschreibung: Der einfache Wanderparkplatz liegt außerhalb des Ortes unter Bäumen an einem Bächlein. Es ist eine Liegewiese vorhanden und neben diversen anderen Wanderwegen verläuft die insgesamt rund 11 km lange, mit einem roten M auf weißem Grund markierte **Extratour Milseburg** direkt am Parkplatz. Zusätzlich bietet Kleinsassen drei **Malerrundwege** an, die auf 2 bis 7 km Länge zu den klassischen Malersaussichten der Umgegend führen. In den Ort mit gastronomischen Angeboten sind es etwa 500 m Fußweg.

Zufahrt: Im Ort Richtung Museum orientieren, dann der Durchgangsstraße geradeaus bis zum ausgeschilderten Wanderparkplatz folgen.

Malerdorf Kleinsassen

Im Jahr 1886 kam der Kunstmaler Julius von Kreyfelt nach Kleinsassen und wurde neben Friedrich Preller der Mitbegründer der Malerkolonie, die rasch Professoren und ihre Kunstschüler aus Düsseldorf, Berlin, Weimar und

Leipzig in den kleinen Ort zogen. Man ahnt schon, dass es die Anziehungskraft und die Faszination des Dorflebens sowie die „malerische" Landschaft waren, die die Kunstschaffenden begeisterten. Zwei Weltkriege und der wirtschaftliche Zusammenbruch beendeten vorerst die Tradition, die ab dem Jahr 1979 jedoch wiederauflebte.
Heute gibt es die **Kunststation** (vorherige Seite) mit einem Ausstellungshaus und Skulpturengarten sowie einem **Café** *(Di - Sa 13 - 18 Uhr; So/Feiertage 11 - 18 Uhr; im Winter Do - So 13 - 17 Uhr; www.kunststation-kleinsassen.de)*. Ein besonderes Erlebnis ist die alljährlich in der zweiten Augustwoche stattfindende **Kunstwoche**, wenn im Malerdorf Garagen, Scheunen sowie alte Ställe ihre Pforten für eine bunte Mischung aus Malerei, Grafik, Kunsthandwerk und Bildhauerei öffnen *(www.malerdorf-kleinsassen.de)*.

In einer früheren Gastwirtschaft hat Reinhard Kremer im **Pfunds-Museum** auf 3.125 altfuldaischen Quadratfuß (etwa 250 Quadratmeter) so ziemlich alles zusammengetragen, was zum Festlegen von Gewichten und Größen oder zum Wiegen und Einteilen benötigt wurde. Die Fülle der Exponate ist so groß und trotz guter Beschreibung zu speziell, sodass wir uns einer fachkundigen, aber auch launigen Führung anschließen und das auch jedem anderen Besucher anraten. Von der Antike bis heute gibt es aus aller Herren Länder fast alles aus den Bereichen des Messens und Wägens zu bewundern. Das reicht vom profanen Zollstock über winzige Apothekengewichte und solide Haushaltswagen bis zu kunstvoll verzierten Gewichten aus China und Burma. Besonders interessant wird es, wenn uns die sozialen und geschichtlichen Zusammenhänge erklärt werden. Wer wie wir wissen möchte, was die Schoten des Johannisbrotbaumes mit der Gewichtseinheit Karat zu tun haben, oder sich mit weiteren fantasievollen Kostbarkeiten aus dem Reich der Maßeinheiten beschäftigen möchte, der sollte vor allem ganz viel Zeit mitbringen und die ausgestellten Stechuhren einfach ignorieren! Jüngere Besucher können im Tante-Emma-Laden die unterschiedlichen Waagen und deren Funktionsweisen selbst ausprobieren *(Apr. - Okt. Mi - Sa 14 - 18 Uhr; So/Feiertage 10 - 18 Uhr und nach Vereinbarung, Eintritt; www.pfunds-museum.de)*.

Schon Alexander von Humboldt bezeichnete die **Milseburg** als schönsten Berg der Rhön. Was liegt also näher, als der höchsten Erhebung der Kuppenrhön einen Besuch abzustatten. Hierzu folgen wir der Durchgangsstraße in Kleinsassen weiter und befinden uns damit auch auf dem **Hochrhönring**. Die Rundstraße wird unter Motorradfahrern gern als „Route 66" bezeichnet, ist von Zweirädern entsprechend gut zu befahren und bietet auch für uns eine Möglichkeit, die Reize der wunderschönen Mittelgebirgslandschaft mit großartigen Ausblicken zu genießen. Zunächst halten wir uns kurz Richtung Hilders, knacken schnell die Höhenmarke von 600 Metern und biegen wenig später und 45 Meter höher nach und zu einem Wanderparkplatz ab.

(155) WOMO-Wanderparkplatz: Danzwiesen, Milseburg Naturpark

GPS: N 50°33'09.0" E 09°53'48.9". **Max. WOMOs:** 2 - 3.
Ausstattung: Infotafel, Tisch und Bänke, Müllbehälter.
Beschreibung: Der einfache, sehr schräge Wanderparkplatz liegt unter Bäumen außerhalb des Ortes. Neben anderen Wanderwegen verläuft die insgesamt rund 11 km lange, mit einem roten M auf weißem Grund markierte **Extratour Milseburg** direkt am Parkplatz. Einen guten km südlich des Parkplatzes befindet sich der **Himmelsschauplatz Milseburg** [N 50°32'40.04" E 09°54'11.6", einfach zu Fuß der Zufahrtsstraße etwa 800 m und dann rechts dem Weg Am Ringwall folgen. Fernglas nicht vergessen! Vgl. Seite 274.].
Zufahrt: Vom Hochrhönring rechts nach Danzwiesen/Milseburg abzweigen. Der Parkplatz befindet sich ca. 120 m später auf der rechten Seite.
Hinweis: Da der Parkplatz nur für Pkw zugelassen ist, könnte es ratsam sein, den Hochrhönring etwa 250 m weiter zu befahren und den dortigen schrägen Parkplatz an der Straße zu nutzen.

WOMO-Wandertipp: Milseburg, Perle der Rhön

Kurze Wanderung von rund drei Kilometern Länge, die aber wegen des Anstiegs als mittelschwer gelten kann.
Viele Wege führen bekanntlich ans Ziel – auch längere – und wir könnten uns vom Wanderparkplatz gut der etwa elf Kilometer langen und

bestens beschilderten **Extratour Milseburg** anvertrauen, die als mittelschwer eingestuft wird. Da wir uns jedoch im Pfundsmuseum verplaudert haben und es schon Nachmittag ist, als wir den Weg zur sogenannten „Perle der Rhön“ mit der ausgeschilderten **Milseburghütte** antreten *(im Jahr 2020 ist die Hütte geschlossen, da sie abgerissen und neu gebaut werden soll)*.
Zunächst geht es am Waldrand gemächlich und nur leicht bergauf, aber dann wird es im Wald doch ziemlich steil und der Weg verlangt ab und zu etwas Trittsicherheit. Das beliebte Ausflugsziel verdankt der Sage nach seinen Namen dem „Riesen Mils“, der mit dem Teufel verbündet, sein Unwesen getrieben haben soll und schließlich vom Heiligen Gangolf bezwungen wurde. Danach brachte sich der Riese um und wurde vom Teufel mit Steinen bedeckt – den entstandenen Berg bezeichnen wir heute als Milseburg.
Wir halten uns doch lieber an die Fakten und passieren die Reste eines keltischen Ringwalls, bevor wir erst die Schutzhütte erreichen und vorbei an der dem Heiligen Gangolf geweihten Kapelle zur Kreuzigungsgruppe aus dem Jahr 1756 klettern. Der Himmel reißt auf und wir haben einen der schönsten Ausblicke auf die unter uns liegende Rhön. Auch wenn wir es uns beim Aufstieg etwas leicht gemacht haben, stellt sich hier oben tatsächlich so etwas wie ein Gipfelgefühl ein und gleichzeitig spüren wir, warum die Rhön das Land der offenen Fernen genannt wird. Gründe genug, um die Milseburg unter unsere persönlichen **Top Ten** zu wählen.
Um den gleichen Weg nicht wieder zurückgehen zu müssen, halten wir uns von oben kommend hinter der Schutzhütte rechts und gehen erst etwas mühsam über Steine, dann mit schönem Blick am Waldrand bergab zurück zum WOMO.

Es bleibt natürlich jedem selbst überlassen, in welche Richtung der Hochrhönring befahren wird. Unsere Streckenführung sieht vor, auf der Ringstraße wieder zurück nach Kleinsassen zu kommen und dort die Richtung Poppenhausen/Wolferts einzuschlagen. Es öffnet sich der Blick nach Westen über die Rhönausläufer bis nach Fulda und hinter Wolferts finden wir den Weg zum bekannten Ausflugslokal **Fuldaer Haus** *(Mo Ruhetag, außer an Feiertagen, Telefon 06658/242, www.fuldaer-haus.de)*.

Auf der Milseburg

Was für eine grandiose Fernsicht! Die Lage des folgenden Parkplatzes ist geradezu prädestiniert, um von hier zu schönen Wanderungen aufzubrechen (Milseburg 1 Stunde, Wasserkuppe 2 Stunden) und bei der anschließenden Einkehr im Fuldaer Haus einfach die Seele baumeln zu lassen.

(156) WOMO-Wanderparkplatz: Steinwand, Maulkuppe

GPS: N 50°31'39.9" E 09°52'27.1". **Max. WOMOs:** 2 - 3.
Ausstattung: Infotafel, Tisch und Bänke.
Beschreibung: Der einfache Waldparkplatz in unmittelbarer Nähe eines Jugendzeltplatzes liegt außerhalb des Ortes und befindet sich etwa 300 m vom Fuldaer Haus entfernt. Außer einer schönen Aussicht bietet der Parkplatz den Anschluss an Wanderwege.
Zufahrt: Vom Hochrhönring den Hinweisen zum Fuldaer Haus/Maulkuppe folgen.

Kurz hinter der vorgenannten Zufahrt zum Parkplatz wartet schon „Hessens schönster Klettergarten".

(157) WOMO-Wanderparkplatz: Steinwand, Kletterfelsen

GPS: N 50°31'25.8" E 09°51'58.6". **Max. WOMOs:** 2 - 3.
Ausstattung: WC-Nutzung in der Gaststätte, Infotafel, Wanderwege.
Beschreibung: Der einfache Waldparkplatz liegt am Ortsrand direkt hinter dem **Gasthaus Zur Steinwand** *(Di/Mi Ruhetag, www.gasthaus-zursteinwand.hpage.com)*. Der Platz bietet sich als Ausgangspunkt für Rad- und Wandertouren an.
Preise: €€.
Zufahrt: Vom Hochrhönring kommend liegt der Parkplatz rechts hinter der Gaststätte.

WOMO-Wandertipp: Rund um die Steinwand

Leichte Wanderung von etwa drei Kilometern Länge.

Hierbei handelt es sich eher um einen Spaziergang zu einem der bekanntesten Felsbrocken der Rhön. Die gut 100 Meter lange, senkrecht abfallende Wand aus bis zu 28 Meter hohem Phonolithgestein weist sechseckige Säulen aus vulkanischem erkaltetem Ergussgestein auf. Sie ragt zackig aus dem Waldboden auf und ist eigentlich ohne große Anstrengung zu besteigen ... wäre da nicht die Frontseite! Diese gehört nämlich zu einem der interessantesten Klettergebiete Hessens und ist das einzige **natürliche Kletterparadies in der Rhön**. An der Steinwand sowie zwei kleineren Felsen gibt es etwa 100 Kletterrouten der Schwierigkeitsgrade II bis VIII.
Wir gehören zu den weniger sportlich Begabten und wählen den Fußweg um die Steinwand herum und bestaunen die Felsformation lieber von unten. Große Blockschutthalden säumen genauso wie Farne unseren Weg und die mit Moosen und Flechten bewachsenen Steine erinnern fast an einen Zauberwald. Wer ein Metallhämmerchen mit sich führt, kann den Zauber sogar hören. Klingt komisch? Ist es aber nicht, denn die besondere Gesteinsart des Phonoliths, die deutsche Übersetzung bedeutet Klingstein, erzeugt beim Anschlagen einen Ton.

Auf den nächsten Kilometern des Hochrhönrings wird uns deutlich vor Augen geführt, was für das Landschaftsbild der Rhön so typisch ist: weite, freie Bergwiesen und bewaldete Kuppen. Inmitten dieser reizvollen Umgebung liegt in einer idyllischen Kesseltallage der Luftkurort **Poppenhausen**.

(158) Offizieller WOMO-Stellplatz: Poppenhausen, Freizeitgelände Lüttgergrund

GPS: N 50°29'23.5" E 09°52'33.4", Sebastian-Kneipp-Weg.
Max. WOMOs: 10.
Ausstattung: V/E, Strom, Tisch und Bänke, Infotafel.

Beschreibung: Der gepflasterte, meist sonnige Stellplatz am Ortsrand ist teilweise leicht schräg und schön angelegt. Das nahe Freizeitgelände bietet eine Kneippanlage, einen Früchtepfad, einen Teich sowie einen Kletterturm und das Freibad. Hier führen Rad- und Wanderwege vorbei, der Nordic-Walking-Parcours sorgt für Bewegung und der Ort mit Geschäften und Restaurants ist etwa 500 m entfernt.
Preise: €.
Zufahrt: Im Ort Richtung Wasserkuppe fahren und rechts dem WOMO-Piktogramm folgen.

Wir beziehen Quartier und marschieren in den Ort zum **Landgasthof Stern**, um uns am Abend mit Rhöner Spezialitäten aus der saisonal orientierten Küche zu zivilen Preisen verwöhnen zu lassen *(Mo - Fr ab 16 Uhr; Sa ab 13 Uhr; So/Feiertage ab 11.30 Uhr; Marktplatz 5; Telefon 06658/1202; www.landgasthof-zum-stern.com)*.
Gleich in der Nähe befindet sich die **Tourist-Information**, die zahlreiche Ideen für alle Freizeitmöglichkeiten im Sommer wie im Winter parat hält *(Mo, Mi/Do 8.30 - 12.30 Uhr u. 13.30 - 16.30 Uhr; Di bis 17.30, Fr 8.30 - 13 Uhr; Mai - Okt.*

Sa 10 - 12 Uhr; Von-Steinrück-Platz; Telefon 06658/960013; www.poppenhausen-wasserkuppe.de).

Bisher war für uns das Rhönschaf der typische vierbeinige Bewohner der Gegend, der die Wiesen kurzhält und für ein schmackhaftes Mahl sorgen kann. Direkt am Stellplatz schauen wir jedoch in die neugierigen Augen der Rhönlamas, die sich so gar nicht zum Verzehr eignen, sondern für das immer beliebter werdende **Lamatrekking** zur Verfügung stehen. Die vor Gelassenheit strotzenden, gutmütigen Pack- und Begleittiere erfreuen sich besonders bei Kindern großer Beliebtheit und bieten zu jeder Jahreszeit nicht nur einen naturnahen Tourismus, sondern ein ungewöhnliches und vermutlich unvergessliches Abenteuer. Unter erfahrener Führung sind Halb-, Ganz- oder Mehrtagestouren möglich *(Telefon 06658/1600, www.rhoenlamas.de, Gebühr).*

Bevor wir Poppenhausen verlassen, drehen wir eine kleine Runde auf dem gar nicht anrüchigen **Liebesweg**, der oberhalb des Stellplatzes auf 2,5 Kilometern Länge mit Aussichten auf den Ortskern und die umliegenden Berge entlangführt. An verschiedenen Stationen sollen Herz und Geist angesprochen werden.

(159) WOMO-Wanderparkplatz: Poppenhausen, Guckaisee

GPS: N 50°28'53.6" E 09°54'42.9". **Max. WOMOs:** 5.

Beschreibung: Der einfache, teils asphaltierte, teils geschotterte, manchmal schattige Parkplatz liegt außerhalb des Ortes. Aufgrund des Gefälles bietet sich das Parken am oberen Ende des Parkplatzes (Busparkplatz) an oder man weicht auf die untere Terrasse aus. Es gibt einen Naturbadesee, an dessen Rand die **Berghütte Guckai-Stube** zur Einkehr einlädt *(11 - 22 Uhr; www.guckaistuben-poppenhausen.de).* Neben der unten erwähnten Extratour Guckaisee führen hier etliche Wander- und Radwege vorbei.

Zufahrt: Östlich von Poppenhausen über Rodholz und Schwarzerden der Beschilderung zum Guckaisee folgen.

Der **Guckaisee**, genau genommen sind es zwei Seen, liegt idyllisch am Fuß des Pferdskopfes. Der untere See, um den ein Rundweg zum Spaziergang angelegt ist, lädt zum Schwimmen ein und der Wasserspielplatz kommt besonders bei den Jüngeren an. Für uns ist heute Wandern angesagt und wir rüsten uns für eine Ganztagestour, die uns bei Sonnenschein zu reizvollen Aussichtspunkten bringen soll. Trotz des Dunstes lassen wir uns von unserem Plan nicht abbringen und stiefeln einfach los.

WOMO-Wandertipp: Extratour Guckaisee

Schwere Wanderung von etwa 20 Kilometern Länge mit einigen heftigen An- und Abstiegen sowie herrlichen Ausblicken.

Zunächst führt uns der gut markierte Wanderweg (rotes G auf weißem Grund) an der Gaststätte Guckai-Stuben vorbei und dann rechts an der Südflanke der Wasserkuppe bergauf. Wir erreichen einen geschotterten Weg, gehen dort rechts bis zu einem Wäldchen und dort wieder abwärts. Vor dem Skilift wenden wir uns rechts am Waldrand entlang bis zum Wanderparkplatz Spielberg. Ein kleines Stück gehen wir nun rechts an der B284 und zweigen links hinab nach Oberhausen ab. Der Ort wird nach Süden hin durchlaufen und dann geht es über den Schneeberg hinauf zum Feldberg, von dem wir bei klarer Sicht eine schöne Aussicht auf Gersfeld haben sollen. Von hier erreichen wir, vorbei am Feldbachhof, den Weitwanderweg Hochrhöner und wandern links bis zur B284, die wir überqueren, und durch den Wald über den Fuchsstein zur **Fuldaquelle**. Später werden wir an der Quelle noch einmal mit dem WOMO auf dem Hochrhönring vorbeikommen, den wir jetzt erst mal genau wie einen Parkplatz, zu Fuß überqueren und rechts parallel zur Straße bis zu einem geschotterten Wirtschaftsweg gehen. Auf diesem marschieren wir durch die Wüstung Grumbach und verschnaufen an einem Rastplatz am Grumbachborn. Ein Stück weiter erreichen wir eine Weggabelung. Rechts führt ein Abstecher zum Naturschutzgebiet Schafstein, von dem man auf das Blockmeer schauen kann und die Milseburg fast zum Greifen nah vor Augen hat. Zurück an der vorgenannten Weggabelung halten wir uns rechts in weitem Bogen um das Flugplatzgelände der Wasserkuppe herum und passieren den für WOMOs tauglichen Parkplatz P5. Wenig später überschreiten wir ein

Fulda-Quelle

weiteres Mal den Hochrhönring und stehen auf dem Parkplatz vor dem Segelflugmuseum und verschiedenen Gaststätten. Rechts am Museum vorbei geht es in den Wald und zur Märchenwiese. Vor der Märchenwiesenhütte halten wir uns links und ein Stück bergauf und auf Wiesenpfaden zum Fliegerdenkmal. Hier zweigt der Weg scharf links und nach circa 200 Metern rechts ab. Der geschotterte Wanderweg führt nun leicht abwärts und nach rechts besteigen wir den Pferdskopf. Der im Wanderführer versprochenen Ausblick bleibt uns leider wieder versagt, aber nach den bisher zurückgelegten Kilometern haben wir wie zum Ausgleich trotzdem ein sehr erhabenes Gefühl. Durch das Goldloch mit schon fast alpinem Charakter steigen wir hinab zum Guckaisee, halten unsere strapazierten Füße ins kühlende Wasser und haben nach fast sieben anregenden Wanderstunden den Ausgangspunkt unseres Tagesmarsches erreicht.

Wir steuern nun unseren höchst gelegenen Übernachtungsplatz in Hessen an und halten uns vom Guckaisee kommend Richtung Abtsroda. Kurz vor dem Ort erreichen wir wieder den Hochrhönring und kurven immer weiter bergauf zur Wasserkuppe. Bei unserem Lauf haben wir es nicht bemerkt, aber jetzt, da wir die Höhenmeter schneller überwinden, knackt es ordentlich auf den Ohren. Auf Hessens höchstem Berg gibt es mehrere große Parkplätze, doch die Parkplatznutzung ist klar geregelt und für unsereins bleibt nur die folgende Möglichkeit zum legalen Parken und Übernachten.

(160) Offizieller WOMO-Stellplatz: Wasserkuppe, P5

GPS: N 50°30'01.4" E 09°56'58.0". **Max. WOMOs:** 15.
Ausstattung: Infotafel, Tisch und Bänke.
Beschreibung: Die ausgewiesenen Stellplatzbuchten auf einem einfachen, asphaltierten, schattenlosen Parkplatz liegen außerorts und sind bei Vollbelegung eng. In der Nähe findet sich das gesamte Freizeitvergnügen der Wasserkuppe und etliche Gaststätten laden zur Einkehr ein. Der Parkplatz ist idealer Ausgangspunkt für Rad- und Wandertouren (auch die oben beschriebene **Extratour Guckaisee** führt hier vorbei).
Preise: Tagsüber bis 23.59 Uhr € und danach nochmals €.
Zufahrt: Vom Hochrhönring den Hinweisen zum Parkplatz P5 und dem

WOMO-Piktogramm folgen.
Hinweis: Die Parktickets werden häufig kontrolliert und das Ordnungsamt weist darauf hin, dass Campingverhalten nicht erwünscht ist!
Durch die Nähe zur Straße kann es zu Geräuschbelästigungen kommen. In letzter Zeit mehren sich die Informationen über sogenannte Auto-Poser, die den Parkplatz für ihre Runden nutzen.

Das Wetter klart auch am nächsten Morgen nicht richtig auf – aber daran liegt es nicht, dass auf dem Plateau der Wasserkuppe kein richtiges Gipfelgefühl entsteht.

Wasserkuppe

Trotz des Quellenreichtums, immerhin entspringen neben der Fulda noch 30 weitere Bäche am Berg, leitet sich der Name „Wasserkuppe“ nicht vom Wort „Wasser“, sondern vom mittelhochdeutschen Wort „Wass“ ab. Damit wird ein Weideplatz bezeichnet und angesichts der weiten Wiesenflächen des Hochplateaus leuchtet uns diese Begrifflichkeit nicht nur ein, sondern erklärt auch das mangelnde Gipfelfeeling.
Im nicht zu verfehlenden **Rhön Info Zentrum** gibt es neben einer Menge Anregungen für einen erlebnisreichen Aufenthalt auch etwas über die Geschichte des „Berges der Segelflieger“ zu erfahren *(Mo - So, außer 24.12., 10 - 16 Uhr; www.rhoen.de)*.
Die Wasserkuppe gilt als Geburtsstätte des Segelflugs, denn im Jahr 1911 starteten Darmstädter Schüler vom kahlen Berg mit einem selbst gebauten Gleitflugapparat zu einem 150 Meter weiten und sechs Meter hohen Flug in die Lüfte. Was aus heutiger Betrachtung keine allzu große Kunst darstellt, war Anfang des 20. Jahrhunderts eine Meisterleistung und wurde 1912 bereits von Hans Gutermuth getoppt, als dieser mit einem Hängegleiter in 112 Sekunden 840 Meter weit und damit zu einem Weltrekord segelte. Im Jahr 1928 war es eine „Ente“, die von der Wasserkuppe aus vielleicht für die später folgenden ersten Schritte auf dem Mond verantwortlich war. Damals führte Fritz Stamer mit einem raketenbetriebenen Segelflugzeug des Typs RRG-Ente als erster Mensch einen bemannten Raketenflug aus und kam in circa 70 Sekun-

Wasserkuppe im Winter

den immerhin 1.500 Meter weit. Einen Nachbau der legendären Ente, viele weitere Segel- sowie Modellflugzeuge und die interessanten Details und Geschichten drum herum sehen und lesen wir im **Deutschen Segelflugmuseum** *(Apr. - Okt. 10 - 17 Uhr; Nov. - Mär. Sa/So 10 - 17 Uhr; Jahreswechsel 20.12. - 10.01. 10 - 17 Uhr; 24. u. 31.12. geschlossen Eintritt; Hunde nicht gestattet, www.segelflugmuseum.de)*.

Bis heute steigen die Segelflieger in den Himmel und dazu gesellen sich Motorflugzeuge sowie Drachen- und Gleitschirme, die von oben nicht nur die grandiose Aussicht genießen, sondern besonders am Wochenende das Gewusel von Wanderern, Radlern und Mountainbikern aus luftiger Höhe betrachten können. Aus eigener Erfahrung können wir berichten, dass der durch einen erfahrenen Piloten begleitete **Flug mit einem Motorflugzeug** über die Rhön bis nach Fulda ein besonderes Erlebnis ist *(Anmeldung nicht erforderlich. Einfach bei Flugbetrieb an der Fliegerschule nachfragen und abheben. Die Kosten liegen etwa bei 120 €/Stand 2020, www.fliegerschule-wasserkuppe.de)*.

In der Ski- und Rodelarena ist im Winter wie auch im Sommer immer etwas los. Da gibt es **Sommerrodelbahnen, einen Kletterwald und ein Rutschenparadies** genauso wie eine **Winterrodelbahn, Skilifte, gespurte Loipen und Abfahrtspisten**. Kurzum: Spaß und Unterhaltung satt für alle Altersklassen!

Als Landmarke unübersehbar ist das **Radom**, ein Relikt aus der Zeit des Kalten Krieges, dessen Name sich aus den Worten „Radar" und „Domizil" zusammensetzt. Die Letzte von vier Radarkuppeln ist heute für die Öffentlichkeit zugänglich und zu Fuß zu erreichen *(Sa/So/Feiertage ca. 13 - 16 Uhr; Eintritt, nicht barrierefrei; www.radom-wasserkuppe.de)*. Wir können nicht beurteilen, ob sich der Besuch lohnt, da wir wochentags unterwegs sind, und so gehen wir über die Wiesen weiter zum **Fliegerdenkmal**. Das aus Basaltsteinen bestehende und von einer Adler-Skulptur aus Bronze gekrönte Wahrzeichen der Wasserkuppe wurde im Jahr 1923 zum Andenken an die gefallenen Piloten des Ersten Weltkrieges errichtet. Von hier bietet sich ein atemberaubender Ausblick, der nur noch von einem traumhaften Sonnenuntergangsszenario getoppt werden kann.

Von nun an geht es kontinuierlich bergab, denn wir folgen dem Hochrhönring weiter. Knapp einen Kilometer später entspringt, gefasst von einer Basaltmauer unterhalb der rechten Straßenseite die **Fulda**. Ob wir der Weser das Wasser abgegraben haben, als wir uns am Tag zuvor bei unserer Wanderung an dem kühlen, klaren Nass erfrischt haben? Natürlich nicht, denn die kleine Quelle sprudelt munter weiter und wird sich nach gut 220 Kilometern mit der Werra vereint als breiter Fluss nach wie vor zur Nordsee bewegen. Auf unserer Weiterreise werden wir dennoch immer wieder ein Auge darauf werfen, denn wie bereits auf den vergangenen Etappen geschehen wird auch jetzt die Fulda, Hessens längster und schönster Fluss, unsere Wege ab und zu kreuzen.

Zunächst rollt das WOMO aber den Berg weiter hinab und direkt nach **Gersfeld**, dem einzigen heilklimatischen Kurort in der hessischen Rhön.

(161) WOMO-Campingplatz: Gersfeld, Camping- und Wohnmobilstellplatz Hochrhön

GPS: N 50° 27'45.5" E 09°55'10.9", Schachen 13.
Kontakt: Telefon 06654/7836, www.camping-hochrhoen.de.
Öffnungszeit: Apr. - Dez.

Ausstattung: Tischtennisraum, Grillhütte, Fahrradverleih, Kinderspielplatz, Waschmaschine, Trockner.
Beschreibung: Der terrassenförmig angelegte, ordentliche Platz ist halbschattig und liegt auf 600 m Höhe mit schöner Aussicht außerhalb des Ortes. Er bietet separate 20 **WOMO-Stellplätze** und ist idealer Ausgangspunkt für Rad- und Wandertouren in die hügelige Umgegend bis hinauf zur Wasserkuppe. Knapp 500 m entfernt kann man gut im **Gasthof Zur schönen Aussicht** einkehren und dabei tatsächlich die Aussicht genießen *(Telefon 06654/445, www.gasthof-zur-schönen-aussicht.de).*
Preise: Campingplatz €€, WOMO-Stellplatz €€€.
Zufahrt: 1. In Gersfeld Richtung Schachen fahren und den Hinweisen zum Campingplatz folgen. **2.** Vom Guckaisee Richtung Schachen/Gersfeld fahren und dem Hinweis zum Campingplatz folgen.

Sehenswert sind in Gersfeld der **barocke Kurpark** mit historischem Baumbestand, der das in Privatbesitz befindliche **Barockschloss** umschließt, sowie die **Stadtpfarrkirche**, die im schönsten Barock erscheint und mit einer monumentalen, typisch protestantischen Orgel-Kanzel-Altarwand in edlen Rokokoformen glänzt. Im südöstlich der Stadt gelegenen **Wildpark** im Ehrengrund dürfen sich über 150 Tiere in ihrem natürlichen Umfeld bewegen und freuen sich über menschliche Besucher, die an bestimmten Futterstellen eine Handvoll Futter für sie haben *(Apr. - Okt. 9 - 18 Uhr; Nov. - Mär. 10 - 16 Uhr; Eintritt, Hunde an der Leine gestattet; www.wildpark-gersfeld.de).*

Bei der Weiterfahrt Richtung B278/Rotes Moor treffen wir kurz vor der hessisch-bayerischen Landesgrenze auf einen einfachen, asphaltierten, leicht schrägen Wanderparkplatz mit Aus-

sicht und Anschluss an das Rad- und Wanderwegenetz **[162: N 50°26'11.5" E 09°58'07.5", An der L3396]**. Wenig später ist die B278 erreicht und wir passieren nordwärts die ehemalige Grenzstation zwischen den Königreichen Bayern und Preußen. Auf 765 Metern Höhe munden heute im **Rhönhäuschen** besonders die frischen Rhönforellen und andere Rhöner Spezialitäten *(Mi - So ab 11.30 Uhr; Telefon 09772/322; www.rhoenhaeuschen.de)*
Vom nächsten Wanderparkplatz brechen wir zu einem Spaziergang ins **Rote Moor**, dem mit etwa 50 Hektar Gesamtfläche zweitgrößtem Hochmoor der Rhön, auf. Das **Naturschutzgebiet im Unesco-Biosphärenreservat** bietet eine einzigartige Flora und Fauna.

(163) WOMO-Wanderparkplatz: Rotes Moor, Moordorf

GPS: N 50°27'37.8" E 09°59'05.5", An der B278. **Max WOMOs:** 2 - 3.
Ausstattung: Infotafel, Tisch und Bänke, Schutzhütte, **Imbiss** *(10 o. 11 - 17 Uhr; Mo Ruhetag)*, Müllbehälter.
Beschreibung: Der gebührenpflichtige, einfache, asphaltierte, schattenlose und teils sehr schräge Parkplatz liegt außerhalb des Ortes und ist der ideale Ausgangspunkt für Wander- und Radtouren. Im Winter befindet sich hier zusätzlich ein Loipeneinstieg und es gibt einen Skiverleih. Wem die unten genannte Wanderung nicht lang genug ist, der findet mit der **Extratour Rotes Moor** eine abwechslungsreiche, etwa 18 Kilometer lange und mit einem roten R auf weißem Grund markierte, mittelschwere Alternative.
Zufahrt: Von der B278 ausgeschildert und nicht zu verfehlen.

WOMO-Wandertipp: Rotes Moor

Leichte Wanderung von etwa 3,5 Kilometern Länge.
Die kleine Wanderung kann mit der als mittelschwer einzustufenden, 18 Kilometer langen Extratour „Rotes Moor“ (Markierung rotes R auf weißem Grund) zu einem Tagestrip erweitert werden.

Vom Anfang des 19. Jahrhunderts bis ins Jahr 1984 dauerte der Torfabbau, der das Hochmoor ungefähr die Hälfte seines Torfes kostete. Bereits 1979 wurde das Gebiet als Naturschutzgebiet ausgewiesen und der Wasserabfluss des Moores wurde als wichtige Maßnahme zur Renaturierung gestaut. Nach der Überquerung der B278 erreichen wir nach nur 300 Metern den daraus entstandenen Moorsee, der eine wunderbare Kulisse zur Vogelbeobachtung bietet. Hinter dem See wenden wir uns rechts und gehen auf einem Holzbohlenweg durch ein Wäldchen mit Karpatenbirken, deren Vorkommen in Westeuropa einzigartig ist. Infotafeln erläutern diese und machen auf weitere Besonderheiten des Roten Moores aufmerksam. Vom folgenden Aussichtsturm lassen wir uns die herrliche Aussicht auf das Moor nicht entgehen und laufen an der nächsten T-Kreuzung nach links. Zahlreiche bunte Schmetterlingen umflattern uns, während wir nach weiteren 800 Metern nochmals links zum WOMO zurückmarschieren.

Aurorafalter

Im weiteren Verlauf der Bundesstraße notieren wir einen kleinen Parkplatz, der uns einen weiteren Einstieg in verschiedene Wanderwege bietet. Als es dunkel und nebelig wird, der Autoverkehr gegen Null geht und nur ein einsames Käuzchen zu hören ist, wird's uns an der Moorwiese schon ein wenig mulmig zumute …

(164) WOMO-Wanderparkplatz: Rotes Moor, Moorwiese

GPS: N 50°28'18.2" E 09°59'26.4", An der B278. **Max. WOMOs:** 1.

Ausstattung: Infotafel, Tisch und Bänke, Schutzhütte, Müllbehälter.

Beschreibung: Der einfache, asphaltierte, teils schattige Parkplatz liegt außerorts direkt an der Straße. Neben diversen Rad- und Wanderwegen findet man auch hier den Einstieg in die **Extratour Rotes Moor**.

Zufahrt: Der Parkplatz liegt etwa 1,5 km hinter dem vorgenannten Wanderparkplatz.

Auf der Bundesstraße erreichen wir bald **Wüstensachsen** und gönnen uns nach unseren Wanderabenteuern zunächst ein Päuschen.

(165) WOMO-Wanderparkplatz: Wüstensachsen, Roter Rain

GPS: N 50°29'28.1" E 10°00'05.3", Sportplatzweg. **Max. WOMOs:** 2 - 3.

Ausstattung: Infotafel, Tisch und Bänke, Spielplatz, Grillhütte.

Beschreibung: Der einfache, geschotterte, meist schattige Parkplatz liegt

eingebettet in Wiesen außerhalb des Ortes. Natürlich starten auch hier Rad- und Wanderwege und es gibt einen Loipeneinstieg.

Zufahrt: Von der B278 gleich rechts in den Ort hineinfahren und bei nächster Gelegenheit ca. 800 m bis zum ausgewiesenen Wanderparkplatz fahren.

Der Platz am Ufer der noch kleinen Ulster bietet sich bestens für ein Picknick unter Bäumen an, aber auch Wanderer kommen auf verschieden langen Rundwegen auf ihre Kosten. So führt der Rhön-Rundweg 6 unter anderem an der **Ulsterquelle** vorbei, deren weiterem Verlauf wir durch das reizvolle **Ulstertal** folgen wollen.

Der **Ulstertalradweg** macht das auf 53 Kilometer Länge ebenfalls möglich, und da wir uns im Quellgebiet des rund 47 Kilometer langen Flüsschens befinden, ist die Strecke Richtung Philipsthal an der Werra bequem zu befahren. Wer nach etwa 10 Kilometern schon genug vom Radfahren haben sollte, kann sich von Hilders aus die 170 Höhenmeter überwindende Strecke nach Wüstensachsen mit dem **RhönRadBus** zurückchauffieren lassen *(Wochenende/Feiertage Anfang Mai - Anfang Okt., www.rmv.de)*.

Die Ulster bei Wendershausen

Wir bewegen uns stattdessen mit dem WOMO vom Fuß der Wasserkuppe weg und rollen auf der B278 weiter. Am nordöstlichen Ortsende von Wüstensachsen darf der sehr schöne und ordentliche **Campingplatz Rhön Camping-Park** nicht unerwähnt bleiben [**166:** N 50°30'21.8" E 10°00'43.5", An der Ulster 1, Telefon 06683/1268,

www.rhoen-camping-park.de, Preise €€€, geöffnet ganzjährig].
Bereits im nächsten Ort erwartet uns ein weiterer, wenn auch völlig anderer Wohlfühlplatz.

(167) Offizieller WOMO-Stellplatz: Seiferts, Krenzers Rhönschafhotel

GPS: N 50°31'28.3" E 10°00'56.8", Eisenacher Straße 24. **Max. WOMOs:** 3.
Kontakt: Telefon 06683/96340, www.rhoenerlebnis.de.
Ausstattung: Strom, Wasser, Entsorgungsgutschein für den vorgenannten Rhön-Camping-Park, Nutzung von Dusche/WC im nahen Sanitärgebäude, obligatorische Einkehr im **sehr empfehlenswerten Restaurant** mit Rhöner Spezialitäten oder Teilnahme am reichlich ausgestatteten **Frühstücksbuffet**.

Beschreibung: Zwei gepflasterte, leicht schräge und teils schattige Stellplatzmöglichkeiten befinden sich direkt an der Schau-Kelterei und bieten einen Blick auf die Streuobstwiese. Eine dritte gepflasterte, meist sonnige Möglichkeit liegt oberhalb der sogenannten Schäferwagenwiese mit Miet-Schäferwagen und ist nur etwas für autarke, max. 7 - 7,50 m lange WOMOs, die keinen Strom benötigen. Die dortige Aussicht ist traumhaft! In klaren Nächten sollte der Blick unbedingt in die Höhe wandern, um die ungeheure, strahlende Sternenfülle am Firmament zu bewundern.
In der **Schaukelterei** können Besucher erleben, wie aus reifen Äpfeln frisch gepresster Most, fruchtiger Apfel-Wein oder edler Apfel-Sherry wird, und nach einer Verkostung findet sich im angrenzenden **Laden** sicher ein fein gefülltes Fläschchen oder andere Leckereien für sich selbst und die Lieben zu Hause.
Preise: €€.
Zufahrt: Krenzers Rhön befindet sich mitten im Ort direkt an der Bundesstraße und ist nicht zu übersehen. Die Zufahrten auf dem Grundstück werden vor Ort gezeigt.

Im nahen **Hilders** findet man im kombinierten Frei- und Hallenbad des **Freizeitbades Ulsterquelle** genauso Erholung und Zerstreuung wie auf den zahllosen um den Ort verlaufenden Rad- oder Wanderwegen.

(168) Offizielle WOMO-Badeplatz: Hilders, Freizeitbad Ulsterquelle

GPS: N 50°34'08.6" E 09°59'33.7", Heideweg. **Max. WOMOs:** 5.
Beschreibung: Der einfache, geschotterte, teils schattige, in Terrassen angelegt Parkplatz befindet sich am Ortsrand.
Zufahrt: Im Ort an der Ampelkreuzung links dem Hinweis zum Freizeitbad folgen. Der Parkplatz liegt hinter dem Gebäude.
Hinweis: Enge, sehr steile Zufahrt, die bei Regen glatt und für WOMOs über 6,50 m Länge problematisch sein könnte!

Im Winter locken zusätzlich Loipen und Pisten und in den übrigen Jahreszeiten bietet der **Milseburgradweg** für die ganze Familie ein besonderes Radfahrerlebnis. Zum einen geht es auf der 27 Kilometer langen Strecke mit maximal drei Prozent

Steigung relativ gemächlich zur Sache, zum anderen steht auch hier der RhönRadBus (siehe oben) für den Rücktransport zur Verfügung. Das Highlight des Weges ist aber sicher die 1.172 Meter lange Fahrt durch den aus dem Jahr 1889 stammenden **Milseburgtunnel** *(15. Apr. - Okt., in der übrigen Zeit ist eine Umfahrung möglich)*, durch den bis vor einigen Jahren die Züge rollten.

Im netten kleinen Ort steht für weitere Anregungen die **Tourist-Information** zur Verfügung *(Mo - Fr 8.30 - 12 Uhr u. 13 - 17 Uhr; Kirchstraße 2 - 6; Telefon 06681/960815; www.hilders.de)*. Dort erfahren wir, dass wir den alljährlich am vierten Sonntag im Sept. stattfindenden **Rhöner Viehabtrieb** verpasst haben. Im Ortsteil Simmershausen wird von einer Hochebene die geschmückte Viehherde ins Dorf getrieben, was zahlreiche Besucher aus nah und fern begeistern soll *(www.viehabtrieb.de)*.

Auf dem Weg nach Tann sind in **Wendershausen** dann erstmal wieder die jüngeren Mitglieder der WOMO-Besatzung gefragt, denn der **RhönRäuberPark** verspricht eine ganze Menge Nervenkitzel und Spaß für die Kids [N 50°37'36.1" E 10°00'56.4", Hauptstraße]. Hier ist Klettern, Rutschen und Toben angesagt, während Eltern, gut mit Zeitungen und Gesellschaftsspielen versorgt, in einem Eckchen „abgegeben" werden können *(Mo - Fr 14 - 19 Uhr; Sa/So/Feiertage/Ferienzeit in Hessen u. Thüringen 11 - 19 Uhr; Eintritt; www.rhoenraeuberpark.de)*. Alternativ können die Großen natürlich auch im angrenzenden Erlebniskaufhaus **Rhön-Dorf** heimische Produkte von der Schafmilchseife über die Lammbratwurst bis zum Beerenwein erwerben *(Mo - Fr 10 - 18 Uhr; Sa 10 - 17 Uhr; So 12 - 17 Uhr; www.rhoen-dorf.de)*.

(169) WOMO-Stellplatz: Wendershausen, Am Sportplatz

GPS: N 50°37'54.6" E 10°00'53.7", Am Sportplatz. **Max. WOMOs:** 1 - 2.

Beschreibung: Der einfache, geschotterte, sonnige Parkplatz am Ortsrand liegt unmittelbar an der Ulster und dem gleichnamigen Radweg. In der Nähe an der Hauptstraße sollten Fischliebhaber bei der **Fischzucht Dänner** vorbeischauen, von der wir die geräucherten Lachsforellen besonders mögen *(www.fischzucht-dänner.de)*.
Zufahrt: Im Ort schräg gegenüber dem Abzweig nach Dippach bis zum Parkplatz fahren.

Fast übergangslos gelangen wir nach **Tann**, das uns mit einem Renaissance-Stadttor begrüßt. Die Durchfahrt ist ampelgeregelt, aber für alle WOMOs über drei Meter Höhe sollte die beschilderte Ortsumfahrung für Busse und Lkw genutzt werden.

(170) Offizieller WOMO-Stellplatz: Tann, Am Unsbach

GPS: N 50°38'28.0" E 10°01'07.9", Am Unsbach. **Max. WOMOs:** 8.
Ausstattung: V/E, Strom, Info-Tafel ca. 200 m entfernt.
Beschreibung: Der teils schattige, am Ufer der Ulster gelegene Stellplatz befindet sich auf Schotter und Rasen am Ortsrand mit direktem Anschluss an Rad- und Wanderwege. Der Fußweg ins Ortszentrum mit Gaststätten und Geschäften beträgt etwa 500 m (bei Dunkelheit ist eine Taschenlampe unbedingt zu empfehlen).
Preise: €.
Zufahrt: Der B278 durch das Stadttor oder der Ortsumgehung und am „Alten Weg" dem WOMO-Piktogramm etwa 600 m folgen.
Hinweis: Unserer Erfahrung nach fasst der Stellplatz mindestens die doppelte Anzahl der angegebenen WOMOs, die bisher auch geduldet wurden. Wohnwagengespanne sind nicht gestattet.

Tann und der Sternenpark Rhön

Schloss

Vom Stellplatz, der einen Blick auf das Tanner Schloss erlaubt, gelangen wir über eine Wiese und den Unsbach hinauf in das zwischen dem Habelberg, dem Engelsberg und Roßberg liegende hübsche Städtchen. Im 6./7. Jahrhundert sollen hier bereits irische Mönche gesiedelt und dem Ort den Namen „Thonn" gegeben haben. Auch soll der Name der Ulster auf die Mönche zurückzuführen sein, die das Gewässer nach ihrer Heimatprovinz in Nordirland benannt haben. 1197 wird Tann das erste Mal als Stadt urkundlich erwähnt und Mitte des 16. Jahrhunderts führte Eberhard von der Tann, ein Freund Martin Luthers, den evangelischen Glauben ein. Er ließ nicht nur eine evangelische Kirche bauen, sondern umzog die Stadt mit einer Befestigung, zu der auch das noch heute erhaltene Stadttor gehörte. Den Äbten in Fulda gefiel der Glaubenswechsel natürlich gar nicht und so entbrannte ein hundertjähriger Krieg, der erst 1629 von Kaiser Ferdinand beendet wurde. Seit dieser Zeit blieb Tann ungehindert evangelisch.
Der Werbeslogan „tann:rhön ... grenzenlos schön!" kommt nicht von ungefähr, denn jahrhundertelang waren die Besitzungen Tanns Spielball unter anderem der mächtigen Äbte von Fulda, der hessischen Landgrafen und der Herzöge von Sachsen. Später wurde es bayerisch, dann preußisch und seit 1945 hessisch. Die Nähe zur ehemaligen Zonengrenze brachte einige wirtschaftliche Nachteile mit sich, doch heute liegt Tann ohne einengende Grenze in der Mitte Deutschlands. Für eine Vertiefung der jüngsten „Grenzgeschichten" bietet sich ein Besuch in der Rhönhalle im kleinen **Tanner Grenzmuseum** an *(Öffnungszeiten bitte in der Tourist-Information anfragen).* Wir sind mittlerweile am intimen Marktplatz gelandet, um den sich viel Sehenswertes gruppiert.

Erwähnenswert sind das Denkmal des Generals Ludwig von und zu der Tann-Rathsamhausen und das älteste Gebäude der Stadt, das **Elf-Apostel-Haus** aus dem Jahr 1500 mit einem Holz-Flachrelief (Foto oben). Im **Naturmuseum** können wir in ausgestopfter Version den Tieren der Rhön nahekommen und in 26 Dioramen werden verschiedene Landschaften des Biosphärenreservats Rhön gezeigt. Das Freilichtmuseum **Rhöner Museumsdorf**, eher ein Dörfchen, besteht aus drei historischen Höfen plus Nebengebäuden und vermittelt heimische Tradition sowie Baukunst. Sämtliche Gebäude sind mit Hausrat, Gerätschaften und Möbeln ausgestattet. Direkt neben dem Eingang zum Museumsdorf befindet sich der **Sagenkeller**, in dem eine Ausstellung Bilder alte Tanner Sagen aus eingefärbten Holzspänen zeigt *(alle Museen: Apr./Mai - Okt. Di - So 10 - 17 Uhr; Eintritt)*. Am Marktplatz befindet sich auch die **Tourist-Information** *(Apr. - Okt. Mo 9 - 11.30 Uhr u.13 - 16 Uhr; Di - Fr 9 - 17 Uhr; Sa/So/Feiertage 10 - 17 Uhr; Nov. - Mär. Mo - Fr 9 - 11.30 Uhr; Mo - Mi 13 - 16 Uhr; Do 13.30 - 17 Uhr; Fr 13 - 15 Uhr; Telefon 06682/961111; www.tann-rhoen.de)*.
Hier trifft man sich auch zu einer **Sternguckerwanderung** im **Internationalen Sternenpark Rhön**, dessen Name als Auszeichnung dem Unesco-Biosphärenreservat im Jahr 2014 verliehen wurde. Durch eine umweltverträglichere und optimierte Beleuchtung soll die natürliche Landschaft bewahrt und die Luftverschmutzung reduziert werden. Bereits in Seiferts hatten wir im Schutz der Nacht den funkelnden Sternenhimmel bewundern können, doch bei der hier angebotenen, etwa drei bis vier Kilometer langen geführten Wanderung werden uns außergewöhnliche Himmelsobjekte gezeigt und himmelsmechanische Vorgänge erläutert. Auch Fulda wurde als Sternenstadt geadelt und in der

gesamten Rhön gibt es weitere **Himmelsschauplätze** (vgl. Seite 258), von denen man zwar nicht die Sterne vom Himmel holen, aber garantiert glänzende Momente erleben kann *(www.sternenpark-rhoen.de).* Abschließend müssen wir natürlich noch einen kulinarischen Tipp loswerden. Richtig gut aufgehoben fühlen wir uns bei jedem unserer Besuche im **Gasthof Zur Krone** mit eigener Metzgerei. Beim letzten Aufenthalt trafen wir dort unsere Stellplatznachbarn, die genau wie wir vom Chateaubriand für Zwei zu einem unschlagbaren Preis begeistert waren *(Do - So Frühstück 7.30 - 11 Uhr; mittags 11 - 14 Uhr; abends 17.30 - 00.00 Uhr; Telefon 06682/213, www.zur-krone-tann.de).;*

Die B278 führt uns weiter durch das Ulstertal nach Günthers. Kurz hinter dem Ort erinnert ein großes Schild daran, dass hier mit der Weiterfahrt über viele Jahre Schluss war. Am 8. Dezember 1989 um 14 Uhr öffnete sich an dieser Stelle die innerdeutsche Grenze und heute fahren wir wie selbstverständlich von Hessen nach Thüringen. Hinter Schleid fällt ein heller Berg voraus auf, der so gar nicht zu den übrigen grünen Hügeln passen will. Im Verlauf unserer Reise werden wir ihm sehr viel näherkommen und das Rätsel um die weißen Berge noch lösen. Zuvor notieren wir in **Geisa** erst einmal einen WOMO-Stellplatz an der mittlerweile recht breiten Ulster.

(171) Offizieller WOMO-Stellplatz: Geisa, An der Ulster

GPS: N 50°42'25.9" E 09°56'59.8", Schleider Straße. **Max. WOMOs:** 8.
Ausstattung: V/E (Wasser Mär. - Okt.).
Beschreibung: Der auf Wiese liegende, nicht parzellierte Stellplatz bietet keinen Schatten und befindet sich am Ortsrand direkt an der Ulster. Wander- und Radwege (z. B. Ulster- und Rhönradweg, Extratour Point-Alpha-Weg) sowie ein Supermarkt befinden sich in der Nähe. Der Fußweg zum Ortszentrum beträgt etwa 1 km.

Zufahrt: Von der B278 Richtung Spahl/Geismar abbiegen und nach dem Überqueren der Ulster dem WOMO-Piktogramm folgen.
Hinweis: Bei Nässe ist die Stellplatz-Wiese unter Umständen schlecht zu befahren und man kann sich auch schnell mal festfahren! Wohnwagengespanne sind nicht gestattet.

Jahrzehntelang lag Geisa sehr abgeschieden in der Fünf-Kilometer-Sperrzone der DDR. Für Auswärtige war der Besuch nur mit Sondergenehmigung möglich und grenznahe Gebäude wurden dem Erdboden gleichgemacht. Seit der Grenzöffnung erblüht das kleine Städtchen zusehends und ein Bummel entlang der in weiten Teilen erhaltenen Stadtmauer und zum Schlossberg ist erfreulich. Der Marktplatz bildet das Zentrum und im **Bürgerbüro** im Rathaus können Stadt- Kirchen- und Turmführungen gebucht werden *(Di 9 - 12 Uhr u. 14 - 18 Uhr; Do 9 - 12/14 - 16 Uhr; Fr 8 - 12 Uhr; Marktplatz 27; Telefon 036967/690; www.stadt-geisa.org)*. Dem **Carillon**, das sich im

Schloss Geisa

Turm der Stadtkirche befindet, kann man jedoch auch ohne Führung lauschen. Die Besonderheit des großen Glockenspiels liegt in der Bespielbarkeit mittels einer Hebelklaviatur durch einen Spieler, der die 49 Bronzeglocken zum Klingen bringt. Zusätzlich ist im Geisaer Carillon eine automatische Spieleinrichtung eingebaut *(täglich 11, 15, 19 Uhr)*.

Wer Lust auf eine Wanderung verspürt, dem sei die **Extratour Point-Alpha-Weg** (Markierung „rotes P auf weißem Grund", ca. 15 Kilometer, Höhenunterschied 400 Meter) empfohlen, die vom Schlossplatz aus nicht nur die landschaftlichen Schönheiten Geisas ins rechte Bild setzt, sondern auch zu einem der heißesten Punkte im Kalten Krieg führt.

Wir nähern uns diesem Brennpunkt mit dem WOMO, in dem wir der B278 ein kleines Stück nach Geisa hinein folgen und uns von dort dem Point Alpha zuwenden. Die Straße windet sich den Rasdorfer Berg hinauf und auf der Höhe legen wir den ersten Stopp am **Platz der Deutschen Einheit** ein [N 50°43'11.2" E 09°55'45.8", An der L1026].

(172) WOMO-Wanderparkplatz: Rasdorf, Gedenkstätte Point Alpha

GPS: N 50°43'26.0" E 09°56'00.8". **Max. WOMOs:** 2 - 3.

Ausstattung: Müllbehälter.

Beschreibung: Der einfache, geschotterte, schattenlose Parkplatz befindet sich an der Gedenkstätte außerhalb der Ortschaft. Er bietet eine schöne Aussicht über das hessisch-thüringische Grenzgebiet und ist ein idealer Ausgangspunkt für Rad- und Wandertouren (z. B. **Extratour Point-Alpha-Weg**).

Zufahrt: Etwa 750 m hinter dem Haus auf der Grenze rechts ca. 1,5 km dem Hinweis zum Point Alpha folgen.

Auf dem Kolonnenweg zwischen den Beobachtungstürmen

Gedenkstätte Point Alpha mit dem Haus auf der Grenze und dem US-Camp

Wir befinden uns an einem Punkt in Deutschland, wo bis 1989 jederzeit der Einmarsch der Truppen des Warschauer Pakts und somit der Dritte Weltkrieg erwartet wurde … je weiter man von hier entfernt war, desto unfassbarer wurde diese Vorstellung für viele Menschen, sie wurde verdrängt oder schlicht nicht wahrgenommen. Auch heute, in einer Zeit, in der wir uns in der relativen Sicherheit des Friedens wähnen, fehlt uns Nachkriegskindern (glücklicherweise) oft die Gabe, sich etwaige Folgen dieses „Ernstfalls“ vor Augen zu führen. Der Gesamtkomplex der Gedenkstätte ist ein Zeugnis aus der Zeit des Kalten Krieges und dem Machtkampf zweier politischer Systeme. Sie soll dazu beitragen, aus der Geschichte zu lernen und sie in der hier dargestellten Form und ihren möglichen Folgen nicht wiederholbar zu machen.

Nach dem Ende des Zweiten Weltkriegs, der Blockade Berlins und des Koreakrieges waren die USA davon überzeugt, dass ihre Verbündeten und andere nicht-kommunistischen Staaten vor der Bedrohung der UdSSR zu schützen seien. Aus diesem Grund wurde oberhalb von Geisa, der einst am weitesten westlich gelegenen Stadt des Ostblocks, ein **US-Beobachtungsstützpunkt** im direkten Gegenüber der Grenztruppen der DDR eingerichtet. Im sogenannten „Fulda Gap“ wurde jederzeit damit gerechnet, dass der Kalte Krieg heiß werden würde (das englische Wort *gap* bedeutet in deutscher Sprache *Lücke*). Die Stadt Fulda selbst spielte keine große Rolle, aber die Verkehrswege drum herum hätten den vorrückenden Streitkräften aus dem Osten einen schnellen, leichten Vormarsch ins wichtige Frankfurt und zum Rhein ermöglicht.

Haus auf der Grenze

Weg der Hoffnung

Die Szenerie sah einen Einsatz nuklearer Waffen auf beiden Seiten vor ... Was dies bedeutet hätte, stellen wir uns in diesem harmlosen kleinen WOMO-Reiseführer lieber nicht weiter vor!

Kurz und knapp, Point Alpha war einst der wichtigste Vorposten der NATO, der nach dem Zusammenbruch der UdSSR und der Wiedervereinigung Deutschlands seinen Sinn verloren hat. Auf dem ehemaligen Kolonnenweg zwischen dem ehemaligen Beobachtungsposten im Hessischen und dem **Haus auf der Grenze** im Thüringischen können wir anhand der erhaltenen beziehungsweise zum Teil rekonstruierten Grenzanlagen der DDR nachvollziehen, wie sich das Gesicht der Grenze im Laufe der Jahre veränderte. Erst wurde sie immer unüberbrückbarer, der Todesstreifen entstand mit seiner ganzen Schrecklichkeit, Flucht-

versuche scheiterten teils für immer und schließlich entwickelte sich das **Grüne Band** als verbindendes Glied zwischen Ost und West *(www.bund.net/gruenes-band).* Auf dem 1,4 Kilometer langen **Weg der Hoffnung** markieren 14 monumentale eiserne Skulpturen den ehemaligen Todesstreifen, auf dem wir heute zwar bewegt und nachdenklich, aber völlig sorglos und vor allen Dingen frei von West nach Ost und wieder zurück schlendern können.
Die Dauerausstellung im „Haus auf der Grenze" zeigt sehr eindrücklich das Grenzregime der DDR und das Leben der Bevölkerung im Sperrgebiet *(Apr. - Okt. 9 - 18 Uhr; Nov. - Mär. 10 - 16.30 Uhr; Dez. - Feb. Di - So 10 - 16.30 Uhr; Weihnachten/Silvester gelten besondere Zeiten; Eintritt; Führungen; auch barrierefreie Kurzführungen möglich; www.pointalpha.com).*

Nach diesem äußerst beeindruckenden Rundgang genießen wir unseren kleinen Spaziergang rund um das Denkmal der deutschen Teilung und Wiedervereinigung ganz besonders und der Begriff von „Freiheit" bekommt eine neue, viel tiefere Bedeutung.
Fast wie zum Trotz zur eben beschriebenen Vergangenheit haben wir bei der Weiterfahrt nach Rasdorf eine weite, offene Landschaft vor uns liegen – das **Hessische Kegelspiel** heißt uns mit seiner ganzen Schönheit willkommen. Im nordwestlichen, flachsten Teil der Rhön sollen der Sage nach die Riesen eine Kegelbahn betrieben haben. Der Stoppelsberg fungierte als Kugel, während die kegelförmigen, markanten Basaltkuppen (Sois-, Stall-, Appels-, Rückers-, Klein-, Wissels-, Hübels-, Mors- und Lichtberg) die neun Kegel darstellten *(www.hessischeskegelspiel.de).*
Auffallend ist auch der Gehilfersberg, der seit dem 18. Jahrhundert einer der bedeutendsten Wallfahrtsorte im Fuldaer Land ist. Die kleine **Wallfahrtskapelle** ist den 14 Nothelfern geweiht und neugierig wie wir sind, werden wir dem Berg noch näherkommen. Zunächst sei aber erwähnt, dass die Ferienregion des Kegelspiels eine ganze Menge abwechslungsreiche Natur bietet,

Blick vom Öchsenberg in Thüringen zum Hessischen Kegelspiel

Gehilfersberg

in der bestens ausgeschilderte Rad- und Wanderwege verlaufen. Von Rasdorf aus kann man beispielsweise über den 15 Kilometer langen **Via Regia-Radweg** nach Hünfeld radeln und kombiniert mit dem 27 Kilometer langen **Kegelspiel-Radweg** eine abwechslungsreiche Runde drehen. Die Strecke enthält keine größeren Steigungen, sodass die beschaulichen Dörfer und duftenden Wiesen genussvoll wahrgenommen werden können. Passionierte Wanderer finden bestimmt Spaß an der **Extratour Kegelspiel**. Wir sind ihn noch nicht abgewandert, gehen aber davon aus, dass die als leichte bis mittelschwere 18 Kilometer lange Wandertour wieder einmal ein Schmankerl sein wird (Markierung rotes K auf weißem Grund).
Beim Durchfahren der Ortsmitte von **Rasdorf** fällt sofort der **größte Dorfanger Hessens** auf, der mit einer Ausdehnung von 170 mal 75 Metern als Umspann- und Handelsplatz an der Via Regia, der alten Handelsstraße zwischen Frankfurt und Leipzig, und als Lagerplatz für Wallfahrer zum Gehilfersberg diente. Neben der frühgotischen **Stiftskirche** ist noch die gut erhaltene, mittelalterliche Anlage des **Wehrfriedhofs** zu nennen. Mit einer hohen Mauer sowie vier Wehrtürmen und Schießscharten versehen bot er in kriegerischen Zeiten Schutz für die Rasdorfer Bevölkerung.

Dorfanger in Rasdorf

(173) Offizieller WOMO-Stellplatz: Rasdorf, Sport und Freizeitzentrum

GPS: N 50°42'52.4" E 09°54'11.5", Setzelbacher Straße. **Max. WOMOs:** 4.
Ausstattung: V/E, Strom.

Beschreibung: Der befestigte, teils schattige Parkplatz liegt am Ortsrand. Das Zentrum mit Metzgerei, Bäckerei und Gaststätten (hier kann auch die Stellplatzgebühr bezahlt werden) ist etwa 600 m entfernt. Empfehlenswert erscheint uns der Landgasthof Zum Adler *(Fr - So 17.30 - 20 Uhr; So 11.30 - 13.30 Uhr; Telefon 06651/422; www.zum-landgasthof-adler.de)*. Am Stellplatz starten Wander- und Radtouren und der schöne Spielplatz spricht besonders die jüngeren Wohnmobilisten an. Die gesamte Familie dürfte sich auf dem auf einer stillgelegten Bahntrasse verlaufenden **Kegelspielradweg** wohlfühlen.
Preise: €.
Zufahrt: Im Ort von der B84 dem WOMO-Piktogramm Richtung Setzelbach/Haselstein folgen.

(174) WOMO-Wanderparkplatz: Rasdorf, Naherholungsgebiet Bornmühle

GPS: N 50°43'36.4" E 09°53'59.8", Grabenweg. **Max. WOMOs:** 1 - 2.
Ausstattung: Infotafel, Müllbehälter.

Beschreibung: Der einfache, geschotterte, teils schattige Parkplatz liegt außerhalb des Ortes. Hierfinden sich Einstiegsmöglichkeiten in Rad- und Wanderwege, von denen die mittelschwere, etwa 15 km lange **Extratour Der Rasdorfer** (rotes R auf weißem Grund) Erwähnung finden soll. Der Einstieg ist direkt am Parkplatz möglich.
Zufahrt: Im Ort von der B84 Richtung Ortsmitte, dann Richtung Infozentrum fahren und dem Hinweis zum Naherholungsgebiet folgen.

(175) WOMO-Wanderparkplatz: Rasdorf, Gehilfersberg

GPS: N 50°43'28.1" E 09°53'12.5". **Max. WOMOs:** 1 - 2.
Ausstattung: Infotafel, Tisch und Bänke.
Beschreibung: Der einfache, geschotterte, teils schattige Parkplatz ist terrassenförmig angelegt, bietet eine tolle Aussicht und liegt außerhalb des Ortes. Von hier bietet sich der Einstieg in die **Extratouren Kegelspiel und Der Rasdorfer** an.

Zufahrt: Wie zum vorgenannten Stellplatz, jedoch von der Durchgangsstraße in den Gehilfersweg abbiegen, dann steil bergauf und ohne Ausweichstellen dem Hinweis „Gehilfersberg“ ca. 1,5 km folgen.
Hinweis: Nur für WOMOs bis 6,50 m Länge! Der Parkplatz ist beengt und wenn dort Pkw parken, kann ein Wendemanöver schwer, wenn nicht sogar unmöglich werden.

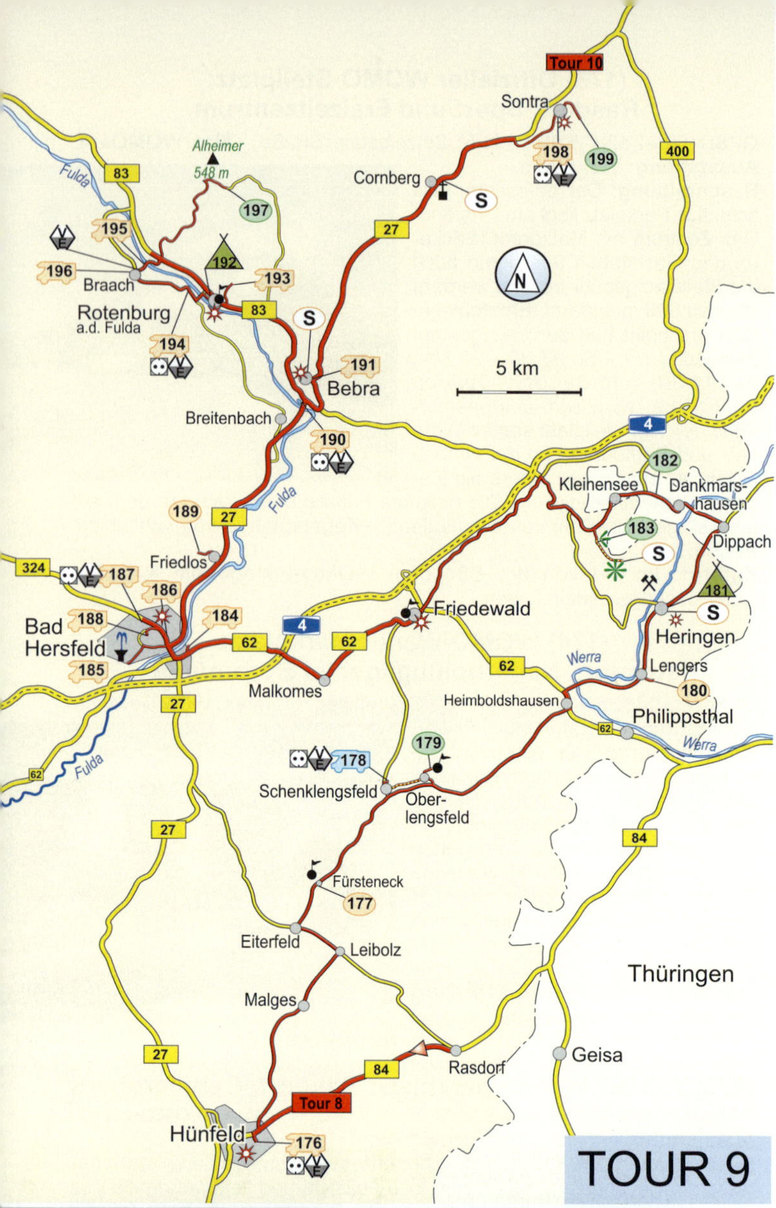
Tour 10
Sontra
198
199
400
Alheimer
548 m
Cornberg
S
197
83
27
195
192
196
Braach
193
Rotenburg
a.d. Fulda
83
S
194
191
Bebra
5 km
Breitenbach
4
190
182
Kleinensee
Dankmars-
hausen
189
27
183
Dippach
Friedlos
S
324
187
186
181
Friedewald
S
Bad
Hersfeld
188
184
Heringen
62
62
4
Werra
185
62
Lengers
180
Malkomes
Heimboldshausen
27
Philippsthal
62
Werra
179
178
62
Schenklengsfeld
Ober-
lengsfeld
Fulda
27
84
Fürsteneck
177
Eiterfeld
Leibolz
Thüringen
Malges
Rasdorf
Geisa
27
84
Tour 8
Hünfeld
176

TOUR 9

Hünfeld – Heringen – Friedewald – Bad Hersfeld Bebra – Rotenburg an der Fulda – Sontra

Stellplätze:	Hünfeld, Fürsteneck, Schenklengsfeld, Oberlengsfeld, Lengers, Dankmarshausen, Kleinensee, Bad Hersfeld, Friedlos, Bebra, Rotenburg, Braach, Sontra.
Campingplätze:	Heringen Werratal Camping, Rotenburg Fulda-Camp.
Besichtigen:	Hünfeld Konrad-Zuse-Museum, Museum Modern Art mit Offenem Buch; Heringen Kalibergbaumuseum, Monte Kali; Friedewald Wasserburg mit Heimatmuseum, Bad Hersfeld Stiftsruine, Erlebniswelt wortreich, Stadtmuseum, Konrad-Duden-Museum; Bebra Eisenbahnmuseum; Rotenburg Kreisheimatmuseum, Jüdisches Museum; Cornberg Sandsteinmuseum; Sontra Bergbaumuseum.
Baden:	Schenklengsfeld, Bad Hersfeld, Bebra, Sontra.
Essen:	Schenklengsfeld Zur Linde; Bad Hersfeld Zum Stern; Rotenburg a. d. Fulda Zur Schlossklause, Ristorante Bacco, Alheimerhütte.

Wir verabschieden uns von Rasdorf und fahren auf der B84 **Hünfeld** entgegen. Schon bald verlassen wir die Bundesstraße Richtung Zentrum, rollen in den Ort hinein und checken auf dem Stellplatz ein. Wer es komfortabler möchte, findet westlich des Ortes den **KNAUS Campingpark Hünfeld-Praforst**.

(176) Offizieller WOMO-Stellplatz: Hünfeld, Hessisches Kegelspiel

GPS: N 50°40'34.8" E 09°46'35.8", Landernauallee. **Max. WOMOs:** 18.

Ausstattung: V/E, Strom, Infotafel, Müllbehälter.
Beschreibung: Der geschotterte, teils durch Hecken unterteilte, manchmal unebene Stellplatz am Ortsrand liegt unter Bäumen neben einem Parkplatz. In der Nähe befinden sich das Freibad, das Erholungsgebiet Haselsee mit Tretbootverleih und Spazierwegen und durch den grünen Bürgerpark gelangt man nach etwa 500 m Fußweg in die Innenstadt mit Geschäften, Gaststätten und Bäckereien.
Preise: €.
Zufahrt: Im Ort dem WOMO-Piktogramm bis zum Stellplatz folgen.
Hinweis: Wohnwagengespanne sind nicht gestattet.

Hünfeld

Die in der Vorderrhön gelegene Stadt Hünfeld wurde erstmals im Jahr 781 urkundlich erwähnt und lag an der Heer- und Handelsstraße Via Regia. Dies führte zu einem wirtschaftlichen Aufschwung, der allerdings durch Kriege über die Jahrhunderte empfindlich gestört wurde.

Der Rechner Z11

Ende des 19. Jahrhunderts verwüstete eine Brandkatastrophe das mittelalterliche Stadtbild. Viele der beim Wiederaufbau entstandenen Bauten aus der Gründer- und Jugendstilzeit blieben, genau wie das neuromanische Rathaus und das Bonifatiuskloster, bis heute erhalten. Wir schlagen den Weg zum **Konrad-Zuse-Museum** ein, das den Namen nicht von ungefähr trägt. Der Computer-Erfinder lebte von 1957 bis zu seinem Tod 1995 in Hünfeld und ein Schwerpunkt der Ausstellung ist daher seinem Leben und Werk gewidmet. Fasziniert stehen wir vor dem einzig existierenden Funktionsnachbau des während des Zweiten Weltkriegs zerstörten ersten programmgesteuerten Computers der Welt, dem Z3. Ohne die erfinderischen Entwicklungen Zuses wäre unser Büchlein in der vorliegenden Form wohl kaum denkbar. Weitere Ausstellungsbereiche beschäftigen sich mit der Stadt- sowie Regionalgeschichte Hünfelds und eine der Abteilungen ist der Vor- und Frühgeschichte gewidmet, wobei ein Schwerpunkt auf dem in einem Hügelgrab bestatteten „Mädchen von Molzbach" aus der Bronzezeit liegt *(Di/Mi u.Fr - So 15 - 17 Uhr; Eintritt; Kirchplatz 4 - 6; www.zuse-museum-huenfeld.de)*.

Beim Bummel durch die Stadt fallen uns immer wieder Schriftzeilen an den Hauswänden auf, die zusammengenommen das **Offene Buch** Hünfelds darstellen. Die Idee von „Konkreter Poesie" stammt von einem Künstler, der sie gemeinsam mit dem **Museum Modern Art Hünfeld** realisierte *(aktuelle Öffnungszeiten sind bei der Tourist-Information zu erfragen)*. Was hinter den teils geheimnisvollen Sprüchen des offenen Buches steckt, kann unter anderem in einer interaktiven Stadtrallye in Erfahrung gebracht werden. Nähere Informationen sind im Museum oder bei der **Tourist-Information** erhältlich *(Mo - Do 9 - 15 Uhr; Fr 8 - 12 Uhr; Am Anger 2; Telefon 06652/180195; www.hessischeskegelspiel.de oder www.huenfeld.de)*.

Burg Fürsteneck

In der Nähe des Stellplatzes sind rund um die **Freizeitanlage Haselsee** fünf lebensgroße, bronzene Märchenfiguren wie der Froschkönig oder das Rumpelstilzchen auf dem etwa 1,5 Kilometer langen **Grimms Märchen-Rundweg** anzutreffen. Sie erinnern uns daran, dass wir langsam wieder auf dem Weg ins nordhessische Märchenland der Brüder Grimm unterwegs sind. Doch zunächst müssen wir eine längere Fahrstrecke überwinden, um ins nordöstlich gelegene Eiterfeld zu gelangen und von dort Schenklengsfeld anzusteuern.

Bei der Weiterfahrt durch ein Waldstück übersehen wir rechter Hand fast einen Stein, der an ein Ereignis aus dem Jahr 1813 erinnert. Damals befand sich die napoleonische Armee nach ihrem missglückten Russlandfeldzug in völliger Auflösung und flüchtete durch Deutschland zurück nach Frankreich. Von Hunger und Müdigkeit geplagt, fanden einige der Soldaten in der Burg Fürsteneck Aufnahme. Im ersten Moment wurden sie nicht als Franzosen erkannt, und erst als sie durch ihre Muttersprache auffielen, hatte ihr letztes Stündlein geschlagen. Auf der Flucht wurden sie getötet und an jener Stelle beigesetzt, die wir fast übersahen und die als Franzosengrab bekannt ist.

Nur ein Stückchen weiter erreichen wir **Burg Fürsteneck** auf der Kuppe des Hausbergs, die einst Eigentum der Abtei Fulda war und heute eine Akademie für berufliche und musisch-kulturelle Weiterbildung beheimatet. Immerhin kann der rechtsliegende Parkplatz für einen kleinen Stopover genutzt werden, um von hier das unscheinbare Franzosengrab zu besuchen **[177: N 50°46'30.5" E 09°48'30.2"]**.

Dorflinde in Schenklengsfeld

Wir werfen noch einmal einen Blick auf die Ausläufer der Kuppenrhön und fahren weiter nach **Schenklengsfeld**. In dem um 800 erstmals urkundlich erwähnten Ort liegt der **Historische Friedhof**, auf dem 263 handwerklich kunstvoll gestaltete Grabsteine aus dem 17. bis 19. Jahrhundert anzuschauen sind. Darüber hinaus steht mitten im Ort die vermutlich älteste Linde Deutschlands. Die Krone des im Jahr 760 gepflanzten Baumes hat einen Durchmesser von 25 Metern und auch der Umfang des Stammes ist mit 18 Metern rekordverdächtig. Im Schatten des mächtigen Baums lädt ein Gasthof ein, der, wen wundert es, den Namen **Zur Linde** trägt und zur empfehlenswerten Einkehr einlädt *(Mi - So 17 - 23 Uhr; So/Feiertage 11.30 - 14 Uhr u. 17 - 22 Uhr; Telefon 06629/359; www.gasthof-zurlinde.de)*. Wir sind natürlich mal wieder voller Tatendrang mit dem WOMO direkt vorgefahren und mussten feststellen, dass dies mangels Parkmöglichkeit keine gute Idee war. Auch erscheint uns der Erfolg der Parkplatzsuche generell fraglich, sodass man am Freibad definitiv besser aufgehoben sind.

(178) Offizieller WOMO-Badeplatz: Schenklengsfeld, Freibad

GPS: N 50°49'30.0" E 09°50'41.0", Am Schwimmbad. **Max. WOMOs:** 3.
Ausstattung: V/E, Strom.
Beschreibung: Der gepflasterte, sonnige Stellplatz liegt zwischen Tennisplatz und Freibad am Ortsrand. Das Zentrum mit Bäckerei, Fleischerei, Gaststätten, Supermärkten sowie dem mächtigen Baum ist etwa 800 m entfernt.
Zufahrt: In Schenklengsfeld auf der Landecker Straße bis zum Abzweig

nach Friedewald fahren. Dort bis zum Ortsende fahren und links (Eisenacher Straße) dem Hinweis zum Schwimmbad und dem WOMO-Piktogramm folgen.
Hinweis: Maximaler Aufenthalt 3 Tage.

Auch der Ortsteil Oberlengsfeld ist zu erwähnen, den wir von Schenklengsfeld oder direkt von der Landstraße aus anfahren können.

(179) WOMO-Wanderparkplatz: Oberlengsfeld, Sportplatz

GPS: N 50°49'19.7" E 09°51'56.8", Burgstraße. **Max. WOMOs:** 2 - 3.

Beschreibung: Der einfache, befestigte, meist schattenlose Parkplatz liegt außerorts am Waldrand. In der Nähe befinden sich Häuser und der Sportplatz. Schenklengsfeld ist etwa 1,5 km entfernt und im Wald kann die nordöstlich gelegene **Burgruine Landeck** aus dem 11./12. Jahrhundert erwandert werden. Die Aussicht vom Parkplatz reicht bis zum Soisberg mit einem Aussichtsturm und bei den Fußballspielen des örtlichen Vereins sitzt man garantiert in der ersten Reihe.
Zufahrt: 1. In Schenklengsfeld bis in den Ortsteil Oberlengsfeld der Landecker Straße folgen. **2.** Von der Landstraße nach Oberlengsfeld abbiegen und in einer Linkskurve rechts zum Sportplatz fahren.
Beide Zufahrten führen an eine Gabelung, an der man links in die Burgstraße bis zum Sportplatz abzweigt. Zum einen ist direkt am Vereinshaus ein Parkplatz zu finden. Wer die Übernachtung unter einem Sendemast nicht scheut, wird weitere 100 m später mit einem weiteren Stellplatz mit Aussicht belohnt.

Auf der Landstraße lassen wir das WOMO Richtung Heringen rauschen und nähern uns dem **Land der weißen Berge**. Bereits vor Geisa sahen wir einen dieser Giganten, und bevor wir die B62 erreichen, kommt schon die erste Erklärung mit dem Schacht „Hera“ in Sicht. Bevor wir der Sache weiter auf den Grund gehen, wenden wir uns an der Bundesstraße kurz Richtung Bad Hersfeld/Friedewald, um dann durch das hier wenig spektakuläre Werratal Heringen entgegenzufahren.

(180) WOMO-Stellplatz: Lengers, Sportplatz

GPS: N 50°51'41.0" E 10°00'24.1", Lautenmach. **Max. WOMOs:** 2 - 3.

Beschreibung: Der einfache, geschotterte, sonnige Parkplatz befindet sich oberhalb des Sportplatzes und außerhalb des Ortes am Waldrand.
Zufahrt: Im Ort rechts der Eichbergstraße ca. 800 m folgen und an einer Gabelung hinter einer Bushaltestelle rechts dem Hinweis zum Sportplatz folgen.

Während wir auf den nächsten „weißen Riesen“ zufahren, gelangen wir nach **Heringen** und dort wenig später zum

Werra-Kalibergbau-Museum [N 50°53'12.6" E 10°00'22.0", Dickesstraße]. Der Parkplatz hinter dem Museum ist eng und gegebenenfalls sollte das WOMO während des Besuchs am Straßenrand abgestellt werden.

Heringen und der Kalibergbau

Erste Erwähnungen Heringens fallen in das Jahr 1153 und bis weit ins 19. Jahrhundert blieb der Marktflecken ein großes Dorf. Andernorts begann der industrielle Aufschwung, der jedoch in dieser Ecke des Werratals mangels eines Eisenbahnanschlusses ausblieb. Im Jahr 1893 schlug dann die große Stunde für Heringen, als kalihaltige Salze in der Erde gefunden wurden und an der hessisch-thüringischen Grenze ein bis heute aktives Bergbaurevier entstand. Die wirtschaftliche Situation änderte sich grundlegend und die Einwohnerzahl nahm schlagartig zu. Der 1945 entstandene Eiserne Vorhang drängte den Ort wieder in eine Randlage und viele Faktoren des Deutschen Wirtschaftswunders blieben aufgrund der ungünstigen Infrastruktur irgendwo anders hängen. Doch der weiter betriebene Kalibergbau sicherte etwa 70 Prozent der Bevölkerung trotzdem den Lebensunterhalt. Im Schatten der Grenze konnte sich Heringen sogar vergrößern und erhielt nach der Eingemeindung weiterer Ortschaften 1977 die Stadtrechte. Im heute wichtigsten Kalisalzabbaugebiet der Welt werden pro Jahr etwa 20 Millionen Tonnen Rohsalz gefördert und vor allen Dingen zu Düngemittel verarbeitet.
Die **Tourist-Information** und das **Kalibergbau-Museum** befinden sich im selben Gebäude. Das Museum dokumentiert neben wechselnden Ausstellungen die technische Entwicklung unter und über Tage und stellt die Geologie der Salzlagerstätte sowie die Auswirkungen der Industrialisierung auf die sozialen wie auch kulturellen Veränderungen im Revier dar. Der Ablauf der Kaligewinnung, vom Rohsalz bis zum Dünger, wird sehr anschaulich wiedergegeben und ist interaktiv aufbereitet auch für Kinder nachvollziehbar *(Mär. - Okt. Di - So 13 - 17 Uhr; Nov. - Feb. Di - Fr 14 - 17 Uhr; einige Tage im Dez./Jan. geschlossen; Eintritt; www.kalimuseum.heringen.de oder www.heringen.de)*.
In Verbindung mit dem Museumsbesuch kann eine ungewöhnliche Bergtour auf den künstlichen Hausberg Heringens angegangen werden. Die Besichtigung des **Monte Kali** ist nur im Rahmen einer Führung möglich, die im Museum zu vereinbaren und bezahlen ist *(Einzelbesucher: Mi u. So u. Fr 15 Uhr; von Mai - Aug. auch Sa; Treffpunkt Hexentanzplatz)*. Wir sind nicht zum richtigen Zeitpunkt in Heringen und so

bleibt uns nichts anderes übrig, als lediglich die Fakten zu nennen, und damit das Rätsel um einen der ungewöhnlichsten Berge in Deutschland zu lösen. Auf die Halde werden die Anteile der geförderten Rohsalze transportiert, die im Kaliwerk unter Tage abgebaut werden, sich aber nicht zu verkaufsfähigen Produkten veredeln lassen. So sind in den vergangenen Jahren über 150 Millionen Tonnen Salz aufgeschüttet worden und täglich werden es mehr. Bei guten Wetterverhältnissen gehört der künstliche Salzberg zu einem der besten Aussichtspunkte Nordhessens.

Für einen längeren Aufenthalt im waldhessischen Werratal mit Wiesen und Obstbäumen stellt sich der kleine Campingplatz in Heringen zur Disposition.

(181) WOMO-Campingplatz:
Heringen, Werratal Camping

GPS: N 50°32'02.8" E 10°01'13.9", Am Steinberg 7.
Telefon: 06624/542022, www.werratalcamping.de.
Öffnungszeit: Ganzjährig.
Ausstattung: Minigolfanlage, Tischtennisplatte.
Beschreibung: Der naturbelassene Platz liegt unter Bäumen zwischen Wald und Wiesen am Ortsrand. Wander- und Radwege sind vorhanden und in der Nähe sorgen ein Schwimmbad und ein Spielplatz für Abwechslung. Das Ortszentrum mit Geschäften und Gaststätten ist etwa 1,5 km entfernt.
Preise: €€.
Zufahrt: Im Ort den Hinweisen zum Campingplatz folgen.

Die Durchgangsstraße führt uns kurzzeitig ein weiteres Mal nach Thüringen. Das Werratal weitet sich an dieser Stelle und in Dippach zweigen wir nach **Dankmarshausen** ab. Der Ort befindet sich am westlichen Hochufer der Werra und am Rand des **Naturschutzgebiets Rhäden**.

Das einstige Moorgebiet bietet Radlern und Spaziergängern ein schönes Refugium zwischen einer intakten Flora und Fauna im hessisch-thüringischen Grenzgebiet.

(182) WOMO-Wanderparkplatz: Dankmarshausen, Am Naturschutzgebiet

GPS: N 50°55'54.5" E 10°00'03.0", An der L2117. **Max. WOMOs:** 2 - 3.
Ausstattung: Infotafeln, Tische und Bänke.
Beschreibung: Der einfache, geschotterte, schattenlose Parkplatz befindet sich außerorts, nahe der Straße und hat Anschluss an Rad- und Wanderwege.
Zufahrt: Nordwestlich von Dankmarshausen an der L2117 gelegen.

Der **Monte Kali**, der sich manchmal strahlend weiß, manchmal aber auch schmuddelig grau vor dem sattblauen Himmel abhebt, bildet gemeinsam mit seinen „Kollegen" weithin sichtbare Landmarken. Wir umrunden den Riesen und erreichen hinter **Kleinensee** wieder hessisches Territorium.

(183) WOMO-Wanderparkplatz: Kleinensee, Mahnmal Bodesruh

GPS: N 50°55'04.1" E 09°57'24.9". **Max. WOMOs:** 1.

Ausstattung: Bank.
Beschreibung: Der einfache, geschotterte, teils schattige Parkplatz liegt im Wald außerhalb des Ortes. Es gibt Rad- und Wanderwege und folgt man dem Privatweg weiter durch den Wald, gelangt man nach etwa 3 km zum Monte Kali und damit zum Treffpunkt Hexenplatz, um an einer Führung auf den Koloss teilzunehmen (Infos Tourist-Information Heringen).

In der Nähe wird im **Jagdhaus Bodesruh** für das leibliche Wohl gesorgt *(Mo Ruhetag, Telefon 06678/311)*.
Zufahrt: Von Kleinensee auf der Landstraße durch den Wald bergauf fahren und den Hinweisen zum Mahnmal/Monte Kali folgen.
Hinweis: Enge Zufahrt.

Der als Mahnmal zur deutschen Teilung erbaute **Aussichtsturm** ermöglicht einen weiten Blick über das Gerstunger Becken und das Werratal bis zum Thüringer Wald (Foto oben). Wir orientieren uns vorerst Richtung Autobahn/Obersuhl, später Richtung Bad Hersfeld und gelangen durch einen Mischwald, in dem wir eine alte Zollstätte an der mittelalterlichen Grenze zwischen Hessen und Thüringen passieren, nach **Friedewald**. Im Ortszentrum befinden sich die **Wasserburg** und das **Schloss**. Für den Besuch parkt man das WOMO am besten am Straßenrand, denn der vorhandene Parkraum ist sehr begrenzt. Unter Leitung des Festungsbaumeisters Hans Jakob von Ettlingen, der auch für den Bau der Burg Herzberg nahe

Wasserburg Friedewald

Alsfeld verantwortlich war, begann im Jahr 1480 im Auftrag des Landgrafen Heinrich III. die Errichtung der mit Wassergräben umgebenen Burg mit vier Eckrundtürmen. Sie wurde als Jagdschloss genutzt, im Siebenjährigen Krieg teilweise zerstört und ist heute eine eindrucksvolle Ruine. Westlich der ehemaligen Kernburg erstreckt sich der vorgelagerte Schlosshof mit einem prächtigen Drei-Schalen-Brunnen *(Mär. - Okt. 9 - 18 Uhr; Nov. - Feb. 10 - 16 Uhr).* Im Südflügel befindet sich das **Heimatmuseum**, dass sich den Themen der Landwirtschaft, dem Wohnen und den Bräuchen früherer Zeit sowie dem Abbau von Kalisalzen und deren Weiterverarbeitung widmet. Die West- und Nordflügel sowie ein Neubau werden von einem Hotel genutzt. *(Mo/Di u. Do 9 Uhr - 12 Uhr u. 14 - 16 Uhr; Mi 9 - 12 Uhr u. 14 - 18 Uhr; Fr 9 - 12 Uhr; Sa/So 13 - 17 Uhr; Eintritt; www.museum-friedewald.de).*

Über den weiteren Weg nach **Bad Hersfeld** müssen wir uns keine Gedanken machen und im Nu sind wir in der Kur- und Festspielstadt.

(184) Offizieller WOMO-Stellplatz: Bad Hersfeld, Freizeitbad Aqua Fit

GPS: N 50°52'04.0" E 09°43'45.5", Kolpingstraße. **Max. WOMOs:** 5.
Beschreibung: Einfacher, asphaltierter Parkstreifen am Schwimmbad in der Nähe der Fulda und an Rad- und Wanderwegen. Der Marktplatz ist etwa 2,5 km entfernt.
Zufahrt: Von der B62 Richtung Freizeitbad/Hohe Luft abbiegen und gleich wieder links dem WOMO-Piktogramm folgen.

(185) Offizieller WOMO-Stellplatz: Bad Hersfeld, Auf der Unteraue

GPS: N 50°51'28.0" E 09°41'52.0", Auf der Unteraue. **Max. WOMOs:** 5.
Beschreibung: Der einfache, asphaltierte, schattenlose Platz befindet sich

in direkter Nachbarschaft eines Kleingartenvereins und es kann dadurch tagsüber etwas unruhig sein. Ebenfalls in der Nähe liegen das Hessenstadion und die Tennisplätze sowie ein Biergarten. Ein idealer Ausgangsort für Radtouren entlang der Fulda oder Spaziergänge im Kurpark. Der Marktplatz ist etwa 1,5 km entfernt.

Zufahrt: Von der B62 auf die B324/27 Richtung Homberg wechseln und Richtung Kurviertel fahren. Dann dem WOMO-Piktogramm folgen.

(186) Offizieller WOMO-Stellplatz: Bad Hersfeld, Schilde-Park/wortreich

GPS: N 50°52'15.7" E 09°42'41.1", Seilerweg. **Max. WOMOs:** 4.
Beschreibung: Der einfache, asphaltierte, schattenlose Parkplatz liegt direkt am Schilde-Park und am Rand eines Großparkplatzes im Ort. Das Zentrum mit Geschäften, Restaurants und Bäckereien ist etwa 700 m entfernt.
Zufahrt: Von der B62 auf die B324/27 Richtung Homberg wechseln und dem Hinweis zum Parkplatz Schilde-Park folgen.

(187) Offizieller WOMO-Stellplatz: Bad Hersfeld, Freibad Geistal

GPS: N 50°52'28.7" E 09° 42' 00.5", Am Schwimmbad. **Max. WOMOs:** 10.
Ausstattung: V/E, Strom, Infotafel.
Beschreibung: Der einfache, befestigte, schattenlose Platz liegt am Rand eines Großparkplatzes im Ort und ist etwa 800 m vom Zentrum entfernt.
Preise: €.
Zufahrt: Von der B62 auf die B324/27 Richtung Homberg wechseln und den WOMO-Piktogrammen bis zum Stellplatz folgen.

Hinweis: Im Oktober ist der Stellplatz nur beschränkt nutzbar!

(188) Offizieller WOMO-Stellplatz: Bad Hersfeld, Marktplatz

GPS: N 50°52'06.0" E 09°42'15.9", Marktplatz. **Max. WOMOs:** 3.
Beschreibung: Die ausgewiesenen, schattenlosen, asphaltierten Stellplätze am Rand des Parkplatzes am Markt befinden sich mitten im Zentrum mit Geschäften, Restaurants, Bäckereien und der Stiftsruine.
Preise: Mo bis Sa tagsüber Gebühr.
Zufahrt: Von der B62 auf die B324/27 Richtung Homberg wechseln und den Hinweisen zur Stadtmitte und zum Parkplatz Marktplatz folgen.
Hinweis: Nur für WOMOs bis etwa 7 m Länge nutzbar. Leider sind die Stellplätze manchmal von Pkw zugeparkt.

Bad Hersfeld

Der spätere Bischof Lullus, ein Schüler Bonifatius', gründete in einer Senke am Zusammenfluss von Fulda und Haune im Jahr 769 ein Benediktinerkloster. Um die Abtei herum entstand eine Siedlung, 1142 wurde Hersfeld als Marktort und knapp dreißig Jahre später als Stadt erwähnt.
An die Gründung der Stadt erinnert das alljährlich stattfindende **Lullusfest**, das immer in der Woche um den 16. Okt., dem Todestag des Heiligen Lullus, stattfindet und als ältestes Volksfest Deutschlands gilt *(www.lullusfest.de)*. Mit der 1518 erstmals erwähnten Lullusquelle

Kurhaus

begann die Entwicklung der Stadt zum Kurbad, seit 1949 darf sich Hersfeld „Heilbad“ und seit 1963 sogar Staatsbad nennen. Einen internationalen Namen hat sich Bad Hersfeld seit 1952 als Festspielstadt gemacht.

Auch wir sind diesmal wegen der in den Sommermonaten stattfindenden Festspiele in die Stadt gekommen und sehen in der Stiftsruine einem unvergesslichen Theatererlebnis entgegen. Die Eintrittskarten haben wir lange im Voraus bestellt, denn im Allgemeinen sind die Tickets für die verschiedenen Vorstellungen sehr schnell vergriffen *(www.bad-hersfelder-festspiele.de)*. Wir parken das WOMO am Marktplatz und absolvieren zunächst unser Besichtigungsprogramm.

Nur wenige Minuten entfernt liegt die **Stiftsruine**, mit deren Bau im Jahr 831 begonnen wurde und die 1761 durch ein Feuer zerstört wurde. Sie gilt als größte romanische Basilika nördlich der Alpen und ist heute die größte Kirchenruine der Welt *(Öffnungszeiten bitte in der Tourist-Information erfragen)*. Östlich der Stiftsruine steht der **Katharinenturm**. Der freistehende Glockenturm wurde vermutlich um die Mitte des 12. Jahrhunderts erbaut und an hohen Feiertagen und zu Beginn des Lullusfestes erschallt Deutschlands älteste gegossene Glocke, die Lullusglocke aus dem Jahr 1038.

Stiftsruine

Im kleinen Park davor stehen die Skulpturen zweier, wie ins Gespräch vertiefter Wissenschaftler (Foto S. 282). Der eine, Konrad Duden, wurde 1876 Direktor des königlichen Gymnasiums zu Hersfeld und veröffentlichte hier sein wichtigstes Werk, das vollständige Orthographische Wörterbuch der deutschen Sprache. Der andere, Konrad Zuse, schrieb, wie wir bereits wissen, Forschungsgeschichte als Computerhersteller. Im erhaltenen Ostflügel des ehemaligen Klosters befindet sich die **Galerie im Stift** und das **Stadtmuseum**, das die Stadt- und Stiftsgeschichte sowie eine volkskundliche Sammlung präsentiert *(Di - Sa 10 - 12 Uhr u. 15 - 17 Uhr; So/Feiertage 11 - 17 Uhr; Eintritt).*

Wir bummeln weiter durch die Altstadt mit ihren vielen Fachwerkhäusern und stoßen am Kirchplatz auf das Küsterhaus, das das älteste Haus der Stadt ist und aus dem Jahr 1452 stammt. Über den Dächern erhebt sich der Turm der **Stadtkirche**, deren Bau um 1300 begann und von deren Turm man einen hervorragenden Blick über die Stadt werfen kann *(jeden 2. u. 4. Mi im Monat 15 Uhr)*. Von hier oben ist auch das **Rathaus** auszumachen, das ursprünglich im gotischen Stil erbaut wurde und seit 1612 im Stil der Weserrenaissance mit fünf imposanten Zwerchgiebeln glänzt.

Aus luftiger Höhe herabgestiegen, schauen wir uns das **Mückenstürmerdenkmal** an, das über den Spitznamen der Hersfelder Auskunft gibt (Foto oben). Als die Bürger im Sommer 1674 am Kirchturm eine Rauchwolke sahen, stürmten sie mit Wassereimern auf den Turm, um das vermeintliche Feuer zu löschen. Zu ihrer großen Erleichterung sahen sie aber, dass lediglich ein großer Mückenschwarm um den Turm kreiste und der Name „Mückenstürmer" blieb bis heute erhalten.

Im ehemaligen Wohnhaus am Neumarkt 31 wird im **Konrad-Duden-Museum** über das Leben und Wirken Konrad Dudens informiert *(Di - Sa 10 - 12 Uhr u. 15 - 17 Uhr; So 11 - 17 Uhr; Eintritt).*

Über weitere Unternehmungen in und um Bad Hersfeld sowie über die Festspiele unterrichtet die **Tourist-Information**. Hier können verschiedene Stadtführungen gebucht und natürlich Vorschläge für ausgearbeitete Rad- und Wandertouren abgerufen werden *(Mo - Fr 9 - 17 Uhr; Sa 10.30 - 13 Uhr; Am Markt 1; Telefon 06621/20886; www.bad-hersfeld.de).*

Nach unserem kleinen Stadtspaziergang bleibt noch genügend Zeit, um uns im **Restaurant Zum Stern**, entweder im gepflegten Innenbereich oder im Außenbereich mit Aussicht auf den Linggplatz bei einem hervorragenden, wenn auch nicht gerade günstigen Menü auf

Am Linggplatz

die Abendvorstellung in der Stiftsruine einzustimmen *(Linggplatz 11, Telefon 06621/1890, www.zumsternhersfeld.de).*

Später schließen wir uns der immer wieder beeindruckenden Menschenkarawane an, die vom Marktplatz zur Stiftsruine zieht, um sich dort von den Klassikern wie Schiller und Shakespeare oder einer gelungenen Musicaldarbietung unterhalten zu lassen. Eine Zeltüberdachung schützt bei ungünstigen Wetterverhältnissen die Zuschauer, während die Schauspieler auf der Bühne im wahrsten Sinne des Wortes im Regen stehen müssen. Heute haben wir jedoch Glück, das „Verdeck" bleibt geöffnet und der laue Sommerabend vor der unnachahmlichen Kulisse begeistert alle.

Nach der gelungenen Darbietung und einer kurzen, aber ruhigen Nacht auf dem Marktplatz steht am nächsten Morgen ein Besuch in der

Erlebniswelt wortreich

Erlebniswelt wortreich an. Die Fantasiefigur Konrad, die Namensgleichheit mit seinen beiden Vorbildern Duden und Zuse ist natürlich nicht zufällig gewählt, begleitet uns auf eine ungewöhnliche und wirklich spannende Reise durch die Welt der Sprache und Kommunikation. In der Ausstellung, die wir einem Buch gleich in elf Kapiteln durchlaufen, entdecken wir an rund neunzig Mitmach-Stationen die deutsche Sprache, machen Theater, sprechen mit unserem Körper, erwecken Worte zum Leben oder experimentieren mit unseren Stimmen. Kniffelige Wissenstests stehen genauso auf dem Programm wie spannende Spiele, die uns teilweise ganz schön aus der Reserve locken und richtig Spaß machen. Ein Erlebnis, das Kindern das außerschulische Lernen erleichtert und bei uns die „grauen Zellen" erfreulich anregt. Wenn man zusätzlich weiß, dass für die Ausstellung Jahreseintrittskarten zu erwerben sind, dann wird klar, dass das Museum im positiven Sinn den Nerv und die Bedürfnisse seiner Besucher getroffen hat *(Di - Fr 11 - 17 Uhr; Sa/So/Feiertage 11 - 18 Uhr; Eintritt; www.wortreich-badhersfeld.de).*

Wir verlassen Bad Hersfeld auf der B27 Richtung Bebra/Rotenburg und erreichen den im Fuldatal gelegenen Ort **Friedlos**.

(189) WOMO-Stellplatz: Friedlos, Schützenhaus

GPS: N 50°53'58.2" E 09°44'13.6". **Max. WOMOs:** 2.

Beschreibung: Der einfache, geschotterte, schräge, fast schattenlose Parkplatz liegt oberhalb des Ortes an den Feldern und bietet eine schöne Aussicht. Er befindet sich direkt neben dem Schützenhaus und ist bedingt klappstuhlgeeignet.

Zufahrt: Im Ort an einem Parkplatz von der Durchgangsstraße dem Hinweis zur Giegenberghütte folgen (Reiloser Straße). An einer Gabelung links den Hinweisen zum Schützenhaus folgen.

Die B27 führt uns entlang der Fulda bis nach **Bebra**. Nahe der Bundesstraße gelegen, ist der Stellplatz an den **Breitenbacher Seen** dennoch die erste Wahl, wenn man hier einen Aufenthalt plant. Die Umgebung der durch Auskiesung entstandenen Seen mit einer Wasserfläche von 17 Hektar ist für **Radfahrer, Wanderer, Läufer** sowie **Inline-Skater** attraktiv. Nach Absprache mit dem örtlichen Segelclub finden auch **Segler und Surfer** genug Abwechslung auf der größten Seefläche Waldhessens.

(190) Offizieller WOMO-Stellplatz: Bebra, Breitenbacher See

GPS: N 50°57'33.7" E 09°47'17.6", Hersfelder Straße. **Max. WOMOs:** 40.

Öffnungszeit: Apr. - Okt.

Ausstattung: V/E, Strom, Tisch und Bänke, Müllbehälter.

Beschreibung: Der sonnige Stellplatz liegt auf Schotterrasen außerhalb des Ortes, etwa 2 km vom Zentrum entfernt

und direkt am See mit Badestelle. In der Nähe gibt es einen Tret- sowie Kanuverleih und ein Supermarkt wie auch ein Bäcker sind fußläufig zu erreichen. Der Stellplatz bietet einen idealen Einstieg in den Fulda-Radweg R1.
Preise: €.
Zufahrt: Von der B27 Richtung Breitenbach/Bad Hersfeld abbiegen und dem WOMO-Piktogramm folgen.
Hinweis: Bei hohem Wasserstand ist der Platz gegebenenfalls gesperrt!

(191) Offizieller WOMO-Stellplatz: Bebra, Mehrzweckplatz

GPS: N 50°58'08.5" E 09°47'23.8", Bei der Laufpfütze. **Max. WOMOs:** 10.
Ausstattung: Müllbehälter.
Beschreibung: Die ausgewiesenen Stellplätze liegen auf einem einfachen, asphaltierten, sonnigen Großparkplatz im Ort.
Zufahrt: Im Ort den Hinweisen zum Parkplatz Innenstadt folgen.

Während Bebra heute vor allem mit seiner waldreichen und sanften Landschaft punktet, war es früher hauptsächlich als Eisenbahnknotenpunkt bekannt. Aus dieser Zeit stammt der **Wasserturm**, der oberhalb der Stadt als deren Wahrzeichen auf dem Solzberg zu finden ist. Einst war der kugelförmige Behälter mit 550 Kubikmeter Wasser gefüllt, das für den Betrieb der aufwendigen Dampflokomotiven benötigt wurde. In seinem Inneren kann sich über seine historische Nutzung informiert werden und im **Eisenbahnmuseum** spürt man der vergangenen Bedeutung des Knotenpunkts nach *(Apr. - Sep. jeden ersten So im Monat, Foto oben)*. Während der Öffnungszeiten verkehrt eine Feldeisenbahn mit 600 Millimeter Spurweite auf einer Strecke um das Museum und zum 900 Meter entfernten Haltepunkt Weiterode-West [N 50°57'54.2" E 09°48'10.1", Am Wasserturm 1].
Auf gar keinen Fall möchten wir die wohnmobilfreundliche Stadt Rotenburg an der Fulda verpassen, die auf der B83 schnell erreicht ist.

(192) WOMO-Campingplatz: Rotenburg, Fulda-Camp-Rotenburg

GPS: N 50°59'38.6" E 09°44'30.6", Campingweg 4.
Telefon: 06623/5556, www.campingplatz-rof.de
Öffnungszeit: Ende Mär./Anfang Apr. - Okt.

Ausstattung: Waschmaschine, Wäschetrockner, kleine Gaststätte mit Biergarten und Brötchenservice.
Beschreibung: Der einfache Campingplatz verfügt über saubere Sanitäranlagen, teils schattige Wiesenplätze direkt an der Fulda. Der Fußweg zum etwa 1 km entfernten Marktplatz führt über eine Brücke und dann am Fluss entlang und durch den Schlosspark. Von hier starten Rad- sowie Wanderwege und die freundliche Betreiberin weist gerne auf weitere Freizeitmöglichkeiten hin. In der Nähe ist z. B. Angeln und Schwimmen möglich und einen Bootsverleih gibt es auch.
Preise: €.
Zufahrt: Im Ort den Hinweisen zum Campingplatz folgen.
Hinweis: Je nach Wetterlage oder Wasserstand kann der Platz vorübergehend geschlossen sein.

(193) Offizieller WOMO-Stellplatzplatz: Rotenburg, Waldschwimmbad

GPS: N 51°00'21.6" E 09°44'45.6", Im Heienbachtal. **Max. WOMOs:** 10.
Ausstattung: Infotafel, Wanderwege, Tisch und Bänke, Müllbehälter.
Beschreibung: Einfacher, asphaltierter, teils schräger und teils schattiger Parkplatz am Ortsrand. In der Nähe befindet sich das Schwimmbad.
Zufahrt: Von der B83 am Kreisverkehr den Hinweisen zum Schwimmbad/Wildgehege ca. 1,4 km folgen.
Hinweis: Folgt man der Straße zum Wildgehege, sind dort weitere drei ruhige Stellplätze vorhanden.

(194) Offizieller WOMO-Stellplatz: Rotenburg, Am Wittich

GPS: N 51°00'00.6" E 09°43'11.9". **Max. WOMOs:** 50.
Ausstattung: V/E, Strom, Waschmaschinen und Wäschetrockner wie wir sie aus Frankreich an den Supermärkten kennen, Infotafel.

Beschreibung: Die unparzellierten, befestigten, vorwiegend sonnigen Stellplätze auf Rasenschotter liegen direkt am Fuß- und Radweg an der Fulda am Ortsrand und etwa 500 m von der Innenstadt entfernt. In der Nähe befindet sich ein Supermarkt.
Preise: €.
Zufahrt: Von der B83 über die Brücke der Städtepartnerschaft sowie Richtung Braach bis zu einem großen Supermarkt fahren und den WOMO-Piktogrammen folgen.

(195) Offizieller WOMO-Stellplatz: Rotenburg-Braach, Am Angelteich

GPS: N 51°00'20.0" E 09°41'37.7", Vor der Gasse. **Max. WOMOs:** 5.
Ausstattung: V/E in unmittelbarer Nähe an der Zufahrt, Tisch und Bänke, Schutzhütte.

Beschreibung: Der einfache, geschotterte, sonnige Parkplatz liegt an einem Teich nahe der Fulda und an einer meist ruhigen Straße. Rad- und Wanderwege sind vorhanden und nach Rotenburg sind es etwa 3 km Fußweg. Schön ist auch der Rundwanderweg R4 von etwa 7 km Länge durch die Fuldaauen rechts und links

des Flusses. Im Örtchen gibt es eine Gaststätte. Ein Kletterwald sorgt für Abwechslung und auch der Wasserspielplatz in der Ringbachstraße soll nicht unerwähnt bleiben.
Zufahrt: Wie zum vorgenannten Stellplatz und weiter nach Braach fahren, um dort den WOMO-Piktogrammen zu folgen.

(196) Offizieller WOMO-Stellplatz: Rotenburg-Braach, Am Schindleich

GPS: N 51°00'14.2" E 09°41'41.3", Am Schindleich. **Max. WOMOs:** 5.

Ausstattung: V/E in unmittelbarer Nähe an der Zufahrt, Tisch und Bänke.
Beschreibung: Der einfache Parkstreifen liegt teilweise unter Bäumen auf Rasen und Schotter am Ortsrand an den Feldern. Die weitere Beschreibung entspricht dem vorgenannten Stellplatz.
Zufahrt: Wie zum vorgenannten Stellplatz und weiter nach Braach fahren, um dort dem WOMO-Piktogramm zu folgen.

Rotenburg an der Fulda

Der Luftkurort wurde vermutlich von den Landgrafen von Thüringen im 11. Jahrhundert an der engsten Stelle im Fuldatal gegründet, die heutige Altstadt 1248 erstmals als Stadt erwähnt. Ende des 13. Jahrhunderts, mittlerweile gehörte Rotenburg den hessischen Landgrafen, wurde die Stadtbefestigung erneuert und einige Jahrzehnte später entstand die Neustadt am anderen Fuldaufer, die erst 1607 mit der Altstadt vereint wurde. Aus dem Jahr 1407 stammt das zeitweise von den Landgrafen bewohnte Schloss. Von 1627 bis 1834 residierten die sogenannten Quartfürsten im Landgrafenschloss, während 1840 der Niedergang der Leineweberei dazu führte, dass viele Bewohner der Stadt und der umliegenden Dörfer ihre Existenzgrundlage verloren und auswanderten.
Mittelpunkt Rotenburgs ist damals wie heute der Marktplatz mit dem Rathaus, das 1597/98 errichtet wurde, und nach Beschädigungen im Dreißigjährigen Krieg 1656 neu errichtet wurde. Hier ist die **Tourist-Information** zu finden *(Apr. - Okt. Mo - Fr 8.30 - 17 Uhr; Sa 10 - 13 Uhr; Nov. - Mär. Mo - Do 8.30 - 17 Uhr; Fr 8.30 - 13 Uhr; Marktplatz 2; Telefon 06623/5555; www.rotenburg.de).* Das Angebot reicht von einer Fülle an Freizeitbeschäftigungen bis zu themenbezogenen, gebührenpflichtigen Stadtführungen für Gruppen und **öffentlichen Stadtführungen** für Einzelreisende *(Mai - Sep. 1. u. 3. Fr im Monat).*

Wir bummeln durch die kleinen Gassen und Sträßchen der historischen Altstadt beiderseits des Flusses mit den zahlreichen Fachwerkhäusern. Das vermutlich älteste Gebäude steht in der Breitenstraße 39, während das Steinerne Haus an der Brücke ursprünglich wahrscheinlich zur Sicherung des Fuldaübergangs diente. Später war es Wohnsitz der Kanoniker des Rotenburger Stifts und wurde im Zuge der Reformation an einen Bediensteten des Landgrafen verkauft. Das Heim seines Arbeitgebers wurde ursprünglich als vierflügelige Renaissanceanlage mit einem quadratischen Innenhof erbaut. Erhalten geblieben sind nur noch drei Flügel, die nun von der Finanzschule des Landes Hessen genutzt werden. Der dahinter liegende **Schlosspark**, ist öffentlich zugänglich und integriert einen **Schaukelpark** nicht nur für Kinder. In der Nähe befindet sich auch das **Kreisheimatmuseum**, in dem viel Wissenswertes über die Region zu erfahren ist *(Mi/Fr u. So 14 - 17 Uhr; Eintritt)*. An das jüdische Leben in Rotenburg erinnert das **Jüdische Museum** mit den freigelegten Resten der Mikwe, einem rituellen Tauchbad *(Mai - Okt. 1. So im Monat 15 - 16 Uhr)*, und in den Straßen der Stadt machen Stolpersteine auf die Mitbürger aufmerksam, die während der Nazidiktatur ihr Leben verloren. An Plätzen und Straßen schauen uns außerdem Bronzefiguren über die Schulter oder geben ein hübsches Fotomotiv ab. Sie gehören zum **Skulpturenpfad** und stellen den Alltag Rotenburger Bürger dar. Bei einem längeren Aufenthalt erschließt sich auf den Höhen beiderseits der Fulda ein gut markiertes **Wandernetz** auf meist schmalen Wegen und Pfaden. Auf dem **Fuldasteig** bieten sich, beispielsweise am Marktplatz beginnend, verschieden lange Touren an, um den Schönheiten der Natur und den Sehenswürdigkeiten an der Strecke auf die Spur zu kommen. Entlang des Steigs sind aber auch Trials für **Mountainbiker** ausgeschildert. Durch Rotenburg führen zusätzlich die **Fernradwege** R1 und R5 und der **Kletterwald** in Braach ist für Kinder ab acht Jahre zu erklettern *(Apr. - Okt. Mi/Sa u. So 12 - 19 Uhr; in den hessischen Sommerferien auch Fr; Eintritt; www.teamkletterwald.de)*.

Neben vielen anderen Festivitäten wie dem **Stadt- und Heimatfest** ist es der **Kuckucksmarkt** in Braach, der sich jeweils an den letzten Wochenenden von Mai bis Okt. großer Beliebtheit erfreut. Auf dem Kunst-, Handwerks- und Bauernmarkt findet sich so ziemlich alles, was die Selbstvermarkter der Region anzubieten haben *(www.kuckucksmarkt.info)*.

Rotenburg ist eine aktive Stadt, die viel Wert auf ihre Attraktivität legt und mit dem Plan einer Hängebrücke zwischen dem Kottenbach- und dem Heienbachtal ein neues touristisches Highlight schaffen will. Wir sind sehr gespannt!

Zum Abschluss unserer Stadtbeschreibung folgen wie so oft Empfehlungen für das leibliche Wohl, die uns in Rotenburg zum einen vor das Schlosstor **Zur Schlossklause** führen. Für uns wird hier das beste Hessische Schmandschnitzel mit der leckersten hausgemachten Soße aus Schmand, Speck, und Lauch serviert (Mo/Di 17 - 21.30 Uhr; Fr - So zusätzlich 11.30 - 14 Uhr; Am Schlosstor 4; Telefon 06623/2731). Zum anderen wird die Lust auf Italienisches bei **Bacco** erfüllt und dabei sitzt man bei schönem Wetter auf der Terrasse der Pizzeria mit Ristorante- und Weinbar-Anspruch und mit Blick auf den Fluss *(Altstadtstraße 28; Telefon 06623/912971).*

Im weiteren Verlauf der B83 Richtung Kassel erreichen wir die Zufahrt zum 549 Meter hohen **Alheimer** [**197:** N 51°02'05.6" E 09°44' 22.1"]. Der etwa zwei Kilometer lange Spaziergang zum Alheimer Turm lohnt sich aufgrund der Aussicht und die Ahle Wurscht in der **Alheimerhütte** wegen ihrer Schmackhaftigkeit *(Sa 12 - 20 Uhr; So/Feiertage 10 Uhr - 18 Uhr).*
Nach diesem erfreulichen Abstecher sind wir schnell wieder zurück in Bebra und erreichen von dort auf der B27 Richtung Sontra nach einigen Kilometern **Cornberg**. Die kleinste Gemeinde des Landkreises ist durch den früheren Abbau von Sandstein und den dabei gefundenen Saurierfährten überregional bekannt [N 51°02'36.2 E 09°51'49.4"]. Das im Jahr 1296 erstmals erwähnte **Kloster Cornberg** wurde im Zuge der Reformation 1526 aufgelöst (Foto unten). Die Klostergebäude, soweit sie noch erhalten sind, bilden ein Viereck um einen Hof. Die ehemalige Nonnenempore der gotischen Kirche wird heute als Kulturbühne genutzt. Im Westflügel der Anlage befindet sich das **Sandsteinmuseum**, das sich mit der Ortsgeschichte sowie den Bearbeitungs- und Verwendungsmöglichkeiten des örtlichen Sandsteins beschäftigt. Des Weiteren wird in der geologischen und paläontologischen Abteilung auf die fossilen Funde sowie die Fährten von Kleinsauriern eingegangen, die im nahen Sandsteinbruch gefunden wurden *(Mär. - Nov. So/Feiertage 14 - 17.30 Uhr).*

Als Nächstes gelangen wir von der B27 nach **Sontra**, das im Tal des gleichnamigen Flusses liegt. Im Zentrum stehen noch viele, mittlerweile denkmalgeschützte Fachwerkhäuser. Einst wurde um Sontra Kupferschiefer abgebaut und im Gewölbekeller

Marktplatz in Sontra

des Rathauses zeigt das **Bergbaumuseum** einen Stollennachbau. Ferner sind alte Werkzeuge und Geleuchte der Bergwerkswelt zu sehen. Für den Museumsbesuch parkt man das WOMO am besten am folgenden Stellplatz und für Auskünfte zu den Öffnungszeiten und rund um alle weiteren Freizeitaktivitäten der näheren Umgebung wird die Tourist-Information besucht *(Mo - Di 8 - 12 Uhr u. 13.30 - 16 Uhr; Mi 7 - 12 Uhr; Do 8 - 12 Uhr u. 13.30 - 18 Uhr; Fr 8 - 12 Uhr; jeden 1. u. 3. Sa 10 - 12 Uhr; Marktplatz 6; Telefon 05653/97770; www.sontra.de).*

(198) Offizieller WOMO-Stellplatz: Sontra, Breitwiese

GPS: N 51°04'17.6" E 09°55'58.8", Burhaver Straße. **Max. WOMOs:** 5.
Ausstattung: V/E, Strom.
Beschreibung: Die einfachen, auf Rasengittersteinen gelegenen, sonnigen Stellplätze befinden sich am Ortsrand und am Rand eines Parkplatzes nahe von Supermärkten. Es schließt sich ein kleiner Park mit Spielplatz an. Die nahe Bahnstrecke kann gegebenenfalls für Unruhe sorgen.

Zufahrt: Im Ort den WOMO-Piktogrammen folgen.

(199) WOMO-Wanderparkplatz: Sontra, Ameisenbach

GPS: N 51°04'08.1" E 09°56'54.2", Jahnstraße. **Max. WOMOs:** 1 - 2.
Ausstattung: Infotafel ca. 100 m entfernt, Müllbehälter.
Beschreibung: Der einfache, geschotterte, teils schattige und leicht schräge Parkplatz liegt außerhalb des Ortes und ist ein idealer Ausgangspunkt für Rad- sowie Wandertouren. Hier starten z. B. markierte 12,5 und 6 km lange Wanderrundwege und wer den Wanderwegen ein wenig folgt, stößt auf einen MTB-Trail.
Zufahrt: Im Ort den Hinweisen zum Sport- und Erlebnisbad folgen und an diesem vorbeifahren. Der Parkplatz liegt etwa 400 m später links.

Tour 10 — 145 km

Grandenborn – Altenburschla – Wanfried – Eschwege
Germerode – Meißner – Großalmerode – Weißenbach

Stellplätze:	Grandenborn, Heldra, Altenburschla, Wanfried, Eschwege, Reichensachsen, Germerode, Vockerode, Abterode, Frankershausen, Frankenhain, Großalmerode, Weißenbach.
Campingplätze:	Altenburschla Campingplatz Altenburschla, Eschwege Knaus Campingpark.
Besichtigen:	Grandenborn Mohnfelder; Wanfried Historischer Hafen; Eschwege Stadtmuseum, Zinnfigurenkabinett; Germerode, Bergwildpark, Mohnfelder; Abterode

	Besucherbergwerk Grube Gustav; Großalmerode Glas- und Keramikmuseum.
Wandern:	Grandenborn, Heldrastein, Altenburschla, Wanfried, Eschwege, Abterode, Frankershausen, Meißner, Großalmerode, Weißenbach.
Radfahren:	Werratal-Radweg, Großalmerode.
Baden:	Werratalsee, Großalmerode.
Essen:	Grandenborn Restaurant Der Teichhof; Heldra Im Kleegarten; Altenburschla Gemeindeschänke; Wanfried Zum Schwan, Zur Schlagd; Germerode Restaurant Meißnerhof; Abterode Café Hölletal; Meißner Berggasthof, Naturfreundehaus; Großalmerode Bilstein Gaststätte; Weißenbach Jausenstation.

Mit dieser Tour werden wir uns einmal mehr dem nordhessischen Märchenland widmen und im ***Frau-Holle-Land****, Heimat der Sagen- und Märchenfigur, umherstreifen. Wir werden durch kleine Fachwerkstätte bummeln sowie am Grünen Band zwischen Hessen und Thüringen den innerdeutschen Grenzgeschichten an der Werra lauschen. Die abwechslungsreiche Naturlandschaft ist so schön, dass der knapp 114.000 Hektar große Naturpark Frau-Holle-Land mit dem Meißner-Gebiet, dem Kaufunger Wald, dem Ringgau, der Söhre und dem hessischen Werratal aufgrund seiner Besonderheiten von Geologie, Flora und Fauna seit 2017 die Bezeichnung* ***Geo-Naturpark*** *führen darf.*

Eine Region, die sich auf Wanderwegen, mit dem Kanu oder per Fahrrad bestens erkunden lässt. Im Frühsommer verzaubern uns die im Wind schwankenden Mohnblüten, im Sommer können die nackten Füße in Bächen oder der Werra baumeln und im Winter rodeln wir die von Frau Holle beschneiten Hänge hinab (www.naturparkfrauholle.land und www.werratal-tourismus.de).

Unterwegs im Ringgau bei Netra

Nachdem wir Sontra auf der B27 Richtung Eschwege verlassen haben, führt uns die B7 später Richtung Eisenach und über Datterode nach Röhrda.
Im Tal der Netra fahren wir durch einen Teil des **Ringgaus** im Grenzgebiet Hessens und Thüringens. Landwirtschaftlich geprägt liegt das Hochplateau zwischen Meißner sowie Thüringer Wald direkt an der ehemaligen innerdeutschen Grenze und zeigt sich mit Fachwerkkleinoden und einem dichten Wanderwegenetz. Der Ringgau ist aber auch für seine Ahle Wurscht bekannt, der Siegfried Lenz mit seiner Beschreibung einer **Ringgauer Wurstprobe** ein literarisches Denkmal setzte. Ende Juni bis Mitte Juli beeindruckt uns rund um **Grandenborn** das Blütenmeer auf den Mohnfeldern, die uns immer wieder bezaubern (vgl. Seite 324). Nach einer **Wanderung** auf dem 17 Kilometer langen, anspruchsvollen **Premiumweg P13**, der zur Boyneburg, einer sagenumwobenen Kaiserburg von Friedrich I. Barbarossa führt, oder nach einem drei bis vier Kilometer langen Spaziergang auf dem **Mohn-Rundwanderweg** empfiehlt sich die Einkehr im **Restaurant Teichhof mit Hofladen** *(Restaurant Di - So 11 - 21 Uhr; Hofladen Di - So 10 - 16 Uhr; Hunde auf der Terrasse gestattet, nicht aber im Restaurant; Telefon 05659/810; www.derteichhof.de)*. Hier ist man aber auch richtig, um seine eigene Ringgauer Wurstprobe zu erleben. Wir mögen die Luftgetrocknete am liebsten und decken uns regelmäßig in Grandenborn damit ein.

Wurstkammer in Grandenborn

Am Dorfteich in Grandenborn

Mohnblüte in Grandenborn

(200) Offizieller WOMO-Stellplatz: Grandenborn, Am Festplatz

GPS: N 51°04'53.0" E 10°02'34.0", Rendaer Weg. **Max. WOMOs:** 20.

Ausstattung: V/E, Strom, WC, Infotafel, Grillmöglichkeit, Kletterspielgerät.

Beschreibung: Der einfache, geschotterte, meist sonnige Parkplatz am Ortsrand ist klappstuhlgeeignet und verfügt über den Anschluss an Rad- und Wanderwege (z. B. **Premiumweg P13**, Einstiegsmöglichkeit in den Mohn-Rundwanderweg) und ist nur wenige Meter vom Teichhof (siehe oben) am idyllischen Dorfteich entfernt.

Zufahrt: Im Ort den Hinweisen zum Festplatz folgen.

Hinweis: Bei örtlichen Veranstaltungen ist der Platz gesperrt. Der maximale Aufenthalt beträgt 10 Tage.

Südlich des Ortes prägt ein an das Trojanische Pferd erinnerndes Gebilde die Silhouette des Hanges, doch bei näherer Betrachtung erweist es sich als riesiger umgebauter Wasserbehälter. Dekorativ ist die Landmarke allemal und das mittlerweile zum Wahrzeichen Grandenborns avancierte Pferd scheint uns noch einmal hinterher zu wiehern, als wir uns zurück auf den Weg zur B7 machen.

Von Röhrda führt uns die Landstraße über Weißenborn und die ehemalige innerdeutsche Grenze nach **Großburschla**. Die Fahrt hinab ins Werratal gestaltet sich für uns angenehm und ohne Schwierigkeiten. Es ist kaum noch vorstellbar, dass sich hier und entlang des insgesamt 270 Kilometer langen Todesstreifens zwischen Hessen und Thüringen manch grau-

Erinnerung an die Grenzöffnung bei Großburschla

same Szene abgespielt hat. Point Alpha zeigte uns bereits die Auswirkungen aus Sicht der Großmächte. Großburschla und die umliegenden Dörfer sind hingegen ein Beispiel für die einschneidenden Veränderungen innerhalb der Bevölkerung.

Nach der deutschen Teilung wurde das thüringische Großburschla dreiseitig, einer topografischen Ausbuchtung von wenigen Kilometern gleich, von Hessen umschlossen und lag damit komplett im Sperrgebiet der ehemaligen DDR, das nur mit besonderer Genehmigung betreten werden durfte. Nicht genug, dass die Verkehrswege ins nahe Hessen unterbrochen wurden, die zu bewirtschaftenden Flächen durften von den Bauern jetzt nur noch mit Passierschein bestellt werden beziehungsweise fielen später ganz weg und Zwangsumsiedlungen nicht Regimetreuer begannen. Der Kontakt zwischen Ost und West, zwischen Familien und Freunden bestand lange Jahre lediglich aus einem Winken über den Zaun.

Der nahe **Heldrastein**, für viele Menschen der umliegenden Dörfer vor dem Krieg ein beliebtes Ausflugsziel, lag nun mitten im militärischen Sperrgebiet und war für niemanden mehr erreichbar. Auf dem 504 Meter hohen, zur Werra steil abfallenden Berg wurde ein Horchposten der Stasi eingerichtet.

Von diesem Leben voll restriktiver Maßnahmen spüren wir glücklicherweise bei unserer Reise nichts mehr und können

uns in Großburschla ohne Vorbehalte Richtung Schnellmannshausen bewegen. Wir befinden uns nicht nur im ehemaligen Grenzgebiet, sondern auch kurzzeitig auf den Spuren des **WOMO-Bandes Nummer 9**, dem man an dieser Stelle zum wohnmobilen Urlaub in Thüringen folgen kann. Wir fahren lediglich bis zum Wanderparkplatz Försterhäuschen am Waldrand [N 51°07'15.8" E 10°10'44.2", An der L2109]. Etwa 50 Meter weiter gibt es einen etwas größeren, geschotterten Parkplatz am Straßenrand.

Wer den längeren, insgesamt zwölf Kilometer langen und anspruchsvollen Premiumweg P6 nicht wandern möchte, findet hier eine Kurzvariante auf den Heldrastein.

WOMO-Wandertipp: Zum König des Werratals

Wanderung von rund sechs Kilometern Länge, die wir wegen des Höhenunterschieds von 250 Metern als anspruchsvoll bezeichnen.

Vom Parkplatz führt ein Treppenweg in mehreren Serpentinen steil ansteigend durch den Muschelkalkhang im Wald. Die Richtung ist gar nicht zu verfehlen und wir gelangen auf das Heldrastein-Plateau, jenem Ausflugsziel, das über viele Jahrzehnte unerreichbar war. Bei dieser Vorstellung relativiert sich unser schweißtreibender Anstieg plus die weiteren Stufen auf den Aussichtsturm sofort und wir genießen den überwältigenden Rundblick über eine ungeteilte Region in doppelter Hinsicht. Der Aussichtsturm ist immer zugänglich, während die Florian-Henning-Hütte mit Imbissbude nur saisonal geöffnet hat *(Mai - Okt. So/Himmelfahrt/Tag der Deutschen Einheit/Heilig Abend 10 - 17 Uhr).*

Vom Werratal bietet der mächtige Kalksteilfels des Heldrasteins einen majestätischen Anblick und wird deshalb auch als König des Werratals bezeichnet. Nach der Wende war des Königs (Abhör-)Turm ein Zankapfel und sollte abgerissen werden. Einer Bürgerinitiative ist es zu verdanken, dass der Turm der Einheit für Einheimische und Wanderer wieder zu besteigen ist. Wie zum Trotz wird heute eine Hälfte der Ex-Abhör-Radarkuppel von „Horch und Guck“ als Musikpavillon auf dem Festplatz von Großburschla genutzt und dient ausschließlich friedlichen Zwecken!

Nach der Rückkehr zum WOMO und zur Freizeitanlange am Försterhäuschen lädt der schöne Rastplatz zur Pause ein.

Blick vom Heldrastein auf Großburschla (links) und Heldra (rechts)

Kaffeepause im Café Im Kleegarten in Heldra

Als Ausgangspunkt für die gesamte Wanderung oder aber auch für andere Wander- oder Radtouren und für die Flusserkundung mit dem Boot gibt es eine sehr gute andere Adresse. Wir überqueren in Großburschla die Werra und sind nach wenigen Metern wieder in Hessen gelandet. Das Örtchen **Heldra** ereilte während der Zeit der deutsch-deutschen Teilung ein ähnliches Schicksal wie der Nachbargemeinde – fast gänzlich vom Staatsgebiet der DDR umschlossen, blieb den Bewohnern jedoch wenigstens eine Zufahrt ins Hessische und damit in die westliche Freiheit erhalten.

(201) Offizieller WOMO-Stellplatz: Heldra, Am Bolzplatz

GPS: N 51°07'33.0" E 10°11'45.5", Werrastraße. **Max. WOMOs:** 10. **Ausstattung:** Sanitärhaus mit Dusche und WC (Nutzung nur mit Schlüssel gegen Kaution), Strom sowie Wasserhahn außen am Gebäude angebracht. **Beschreibung:** Die einfache, teils schattige, naturbelassene Wiese liegt am Ufer der Werra sowie am Ortsrand und bildet den Abschluss eines Bolzplatzes zum Fluss hin. Der Platz wird von den Heldraer Bürgern betreut und wurde als WOMO- und Zeltplatz freigegeben. Nahe der Werrabrücke befinden sich Tisch und Bänke sowie eine Boots-Anlegestelle. Idealer Einstiegspunkt in den in der Ortsmitte verlaufenden **Premiumweg P6** (siehe oben) oder für den **Werratal-Radweg**. Im Zentrum des Dorfes befinden sich zwei Gaststätten, von denen wir die **Herberge Im Kleegarten** erwähnen möchten. Der selbstgebackene Kuchen im wunderschönen Garten und die Vesper oder die bürgerlich-gehobenen Gerichte in der gemütlichen Gaststube des ehemaligen Gutshofes sind für uns das i-Tüpfelchen eines gelungenen Aufenthaltes auf diesem idyllischen Fleckchen Erde am Ufer der Werra *(Mi/Do 17 - 22 Uhr; Fr/Sa 14 - 22 Uhr; So 10.30 - 21 Uhr; Telefon 05655/923444; www.herberge-im-kleegarten.de)*.

All dies spricht für uns dafür, diesen in seiner Einfachheit ansprechenden Platz in unsere persönlichen **Top Ten** aufzunehmen.
Preise: €, Infos für den Schlüssel zum Sanitärhaus sind am Platz veröffentlicht.
Zufahrt: Im Ort der Werrastraße zum Flussufer und den Hinweisen zum Campingplatz folgen.

Zurück an der B250 schlagen wir den Weg Richtung Wanfried ein und rüsten uns kurz vor **Altenburschla** zu einer weiteren Wanderung, die uns in die waldreiche Gegend des schönen Werratals führt. Die ehemalige Grenzführung hat, wenn man es salopp ausdrücken möchte, auch etwas Positives. Mehrere deutsche Bundesländer haben sich dem Naturschutzprojekt **Grünes Band Deutschland** angeschlossen und entlang des insgesamt fast 1.400 Kilometer langen Grenzstreifens durch Deutschland gemäß dem Motto „Grenzen trennen. Natur verbindet!" einen wertvollen Lebensraum voller seltener Tiere und Pflanzen geschaffen. Ein wahres Naturerlebnis, in das wir zu einem kleinen Teil jetzt eintauchen wollen (vgl. Tour 8, Seite 278).

(202) WOMO-Wanderparkplatz: Altenburschla, Lehntal

GPS: N 51°09'12.5" E 10°11'12.4", An der B250. **Max. WOMOs:** 1 - 2.
Ausstattung: Infotafel, Wanderwege, Tisch und Bänke.
Beschreibung: Der einfache, geschotterte, teils schräge Parkplatz unter Bäumen befindet sich außerhalb des Ortes an einer Wiese. Perfekter Ausgangspunkt für die Wanderung auf dem **Premiumweg P10**.
Zufahrt: Nordöstlich des Ortes von der B260 den Hinweisen zum Wanderparkplatz folgen.

WOMO-Wandertipp: Agentenschleuse und Mainzer Köpfe

Mittelschwere Wanderung von circa 10 Kilometern Länge mit einem kräftigen Anstieg und herrlichen Weitblicken.
Der Premiumweg ist durchgängig mit der Markierung gelbes P12 auf grünem Grund versehen. Manchmal müssen wir ein wenig aufpassen, da sich mehrere Wanderwege kreuzen und mit dem unsrigen zu einer 20 Kilometer langen Wanderung verbinden lassen (z. B. P5, Start vom Parkplatz Wanfried, Freizeitzentrum Plesse). Bei 28 Grad im Schatten ist uns das definitiv zu weit, und nachdem der P12-Weg vom Parkplatz erst recht sacht beginnt, bestätigt der folgende starke Anstieg unsere Weigerung. Bald verlassen wir den Wald, es geht an einer Kirschplantage vorbei und anschließend werden wir mit einem herrlichen Blick ins Tal belohnt. Eine kleine Weile führt der Weg wieder durch den Wald und nach insgesamt etwa 1,5 Kilometern schwenken wir rechts, um auf ein Relikt aus vergangenen DDR-Zeiten zu stoßen.
Die Agentenschleuse wurde Anfang der 1980er-Jahre offiziell als

Wasserdurchlass gebaut (Foto oben). Die hierfür überdimensionierte Röhre diente vielmehr dem heimlichen Grenzübertritt beziehungsweise für den Transport von Funkgeräten oder Druckerzeugnissen. Wir können uns kaum vorstellen, wie Agenten oder Kuriere hin- und herkrochen und dabei unentdeckt blieben. Neben einem Teil des wiederaufgebauten Grenzzauns fantasieren wir filmreif von dunkel vermummten Personen mit Köfferchen und vergessen fast, welch ernsten Hintergrund die ganze Angelegenheit hatte.
Wieder im Wald marschieren wir auf schmalem Pfad direkt auf der hessisch-thüringischen Landesgrenze weiter den Berg hoch. Rechts zweigt die P12-Markierung ab und vorbei am Rastplatz „Willes Ruh“ stellen wir fest, dass wir von der Agentenschleuse aus auch auf dem Kolonnenweg und auf einem mittlerweile schönen Grünstreifen den Berg hätten erklimmen können, um anschließend hinter einem Picknickplatz links durch eine mit Orchideen besäumte Wiese an den Waldpfad auf der Landesgrenze zu gelangen. Dann wären uns jedoch einige der alten Grenzsteine entgangen, die auf den historischen Grenzverlauf lange vor der deutsch-deutschen Teilung hinweisen. Für welchen Weg man sich auch immer entschieden hat, hier oben stehen wir auf den Höhenzügen der „Mainzer Köpfe“, die dem Wanderweg ihren Namen geben. Eine Reihe weiterer Steine mit dem eingemeißelten „Mainzer Rad“ markieren den Grenzverlauf des Kurfürstentums Mainz und begleiten uns weiter durch den Wald bis zu einer Infotafel, die über das Erzbistum Mainz und die vergangenen Zeiten Auskunft gibt.
Hier folgen wir dem Abstecher zu „Kimm's Ruh“ nach links und legen eine wohlverdiente Rast ein. Der grandiose Ausblick über das Werratal ist ein Genuss und das „Gipfelbuch“ verlangt nach einem Eintrag. Durch den Wald, später am Waldrand und entlang einer Wiese führt der Weg nun langsam, aber stetig hinab ins Tal und zu unserem Ausgangspunkt zurück. Ein schöner Wanderweg, der uns mit seinen Aussichten, der Geschichte und Artenvielfalt der Pflanzen begeistert hat.

Knabenkraut

Viel weiter schaffen wir es heute nicht, denn der sonnige und warme Tag ist einfach zu verlockend, als ihn fahrend im WOMO zu verbringen. Gönnen wir uns also eine Auszeit und quartieren uns auf einem kleinen, aber feinen Campingplatz ein.

(203) WOMO-Campingplatz: Altenburschla, Camping Altenburschla

GPS: N 51°09'01.8" E 10°10'23.2", Am Rasen.
Kontakt: Telefon 0152/38767045, www.camping-altenburschla.eu.
Öffnungszeit: Apr. - Sep.
Ausstattung: Einfaches, aber sauberes Sanitärgebäude, Waschmaschine.
Beschreibung: Die einfache, teils unebene Campingwiese befindet sich am Ortsrand unter alten Bäumen direkt an der Werra. Wander- und Radwege (**P6, P12 und Werratal-Radweg**) sowie eine Steganlage sind vorhanden und im Ort gibt es eine Gaststätte. Wir müssen gestehen, dass wir diese Art der Campingplätze lieben, und fühlen uns deshalb vermutlich hier besonders wohl. Vielleicht liegt es aber auch am freundlichen niederländischen Betreiber. Auf jeden Fall sollte man rechtzeitig am Tag anreisen, um noch einen der begehrten Plätze direkt am Fluss zu ergattern.
Preise: €€.
Zufahrt: Von der B250 an der zweiten Zufahrt links in den Ort abbiegen und den Piktogrammen zum Campingplatz folgen.

Am Ufer der Werra verbringen wir den Rest des Tages, schauen den Schwänen wie auch den Paddlern zu und spazieren am Abend in den kleinen gepflegten Ort. Am Dorfanger zwischen einer hübschen Fachwerkkulisse sitzen wir anschließend unter den Linden des **Landhotels Gemeindeschänke** und genießen die gute nordhessische Küche *(Telefon 05655/92340, www.landhotel-altenburschla.de)*.
Am Morgen reisen wir nach **Wanfried** und damit in die kleinste historische Fachwerkstadt des Werra-Meißner-Kreises. Zum einen bietet sich das Schwimmbad am Ortsrand für einen abkühlenden Badeaufenthalt an [**204:** N 51°11'16.2" E 10°10'40.3", Schwimmbad]. Zum anderen werden Wanderfreunde und „Alleinsteher" den folgenden Wanderparkplatz sehr zu schätzen wissen. Die Zufahrtsbedingungen sind allerdings für ausgewachsene WOMOs problematisch und können zu unschönen Kratzern an den Außenwänden führen!

(205) WOMO-Wanderparkplatz: Wanfried, Freizeitzentrum Plesse

GPS: N 51°11'16.2" E 10°11'27.0". **Max. WOMOs:** 2.
Ausstattung: Infotafel, Tisch und Bänke, Tischtennisplatte, Grillmöglichkeit, Wassertretbecken, Müllbehälter.
Beschreibung: Der einfache, geschotterte, sonnige Parkplatz liegt außerhalb des Ortes an einem Grillplatz und einer Wassertretstelle. Zusätz-

lich ist er idealer Ausgangspunkt des etwa 9 km langen, mittelschweren, gut markierten **Premiumwegs P5**. Die Aussicht ist traumhaft und man muss damit rechnen, dass man hier nicht allein ist.

Zufahrt: Im schräg gegenüber des offiziellen Stellplatzes Richtung Schwimmbad der Plouescatstraße folgen. Nach Überqueren der B249 rechts und dann links den Hinweisen zum Wanderparkplatz auf engem, hubbeligen Schottersträßchen zur Freizeitanlage fahren.

Hinweis: Das Sträßchen ist wirklich sehr eng, teilweise unübersichtlich und ohne Ausweichstellen!

(206) Offizieller WOMO-Stellplatz: Wanfried, In der Werraaue

GPS: N 51°11'12.0" E 10°10'02.5", Eschweger Straße. **Max. WOMOs:** 12.
Kontakt: Telefon 05655/92118, www.kvvw.de.

Ausstattung: Strom, Infos zur V/E an der Kläranlage finden sich am Stellplatz, Tisch und Bänke, Müllbehälter.

Beschreibung: Der geschotterte Stellplatz befindet sich am Ortsrand. Das Zentrum mit Gaststätten und Geschäften ist nach einem 5-minütigen Fußweg erreicht. In unmittelbarer Nähe gibt es einen Supermarkt mit Bäckerei, dessen morgendlicher Anlieferverkehr manchmal nicht zu überhören ist. Hier befindet sich ein idealer Ausgangspunkt für Touren auf dem **Werratal-Radweg** und den Wanderwegen.

Preise: €.

Zufahrt: Im Ort Richtung Stadtmitte und dem WOMO-Piktogramm folgen.

Hinweis: Der maximale Aufenthalt beträgt 7 Tage. Wohnwagengespanne sind nicht gestattet.

Wanfried

Wer durch die über 400 Jahre alte Stadt Wanfried (der Nordhesse sagt liebevoll „Wannfried“) auf der Deutschen Fachwerkstraße fährt, merkt schnell, warum die Stadt ausgerechnet an dieser Stelle gegründet wurde. **Prächtige Fachwerkhäuser** künden noch immer von der Blütezeit

als bedeutendem Umschlagplatz für Waren von und nach Südosteuropa. Mitten im Binnenland befand sich einst der **Hafen**, die Schlagd, an dem heute nachgebaute Schuten vor Anker liegen und vom ehemaligen Treiben der Werraschifffahrt erzählen. Landgraf Moritz ließ werraabwärts in Eschwege und Allendorf Schleusen bauen, sodass große Schiffe bis nach Wanfried fahren konnten. Heute erinnern nur noch zwei „Schlagdhäuser“ aus dem Jahr 1670 und kleine Lagerhäuser an diese Zeit.

Unser kleiner Stadtspaziergang offenbart aber weitere kunstvoll verzierte Häuser mit wunderschönen Flachschnitzereien. So beispielsweise das Harmes'sche Haus (Schlagd 6), das 1673 im Barockstil gebaut wurde und zusätzlich mit eingeschnittenen Köpfen mit herausgestreckten Zungen, hervorgehobenen Mannesfiguren und Kuhfüßen beeindruckt. Zusätzlich besticht es mit nixenähnlichen Figuren, die auf die Nähe zur Werra hinweisen. Auch an anderen Häusern sind Symbole der Schifffahrt auszumachen und geschnitzte Sonnenräder und Diamanten sollten den Bewohnern Stärke und Kraft verleihen. Bei einer **öffentlichen Stadtführung** *(Mo - Fr 8.30 - 12 Uhr; Mo/Di 13.30 - 16 Uhr; Fr 13.30 - 18 Uhr; Mai - Okt. Sa 14.30 Uhr; Treffpunkt Rathaus, Marktstraße 18; Gebühr)* oder speziellen Erlebnisführungen werden natürlich weitere Besonderheiten der Fachwerkhäuser herausgestellt oder man kann sich einer märchenhaften Wanderung zum Wasserfall im Elfengrund anschließen *(www.werratal-tourismus.de)*.

Neben dem Mitte des 17. Jahrhunderts als Handelshof erbauten Rathauses in der Marktstraße steht ein um 1655 errichtetes schmuckes Fachwerkhaus, in dem das **Restaurant Zum Schwan** residiert. Erwähnt werden sollte auch die in der alten Schlagdscheune beheimatete **Hafengaststätte Zur Schlagd**.

Nach der Bekanntschaft mit dem niederländischen Campingplatzbetreiber wundern wir uns über die hohe Präsenz unserer westlichen Nachbarn in Wanfried. Die interessante Erklärung hierfür liegt in der ökonomischen Abgeschiedenheit der Stadt in einem der

Historischer Hafen Wanfried

östlichsten Zipfel Hessens, die sich auch nach dem Fall des Eisernen Vorhangs nicht wesentlich änderte. Viele Einwohner verließen die ansonsten so reizvolle Umgebung und die dadurch leerstehenden alten Fachwerkhäuser wurden dem langsamen Verfall preisgegeben. Wanfrieds Bürgermeister hatte eine rettende Idee und bewarb die Gebäude auf einer niederländischen Internetplattform. Da Immobilien in den Niederlanden kaum erschwinglich sind, orientierten sich die ersten „Oranje" ins schöne Werratal mit den heimeligen Fachwerkhäusern, die sie günstig kauften und anschließend sanierten. Mittlerweile hat sich eine kleine niederländische Gemeinde gebildet, die neben den „Ureinwohnern" dafür sorgt, dass die feinen Fachwerkhäuser erhalten bleiben, und die sich am Ufer der Werra offensichtlich wohlfühlt – eine Win-Win-Situation für alle Seiten. Auch für uns, denn so können wir bestimmt noch längere Zeit zwischen den teils malerischen Fachwerkhäusern entlang bummeln *(www.wanfried.de)*.

Vom offiziellen Stellplatz bietet sich eine Tour auf dem **Werratal-Radweg** an (www.werratal.de/radweg). Die insgesamt gut 300 Kilometer lange Strecke führt von den Werraquellen am Rennsteig im Thüringer Wald bis nach Hann. Münden. Die Kurzetappe von Wanfried ins wenige Kilometer entfernte Eschwege ist bequem zu erradeln und kann am Werratalsee beispielsweise an dessen Ostufer mit einem Badeausflug kombiniert werden [N 51°11'35.6" E 10°05'52.7"].

Der 100 Hektar große **Werratalsee** entstand aus einer ehemaligen Kiesgrube und ist mittlerweile eine Oase für Erholungssuchende und ein Eldorado für Wassersportler, in dem alljährlich die Hessischen Rudermeisterschaften ausgetragen

werden. Angeln ist mit Fischereischein erlaubt und eine Wander- oder Radrunde von sieben Kilometern Länge um den See lässt sich entspannt angehen. Äußerst beliebt ist auch die Fahrt auf dem Elektro-Ausflugsschiff **Werranixe**, von der die umliegende Landschaft aus einer anderen Perspektive wahrgenommen werden kann *(Apr. - Okt., Abfahrt Ost- und Südufer, www.werranixe.de)*.

Wir fahren noch ein Stück auf der B249 weiter und wenden uns dann der Stadtmitte von **Eschwege** zu. Eigentlich ist die Kreisstadt für eine Stippvisite viel zu schade und der Aufenthalt auf dem Campingplatz am südlichen Ende des Werratalsees bietet sich geradezu für einen längeren Besuch an.

(207) WOMO-Campingplatz: Eschwege, Knaus Campingpark Am Werratalsee

GPS: N 51°11'30.2" E 10°04'03.7", Am Werratalsee 2.
Telefon: 05651/338883, www.knauscamp.de/Eschwege.
Öffnungszeit: Ganzjährig.
Ausstattung: Kinderspielplatz, Tischtennis, Beachvolleyballfeld, Boulebahn, Waschmaschine, Trockner, SB-Markt und Bistro, WLAN.

Beschreibung: Der schattenlose Platz liegt am Ortsrand sowie direkt am See und in der Nähe befinden sich ein Badestrand wie auch der Bootsanleger der „Werranixe“. Vor der Schranke sind 32 separate einfache, schattenlose, enge **WOMO-Stellplätze** auf Schotter mit V/E und Strom vorhanden und weitere 12, etwas komfortablere **WOMO-Stellplätze** befinden sich direkt am See. Von hier kann man zu ausgedehnten Rad- und Wandertouren aufbrechen oder ins etwa 1 km entfernte Stadtzentrum aufbrechen.
Preise: Campingplatz €€€, WOMO-Stellplatz €€€.
Zufahrt: Von der B249 Richtung Stadtmitte abbiegen und den Piktogrammen zum Campingplatz folgen.

Wir suchen diesmal nur einen Parkplatz fürs WOMO und fahren weiter in die Stadt hinein, überqueren einen Arm der Werra und biegen vor der zweiten Werrabrücke links zum ausgeschilderten Parkplatz „City Parken“ ab [N 51°11'22.1" E 10°03'31.6", Mangelgasse]. Obwohl wir auch hier wieder mit einem Lkw-Verbotsschild konfrontiert werden, können wir laut Auskunft der Tourist-Information und des Straßenverkehrsamtes unbesorgt unser „schweres“ WOMO tagsüber zum Parken abstellen. Das ist ein feiner Service der Stadt, denn von diesem Parkplatz haben wir einen kurzen Weg in den mit mehr als 1000 Fachwerkhäusern geschlossenen historischen Stadtkern.

Eschwege

Vom Parkplatz überqueren wir die Werra auf der Fußgängerbrücke und sind sofort in der „Siedlung bei den Eschen am langsam fließenden Wasser“. So bezeichneten wohl die Chatten und Thüringer vor langer

Der Dünzebacher Torturm

Zeit den Ort in der weitläufigen Flussniederung am Fuß der Leuchtberge. Später wurde daraus das germanische „Eskiniwach“, das Kaiser Otto II. erstmals im Jahr 974 urkundlich erwähnte und seiner byzantinischen Ehefrau als Altersvorsorge vermachte. Nach deren Tod gründete die Tochter Sophia um das Jahr 1000 ein Kanonissenstift, unter deren jeweiliger Äbtissin die Siedlung erst das Marktrecht und vor 1236 das Stadtrecht erhielt. Die Grundlage für die Stadt als wichtigen Handelsplatz legte die gut florierende Tuch- und Ledererzeugung, die allerdings auch dafür sorgte, dass Eschwege häufig zwischen geistlichen und weltlichen Besitzern wechselte. 1433 fiel der Ort endgültig an Hessen und war nach Kassel der wichtigste in der Landgrafenschaft und wurde zeitweilig auch als Residenz genutzt. Hiervon zeugen das **Hochzeitshaus** aus dem Jahr 1578 und das **Landgrafenschloss**. Das Schloss wurde auf den Resten einer Burg aus dem Jahr 1386 im Renaissancestil erbaut. Die meisten der anderen Fachwerkhäuser stammen aus der Zeit nach einem großen Brand 1637. Mehr über diese bewegten Zeiten ist im **Stadtmuseum** zu erfahren, dass wir als Erstes ansteuern, nachdem wir in den mittelalterlichen Stadtkern von Eschwege eintauchen *(Apr. - Okt. Di u. Sa/So 14 - 17 Uhr; intritt)*.

Durch die Kirchgasse, vorbei an der **Marktkirche St. Dionys** gelangen wir an den **Marktplatz**. Die Fachwerkbaukunst rund um Platz und in den Nebenstraßen ist beeindruckend. Von Zerstörungen nach dem großen Brand verschont bieten die Fachwerk-Ensembles mit figürlichen Verzierungen und Flachschnitzereien einen schönen Rahmen zum Bummeln zwischen kleinen Geschäften und Verweilen in einem der zahlreichen Straßencafés. An der Schmalseite des Marktplatzes liegt das **Alte Rathaus** aus dem Jahr 1660 und daneben das angebaute **Neue Rathaus** von 1845. Zwischen beiden bringt das Glockenspiel täglich verschiedene Melodien zu Gehör.

Marktplatz

Zinnfigurenkabinett:
Hessische Soldaten bei der Einschiffung in Bad Karlshafen

Wir können uns kaum sattsehen an den zähnefletschenden Fabeltieren, den Fächerrosetten sowie den Basilisken und Pilastern, die die Häuser und Portale so schön verzieren und alles Böse von den Bewohnern abhalten oder das Glück ins Haus bringen sollten. Noch mehr über die Fachwerkkonstruktionen oder die Stadtgeschichte ist bei einer **öffentlichen Stadtführung** zu erfahren *(Mai - Okt. Di u. So 10.30 Uhr; Gebühr)*. Der Treffpunkt ist an der **Tourist-Information** *(Mai - Sep. Mo - Fr 9 - 18 Uhr; Sa 10 - 13 Uhr; Okt. - Apr. Mo - Fr 9 - 16.30 Uhr; Hospitalplatz 16; Telefon 05651/807111; www.werratal-tourismus.de)*. Selbstverständlich werden auch Themen- und Erlebnisführungen angeboten und weitere wertvolle Tipps für den Aufenthalt in der gesamten Werratal-Region gegeben.
Nur wenig entfernt besuchen wir das **Eschweger Zinnfigurenkabinett** in der Kemenate, dem letzten erhaltenen profanen Steinbau der Stadt. Auf mehreren Etagen verfolgen wir die Weltgeschichte mit Hilfe von rund 15.000 Zinnfiguren und über 250 Dioramen. Wir stehen Königen, Pharaonen und einfachen Bauern „Auge in Auge“ gegenüber, betrachten den kleinen Schlingel, der durch ein Astloch des Bretterverschlags der Flussbadeanstalt ein hübsches Mädchen beobachtet, und verfolgen die Eschweger Stadtgeschichte en miniature. Da galoppieren

Sophiengarten

Indianer durch die Prärie und 1,2 Millimeter große Matrosen haben auf Segelschiffen angeheuert. Unglaublich! Eine bunte, sorgfältig zusammengestellte Wunderwelt, die Alt und Jung gleichermaßen begeistert und unbedingt ins Besuchsprogramm von Eschwege gehören sollte *(Mi u. Sa/So 14 - 17 Uhr; Eintritt)*.
Zum Abschluss unseres Rundgangs gelangen wir wieder zum Stadtmuseum und besuchen einen ganz besonderen Ort der Ruhe. Hinter einer alten Sandsteinwand liegt der nach der Stiftsgründerin benannte **Sophiengarten** verborgen. Der obere Teil des Gartens mit kleinen eingefassten Kräuterbeeten und einer Wasserstelle zeigt den mittelalterlichen Klostergarten, während die duftenden Rosenbögen neben anderen Blumen und Sträuchern den Bürgergarten darstellen. Ein Gartenhaus, Bänke und eine Sitzecke vervollkommnen das Bild einer friedlichen Idylle. Der Garten ist frei zugänglich und für unseren Geschmack das „Sahnehäubchen" eines Eschwege-Besuchs.

Für Wasserwanderer oder solche, die es werden wollen, ist die Werra ein hervorragendes Revier. Wer ein Kanu sein Eigen nennt, wird das sowieso schon bemerkt haben, wer jedoch erst mal auf Tuchfühlung gehen möchte, kann das bei einer **Kanuschnuppertour** tun. Per Shuttleservice geht es von Eschwege nach Wanfried an die Schlagd und nach einer Sicherheits- und Streckeneinweisung kann das 1,5 bis 2-stündige Kanuabenteuer flussabwärts, also immer schön mit der Strömung, zurück nach Eschwege gestartet werden. Weiterführende Informationen sind in der Tourist-Information erhältlich. Wen es eher nach **Wanderungen** dürstet, dem sei der Wanderparkplatz auf dem Leuchtbergsattel empfohlen.

(208) WOMO-Wanderparkplatz: Eschwege, Leuchtbergsattel

GPS: N 51°10'57.0" E 10°04'52.8". **Max. WOMOs:** 1 - 2.

Ausstattung: Infotafel, Tisch und Bänke, Müllbehälter.
Beschreibung: Einfacher, geschotterter und schräger Waldparkplatz außerhalb des Ortes, der sich als Ausgangspunkt für Wanderungen eignet. Etwa 250 m entfernt befindet sich eine Gaststätte (Mo Ruhetag).
Zufahrt: Von der B249 kommend, hinter der Werrabrücke rechts und an der nächsten Ampel Richtung Weißenborn/Völkershausen fahren. Kurz vor dem Stadtausgang den Hinweisen Stadthalle/Jugendherberge folgen und am folgenden Kreisverkehr Richtung Jugendherberge und nach etwa 100 m rechts ca. 1,2 km zum ausgeschilderten Wanderparkplatz fahren.

Von hier erfreuen **kürzere Rundwanderwege** ab fünf Kilometern Länge oder eine 21 Kilometer lange Rundtour über das Naturschutzgebiet der Blauen Kuppe mit dem Basaltschlot eines erkalteten Vulkans zu den Leuchtbergen das Wanderherz. Der gut markierte, etwa 19 Kilometer lange und sehr anspruchsvolle **Premiumwanderweg P3** führt über offene Felder und grüne Wiesen, durch den Wald und über einen Kammweg mit fast alpinem Charakter zu einem der vielen Bismarcktürme Deutschlands. Vom hiesigen eröffnet sich ein herrlicher Weitblick ins Werratal, in die Hessische Schweiz und bis zum Hohen Meißner.

Auf der B452 verlassen wir Eschwege Richtung Kassel und sind nach kurzer Zeit in **Reichensachsen**. Im Ort wenden wir uns Richtung Germerode/Vierbach und streifen den geschotterten, offiziellen **WOMO-Stellplatz**, der nachts durch den nahen Eisenbahn- und Straßenverkehr keine wirkliche Ruhe, aber eine gebührenpflichtige **V/E-Station/Strom** bietet [**209:** N 51°9'10.3" E 09°59'22.8" Bahnhofstraße].

Bei der Weiterfahrt erreichen wir die B27 und überqueren diese, um uns in das Kernland von Frau Holle zu begeben. Nachdem wir bereits dem „König des Werratals“ unsere Aufwartung gemacht haben, ist jetzt eine Audienz beim „König der nordhessischen Mittelgebirge“ angesagt. Besondere Vorbereitungen sind dafür nicht nötig, außer dass wir auf gar keinen Fall die Wanderschuhe vergessen dürfen.

Geo-Naturpark Frau Holle-Land

Wir befinden uns bereits seit einiger Zeit im drittgrößten Naturpark Hessens, zu dem neben dem Meißner und dem Kaufunger Wald auch die Söhre und große Teile des Werratals gehören. Mittendrin erhebt sich ein 754 Meter hoher Tafelberg, eben jener König nordhessischer Mittelgebirge, der Hohe Meißner. Mischwälder und blumenreiche Bergwiesen bieten einer Vielzahl seltener Tiere und Pflanzen ein Refugium und

Blick über Germerode

Winterwanderweg auf dem Hohen Meißner

die Wacholderheiden und Kalkmagerrasen verlocken zum **Wandern** durch wilde und unberührte Natur. Seltene Orchideenarten und Heilkräuter säumen die Wege, die an Basaltblockmeere führen, geheimnisvolle Höhlen erreichen und weite Ausblicke bis nach Niedersachsen, Thüringen und natürlich über Hessen ermöglichen. Der Hohe Meißner ist aber auch der Berg von „Frau Holle“, der die Brüder Grimm in ihrem Märchen zu Weltruhm verhalfen. Vielfältig sind ihre Erscheinungsformen der geheimnisvollen Dame. Mal ist sie gütig und belohnend, mal strafend und wild. Manchmal wird sie als langnasige Alte mit großen Zähnen beschrieben und dann scheint sie wieder eine venusgleiche junge Frau zu sein. Als solche wird sie am Frau-Holle-Teich dargestellt, an dem sich jede Menge Frösche tummeln ... müssen sie auch, denn als Lieblingsspeise der Störche sind sie unerlässlich. Jene holen dann wiederum die kleinen Kinder aus dem Teich ... Stopp, wir gleiten schon wieder in die Legenden- und Sagenwelt ab!

Ebenfalls nicht bewiesen ist, dass Frau Holle durch das Schütteln ihrer Bettdecken bei uns in Nordhessen für den Schnee zuständig ist. Dennoch bietet der Meißner ein umfangreiches **Wintersportprogramm**. Besonders Skilangläufer kommen auf ihre Kosten, aber auch Abfahrer und Rodler haben ihren Spaß. Was es sonst noch so zu entdecken gibt, werden wir auf den nächsten Kilometern unter die Lupe nehmen *(www.naturparkfrauholle.land)*.

Wie nicht anders zu erwarten, führt die Straße bergauf und nach **Germerode**. Mitte des 12. Jahrhunderts wurde hier ein Kloster gegründet, das im Zuge der Reformation im Jahr 1527 wieder aufgelöst wurde. Die **Klosterkirche**, eine dreischiffige Pfeilerbasilika, besitzt eine vierschiffige Krypta – die einzigartig in Deutschland – nicht in der Längsachse der Kirche ausgerichtet ist, sondern quer den Raum des Chores und der Seitenschiffe aufnimmt *(Apr. - Okt. 9 - 18.30 Uhr)*.

(210) Offizieller WOMO-Stellplatz: Germerode, Festplatz

GPS: N 51°11'30.1" E 09°54'04.9", Klosterfreiheit. **Max. WOMOs:** 4.
Ausstattung: Wasserver- und -entsorgung, Strom, Tisch und Bänke, Grillmöglichkeit.

Beschreibung: Der einfache, teils geschotterte und teils auf Wiese angelegte, teils schattige Parkplatz liegt am Ortsrand im Grünen und ist klappstuhlgeeignet. Fußläufig erreichbar sind eine Bäckerei, ein Dorfladen, eine Metzgerei und das **Landhotel-Restaurant Meißnerhof** *(Telefon 05667/234, www.meissnerhof.de).* Der Stellplatz ist ein guter Ausgangspunkt für Wanderungen sowie Radtouren und ideal, um die in voller Pracht stehenden Mohnblütenfelder zu besuchen. Hier startet auch der etwa 7,5 km lange Panoramaweg um den Ort und bietet schöne Blicke ins Werraland.
Zufahrt: Im Ort den Hinweisen zum Kloster und zum Wildpark folgen. Gegenüber der Klosterkirche dem WOMO-Piktogramm folgen.
Hinweis: Am Himmelsfahrtswochenende kann der Platz aufgrund der stattfindenden Kirmes nicht genutzt werden.

(211) WOMO- Wanderparkplatz: Germerode, Wildpark

GPS: N 51°11'31.3" E 09°53'31.3".
Max. WOMOs: 2 - 3.
Ausstattung: Müllbehälter.
Beschreibung: Der einfache Wiesenstreifen am Rand eines schmalen Sträßchens befindet sich nahe dem Wildpark außerhalb des Ortes und bietet sich zum Parken eher an als der schräge Parkplatz des Parks.
Zufahrt: Im Ort der Beschilderung zum Wildpark folgen. Nach dem Abzweig von der Landstraße geradeaus in eine schmale Allee fahren.

Im **Bergwildpark** sind fast alle heimischen Wildtiere zu sehen. Steinböcke und Wildschweine sind genauso vertreten wie Waschbären und Frettchen. Fische und die verschiedensten Vögel schwimmen und schwirren in Teichen sowie großzügig angelegten Volieren, während sich Rot-, Reh- wie auch Damwild neben Mufflons frei im Park bewegen können. Ein Abenteuerspielplatz sorgt für zusätzliche Abwechslung und im „Waldwichtelhaus“ wird viel Wissenswertes zum Hohen Meißner und zur Waldwirtschaft gezeigt. Die Falknerei bietet Flugvorführungen verschiedener Greifvogel- und Eulenarten *(Nov.- Mär. Sa/So 10 - 17 Uhr; Apr. - Okt. Di - So 10 - 18 Uhr; Flugvorführungen: Apr. - Okt. Di - So 11 Uhr u. 15 Uhr; Eintritt; Hunde nicht gestattet; www.bergwildpark-meissner.de).*

Die Mohnfelder von Germerode und Grandenborn

Germerode bietet witterungsabhängig zwischen Mitte Juni und Mitte Juli jedoch noch etwas ganz anderes. Dann pilgern mehrere tausend Menschen hierher, um sich völlig legal am Schlafmohn zu berauschen! Die morphinarmen Mohnsorten dürfen mit Genehmigung in Deutschland angebaut werden und die Anbaufläche am Meißner erstreckt sich momentan über knapp 25 Hektar Fläche.

Bereits in Grandenborn haben wir die erste Mohnblüte erleben können, doch die hiesigen Schlafmohnfelder haben sich zu einem noch größeren, außergewöhnlichen Besuchermagneten entwickelt. Während der Blütezeit erwartet uns ein Meer von vielen Millionen rosavioletten Mohnblüten. Ein wunderschönes Naturerlebnis, das am frühen Morgen verbunden mit gerade erwachenden Vogelstimmen, aufgehender Sonne und sich öffnenden, mit Tautropfen verzierten Blüten nicht nur verzaubernde Momente bietet, sondern unbedingt in unsere persönlichen **Top Ten** gehört (vgl. Seite 306).
Ein drei bis vier Kilometer langer, relativ leicht zu gehender **Rundwanderweg** startet am Sportplatz, führt durch die Mohnfelder und eröffnet zusätzlich herrliche Weitblicke bis zum Hohen Meißner und die Hessische Schweiz. Abkürzungen sind vorhanden und teilweise auf Stroh wandern wir mitten durch die berauschende Blütenpracht. Wer nicht so gut zu Fuß ist, kann sich mit einem Planwagen, der hier Mohnschnecke heißt, zur **Mohntenne** fahren lassen und sich dort an Mohnkuchen, Mohn-Bratwurst oder Ahler Wurscht mit Mohn und anderen Schmeckewöhlerchen gütlich tun *(Saisonzeiten Mo - Fr 11 - 17 Uhr; Sa/So ab 10 Uhr).*

Während der Blütezeit öffnet auch das **Mohnkino**, in dem die Arbeit von der Aussaat bis zur Ernte dargestellt wird und die Begegnung mit Frau Holle nicht fehlen darf. Die Parkflächen sind ausgeschildert, doch der Ansturm der Besucher mit Pkw und Bussen ist enorm und wir empfehlen, das WOMO am Festplatz abzustellen. Die exakte Blütezeit ist auf der Internetseite des Geo-Naturparks etwa ab Mitte Juni oder am **Mohntelefon** unter 05602/935617 zu erfragen.

Wer von Germerode direkt den Hohen Meißner ansteuern möchte, der kann Richtung Frankershausen über **Vockerode** auf den Berg fahren. Vielleicht freuen sich die Füße, besonders Kinderfüße, wenn ihnen unterwegs auf dem **Barfußpfad** ein wenig Freiheit gegönnt wird *(Apr. - Okt.)*. Sollten die Kapazitäten der beiden dazugehörigen Parkplätze erschöpft sein, bietet sich der bereits vorher zu passierende Picknickplatz als Ausweichquartier an.

Mohnfeld in Germerode

(212) WOMO-Picknickplatz: Vockerode, Vockeroder Lindengruppe

GPS: N 51°12'53.2" E 09°53'51.6", An der L3241. **Max. WOMOs:** 1 - 2.
Ausstattung: Tisch und Bänke, Spielplatz.
Beschreibung: Der einfache, befestigte, leicht schräge, teils schattige Parkplatz befindet sich außerhalb des Ortes nahe der Straße an Wiesen und bietet eine schöne Aussicht. Der Barfußpfad ist etwa 2 km entfernt.
Zufahrt: Etwa 800 m hinter dem nördlichen Ortsausgang links der Straße gelegen.

Um der 500 Jahre alten Bergbaugeschichte des Meißner-Vorlandes auf die Spur zu kommen, fahren wir von Germerode jedoch Richtung Eschwege/Albungen nach **Abterode** und folgen dort den Hinweisen zum Besucherbergwerk.

(213) WOMO-Wanderparkplatz: Abterode, Grube Gustav

GPS: N 51°13'25.1" E 09°57'04.3". **Max. WOMOs:** 2.

Ausstattung: Infotafel.
Beschreibung: Der einfache, geschotterte, teils schattige Parkplatz liegt außerorts an der Straße neben einem gurgelnden Bächlein. In der Nähe befindet sich das **Restaurant-Café Höllental** *(Mo/Di geschlossen, Telefon 05657/919139, www.restaurant-hoellental.de)*. Idealer Ausgangspunkt für Rad- und Wanderwege (z. B. den 10 km langen, mittelschweren **Premiumweg P23** Höllental).
Zufahrt: Vom Ort ca. 2 km den Hinweisen zum Besucherbergwerk folgen.

Besucherbergwerk Grube Gustav

Vom Parkplatz vor dem ehemaligen Sprengstofflager gelangen wir mit Schutzhelmen ausgerüstet 360 Meter zu Fuß in den Berg hinein. Ursprünglich suchte man hier nach Silber und Kobalt, doch seit dem 16. Jahrhundert wurde Kupferschiefer abgebaut und die schwere Handarbeit der Bergleute mit Schlägel und Eisen ist in den Stollen beeindruckend nachzuvollziehen. Mit Beginn des 20. Jahrhunderts begann mit moderner Bohr- und Sprengtechnik der Abbau von Schwerspat. Neben bergmännischem Gerät und Mineralien erinnert ein Rettungsschlitten an die geglückte Rettung zweier verschütteter Bergleute im Jahr 1957. Seit das Bergwerk 1968 stillgelegt wurde, ist der Besuch in der zehn Grad kühlen Grube möglich *(Mitte Mär. - Okt. Di - So/Feiertage 13 - 16 Uhr; Eintritt; Telefon 056677500;)*.

Von Abterode erreichen wir über Wolferode und durch das Meißner-Vorland **Frankershausen**, das von einer etwas erhöht liegenden Wehrkirche geprägt ist und zum bedeutendsten Erdfallgebiet Nordhessens gehört.

(214) Offizieller WOMO-Stellplatz: Frankershausen, Hie- und Kripplöcher

GPS: N 51°14'15.6" E 09°54'54.1", Am Sportplatz. **Max. WOMOs:** 3.
Ausstattung: Infotafel, Tisch und Bänke.
Beschreibung: Einfacher, asphaltierter, schattenloser Parkplatz am Ortsrand neben dem Sportplatz. Im Ort gibt es Gaststätten und es hier starten Rad- sowie Wanderwege (z. B. **Premiumweg P2**).
Zufahrt: Im Ort den WOMO-Piktogrammen folgen.

WOMO-Wandertipp: Zu den Hie- und Kripplöchern

Leichte Rundwege von 2 und 4,8 Kilometern Länge.
Wer nicht auf dem gut zehn Kilometer langen, leichten bis mittelschweren und mit einem gelben P markierten Premiumweg P2 durch das schöne Meißner-Vorland zum Frankershäuser Karst wandern möchte, für den gibt es zwei kürzere Alternativen.
Auf einem der Lehrpfade bewegen wir uns in einer Wacholderlandschaft, die traditionell seit Jahrhunderten durch Schafbeweidung erhalten bleibt. Die besondere Geologie der Karstlandschaft macht unseren Rundgang so außergewöhnlich, denn wir wandern über den uralten Boden des Zechsteinmeeres, das vor vielen Millionen Jahren im Zeitalter des Erdaltertums entstand. Die vorherrschenden Minerale sind Dolomit und Gips. Der Dolomit enthält verschiedene Bestandteile, die durch Wasser ausgewaschen werden, sodass nur noch ein Kalkgerippe übrigbleibt, das durch den Druck darüberliegender Erdschichten einstürzen kann und zu sogenannten Erdfällen führt. Ähnlich verhält es sich mit den Gipslagern. Manchmal drängt sich der Kalk jedoch auch zusammen und es entstehen Felsen, Steilrücken und Klippen. Diese Prozesse halten immer noch an und einige Teile des Naturschutzgebietes dürfen deshalb nur unter der Leitung eines Naturparkführers betreten werden.
Jetzt wird uns auch die Bedeutung der Worte „Hie“ und „Kripp“ deutlich, die nichts anderes als „Höhle“ oder „Vertiefung“ meinen. 1958 erlebte ein Bauer auf unerfreuliche Weise, was es mit diesen Löchern auf sich hat, als unter seinem von Kühen gezogenen Gespann plötzlich die Erde nachgab. Glücklicherweise konnte er die Tiere gerade noch ausschir-

Blutströpfchen

ren, bevor der Wagen auf nimmer Wiedersehen in einem der Löcher verschwand. Spätere Untersuchungen ergaben, dass die ab diesem Zeitpunkt als „Kuhloch" bezeichnete Tiefe rund 30 Meter maß.
Wir halten uns also lieber an die vorgegebenen Wege und erleben eine seltene Kulturlandschaft mit Dachs- und Fuchsbauten, seltenen Schmetterlingen, Wildkräutern und Orchideen. Manchmal, sagt man uns, begegnet man auch der großen Schafherde der Hüteschäferei, die das Biotop beweidet *(Führungen ab dem o. g. Parkplatz)*.

Nach dieser interessanten Unterbrechung geht es nun weiter nach Frankenhain und später Richtung Hausen, um uns an der nächsten Kreuzung geradeaus an den Hinweisen **Naturpark Meissner** zu orientieren.
Auf der alten Kohlenstraße, die an den Braunkohlebergbau am Meißner erinnert, erreichen wir eine kleine Parkbucht am **Friedrichstollen**. Viel zu sehen gibt es hier allerdings nicht und wir besuchen bei der Weiterreise zunächst erst einmal den **Frau-Holle-Teich** und hören den gefühlten tausend Fröschen bei ihrem Konzert zu [N 51°13'08.7" E 09°52'15.2"]. Ohne wieder Sagen und Legenden bemühen zu wollen, aber wenn Nebelschleier über das Wasser wabern und plötzlich die 3,50 Meter große hölzerne Frauenfigur scheinbar schwerelos aus dem Dunst auftaucht, dann hat der Ort schon etwas Mystisches.
Handfester und vor allen Dingen unangenehmer ist der Geruch, den wir bei der Fahrt hinauf zum **Schwalbenthal** bald wahrnehmen können. Vom Wanderparkplatz wollen wir der Sache zumindest etwas auf den Grund gehen [N 51°12'33.1" E 09°52'19.3"].

Frau-Holle-Teich

WOMO-Wandertipp: Knappenpfad und Stinksteinwand

Auf dem knapp zwei Kilometer langen Knappenpfad erleben wir im Zeitraffer den historischen Braunkohlebergbau an der Ostseite des Meißners. Nachdem in den Quellen des Berges kleine angespülte Kohlestückchen gefunden wurden, begann ab 1578 die Braunkohleförderung, die immerhin bis in die 1920er-Jahre unter Tage weitergeführt wurde. Die gewonnene Kohle wurde mit Pferdefuhrwerken in die Saline von Sooden (heute Bad Sooden-Allendorf) transportiert und für das Sieden von Salz verwendet. Durch das angestaute Wasser in den wegen brennender Kohle verschlossenen Stollen kam es Anfang des 20. Jahrhunderts zu einem Erdrutsch, bei dem viele Häuser des damaligen Ortes Schwalbenthal beschädigt oder den Berg hinabgerissen wurden. Nur das ehemalige Bergamt ist aus jener Zeit und als Zeuge dieser langen Bergbaugeschichte erhalten geblieben. Nach dem Zweiten Weltkrieg ging es über Tage noch einige Jahre weiter, bis auch diese Fördermethode im Jahr 1974 aus wirtschaftlichen Gründen eingestellt wurde. Der **Lehrpfad** startet an der Wiege des Meißner Bergbaus, an eben jenem einstigen Bergbaudörfchen Schwalbenthal, und führt uns zu alten Stolleneingängen, ähnlich dem Portal des Friedrichstollens, und zur historischen Schütthalde.

Viel spannender wird der Spaziergang, wenn er in Begleitung eines sachkundigen Naturparkführers erfolgt. Dann wird die Tour erweitert, beinhaltet einen Anstieg und kann zwei oder drei Stunden dauern. Sie hat den Vorteil, dass man nicht nur viel Interessantes zum Bergbau erfährt, sondern dem zeitweiligen penetranten Gestank von Schwefel und Phosphor auf die Schliche kommt. Nach Beendigung des Kohleabbaus blieben die Kohleflöze erhalten, und da Braunkohle bei Trocknungsprozessen zur Selbstentzündung neigt, schwelt es seit 400 Jahren an der **Stinksteinwand** (Foto oben). Die heiße Abluft ist es also, die unsere empfindlichen Nasen so reizt. Der Besuch der Stinksteinwand ist nicht ganz ungefährlich und deshalb nur im Rahmen einer geführten Wanderung möglich *(Telefon 05657/644990, www.naturparkfrauholle.land).*

Nach diesem „Schnupperkurs" setzen wir unseren Weg Richtung Hausen bergauf weiter fort. Die zahlreichen Parkplätze in 713 Metern Höhe weisen darauf hin, dass der Meißner im Winter ein gut besuchtes Paradies für **Schneesportler** ist. Am folgenden Parkplatz beginnt beispielsweise die neun Kilometer lange Frau-Holle-Loipe, während am Berggasthof und am

Naturfreundehaus unterschiedlich lange Abfahrten mit Liften zur Verfügung stehen. Rodler haben die besten Voraussetzungen auf der Wiese beim Naturfreundehaus. Am Schneetelefon können die aktuellen Schneehöhen abgefragt werden *(Telefon 05602/935617)*.
Damit sich Wanderer und Langläufer nicht in den Weg kommen, gibt es einen knapp vier Kilometer langen Winterwanderweg, der am Berggasthof oder am folgenden Wanderparkplatz startet.

(215) WOMO-Wanderparkplatz: Hessisch Lichtenau, Loipenparkplatz Hoher Meißner

GPS: N 51°12'32.3" E 09°51'19.5", An der L3241. **Max. WOMOs:** 5.
Ausstattung: Infotafel, Tisch und Bänke, saisonale Imbissbude.
Beschreibung: Der einfache, asphaltierte, teils schattige Parkplatz auf zwei Ebenen liegt außerhalb des Ortes und im hinteren Teil steht man trotz Straßennähe nachts im Allgemeinen recht ruhig. Der Parkplatz ist ein idealer Ausgangspunkt für Wanderungen (Winterwanderweg auf der gegenüberliegenden Straßenseite), MTB-Radtouren und für Wintersportler.
Zufahrt: An der L3241 gelegen und ausgeschildert.

(216) WOMO-Wanderparkplatz: Hessisch Lichtenau, Berggasthof Hoher Meißner

GPS: N 51°12'19.8" E 09°50'49.5" Hoher Meißner. **Max. WOMOs:** 3 - 5.

Ausstattung: Infotafeln.
Beschreibung: Der einfache, geschotterte, teils schattige Parkplatz liegt außerhalb des Ortes nahe dem Berggasthof *(Fr - So 11 - 19 Uhr; www.berggasthof-hohermeissner.eu)*. Der Parkplatz ist ein idealer Ausgangspunkt für Wanderungen (z. B. **Premiumweg P1**, Winterwanderweg) MTB-Radtouren und für Wintersportler.
Zufahrt: Etwa 600 m hinter dem vorgenannten Parkplatz dem Hinweis zum Berggasthof folgen.
Hinweis: Auch wenn es sich um einen öffentlichen Parkplatz handelt, ist bei einer Übernachtung die Einkehr im Gasthof erwünscht.

(217) WOMO-Wanderparkplatz: Hessisch Lichtenau, Naturfreundehaus Meißnerhaus

GPS: N 51°12'25.1" E 09°50'36.3", Regina-Fahrenbach-Straße. **Max. WOMOs:** 2 - 3.
Ausstattung: Infotafeln, Tisch und Bänke, Spielplatz.
Beschreibung: Der einfache, asphaltierte, schattige Parkplatz liegt außerhalb des Ortes nahe dem **Naturfreundehaus** *(Gaststätte 9 - 18 Uhr Mo Ruhetag)*. Der Parkplatz ist ein idealer Ausgangspunkt für Wanderun-

gen (z. B. **Premiumweg P1**) MTB-Radtouren und für Wintersportler.
Zufahrt: Hinter dem vorgenannten Parkplatz von der Straße dem Hinweis zum Naturfreundehaus folgen.
Hinweis: Auf dem hinteren Parkplatz steht es sich weniger exponiert und geschützter.

Die mangelnde Stromversorgung an den Stellplätzen stört uns nicht, denn wir sind im Sommer unterwegs und freuen uns auf eine Wanderung, die uns zu den schönsten Stellen des Hohen Meißners führt.

WOMO-Wandertipp:
Königstour auf dem Hohen Meißner

Mittelschwere Wanderung von etwa 15 Kilometern Länge mit einigen An- und Abstiegen, herrlichen Weitblicken und vielen Infotafeln.
Der **Premiumweg P1** ist durchgängig mit einem gelben P1 markiert und wir folgen ihm vom Parkplatz am Naturfreundehaus. Nur wenige Meter sind es bis zum **Denkmal des Freideutschen Jugendtages** vom 12.10.1913. Seit diesem Ereignis (einem „hohen" Fest) trägt der Meißner den Zusatz „Hoher Meißner".
Leicht bergauf geht es weiter zum Berggasthof und wir folgen dort dem asphaltierten Wirtschaftsweg kurz nach rechts. Über einen Wiesenpfad gelangen wir in den Wald, in dem sich der Weg serpentinenartig steil abwärts windet und zu den **Seesteinen** führt. Hierbei handelt es sich um eine beeindruckende Waldparkanlage, die um 1880 von Waldarbeitern, Bergleuten und Naturliebhabern geschaffen wurde. Der namensgebende See existiert nicht mehr, aber eine Schautafel zeigt, wie es hier um 1900 ausgesehen haben könnte. Verwunschen ist es und die deutschen Romantiker hätten sich hier bestimmt wohlgefühlt. Über einen schmalen Pfad steigen wir nun zwischen Felsen kletternd nach oben, um anschließend bergab zu einer Wegkreuzung zu wandern. Hier wenden wir uns links und nähern uns dem Schwalbenthal sowie dem „Haus Halde", von dem der Abstecher zum zuvor beschriebenen **Knappenpfad** abgeht.

Kitzkammer

Dem Hauptwanderweg folgend erreichen wir ansteigend den Parkplatz **Schwalbenthal** und genießen vom Aussichtspunkt den fantastischen Weitblick über das Meißner-Vorland. Vorbei am ehemaligen Bergamt müssen wir einige Schritte auf der Landstraße gehen, um dann links einen Pfad parallel zur Straße zu betreten. Geradeaus führt der Weg zur **Stinksteinwand**, während wir links getreulich auf unserem P1-Weg bleiben.

Jetzt geht es wieder bergan und durch den Wald gelangen wir zu einem markanten Felsplateau hoch über dem **Kalbesee**, der durch den Tagebau entstand. Ein Abstecher zur Basaltkuppe der 721 Meter hohen **Kalbe** lohnt sich wegen der grandiosen Aussicht, die bei klarem Wetter bis zum Brocken reicht. Dem Hauptweg folgend erreichen wir den Abzweig zum **Frau-Holle-Teich**, an dem wir bereits waren und uns daher den steilen Ab- und wieder Anstieg über den Eulensteig sparen.

Mit dem P1 passieren wir das Naturschutzgebiet „Weiberhemd“ und sind wenig später unterhalb der 748 Meter hohen **Kasseler Kuppe** angekommen. Ein weiterer Abstecher führt hinauf zu einer kleinen Schutzhütte und zum höchsten Punkt des Meißners (754 Meter) etwas abseits der Kuppe.

Allmählich wandern wir mit P1 bergab und ein Wiesenweg führt an der Viehhauswiese vorbei und zum Viehhaus-Parkplatz. Wir kreuzen nochmals die Landstraße, tauchen in den Laubwald ein und folgen dem Hinweis zur **Kitzkammer**. Steil bergab gehend erreichen wir die hoch aufragende Gesteinswand. Ein kleiner Pfad führt hinauf zur kammerartigen Höhle, die vor fünf Millionen Jahren aus zu Basalt erstarrter dünnflüssiger Lava entstand. Typisch sind die fünf- oder mehreckigen Basaltsäulen, die der schnellen Abkühlung des Gesteins zugeschrieben werden. Natürlich ranken sich auch um die Kitzkammer Geschichten und wir lesen auf der Schautafel, dass Frau Holle manch zänkisches Mädchen in eine Katze verwandelte und sie dann in der Kammer einsperrte.

Also nichts wie weiter abwärts bis zu einem Bachlauf, den wir queren und wenig später bis zu einem Wegekreuz. Hier halten wir uns links den Berg hinauf, passieren mit einigem Abstand den Ort Hausen und wenden uns, vorbei an einem Sportplatz, der letzten Steigung über die blühenden Meißner Wiesen dem Naturfreundehaus zu. Der Ausgangspunkt unserer tollen, informativen und aussichtsreichen Wanderung ist erreicht.

Schnell sind aus dem WOMO die Kaffeebecher geholt und mit einem duftenden Getränk in der Hand lassen wir uns auf einer der Sitzbänke am Rand der Wiese nieder. Spätestens jetzt verstehen wir, dass wir uns auf dem „König der nordhessischen Berge" befinden. Wir können uns kaum von der erhabenen und schönen Aussicht lösen, aber ein Stück wollen wir heute noch weiter.

Auf der Landstraße rollen wir am Wanderparkplatz Viehhaus vorbei den Berg hinab. Hausen, das höchstgelegene Dorf Kurhessens, wird links liegengelassen und schon ist Velmeden erreicht. Über Rommerode ist nun bald **Großalmerode** erreicht, das in der idyllischen Landschaft des Gelstertals liegt und neben dem Waldreichtum auch von Ton, Sand und Kohle geprägt ist. Bei Erreichen der B451 biegen wir Richtung Helsa ab und notieren einen Parkplatz, von dem wir einen perfekten Einstieg in den **Premiumweg P4** finden. Diesmal startet die 10-Kilometer-Rundtour mit der gelben P-Markierung in den Kaufunger Wald und zu dessen höchster Erhebung, dem 641 Meter hohen Bilstein. Die mittelschwere Wanderung verläuft auf schmalen Pfaden und neben dem Ausblick vom Bilstein-Turm wird über das Glaserbe der Gegend informiert. Wer gerne schwimmt, der findet mit dem **Panoramabad** einen schönen Aufenthaltsort und gleichzeitig einen von zwei offiziellen Stellplatzmöglichkeiten.

(218) WOMO-Wanderparkplatz: Großalmerode, Bilstein

GPS: N 51°16'01.5" E 09°46'36.0". **Max. WOMOs:** 5.
Ausstattung: Infotafeln, Tisch und Bänke.
Beschreibung: Der einfache, geschotterte, sehr schräge, teils schattige Parkplatz liegt im Wald außerhalb des Ortes und ist idealer Ausgangspunkt für Wanderungen (z. B. **Premiumweg P14**)und Radtouren (z. B. **MTB-Trail**). Die etwa 3 km entfernte **Bilstein-Gaststätte** kann auch auf kürzeren Wegen erreicht werden *(Apr. -Okt. Mi - So/Feiertage 11 - 19 Uhr; Nov. - Frühlingsanfang Fr 13 - 17 Uhr; Sa/So/Feiertage 11 - 18 Uhr; www.bilsteingaststätte.de).*
Zufahrt: Von der L451 zwischen Großalmerode und Helsa dem Hinweis zum Bilstein folgen.

(219) Offizieller WOMO-Badeplatz: Großalmerode, Am Panoramabad

GPS: N 51°15'56.7" E 09°47'03.3", Heinrich-Koch-Straße.
Max. WOMOs: 5.
Ausstattung: Infotafel.
Beschreibung: Der einfache, geschotterte Parkstreifen ist teils schräg und schattig und liegt außerhalb des Ortes am Schwimmbad und Sportstadion. Ausgangspunkt für Wanderungen (z. B. **Premiumweg P14**) und Radtouren (z. B. **MTB-Trail**).
Zufahrt: Im Ort von der B451 Richtung

Helsa den Hinweisen Sportzentrum/Schwimmbad folgen.
Hinweis: Die Straße kann wegen eines sehr steilen Anstiegs zeitweise gesperrt sein. Dann empfiehlt sich die Zufahrt zunächst wie zum vorgenannten Parkplatz, um einen guten Kilometer vor dem Ziel den Hinweisen zum Sportzentrum/Schwimmbad zu folgen.

(220) Offizieller WOMO-Stellplatz: Großalmerode

GPS: N 51°15'31.9" E 09°47'35.7", Oststraße. **Max. WOMOs:** 5.

Ausstattung: V/E, Strom, Infotafel, Bank, Müllbehälter.
Beschreibung: Der im Grünen gelegene Stellplatz auf einem, teils schattigen Wiesengelände befindet sich am Ortsrand. Das Zentrum mit Gaststätten, Geschäften, Bäckerei und Metzgerei ist etwa 800 m entfernt. Natürlich kann man auch von hier zu Wander- und Radtouren aufbrechen.
Zufahrt: Im Ort der B451 Richtung Witzenhausen und den WOMO-Piktogrammen folgen.

Großalmerode, die „Stadt des guten Tons“, kann auf eine 800-jährige Tradition in der Ton- und Glasverarbeitung zurückblicken. Der verarbeitete Ton stammt vom nahen Hirschberg, der bis heute auch ein großes Vorkommen an Braunkohle aufweist. Die **Tourist-Information** organisiert eine Stadtführung, bei der man mehr über die Töpfer und Waldgläsner erfahren kann *(Mo - Mi u. Fr 9 - 12 Uhr; Do 15 - 17 Uhr; Marktplatz 11; Telefon 05604/93350; www.grossalmerode.de)*. Das **Glas- und Keramikmuseum** vermittelt ebenfalls einen Einblick in die Arbeitsprozesse zur Gewinnung und Verarbeitung des Tons. Dies geschieht unter anderem in nachgebauten Werkstatträumen und anhand der Fotoinstallation eines Brennofens sehr gut. Weiterhin widmen sich andere Abteilungen dem Glasmachergewerbe, das sich ab dem 16. Jahrhundert entwickelte, und dem Heimatmaler Heinrich Pforr *(Apr. - Okt. So 14 - 17 Uhr; Eintritt; www.glas- und-keramikmuseum.de)*.
Auf der B451 Richtung Witzenhausen fahren wir ins Tal und gelangen nach Trubenhausen, um von dort rechts über den Gelsterbach Richtung Bad Sooden-Allendorf/Weißenbach wieder hinauf zum Hohen Meißner zu fahren. Flott gewinnen wir an Höhe und erreichen **Weißenbach** und damit ein wahrhaft aussichtsreiches Plätzchen.

(221) WOMO-Picknickplatz: Weißenbach, Dornbergpass

GPS: N 51°15'05.4" E 09°50'45.5", An der K42. **Max. WOMOs:** 1 - 2.
Ausstattung: Tisch und Bänke, Infotafel.
Beschreibung: Der einfache, geschotterte, sonnige Parkplatz liegt an der nachts ruhigen Straße außerhalb des Ortes. Die Aussicht ist grandios und von hier bietet sich der Einstieg in Wanderungen geradezu an (z. B.

Premiumweg P8). Dabei empfiehlt sich die unten erwähnte Jausenstation zur Einkehr an. Sie ist aber auch nach etwa 900 m bergab auf direktem Fußweg zu erreichen.
Zufahrt: Hinter dem Ort Richtung Laudenbach abbiegen. Der Parkplatz liegt oberhalb von Weißenbach rechts der Straße.

Bei der folgenden Wanderung fällt uns ein weiterer Parkplatz auf, der nicht unerwähnt bleiben soll.

(222) WOMO-Wanderparkplatz: Weißenbach, Bühlchen

GPS: N 51°14'33.0" E 09°51'03.8". **Max. WOMOs:** 2 - 3.
Ausstattung: Infotafel, Tisch und Bänke.
Beschreibung: Der einfache geschotterte, meist sonnige Parkplatz befindet sich außerhalb des Ortes und ist ein idealer Einstiegspunkt für Wanderungen (z. B. **Premiumweg P8**).
Zufahrt: Von vorgenannter Kreuzung ca. 1 km weiterfahren. Der ausgeschilderte Parkplatz liegt links der Straße.
Hinweis: Hinter dem eigentlichen Parkplatz steht das WOMO geschützter.

Ein letztes Mal erkunden wir auf dem mit gelben P bestens markierten **Premiumweg P8** den Meißner. Diesmal führt eine etwa sieben Kilometer lange Wanderung abwechslungsreich um den 583 Meter hohen Heiligenberg. Da wir uns bereits auf über 450 Metern Höhe befinden, ein eher leichtes bis mittelschweres Unterfangen. Der Wechsel zwischen offener Landschaft mit Magerrasen sowie Wacholderheiden und dichtem Wald macht den Marsch so reizvoll. Zugegeben, einige kleine Anstiege sind zu bewältigen, aber da wir in Weißenbach zwischendurch eingekehrt sind, fallen sie fast gar nicht auf. Von der dortigen **Jausenstation** eröffnet sich nicht nur ein traumhafter Blick über die Wiesen ins Land, sondern mit den hauseigenen Produkten können wir Nordhessen mal wieder so richtig bodenständig „schmecken" *(Di-So 11.30 - etwa 17 Uhr; Restaurant Sa/So/Feiertage ab 12 Uhr - etwa 20 Uhr; Telefon 05604/9191230; www.jausenstation.de).* Aus dem Hofladen „wandern" einige der Köstlichkeiten gleich in den Rucksack und begleiten uns auf unserer Weiterreise, die uns wieder ins Werratal führen wird.

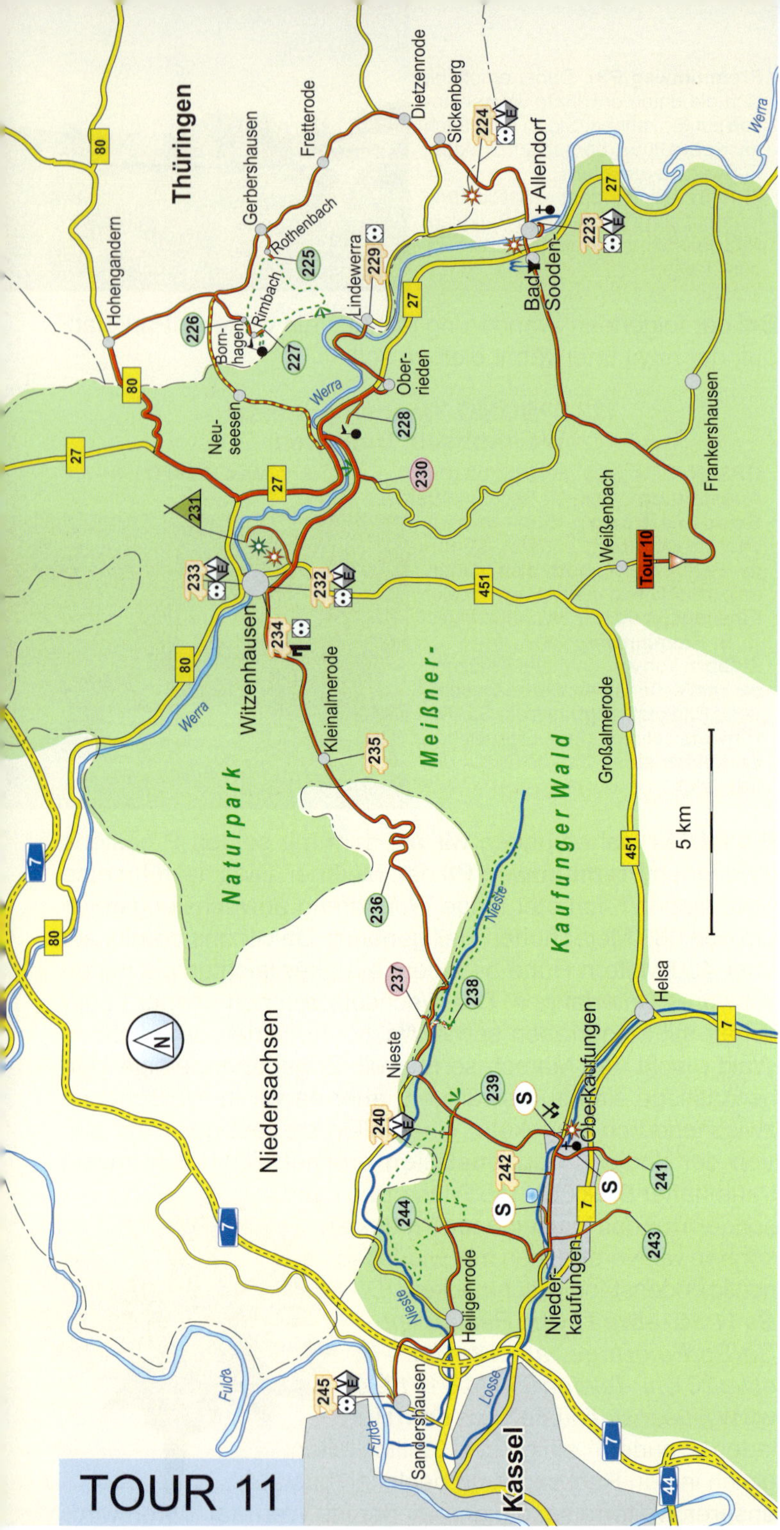
TOUR 11
Thüringen
Niedersachsen
Naturpark
Meißner-
Kaufunger Wald
Werra
Nieste
Fulda
Losse
Kassel
Witzenhausen
Hohengandern
Gerbershausen
Rothenbach
Fretterode
Dietzenrode
Sickenberg
Allendorf
Bad Sooden-
Lindewerra
Bornhagen
Rimbach
Neuseesen
Oberrieden
Frankershausen
Weißenbach
Großalmerode
Kleinalmerode
Helsa
Nieste
Oberkaufungen
Niederkaufungen
Heiligenrode
Sandershausen
Tour 10
5 km
N

Tour 11 120 km

Bad Sooden-Allendorf – Lindewerra – Witzenhausen Kaufungen – Sandershausen

Stellplätze:	Bad Sooden-Allendorf, Gerbershausen, Bornhagen, Rimbach, Oberrieden, Lindewerra, Wendershausen, Witzenhausen, Kleinalmerode, Nieste, Oberkaufungen, Niederkaufungen, Sandershausen.
Campingplätze:	Witzenhausen Campingplatz Werratal.
Besichtigen:	Bad Sooden-Allendorf Salzmuseum, Grenzmuseum; Rimbach Burg Hanstein; Lindewerra Stockmacher museum; Witzenhausen Museum Witzenhausen, Tropengewächshaus, Kautabakmuseum; Kaufungen Ziegeleimuseum, SinnesGänge, Stiftsbereich, Regionalmuseum Alte Schule und Bergwerksmuseum.
Wandern:	Gerbershausen, Nieste.
Radfahren:	Werratal-Radweg.
Kanufahren:	Witzenhausen.
Baden:	Bad Sooden-Allendorf.
Essen:	Bad Sooden-Allendorf Restaurant Pelikan; Bornhagen Klausenhof; Rimbach Berghütte Teufelskanzel; Lindewerra Gaststätten Zur Alten Stockmacherei und Kanzelblick; Witzenhausen Hof Kindervatter; Nieste Königs-Alm.

In dieser letzten Tour durch Nordhessen gelangen wir noch einmal ins Werratal, um uns durch den Kaufunger Wald zurück ins Tal der Fulda zu bewegen. Dazwischen können bei Kanutouren auf der Werra die Paddel zum Einsatz kommen, die Fahrräder finden ein schönes Betätigungsfeld auf den Werra- oder Fulda-Radwegen und beste Wandererlebnisse bieten weitere Premiumwege durch die üppigen und geschichtsträchtigen Wälder. Wir werden die Kirschblüte um Witzenhausen bewundern und den Burgen im hessisch-thüringischen Grenzgebiet nahekommen, bevor wir uns nach einer abwechslungsreichen Reise von Ihnen verabschieden (www.werratal-tourismus.de).

Vom Naturschutzgebiet Bühlchen folgen wir der Kreisstraße und rollen bergab durch den Wald schon bald an die Kreuzung, an der wir unsere Runde um den Hohen Meißner begonnen haben. Wir halten uns Richtung Kammerbach/Bad Sooden-Allendorf und wie zum Abschied breitet sich ein letztes Mal das Meißner-Vorland vor uns aus. Der Weg ins Werratal und in die beiderseits des Flusses gelegene alte Salz- und jetzige Kurstadt **Bad Sooden-Allendorf** ist nicht zu verfehlen.

(223) Offizieller WOMO-Stellplatz: Bad Sooden-Allendorf, Franzrasen

GPS: N 51°16'17.4" E 09°58'19.5", Franzrasen. **Max. WOMOs:** 100.

Ausstattung: V/E, Strom.
Beschreibung: Der auf Schotter und befestigter Wiese angeordnete Stellplatz befindet sich zum Teil unter schattigen Bäumen auf einer Werrainsel. Die Historische Altstadt, der Kurpark und die Werratal-Therme sind fußläufig erreichbar. Jeden Morgen gibt es frische Brötchen und für einen Kurzaufenthalt von 30 Minuten ist in der Therme eine Duschmöglichkeit vorhanden (3€).
Preise: €€.
Zufahrt: Vom Meißner auf der L3239 kommend vor Erreichen der B27 Richtung Göttingen dem WOMO-Piktogramm folgen.
Hinweis: Wenn die Stellplatzkapazität erschöpft ist oder der Platz für das am 3. Wochenende im August stattfindende Erntedank- und Heimatfest gesperrt ist, steht ein Ausweichplatz zur Verfügung. Ab 2021 ist die Nutzungsmöglichkeit einer Toilettenanlage geplant. Wohnwagengespanne sind nicht gestattet.

Bad Sooden-Allendorf

Seit Jahrhunderten bestimmen Salz und Sole die Geschicke der Stadt, deren Geschichte bis in die Zeit Karl des Großen zurückreicht. Im

Gradierwerk im Kurpark in Bad Sooden

Söder Tor in Bad Sooden

8. Jahrhundert soll der Frankenkönig dem Kloster Fulda die Salzquellen übertragen und verfügt haben, dass dem Klerus wöchentlich ein Karren Salz zu schenken sei.

Im Ortsteil Sooden, in der Nähe des heutigen **Kurparks**, standen bis Ende des 19. Jahrhunderts Siedehäuser, in denen das Salz aus der Sole gewonnen wurde. Zuvor wurde die Sole auf die **Gradierwerke** gepumpt und durch das Herunterrieseln über Stroh, später Schwarzdorn, verdunstete ein Teil des Wassers. Anschließend wurde das Konzentrat in großen Siedepfannen erhitzt, um das Salz zu extrahieren. Im nahen Salzamt mit der **Pfennigstube** wurde das „Weiße Gold“ gewogen und abgerechnet, brachte großen Reichtum und machte die Stadt zu einem bedeutenden Handelsplatz. Nachdem im 19. Jahrhundert preiswertere Steinsalze die Gewinnung von Siedesalzen unrentabel gemacht hatten, wurde 1906 das letzte Salz in Sooden gesiedet.

Blick über die Werra zum Fischerstad-Viertel

Bereits einige Jahrzehnte vorher hatte man glücklicherweise die heilende Wirkung der Sole erkannt und ab da wurde der Kurbetrieb ausgebaut. Ehemals war das 1705 erbaute **Söder Tor** der einzige Zugang zur Saline, in dem sich die Wachstube mit Gefängnis befand. Heute ist hier das **Salzmuseum** untergebracht, das über die frühere Salzgewinnung und die Geschichte des Kurbades umfassend berichtet *(Apr. - Okt. Mi u. Sa/So 14 - 17 Uhr; Nov. - Mär. Mi geschlossen; Eintritt).*
Die abgeschiedene Lage im ehemaligen Zonenrandgebiet und die folgenden Einschnitte im Gesundheitswesen machten es dem Kurbetrieb in Bad Sooden-Allendorf nicht immer einfach. Doch das schöne, von repräsentativen Fachwerkhäusern geprägte Stadtbild rund um den Kurpark mit dem Gradierwerk im Ortsteil Bad Sooden und die für Touristen interessante Infrastruktur machen den Aufenthalt lohnenswert. Zusätzlich lockt die **Werratal-Therme**, die sich mit 28 bis 32 Grad warmen Solewasser zu einem Publikumsmagneten entwickelt hat. Neben dem Innen- und Freiluftbereich lockt die **Bade- und Saunalandschaft** der **Salzgrotte**, die mit den gelösten Salzen des Toten Meeres ein wohltuendes Durchatmen ermöglicht *(www.werrataltherme.de).*
Die **Tourist-Information** ist eine gute Anlaufadresse für alle Aktivitäten rund um die kleine Kurstadt *(Mo - Fr 9 - 17 Uhr; Apr. -Okt. zusätzlich Sa 9 - 12 Uhr; Landgraf-Philipp-Platz 1 - 2; Telefon 05652/95870; www.bad-sooden-allendorf.de).* Neben Rad- Wander- und Kanutouren werden unter anderem auch **kostenfreie Stadtführungen** angeboten *(Mo 15 Uhr; Treffpunkt Söder Turm und Fr 15 Uhr; Treffpunkt Marktplatz).*
Nach unserem Ausflug in die Welt der Saline schlendern wir über die Werrabrücke zurück in den Ortsteil Allendorf mit seinem **mittelalterlich geprägten Fachwerkstadtbild**. Das malerische Viertel **Fischerstad** mit dicht gedrängten Fachwerkhäuschen macht uns genauso viel Freude, wie die Straßen um den Marktplatz. Prächtige Patrizierhäuser wie das im Volksmund genannte „Löwe" an der Ecke Kirch-/Bahnhofstraße begleiten unseren Weg zum Rathaus oder zum **Diebesturm**, der in die weitestgehend erhaltene Stadtmauer integriert ist und bestiegen wer-

Fachwerkhäuser im Ortsteil Allendorf

Kirch- und Bibelgarten

den kann. Vor dem südlichen Stadttor finden wir den **Brunnen vor dem Tore**, der in der vertonten Fassung von Franz Schubert zum Volkslied wurde. Während die Straßen beim **Ernte- und Heimatfest** (3. Augustwochenende) mit unzähligen Fähnchen und wunderschönen Erntekronen geschmückt sind und es vor Menschen nur so wimmelt, finden wir im **Kirch- und Bibelgarten** ein herrlich ruhiges Fleckchen Erde. Hinter der St. Crucius-Kirche mit ihrem trutzigen Turm entstand im ehemaligen Küstergarten ein kleines Paradies aus Bäumen, Büschen, Blumen sowie Gewürz- und Heilkräutern. Wer auf biblischen Spuren wandeln oder einfach nur den wunderschönen Garten erleben möchte, ist hier genau richtig. Zum Abschluss unseres Aufenthaltes in Bad Sooden-Allendorf kehren wir zum Allendorfer Marktplatz zurück und verbringen im dortigen **Restaurant Pelikan** einen angenehmen Abend *(Di, Fr - So 10.30 - 20 Uhr; Kirchstraße 62; Telefon 05652/2057; www.hotel-werratal.com).*

Noch einmal müssen wir auf die deutsch-deutsche Grenze eingehen, die über Jahrzehnte das nordöstliche Hessen und seine Bewohner geprägt hat. Wie nah der Todesstreifen Bad Sooden-Allendorf war, wird deutlich, als wir durch Allendorf den Hinweisen zum Grenzmuseum folgen.
Auf einem schmalen Sträßchen mit wenig Ausweichmöglichkeiten erreichen wir einen Höhenzug in der schwungvollen Landschaft, auf dem wir in früheren Jahren von DDR-Grenzsoldaten misstrauisch mit dem Fernglas beobachtet wurden. Diesmal geschieht selbstverständlich nichts dergleichen – im Gegenteil, hier oben finden Wohnmobilisten sogar einen Stellplatz.

(224) Offizieller WOMO-Stellplatz: Bad Sooden-Allendorf, Grenzmuseum

GPS: N 51°17'03.1" E 09°59'45.6". **Max. WOMOs:** 4.
Ausstattung: Wasser, Strom, Kassettenentleerung und Nutzung der Toilette gegen Gebühr während der Öffnungszeiten möglich.

Beschreibung: Der einfache Parkplatz auf Schotter und Wiese ist eine wunderbare Möglichkeit, außerhalb des Ortes und nach dem Museumsbesuch in absolut ruhiger und einsamer Gegend die Zeit zu vertrödeln. Zusätzlich runden Rad- und Wanderwege das Programm ab.
Preise: € an der Kasse des Museums zu zahlen.
Zufahrt: In Bad Sooden-Allendorf den Hinweisen zum Grenzmuseum folgen.

Gedenkstätte Grenzmuseum Schifflersgrund

Hier, wo die ehemalige innerdeutsche Grenze direkt zwischen Hessen und Thüringen verlief, wurde das Grenzmuseum Schifflersgrund als Erstes seiner Art bereits 1991 eröffnet. Das Ausstellungsgebäude mutet eher klein an, doch auf dem Gelände um den Ex-Beobachtungsturm erstreckt sich das längste, noch erhaltene Teilstück des Grenzstreifens, das zur Erinnerung an die innerdeutsche Teilung erhalten wird. In Großburschla war es unsere Vorstellungskraft, die uns beim Gedanken an die Teilung schaudern ließ, hier sind es der noch existierende Doppelzaun aus den 1960er-Jahren und Teilstücke des Kraftfahrzeugsperrgrabens sowie des Spurensicherungsstreifens.
Zusätzlich wird im Ausstellungsgebäude durch viele Dokumente und anderes Anschauungsmaterial belegt, wie sich die Veränderungen nach dem Zweiten Weltkrieg auf die Region auswirkten. Wie verzweifelt müssen die Menschen gewesen sein, die mit teils ausgefeilten und findigen Methoden versuchten, die ehemalige DDR zu verlassen und die Selbstschussanlagen zu überwinden. Stellvertretend für weitere Opfer, die ihren Fluchtversuch mit dem Tod bezahlten, wird das Schicksal Heinz-Josef Großes dokumentiert. Große versuchte im März 1982 ganz in der Nähe den Grenzzaun mit einem Frontlader zu überwinden,

Ehemaliger Todesstreifen

Original Fluchtfahrzeug

scheiterte jedoch und verblutete nach neun Gewehrschüssen auf DDR-Territorium. Außerdem können Erdbeobachtungsbunker, Militärfahrzeuge und Hubschrauber besichtigt werden.
Wer vor der Wende die Grenze nicht hautnah sehen und erleben konnte, die innerdeutsche Teilung samt Schießbefehl nur aus Filmen oder Berichten kennt, dem wird in diesem Museum deutlich, vielleicht sogar schockierend dargestellt, wie es hoffentlich nie wieder sein wird *(10 - 17 Uhr; 24. u. 31.12. geschlossen; Führungen möglich; Eintritt; Hunde an der Leine gestattet; www.grenzmuseum.de)!*

Wir bleiben noch ein wenig in Thüringen und fahren nach Sickenberg weiter, wo wir Richtung Dietzenrode abbiegen. Am Ende der Straße könnte man wieder zurück nach Bad Sooden-Allendorf und anschließend über die B27 nach Witzenhausen fahren. Wir wenden uns jedoch in die andere Richtung, später der Burg Hanstein zu und erreichen über Fretterode den Ort **Gerbershausen**. Jahrelang konnten wir „den Hanstein" nur von westdeutscher Seite aus der Ferne sehen, doch heute können und wollen wir ihn durch einen Teil des landschaftlich attraktiven Eichsfeldes erwandern.

(225) WOMO-Wanderparkplatz: Gerbershausen, Teufelskanzel

GPS: N 51°19'55.0" E 09°58'16.1". **Max. WOMOs:** 2 - 3.
Ausstattung: Infotafel.
Beschreibung: Der einfache, sehr schräge, geschotterte, schattenlose Parkplatz liegt außerhalb des Ortes. Die Berggaststätte ist nach etwa 20-minütigem Fußweg bergauf zu erreichen. Die Aussicht ist schön und die Rad- und besonders Wanderwege laden zur Erkundung der Gegend ein.
Zufahrt: Im Ort nach Rothenbach/ Teufelskanzel abbiegen und den Hinweisen zum Wanderparkplatz folgen.

WOMO-Wandertipp: Burg Hanstein und Teufelskanzel

Leichte Wanderung von etwa acht Kilometern Länge mit einem heftigen Anstieg.
Vom Parkplatz gehen wir hinunter in den Weiler Rothenbach und links hinaus aus dem Dorf. Durch die Wiesen mit einem schönen Blick auf die umliegende Landschaft erreichen wir die Landstraße und wenden uns links nach Bornhagen. Die Wegweiser zur Burg Hanstein sind nicht zu übersehen und bald erreichen wir den **Klausenhof**, eine beliebte Ausflugsgaststätte. Das Eichsfeld ist für seine luftgetrocknete Wurst bekannt und im **Wurstmuseum** des alten Wirtshauses kann man

Burg Hanstein

einiges über die Herstellung der schmackhaften Wurstspezialitäten erfahren *(Gaststätte: Mi - So vom frühen Morgen bis zum späten Abend, Museum: Nov. - Mär. Fr - So 12 - 17 Uhr; Apr. - Okt. Do - So 12 - 17 Uhr; Telefon 036081/61422; www.klausenhof.de).*

Neben der Kirche geht es nun ziemlich steil zum Plateau im Ortsteil Rimbach hinauf. Dort wenden wir uns nach rechts und gelangen zur Ruine der **Burg Hanstein** *(Mär. - Okt. 10 - 18 Uhr; Nov. 10 - 16 Uhr; Dez. Sa/So/Feiertage 10 - 16 Uhr; Eintritt; www.burgruine-hanstein.de).* Jetzt ist noch einmal klettern angesagt, denn die im 11. Jahrhundert erstmals erwähnte Burg liegt auf Felsgestein hoch über dem Werratal. Zu Beginn des 14. Jahrhunderts kamen die Brüder Hanstein in den Besitz der Burg und etwa 100 Jahre später sollen ihre Nachfahren zum Raubrittertum übergegangen sein und Landgraf Ludwig I. musste die **Burg Ludwigstein** errichten, um die Bevölkerung und Händler im

Blick von Burg Hanstein in Thüringen zur Burg Ludwigstein in Hessen

Auf der Teufelskanzel

Werratal vor Raubzügen zu schützen. Auf jenen Ludwigstein sowie die umliegenden Wälder und die Werra haben wir nun einen atemberaubenden Blick, den keiner verpassen sollte.
Zurück in Rimbach wenden wir uns rechts, gehen über den großen Parkplatz und nehmen die ausgeschilderte Route über den Kammweg zur **Teufelskanzel**, einen etwa 452 Meter hohen Sandsteinfelsblock. Der Sage nach wollte der Teufel den Hexen vom Brocken im Harz vor langer Zeit seine Stärke beweisen und auf ihr Geheiß hin einen gewaltigen Felsbrocken von dort, ohne ihn abzusetzen, zum Meißner schaffen. Unterwegs wurde er jedoch müde und ließ sich an dieser Stelle nieder. Die Hexen ertappten ihn und er ließ verschämt den Felsen liegen, wo er war. Erbost soll er dann mit dem Fuß auf die Erde aufgestampft haben ... aha, deshalb also die hufeisenförmige Schleife der tief unter uns mäandernden Werra. Doch nun genug von Sagen und Pferdefüßen, denn nachdem wir uns von der schönen Aussicht losgerissen haben, machen wir Pause in der **Berghütte Teufelskanzel,** um anschließend hinter der Gaststätte links weiter zu gehen *(12 - 17 Uhr; Telefon 036081/61237; www.teufelskanzel.de)*. Nachdem wir uns ein weiteres Mal nach links gewendet haben, führt uns die einzig eintönige Strecke dieser Wanderung nach etwa 1,2 Kilometern auf geschottertem Weg bergab zum Ausgangspunkt und zum WOMO zurück.

Auch ohne eine Wanderung kommt man natürlich zur **Burg Hanstein**. Von Gerbershausen folgen wir einfach den Hinweisen und gelangen in **Bornhagen** wie auch in **Rimbach** an die während unseres Marsche bereits erspähten Parkplätze.

(226) WOMO-Wanderparkplatz: Bornhagen, Burg Hanstein I

GPS: N 51°20'35.1" E 9°56'34.8", Bauernweg. **Max. WOMOs:** 1 - 2.
Beschreibung: Der einfache, geschotterte, schattenlose Parkplatz liegt im Ort nahe der oben erwähnten Gaststätte Klausenhof und ist tagsüber

gebührenpflichtig. Hier kann man in das Wanderwegenetz einsteigen oder einfach nur die schöne Aussicht genießen.
Zufahrt: Im Ort den Hinweisen zur Burg folgen. Vor dem Klausenhof rechts zum öffentlichen Parkplatz fahren.

(227) WOMO-Wanderparkplatz: Rimbach, Burg Hanstein II

GPS: N 51°20'16.6" E 09°56'43.0", Hansteinstraße. **Max. WOMOs:** 2-3.

Ausstattung: Infotafeln, Müllbehälter.
Beschreibung: Der einfache, geschotterte, meist schattenlose und teils schräge Parkplatz liegt am Ortsrand mit Aussicht. In der Nähe befindet sich eine Gaststätte und natürlich kann man direkt vom WOMO aus loswandern.
Zufahrt: Im Ort den Hinweisen zu Burg folgen. Bei Erreichen der Höhe links bis zum Parkplatz fahren.

Bei der Weiterfahrt trennen sich die Wege der unterschiedlich schweren WOMOs. Fahrzeugen bis 3,5 Tonnen Gesamtgewicht ist die Strecke von Bornhagen über Neuseesen auf der schmalen Straße mit einer Engstelle hinab zur B27 gestattet. Alle anderen sollten uns besser zurück zur Landstraße und dort nach Hohengandern folgen. Wir lassen die ehemalige deutsch-deutsche Grenze endgültig hinter uns und erreichen, vorbei am alten Schloss Arnstein, die B80.
Mit einem wunderschönen Blick über das Hessische Bergland nähern wir uns Witzenhausen und nach kurzer Zeit kann man auf der Bundesstraße rechts direkt in die Kirschenstadt und zum dortigen Stellplatz abzweigen.
Wir fahren jedoch noch ein Stück weiter Richtung Bad Sooden-Allendorf/B27, treffen dort auf die WOMOs, die über Neuseesen auf die B27 kommen und erreichen wenig später

Burg Ludwigstein

die Zufahrt zur **Burg Ludwigstein**. Die 1415 erbaute Burg, in der heute eine Jugendbildungsstätte untergebracht ist, liegt hoch über dem Werratal und wir konnten sie bereits von Burg Hanstein aus sehen. An der Zufahrt zum ehemaligen Landgrafensitz vermerken wir an der Kriegsgräberstätte einen einfachen, geschotterten Wanderparkplatz **[228:** N 51°19'02.5" E 09°54'48.5"].

Nur ein Stückchen weiter Richtung Bad Sooden-Allendorf und auch von dort direkt zu erreichen, möchten wir das auf der östlichen Seite der Werra und schon wieder in Thüringen gelegene Stockmacherdorf **Lindewerra** nicht unerwähnt lassen.

(229) Offizieller WOMO-Stellplatz: Lindewerra, An der Werrabrücke

GPS: N 51°18'47.0" E 09°56'43.0"**,** Straße zur Einheit. **Max. WOMOs:** 10.

Ausstattung: Strom, Tische und Bänke.

Beschreibung: Der einfache, schattenlose Parkplatz auf Rasengitter liegt am Ortsrand direkt an der Werra unterhalb der Brücke. Es gibt Rad- und Wanderwege, eine Bootseinsatzstelle sowie einen Kanu-Verleih und die **Gaststätte Zur Alten Stockmacherei** ist nicht weit entfernt *(12 - 22 Uhr; Do Ruhetag; Telefon 036087/970803; www.zur-alten-stockmacherei.de)*. Die **Gaststätte Kanzelblick** ist ebenfalls fußläufig schnell erreicht *(11.30 - 22 Uhr; Mo/Di geschlossen; Telefon 036087/989737)*.

Zufahrt: Von der B27 den Hinweisen nach Lindewerra folgen. Der Parkplatz befindet sich an der Werrabrücke.

Hinweis: Gegebenenfalls Geräuschbelästigung durch die nahe Bahnlinie und wochentags durch den Berufsverkehr auf der Brücke.

Die Werrabrücke am Stellplatz teilt ihr Schicksal mit vielen Brücken, die wie auch in anderen Dörfern entlang der ehemaligen innerdeutschen Grenze nach dem Zweiten Weltkrieg zerstört wurden und deren Wiederaufbau nach der Wende begann. In Lindewerra erfolgte die Verkehrsfreigabe erst 1999. Heute eröffnet sich dadurch erneut ein schönes Rad- und Wanderwegenetz auf beiden Seiten des Flusses und eine Wande-

Ehemaliger Grenzpfeiler am Werraufer in Lindewerra

rung kann beispielsweise hinauf zum **Lindewerrablick** (Foto links) führen. Im Volksmund wird der Aussichtspunkt allerdings gerne als „Ministerblick" bezeichnet, da zu DDR-Zeiten der damalige Außenminister seinem nordkoreanischen Kollegen von hier die oben die Grenzbefestigungen zeigte.

Lindewerra ist jedoch auch als Stockmacherdorf bekannt, seitdem im Jahr 1836 der Stockmacher Wilhelm Ludwig Wagner mit der Herstellung von Gehhilfen aus einheimischen Eichenschösslingen begann. Das **Stockmachermuseum** dokumentiert die interessante Handwerksgeschichte *(Apr. - Okt. So 13.30 - 17 Uhr)*. Mittlerweile ist die Anzahl der Stockmachereien drastisch zurückgegangen und gegenwärtig betreibt nur noch ein Stockmacher den alten Handwerksberuf in Lindewerra.

Zurück auf der westlichen Flussseite schlagen wir die B27 Richtung Witzenhausen ein und zweigen kurze Zeit später nach **Wendershausen** ab.

Wir wollen uns den **Zweiburgenblick** nicht entgehen lassen, doch aufgrund mangelnder Parkmöglichkeiten und des zu-

gewachsenen Werraufers gestaltet sich dieses Unterfangen gar nicht so einfach. Es bleibt uns nichts anderes übrig, als dem Hinweis zu einem Parkplatz mit dem niedlichen Namen „Öhrchen“ nachzugehen.

(230) WOMO-Picknickplatz: Wendershausen, Öhrchen

GPS: N 51°18'48.2" E 09°53'21.5". **Max. WOMOs:** 2.

Ausstattung: Tisch und Bänke, Spielplatz, Infotafel, Schutzhütte, Müllbehälter.

Beschreibung: Der einfache, geschotterte, halbschattige Parkplatz liegt an der nachts ruhigen Straße außerhalb des Ortes an einem glucksenden Bach. Der schön angelegte Picknickplatz kann auch als Ausgangspunkt für Wander- und Radtouren gelten.

Zufahrt: Etwa 1,5 km hinter dem Abzweig von der B27 nach Wendershausen dem Hinweis zum Parkplatz folgen.

Schnell sind wir zu Fuß an die Werra gegangen und versuchen durch die Bäume einen Blick auf die Burgen Hanstein und Ludwigstein zu erhaschen. Nach wenigen Minuten eröffnet sich dann die folgende Aussicht … majestätisch und zugleich malerisch thronen die Burgen auf den bewaldeten Hügeln vor uns. Als attraktives Motiv für Maler und Fotografen prägen sie seit Jahrhunderten das Werratal und erscheinen gleichzeitig als mahnendes Symbol der Teilung sowie als hoffnungsvolles Signal der Zusammenführung.

Zweiburgenblick: Burg Hanstein in Thüringen (links) und Burg Ludwigstein in Hessen (rechts)

Recht flott kommen wir anschließend nach **Witzenhausen**, das gleich drei Übernachtungsmöglichkeiten für den wohnmobilen Urlauber bietet.

(231) WOMO-Campingplatz: Witzenhausen, Campingplatz Werratal

GPS: N 51°20'49.9" E 09°52'08.4", Am Sande 11.
Telefon: 05542/1465; www.campingplatz-werratal.de
Öffnungszeit: Ganzjährig.
Ausstattung: Kinderspielplatz, Gasverkauf, Camping- und Wohnmobilzubehör, Boots- und Fahrradverleih, kleiner Supermarkt, Waschmaschine, Trockner.

Beschreibung: Die Anlage bietet Plätze unter Bäumen oder im Schatten und liegt nahe der Werra zwischen Wiesen am Ortsrand. Das Zentrum ist etwa 1 km und das Freibad 500 m entfernt. Der Campingplatz hat sich auf **Kanutouren** spezialisiert und neben verschiedenen Touren wird auch ein Transportservice für Mensch und Boot angeboten, sodass ein unvergessliches Wasserwandererlebnis gewährleistet ist.
Preise: €€.
Zufahrt: Im Ort den Hinweisen zum Campingplatz folgen.

(232) Offizieller WOMO-Stellplatz: Witzenhausen, Parkplatz am Diebesturm

GPS: N 51°20'27.8" E 09°51'14.3", Oberburgstraße. **Max. WOMOs:** 4.
Ausstattung: V/E, Strom, Infotafel.
Beschreibung: Der am Rand der Altstadt gelegene Parkplatz hat ausgewiesene, gepflasterte Stellplatzbuchten für WOMOs und ist teils schattig. Geschäfte, Gaststätten und Bäckerei sind etwa 500 m entfernt. Perfekter Einstieg in den **Kirschenerlebnispfad**, der durch die Stadt und über den Warteberg führt.
Preise: €.
Zufahrt: Im Ort dem WOMO-Piktogramm folgen.
Hinweis: Gegebenenfalls Geräuschbelästigung durch die nahe Straße. Leider sind die Stellplätze manchmal durch Pkw blockiert.

(233) Offizieller WOMO-Stellplatz: Witzenhausen, Joseph-Pott-Platz

GPS: N 51°20'42.2" E 09°51'13.2", Laubenweg/Hinter dem Deich. **Max. WOMOs:** 10.
Ausstattung: V/E, Strom, Tisch und Bänke, Müllbehälter.
Beschreibung: Der geschotterte, einfache, schattenlose Stellplatz liegt etwa 500 m vom Marktplatz entfernt. In direkter Nähe befindet sich ein Supermarkt und der Werratal-Radweg ist ebenfalls nicht weit entfernt.
Preise: €.
Zufahrt: Im Ort bzw. von der B80 dem WOMO-Piktogramm folgen. **Hinweis:** Während des Ernte- und Heimatfestes Mitte/Ende August gesperrt!

Rathaus am Marktplatz in Witzenhausen

Kirschblüte im Witzenhäuser Land

Witzenhausen

Am schönsten ist es in der kleinsten Universitätsstadt Deutschlands im Frühjahr, wenn mehr als 150.000 Kirschbäume die Flächen und Hänge um Witzenhausen in ein weißes Blütenmeer verwandeln. Besonders nah kommen wir dem Naturschauspiel auf dem **Kirschenerlebnispfad**, der auf einer Stadt- und Landschaftsroute verläuft (gesamt 4,5 km Länge). Es ist schon erstaunlich, wie unterschiedlich man einen Kirschbaum betrachten kann und wie viele Kirschsorten hier wachsen. Kinder können in die Krone eines Baumes klettern und auch wir haben beim Kirschsteinspucken einen Mordsspaß. Ansonsten führt ein **Altstadtrundgang** – wie nicht anders zu erwarten, mit auf dem Boden aufgemalten Kirschen markiert – vorbei an **150 Fachwerkkostbarkeiten** rund um den Marktplatz und der **Tourist-Information** *(Mo 10 - 16 Uhr; Di - Fr 9 - 17 Uhr; Am Markt 12; Telefon 05542/60010; www.kirschenland.de).*

Hier sind auch die Streckenbeschreibungen für vier verschieden lange **Kirschwanderwege** und den **Wildkirschenweg** sowie den 22 Kilometer langen **Kirschradweg** erhältlich.

Gleich zweimal können wir in dem nordhessischen Städtchen in die Tropen „reisen". Zuerst besuchen wir das **Museum Witzenhausen**, dessen Sammlung von Absolventen der ehemaligen Deutschen Kolonialschule und seiner Nachfolgeeinrichtungen seit etwa 1900 zusammengetragen wurde. Die Ausstellung zeigt anhand verschiedener Gebrauchsgegenständen wie beispielsweise Kleidung, Waffen, Schmuck und Werkzeugen, wie sich diese auf die Lebens- und Wirtschaftsformen der jeweiligen Kulturen bis heute ausgewirkt haben. Es werden unter anderem die Lebensweisen der Oasenbauern in Ägypten, der afrikanischen Hirtennomaden und der Wildbeuter dargestellt. Daneben faszinieren uns Masken, Skulpturen und Trachten, und manchmal fällt es schwer, zwischen Gegenständen und Geräten des alltäglichen Gebrauchs und Kunstwerken zu unterscheiden. Zu schön sind die Verzierungen und Symbole *(Apr. - Okt. Mi u. So 15 - 17 Uhr; Eintritt)*. Ganz in der Nähe wartet das **Tropengewächshaus**, dessen Gründung ebenfalls mit der Geschichte der Deutschen Kolonialschule verbunden ist. Zur Ausbildung zum Tropenlandwirt gehörten auch Kenntnisse über tropische Nutzpflanzen, die in einem ersten Gewächshaus kultiviert wurden. Heute ist das

Gewächshaus dem Fachgebiet Ökologischer Pflanzenbau und Agrarökosystemforschung in den Tropen und Subtropen der Universität Kassel zugeordnet. Etwa 450 verschiedene Pflanzenarten blühen und fruchten unter Glas und ermöglichen einen Einblick in die Welt der Nutzpflanzen und die Landwirtschaft der tropischen und subtropischen Länder. Auf 1200 Quadratmeter durchstreifen wir drei verschiedene Klimazonen und gelangen von den Subtropen über das Tropische Hochland bis ins Tropische Tiefland – sozusagen ein Shortbreak zum Äquator. In der immer feucht-wärmer werdenden Luft stehen wir staunend vor Erdnuss-, Baumwoll-, Tee- und Kaffee- sowie Bananenpflanzen und lernen viel über deren Anbau und Nutzung *(Mi u. Fr/Sa/So/Feiertage 14 - 16 Uhr; öffentliche Führung Sa 14 Uhr; Eintritt; www.tropengewaechshaus.de)*.

Bananenstaude im Tropenhaus

Eine ganz andere Welt eröffnet sich im **Kautabakmuseum**, zu dem bis Ende 2016 die letzte noch produzierende Kautabak-Manufaktur Deutschlands gehört. Die Produktionsstätte wurde umgebaut und bei einer Führung kann ein fast vergessenes Handwerk kennengelernt werden *(Informationen zur Führung unter www.grimm-triepel.de oder in der Tourist-Information)*.

Vom östlichen Ortsausgang fahren wir Richtung Kleinalmerode und verzeichnen zunächst den ausgeschilderte **Hof Kindervatter**, an dem ein gebührenpflichtiger offizieller **WOMO-Stellplatz** mit Wasser- und Stromanschluss in ruhiger Lage zu finden ist **[234:** N 51°20'41.9" E 09°50'10.0", An der roten Leithe 1]. Der dazugehörige Hofladen bietet neben einer bunten Palette saisonaler Produkte auch Frühstücksmarmelade und weitere hausgemachte Spezialitäten. Wem der Sinn nach noch mehr steht, kann bei Hoffesten mitfeiern oder findet in der hauseigenen Gastronomie etwas Passendes *(Mi - So 12 - 21 Uhr; www.hof-kindervatter.de)*.

Den Meißner als Teil des Geo-Naturparks Frau-Holle-Land haben wir bereits ausführlich erkundet. Nun lenken wir das WOMO durch **Kleinalmerode** mit einem unscheinbaren, aber ausgewiesenen, offiziellen **WOMO-Stellplatz** links der Straße in den Kaufunger Wald [**235:** N 51°19'46.0" E 09°46'52.6", Kasseler Straße].
Mehrere Wanderparkplätze weisen darauf hin, dass wir uns in einem weiteren Wandergebiet bewegen. Durch den schönen Mischwald kurven wir ein wenig rauf und runter, durch kleine Bachtäler und haben am **Umschwang** eine 448 Meter hohe Passhöhe erreicht. Der ungewöhnliche Name stammt noch aus der Zeit, als die Kaufleute auf dem beschwerlichen Weg vom Werra- ins Fuldatal hier ihre Pferde ausgeschirrt haben, bevor es nach einer Pause ins jeweils andere Tal weiterging. Wir notieren etwas weiter erstmal einen Wanderparkplatz [**236:** N 51°18'57.2" E 09°44'50.9"], bevor wir langsam den Wald hinter uns lassen und am nächsten Parkplatz dann auch pausieren.

(237) WOMO-Picknickplatz: Nieste, Wassertretstelle

GPS: N 51°18'37.9" E 09°41'18.3", An der L563. **Max. WOMOs:** 2.
Ausstattung: Infotafel, Tisch und Bänke, Natur-Wasserstretstelle.
Beschreibung: Der einfache Waldparkplatz liegt außerhalb des Ortes und verfügt über eine Natur-Wassertretstelle.
Zufahrt: Von der L563 in einer Linkskurve kurz vor der Endschlagsiedlung an einem einzelnen Haus rechts zum Parkplatz abbiegen.

Am Endschlagbach und einer Wiese ließe es sich länger verweilen, doch wir wollen bei einem Ausflug etwas über die Glasherstellung des 16. Jahrhunderts erfahren. Der Kaufunger Wald gehörte zu dieser Zeit zu den wichtigsten deutschen Gebieten für die Waldglasherstellung und so verlagern wir unseren Standort um nur wenige Hundert Meter.

(238) WOMO-Wanderparkplatz: Nieste, Gläsnertal

GPS: N 51°18'27.2" E 09°41'09.6", An der L3237. **Max. WOMOs:** 2.
Ausstattung: Infotafeln, Tisch und Bänke.
Beschreibung: Der einfache, geschotterte und schattige Parkplatz liegt außerhalb des Ortes in der Nähe von Häusern und ist der ideale Ausgangspunkt für die folgende Wanderung.

Zufahrt: Ca. 350 m hinter dem vorgenannten Parkplatz befindet sich an der linken Straßenseite im spitzen Winkel die Zufahrt zum ausgeschilderten Wanderparkplatz.
Hinweis: Am besten ca. 600 m weiter im Ort wenden und zurückfahren. Aus östlicher Richtung kommend ist die Einfahrt zum Parkplatz sehr schwer zu bewältigen!

WOMO-Wandertipp: Eco-Pfad Gläsnertal

Leichte Wanderung von circa zehn Kilometern Länge.
Der mit einer gelben 7 markierte Rundweg ist nicht zu verfehlen. Er führt am Rand eines Naturschutzgebietes im Tal der Nieste leicht ansteigend durch eines der landschaftlich schönsten Gebiete des Kaufunger Waldes und auf der anderen Seite des Tales zurück. Von den einstigen Glashütten und Schmelzöfen sehen wir heute außer einigen grasbewachsenen Hügeln nicht mehr viel, aber fünf Infotafeln ermöglichen uns den Einblick in einen Bereich der vorindustriellen Industrie- und Technikgeschichte. Der wichtigste Rohstoff zur Glasherstellung war Sand, der bei hohen Temperaturen zum Schmelzen gebracht wurde und sich unter der Zugabe von Eichen- und Buchenasche grünlich färbte. Um das Glas zu härten, wurde zusätzlich Kreide oder Kalk hinzugefügt. Nach drei Tagen nahmen die Gläsner das zähflüssige Glasgemisch aus dem Schmelzgefäß und erhielten durch Blasen, Wälzen und Drehen die gewünschten Formen, bevor diese in einem Kühlofen langsam abkühlen mussten. Für diese Vorgänge benötigten die Glasmacher Unmengen von Holz – heute spricht man von bis zu 20 Hektar Wald, einer Fläche von etwa 500 Fußballfeldern. Kein Wunder, dass Landgraf Moritz Angst um seinen Wildbestand bekam und die Stilllegung der Glashütten befahl.

Nach dieser schönen und gleichzeitig informativen Wanderung geht es weiter nach Nieste, um dort links Richtung Oberkaufungen zu fahren und nach den Tropen in Witzenhausen ein Stückchen Bayern in Nordhessen anzusteuern.

An der nächsten Kreuzung liegt linker Hand der einfache, geschotterte Wanderparkplatz Niester Riesen, der auch von den Besuchern der nahgelegenen Gastronomie genutzt wird **[239: N 51°18'20.0" E 09°39'06.9"]**.

Gepaart mit einem herrlichen Talblick bedient das **Wirtshaus Königs-Alm** nördlich des Weißwurst-Äquators sehr erfolgreich den Wunsch nach zünftigem Hüttenzauber *(11 - 23 Uhr Telefon 05605/9290628, www.koenigsalm.de)*. Aber nicht nur Liebhaber von Brez'n und def-

Niester Riesen

tiger Wirtshausküche zieht es auf den Berg, sondern auch Wanderer. Startet hier doch der **Premiumweg P11 Niester Riesen**, der auf mittelschweren 11,5 Kilometern durch abwechslungsreichen Wald und offene Felder mit herrlichen Ausblicken führt. Sehr schnell sind die Namensgeber dieser Tour erreicht, bei denen es sich um hochgewachsene Mammutbäume handelt und die gut 200 Jahre auf dem Buckel haben. Die Wanderung beginnt auf der gegenüberliegenden Straßenseite und führt auch zum nachstehenden **Gut Windhausen** mit dem **Affendenkmal**.

Wer den Rummel an der Königs-Alm lieber meidet und zudem einen ruhigen Aufenthalt im Grünen bevorzugt, der peilt an der Straßenkreuzung direkt gegenüber die **Jugendburg und Sportbildungsstätte Sensenstein** mit einem offiziellen **WOMO-Stellplatz** an [**240:** N 51°18'33.2" E 09°38'36.2", vorherige telefonische Anmeldung unter 05605/94490 erwünscht, www.sensenstein.de, Hunde nicht gestattet, V/E (kein Abwasser)/Strom, einfaches Sanitärgebäude, Preis €]. Von diesem und auch vom vorgenannten Stellplatz startet schon die nächste Wanderung.

WOMO-Wandertipp: Eco-Pfad Sensenstein

Leichte Wanderung von etwa 15 Kilometern Länge ohne nennenswerte Anstiege.

Diesmal führt uns der Weg mit Panoramablicken ins Losse- und Niestetal und vermittelt mangels erkennbarer Spuren Kulturgeschichtliches von der Bronzezeit über das Mittelalter bis zur Romantik auf

Rast am Affendenkmal

Informationstafeln. Wir erfahren Geschichtliches über die Burg Sensenstein, zwei mittelalterliche Eisenbergwerke und das bronzezeitliche Hügelgrab am Mühlenberg. Besonders schön ist es am barocken **Gut Windhausen** mit seinem romantischen Landschaftsgarten. Dort befindet sich das Mausoleum des Herrn von Schlieffen, der es bereits 51 Jahre vor seinem Tod erbauen ließ und auch seiner geliebten an Tollwut verstorbenen Affenherde ein Denkmal setzte.

Nach gut drei Stunden dieser erfreulichen Zeitreise setzen wir unsere Fahrt nach **Kaufungen** und in den Ortsteil **Oberkaufungen** fort. Rechts eröffnet sich der weite Blick ins Kasseler Becken, das vom Herkules am Rand des Habichtswalds dominiert wird, bevor wir in den Ortsteil der im Tal der Losse von Wiesen und Wäldern umgebenen Gemeinde Kaufungen einfahren.

Oberkaufungen I

Kurz hinter dem Ortseingang sehen wir schon den hohen Schornstein des Industriedenkmals Ziegelei, in dem das **Hessische Ziegeleimuseum** untergebracht ist [N 51°17'13.4" E 09°38'16.9", Niester Straße].

Ziegeleimuseum

Wir gehen durch die Fabrikgebäude, in denen 111 Jahre lang bis 1981 Dachziegel und Mauersteine hergestellt wurden. Es scheint fast so, als ob sich die Arbeiter gerade zur Mittagspause verabschiedet hätten, um anschließend wieder am großen Zickzackofen und den anderen Maschinen weiterzuarbeiten. Anhand von Infotafeln sind die einzelnen Produktionsschritte vom Beladen der Loren über das Mischen, Formen, Trocknen und Brennen der Ziegeln gut nachzuvollziehen. In den Gebäuden sind auch die **SinnesGänge** zu finden, in denen an 40 Stationen die eigenen Sinne aktiv entdeckt und erlebt werden können *(Mai - Mitte Okt. Sa 13 - 18 Uhr; So/Feiertage 12 - 18 Uhr; Eintritt; www.hessisches-ziegeleimuseum.de und www.sinnesgaenge.de)*.

Bei der Weiterfahrt in den hübschen Ort mit vielen gepflegten Fachwerkbauten halten wir uns Richtung Kassel und steuern das Regionalmuseum sowie die Stiftskirche an. Das WOMO parken wir am Straßenrand oder alternativ ab 14 Uhr auf einem Schulparkplatz [N 51°16'50.7" E 09°37'55.9", Schulstraße/ Pfalzstraße].

Fachwerkhäuser in Oberkaufungen

Oberkaufungen II

Kaufungen wurde erstmals im Jahr 1011 als Königshof „coufunga“ urkundlich erwähnt, in dessen Gebiet Kaiser Heinrich II. und seine Gemahlin Kunigunde ein Benediktinerinnenkloster gründeten. Nachdem der Kaiser 1024 starb, ließ Kunigunde die mächtige **Stiftskirche** zum Heiligen Kreuz erbauen, um sie ein Jahr später am Todestag ihres Mannes weihen zu lassen und gleichzeitig als Nonne dem Kloster beizutreten. Sie starb im Jahr 1033 und fand ihre Grabstätte an der Seite Heinrichs im Bamberger Dom. Viele Legenden ranken sich um das Leben und Wirken Kunigundes. Sicher ist, dass sie 1200 heiliggesprochen wurde. Die äußerlich schmucklose Stiftskirche gilt als das bedeutendste spätottonische Bauwerk Nordhessens, das im Inneren sehenswerte Fresken an Wänden und Pfeilern aus dem 15. Jahrhundert aufweist.

Nahe dem Parkplatz, in der ehemaligen Dorfschule Oberkaufungens, befindet sich das **Regionalmuseum**, das vielfältige Einblicke in die

Stiftskirche

Entwicklung der Dörfer im 19. und 20. Jahrhundert bietet. Die zusammengetragenen Gebrauchsgegenstände erzählen vom arbeits- und entbehrungsreichen Alltag der Menschen und in den verschiedenen Räumlichkeiten vom Kolonialwarenladen über die dörfliche Küche bis zum Schulzimmer scheint das Leben einfach nur stillzustehen. Wer nun denkt, das war's, irrt gewaltig, denn im Untergeschoss wartet ein von ehemaligen Bergleuten scheinbar mit viel Herzblut und authentisch nachgebautes Bergwerk. Zusammengenommen ein richtig gutes und interessant aufbereitetes Museum, für dessen Besuch man sich viel Zeit nehmen sollte *(Mi/Do u. Sa 14 - 17 Uhr; So 10 - 17 Uhr; Telefon 05605/8021420; Eintritt)*. Hier finden wir auch das Modell des Pferdegöpels, mit dem zwischen 1823 und 1880 die Braunkohle des nahen Bergwerks Rossgang aus der Tiefe gefördert wurde. Das **Bergwerksmuseum** veranschaulicht die mehr als 400-jährige Bergbaugeschichte Kaufungens und liegt oberhalb des oben erwähnten Ziegeleimuseums *(Apr. - Okt. So 14 - 16 Uhr)*.

Regionalmuseum

Führungen durch den historischen Stiftsbereich und die Ortsteile Kaufungens, die mit ihren malerischen Gassen und Winkeln einen besonderen Charme versprühen, vermittelt die **Tourist-Information** in der Ortsmitte im Rathaus *(Mo 9 - 18 Uhr; Di u. Fr 9 - 12 Uhr; Do 12 - 15 Uhr; Leipziger Straße 463; Telefon 05605/8020; www.kaufungen.eu)*.

Wer noch nicht genug vom Wandern in der schönen Umgebung des Kaufunger Waldes hat, der folge der Straße vorbei am Regionalmuseum.

(241) WOMO-Wanderparkplatz: Oberkaufungen, Ziegelhütte

GPS: N 51°16'08.6" E 09°37'45.3".
Max. WOMOs: 1 - 2.
Ausstattung: Infotafel.
Beschreibung: Der einfache, geschotterte Waldparkplatz liegt außerhalb des Ortes, ist teils schattig und von hier starten verschiedene Wanderwege.
Zufahrt: Der Schulstraße vorbei am Regionalmuseum und den Hinweisen „Ruheforst" folgen. Es geht über die Pfalz- und Freiheiter Straße unter der Bundesstraße hindurch insgesamt ca. 1,6 km bis zum Parkplatz.

Auf der Durchgangsstraße gelangen wir von Oberkaufungen nach **Niederkaufungen** und vermerken zwischen den beiden Ortsteilen nahe dem Kreisverkehr den einfachen offiziellen **WOMO-Stellplatz** [**242:** N 51°17'09.6" E 09°37'11.3", Am Stechkopf/Almuth-Weingart-Weg, V/E. Die Wasserversorgung erfolgt mittels Wertmarken, die z. B. in der Gaststätte der nahen Tennishalle erhältlich sind].

Das Bindeglied zwischen Ober- und Niederkaufungen ist der Erholungspark rund um den **Steinertsee** [N 51°17'15.5" E 09°36'56.3", Auestraße]. Im einstigen Bergbaugelände gibt es angelegte Spazier- und Wanderwege, Spielflächen für Kinder, Vogelschutzgebiete sowie Feuchtbiotope und die **Steinertseebahn**. Die Miniaturbahn lädt zum Mitfahren ein und verspricht Spaß für Groß und Klein *(vermutlich Ostern - Okt. So/Feiertage 13 - 17 Uhr; www.steinertseebahn-kfg.de).* Langsam schließt sich der Kreis unserer Reise durch Nordhessen. Während wir bald das WOMO vor der Haustür abstellen können, haben Sie, liebe Leserin, lieber Leser, vermutlich noch etliche Kilometer der Heimreise vor sich. Vielleicht möchte sich der eine oder andere zuvor noch einmal die Füße vertreten oder sucht einfach nur einen ruhigen Platz für die Nacht. Für diese Fälle haben wir folgende Vorschläge im Angebot.

(243) WOMO-Wanderparkplatz: Niederkaufungen, Setzebach

GPS: N 51°16'15.3" E 09°36'33.0", Pfingstweide. **Max. WOMOs:** 2 - 3.
Ausstattung: Infotafel.
Beschreibung: Der einfache, geschotterte, teils schattige Parkplatz liegt außerhalb des Ortes zwischen Feldern und dem Wald nahe von Häusern. Er ist Ausgangspunkt für Wander- und Radtouren.
Zufahrt: In Niederkaufungen von der Durchgangsstraße dem Hinweis zur Haferbachhalle folgen. Der Straße unter der Bundesstraße hindurch und an einer Gabelung rechts ca. 1,6 km bis zum Parkplatz folgen.

Von der Durchgangsstraße in Niederkaufungen zweigen wir rechts Richtung Niestetal/Nieste ab. Bergauf fahrend werfen wir rechts einen letzten Blick auf den Kaufunger Wald, bevor wir das in der vorhergehenden Wanderung erwähnte **Gut Windhausen** passieren. An der nächsten Kreuzung notieren wir schräg versetzt die Zufahrt zu einem weiteren einfachen Wanderparkplatz [**244:** N 51°18'41.9" E 09°36'54.5"].

Wir wenden uns nun Richtung Kassel und orientieren uns in Heiligenrode nach Sandershausen. Vor der Autobahn halten wir uns geradeaus und erreichen bald einen Kreisverkehr, biegen links ab und überqueren die Autobahn. Am Ende schwenken wir wieder Richtung Kassel und auf den direkten Weg zur Autobahn A7 … doch halt, noch ist es nicht ganz vollbracht – einen haben wir noch! Am Ortsrand von **Sandershausen** befindet sich in der Nähe des Sportboothafens am Ufer der Fulda ein ruhiger Stellplatz.

(245) Offizieller WOMO-Stellplatz: Sandershausen, Fuldablick

GPS: N 51°19'36.4" E 09°33'18.4", Spiekershäuser Straße. **Max. WOMOs:** 3.
Ausstattung: V/E, Strom.

Beschreibung: Die ausgewiesenen, gepflasterten, leicht schrägen Stellplätze liegen am Rand eines öffentlichen Parkplatzes mit Blick in die Natur. In der Nähe befinden sich Häuser und der Parkplatz ist nicht nur Ausgangspunkt für Rad- und Wanderwege, sondern auch Start der morgend- und abendlichen örtlichen Gassi-Gänger. Der Fahrradweg führt immer parallel zum Fluss nach rund 4 km bis nach Kassel und noch ein Stückchen weiter bis in die Karlsaue, sodass man auch von hier prima zur Stadterkundung aufbrechen kann.
Zufahrt: Im Ort Richtung Spiekershausen orientieren beziehungsweise dem WOMO-Piktogramm folgen.

Wir hoffen, dass es Ihnen mit uns in unserer nordhessischen Heimat gefallen hat, wünschen Ihnen an dieser Stelle eine gute Weiterreise und „Auf ein Wiedersehen“ in Nordhessen oder wie es bei uns heißt:

„Komm bahle widder!“

Baden und Wassersport

Auf unseren Touren bieten sich viele und abwechslungsreiche Möglichkeiten an, um ins kühle Nass zu springen. Ob kleine Naturseen wie der Silbersee bei Frielendorf oder die großen Erholungs- und Freizeitanlagen am Edersee oder am Werratal- und Niddastausee sowie die zahlreichen Frei- und Hallenbäder und Badestellen an den Flüssen – überall kann man im Wasser nach

Wassersport am Werratalsee

Herzenslust planschen. In den Thermal- und Solebädern wie in Bad Sooden-Allendorf oder Herbstein können müde und angeschlagene Knochen wieder in Schwung gebracht werden. Wer sich lieber auf dem Wasser bewegt, wird auf den kleineren Seen oder auf der Weser, der Fulda, der Werra sowie ihren Nebenflüssen bei Boots- und Kanutouren oder sogar auf dem Floß dazu Gelegenheit haben.

Besichtigungen

Dieser WOMO-Reiseführer bringt Sie zu einer Vielzahl von Sehenswürdigkeiten, deren Besichtigungen angeraten sind. Damit bei einer intensiven Besichtigungstour der Geldbeutel nicht zu sehr belastet wird, bieten verschiedene Organisationen mehrtägig gültige Touristen-Karten an. Diese berechtigen zum freien oder ermäßigten Eintritt der verschiedensten Attraktionen beziehungsweise zur Nutzung des ÖPNV und/oder anderer Vergünstigungen zu einem Pauschalpreis.

Campingplätze und offizielle Wohnmobil-Stellplätze

Wir haben zahlreiche **Campingplätze** beschrieben und weisen in den Tourenkarten auf weitere hin. Die in ihrer Qualität sehr unterschiedlichen Plätze eignen sich für einen längeren Aufenthalt und bieten teilweise viele Freizeitangebote an. Oft verfügen sie über separate Stellplätze für Reisemobile, immer aber über eine Ver- und Entsorgungsmöglichkeit. Da wir an den Strecken jedoch ausreichend Stationen zum Ver- und Entsorgen aufführen, dürfte es in diesem Punkt ohnehin keine Defizite geben.
Wer häufig Campingplätze anfährt, kann sich einen der im Handel erhältlichen aktuellen Campingführer zulegen. Einige Plätze beteiligen sich an Sparprogrammen, die zum Beispiel nach Vorlage der ADAC Campcard, der CampingCard ACSI, der Camping Card International oder der Camping Key Europe Card, meist außerhalb der Hauptsaison Nachlässe gewähren.
Mit einem Reisemobil schätzen wir wohl alle unsere Flexibilität, doch während der Hauptsaison empfehlen wir Ihnen mittlerweile, den gewünschten Campingplatz vorab zu reservieren. Für diesen Fall geben wir im Text die Telefonnummern sowie teils die Webseite an, auf der Sie einen Platz per E-Mail vorbestellen können.
Je früher am Tag Sie den Campingplatz anfahren, umso größer sind die Chancen auf Einlass. Die beste Zeit ist vormittags zwischen elf und zwölf Uhr, wenn andere Leute gerade aufgebrochen sind. Während der Mittagszeit ist vielerorts eine Anmeldung auf dem Campingplatz nicht möglich und Sie müssen warten, bis die Rezeption wieder geöffnet ist. Da die Ruhezeiten variieren, haben wir auf diese Angabe verzichtet. Die aktuellen Öffnungszeiten haben wir jedoch für Sie notiert, können aber nicht dafür garantieren, ob diese sich nicht verändern.
Hunde sind im Allgemeinen an der Leine erlaubt, doch in jedem Fall hat der Platzbetreiber das letzte Wort und kann unter Umständen in der Hauptsaison ein Hundeverbot beschließen. Manche Campingplätze akzeptieren nur einen Hund pro Fahrzeug, auf anderen Campingplätzen sind zwei und mehr Hunde gestattet. Im Zweifelsfall sollte man vor der Anreise immer telefonisch nachfragen oder sich auf der Internetseite informieren.
Offizielle Wohnmobil-Stellplätze: Nordhessen ist auf Wohnmobilisten eingerichtet und heißt Sie willkommen!
Allerdings werden die Park- und Übernachtungsmöglichkeiten nach der überproportionalen Zunahme an Reisefahrzeugen unterschiedlichster Größen und Ausstattungen mittlerweile, öfter als uns lieb ist reglementiert. Dies

WOMO-Campingplatz Nr. 133 in Hattendorf (Tour 7)

bedeutet nicht, dass Wohnmobile generell verboten sind, sondern dass diese an den dafür vorgesehenen Stellen abgestellt werden müssen. Im Interesse aller Reisemobilisten möchten wir Sie herzlichst bitten, sich an die diesbezüglichen örtlichen Vorgaben zu halten!

Die offiziellen Wohnmobil-Stellplätze reichen vom separaten WOMO-Bereich auf einem profanen, wir bezeichnen diesen als „einfachen", Parkplatz bis zum voll ausgestatteten Stellplatz mit Ver- und Entsorgung, Strom, Sanitärbereich, Abfallbehälter und meist Platz für Tisch und Stühle (klappstuhlgeeignet) vor oder neben dem Wohnmobil.

Es gibt **private und kommunal betriebene Stellplätze** deren Gesamtkosten in der Höhe sehr unterschiedlich ausfallen können. Wenige Ausnahmen werden sogar kostenlos angeboten. Für die Ver- und Entsorgung sowie Strom müssen Sie jedoch in den meisten Fällen bezahlen. Die Gebühren hierfür (1 - 5 €) sind genauso unterschiedlich wie die Art der Bezahlung und können sich zum Beispiel nach Umbauten wieder verändern.

Manche Stellplätze setzen auf Jetons, die man zum Beispiel in nahen Geschäften, Tankstellen sowie der Tourist-Info erwerben kann, oder favorisieren den Einwurf von Euromünzen, andere sind nur per Kreditkarte zahlbar. Auf einigen, mittlerweile sehr wenigen Plätzen erscheint der Platzwart zum Kassieren, bei den nächsten gibt es einen schlichten Parkscheinautomat, der entweder mit Münzen gefüttert werden möchte oder nur die Kreditkartenzahlung akzeptiert.

Es gibt Schranken, freie Zufahrten, Ketten zum Ab- und wieder Einhängen und Poller, die nach Bezahlung und Einfahrt im Boden versinken und wieder hochfahren.

Letztendlich können wir Ihnen nur empfehlen, immer Ein- und Zwei- Euro-Münzen und gegebenenfalls etwas Bargeld in Form von Scheinen sowie unbedingt eine Kredit- und EC/Maestrokarte dabei zu haben.

Zusätzlich gilt wie bei den Campingplätzen in der Hauptsaison den gewünschten Stellplatz nie zu spät anzufahren, damit tatsächlich noch ein Plätzchen für Sie frei ist. Doch keine bisherige Regel ohne Ausnahme! In Corona-Zeiten hat sich nämlich gezeigt, dass Reisende unter Umständen ihren Stellplatz oft erst sehr spät verlassen, um die wertvolle Urlaubszeit bis zur letzten Minute auszukosten.

Kirschblüte im Witzenhäuser Land (Tour 11)

Während der Nebensaison, aber auch in den Wintermonaten kann die Ver- und Entsorgung schwierig werden, da V/E-Anlagen möglicherweise geschlossen sind. Zusätzlich möchten wir darauf hinweisen, dass einige der beschriebenen Stell- und Parkplätze bei Veranstaltungen und Festen gesperrt sein können, ohne dass wir dafür einen Hinweis an Sie weitergeben können.

Fest- und Feiertage

Banken, Behörden und die meisten Geschäfte, aber auch viele Sehenswürdigkeiten und Museen sind an folgenden neun bundeseinheitlich geschützten Feiertagen geschlossen:
1. Januar Neujahr, Karfreitag, Ostermontag, 1. Mai Tag der Arbeit, Christi Himmelfahrt, Pfingstmontag, 3. Oktober Tag der Deutschen Einheit, Erster und Zweiter Weihnachtstag.
Alle anderen Feiertage werden von den Bundesländern festgelegt. In Hessen ist dies zusätzlich Fronleichnam.

Freies Übernachten und Parken

Das einmalige Zwischenübernachten im Wohnmobil an Straßen und auf Parkplätzen ist in Deutschland zur Wiederherstellung der Fahrtüchtigkeit, diese sollte in der Regel nach zehn Stunden erreicht sein, erlaubt. Selbstverständlich nur dort, wo es nicht durch die Straßenverkehrsordnung oder deren Zeichen ausdrücklich verboten ist. Es sind demnach örtliche Einschränkungen zu beachten und ein campingähnliches Verhalten wie zum Beispiel Markise ausfahren, Tisch und Stühle aufstellen, Grillen und Wäsche aufhängen ist zu unterlassen, da es als verkehrsfremd gilt. Die Campingausstattung im Fahrzeug darf benutzt werden. Nicht zulässig ist dagegen mehrmaliges Übernachten am gleichen Ort, da die Straße oder der Parkplatz dann nicht mehr vorwiegend zu Verkehrszwecken genutzt werden. Sollte man auf privaten Grundstücken, wie beispielsweise an Gaststätten, parken oder übernachten wollen, dann darf dies nur mit der Erlaubnis des Grundstücksbesitzers geschehen.
Soweit die Theorie – in der Praxis stellt sich eher die Frage, ob Sie von der örtlichen Obrigkeit behelligt oder gar zur Kasse gebeten werden. Uns ist das allerdings nicht ein einziges Mal passiert! Nach unseren Erfahrungen kann man mit etwas Sensibilität dort stehen, wo es nicht ausdrücklich verboten ist, oder wo man wegen einer Höhenbegrenzung oder Verbotszeichen erst gar nicht hinkommt. Sollte es doch einmal vorgekommen, dass es an der Wohnmobiltür klopft und uns Ordnungshüter oder Gemeindevertreter zum Verlassen des Platzes auffordern, dann kämen wir dieser Bitte ohne Diskussion und umgehend nach.

Die Thematik der klassischen **(kosten-)freien Stellplätze** wird in Zeiten zunehmender Wohnmobilkolonnen ohnehin immer schwieriger und man sollte bei der Auswahl „seines“ Platzes unbedingt ein gewisses Maß an Fingerspitzengefühl an den Tag legen! Es kann vorkommen, dass einige der von uns genannten Parkplätze je nach aktueller Situation nicht nur zum Parken, sondern gegebenenfalls durchaus auch einmal zum Übernachten geeignet sind. Sollten Sie unsicher sein oder sich der Parkplatz zum Beispiel auf privatem oder kommunalem Grund befinden, dann sorgt eine kurze Nachfrage vor Ort meist für Klarheit.

Wir haben bei der Angabe von **Max. WOMOs** bei den freien Plätzen stets die Anzahl angegeben, die wir für verträglich halten, um niemanden durch eine zu große Ansammlung von Reisemobilen zu verärgern oder zu stören. Nichtsdestotrotz werden sie auf Örtlichkeiten treffen, wo gerade in der Hauptsaison sehr viel mehr Wohnmobile anzutreffen sind, weil die Aussicht, das Städtchen und das übrige Drumherum einfach zu schön sind.

Aber mal ganz ehrlich, wenn wir uns jetzt einfach dazustellen, womöglich auch noch in zweiter Reihe oder dicht am Nachbarn, dann ist der Sinn und vor allem der Reiz des freien Stellplatzes nun wirklich verschwunden und noch schlimmer, die favorisierte Stellplatzmöglichkeit wird über kurz oder lang von offizieller Stelle verboten werden, da wir die Einheimischen mächtig stören! In solchen Fällen fahren wir weiter und suchen den nächsten Stell- oder Campingplatz auf.

Für längere Aufenthalte empfehlen wir ohnehin die offiziellen Stell- und Campingplätze.

Fahren Sie nach einer oder mehrerer der inzwischen fast obligatorischen Stellplatz-Apps? Wir tun das selbstverständlich ebenfalls und orientieren uns an dem schier unerschöpflich erscheinenden Angebot. Wir studieren Fotos, Koordinaten und die Kommentare der Nutzer – vermutlich genau wie Sie. Aber wir wählen zusätzlich für Sie aus! Wir trennen die Spreu vom Weizen, schauen nach, ob es nicht vielleicht doch eine Höhenbarriere gibt, die Zufahrt zu eng, zu lang, zu schlecht und schlammig sein könnte oder ob schlicht vergessen wurde, ein Verbotsschild zu erwähnen. Passt das Umfeld, wie ist der Untergrund oder gibt es vielleicht doch eine unerwähnte Einschränkung? Soweit es um anderweitig veröffentliche Plätze geht, haben wir nur diejenigen in dieses Buch aufgenommen, die wir tatsächlich für geeignet halten, und war-

Unterwegs im Aarbachtal (Tour 3)

nen Sie gegebenenfalls auch einmal vor einem bestimmten Platz. Trotz all unser Bemühungen können auch diese Angaben bei der nächsten Reise schon wieder überholt sein. Zudem gibt es, zumindest vorübergehend, noch Plätze, die Sie nur bei uns finden und hoffentlich auch in Zukunft finden werden.

Wir stellen leider zunehmend fest, dass Parkplätze, die in den vergangenen Jahren in diesem Buch und anderen unserer WOMO-Bücher ohne Einschränkungen zu nutzen waren, seit der Zunahme von Reisefahrzeugen und insbesondere in Corona-Zeiten vermehrt durch die Städte oder Gemeinden rigoros geschlossen werden. Es darf aber auch nicht unerwähnt bleiben, dass sich in Hessen einzelne Gemeinden bemühen, Plätze für die Reisemobil-Flotte, hierzu zählen wir alle Fahrzeuge mit Übernachtungspotential, zu finden. Mehr oder weniger schön gelegen, nicht immer kostenfrei, oft nur ein einfacher Parkplatz ohne weitere womo-spezifische Infrastruktur und meist aus der Not geboren, um die Ströme der WOMO-Karawane zu kanalisieren.

Im Allgemeinen haben wir die Plätze sauber und ordentlich vorgefunden und diese auch so wieder verlassen. Es wäre schön, wenn das so bliebe und wir bitten deshalb alle Leserinnen wie auch Leser und vor allen Dingen die Nutzer der freien Stellplätze ganz herzlich, sich so zu verhalten, dass niemand uns Wohnmobilisten zürnen kann! Dazu gehört auch, dass die Entsorgung der Kassette und des Abwassers niemals in der freien Natur oder im Straßengully erfolgen soll! Es wäre schade, wenn WOMOs in Zukunft in Hessen nicht mehr gern gesehen wären.

Manchmal sind wir auf Schilder mit der Aufschrift „Lagern und Zelten verboten“ gestoßen und sind uns nicht sicher, ob damit auch Wohnmobile gemeint sind. Manch einer ignoriert dieses Verbot, von dem er meint, dass es nur Zelte betrifft, und scheint manch einer damit auch Erfolg zu haben. Wir haben es ihm von Zeit zu Zeit in der Nebensaison und mit einem kleinen schlechten Gewissen nachgemacht, müssen aber auch eindeutig sagen, dass wir ein Verbot für Wohnmobile oder die Durchfahrt für Fahrzeuge über 1,8 oder 2,8 Tonnen Gesamtgewicht immer akzeptiert haben!

Bei einigen der genannten Parkplätze werden Sie bemerken, dass das Parken für Pkw erlaubt und für Lkw verboten ist. Hier verhält es sich nach unseren Erfahrungen genau wie bei den Straßen, die für Fahrzeuge mit einem

Viadukt in Willingen (Tour 3)

Gesamtgewicht von mehr als 3,5 Tonnen gesperrt sind. Auf Nachfrage erhielten wir bei den Fremdenverkehrsbüros regelmäßig die Auskunft, dass wir mit unserem über 3,5 Tonnen schweren Wohnmobil selbstverständlich die Parkplätze als auch die Straßen nutzen dürften und die Verbotsschilder gegen Lkw im Transitverkehr gerichtet sind. Wir beschreiben hier allerdings keine juristisch fundierte Aussage, für die wir haftbar sind. Sie müssen sich auf jeden Fall darüber im Klaren sein, dass Sie sich, wenn es hart auf hart kommt, beim Parken mit dem Wohnmobil auf solchen Plätzen im Unrecht befinden und mit einer (Geld)Strafe rechnen müssen. Wem das also alles zu vage erscheint, möge diese Strecken und Parkplätze meiden oder selbst bei den entsprechenden Stellen nachfragen.
Wenn wir eine Durchfahrt im Hinblick auf die Unversehrtheit des Wohnmobils und seiner Insassen tatsächlich für bedenklich halten, dann raten wir Ihnen im Tourentext vom Befahren der Strecke ab.
Generell sollten Sie so einparken, dass Sie nicht zugeparkt werden und den Parkplatz vorwärts verlassen können. Beachten Sie bitte, dass Wohnmobile mit einem langen Radstand oder mit langem Hecküberhang beim Ausparken dicht an einer Mauer, an einem Verkehrsschild oder zwischen anderen Fahrzeugen unter Umständen mehr Platz zum Rangieren benötigen. Alte Reisemobil-Hasen werden über diesen Tipp vermutlich schmunzeln, WOMO-Neulinge werden sich vielleicht mit Freude daran erinnern.
Es kann sein, dass sich ein Stellplatz im Sommer anders darstellt als in den übrigen Jahreszeiten. Da wir uns in der freien Natur aufhalten, **sollten Unterlegkeile zum Ausgleich von Bodenunebenheiten immer dabei sein!**
Lassen Sie sich nicht von der Nähe einiger unserer Plätze zu den Straßen abschrecken! Meist ruht der Straßenverkehr nachts völlig und wir haben dort störungsfreie Nächte verbringen können. Sollte eine Geräusch- oder Geruchsbelästigung soweit uns bekannt nicht auszuschließen sein, weisen wir im Text gesondert darauf hin.

Gas

Gastankstellen sind mittlerweile in Deutschland fast flächendeckend vorhanden, sodass Sie Ihre Gastankflasche befüllen können. Für den

Aussicht vom Mahnmal Bodesruh (Tour 9)

Gasflaschentausch bieten sich unter anderem die angegebenen Wohnmobil-Händler mit Zubehörläden an.

GPS und Navigation

Die Navigation per GPS-Gerät gehört zum Alltag und wird nahezu in jedem WOMO genutzt. Auf unseren Recherchetouren haben uns zum einen die Garmin-Navigationsgeräte, aber auch das im Wohnmobil festverbaute Radio-Navigationsgerät sicher zu unseren Zielen geführt, zum anderen nutzen wir vermehrt ein Tablet und navigieren zum Beispiel mit **Google-Maps** online. Dies hat den Vorteil, dass bei entsprechender Einstellung aktuelle Straßen- und Verkehrsverhältnisse sofort sichtbar sind oder wir beispielsweise auf Sehenswürdigkeiten hingewiesen werden können.
Wenn wir unterwegs nicht online sein können oder möchten, leistet uns die App von **OsmAnd** im Offline-Modus gute Dienste. Mit dem für alle gängigen und GPS-fähigen Smartphones und Tablets kostenlosen Programm **maps.me**, für das Sie kostenfreie Karten downloaden können, besteht die Möglichkeit, nach Eingabe von Koordinaten beziehungsweise Adressen offline zu navigieren. Die vom WOMO-Verlag bezogenen Koordinaten können in die Geräte eingelesen werden. In der App klickt man in der Rubrik „Lesezeichen" auf das gewünschte Ziel und startet die Navigation. Die Kartendarstellung ist etwas verzögert und die Navigation funktioniert ohne Ton, aber nach unseren bisherigen Erfahrungen recht zuverlässig *(www.maps.me)*.
Wir empfehlen trotz aller Technik, bei der gelegentliche Ungenauigkeiten einkalkuliert werden müssen, die Mitnahme einer guten Straßenkarte oder bei Bedarf einer Wanderkarte.
Die GPS-Koordinaten aller Plätze haben wir in der Schreibweise Grad (°) Minuten (') und Sekunden ("), z. B. N 50°36'38.2" E 10°07'55.6" angegeben und Sie können sie manuell in jedwede Art von Navigationsgerät und -möglichkeit eingeben. Gegebenenfalls muss das Eingabeformat in den Grundeinstellungen Ihres Gerätes verändert werden, sonst weicht die anvisierte Örtlichkeit deutlich vom eigentlichen Ziel ab.

Haustiere

Mitreisende Haustiere aus dem europäischen Ausland benötigen für alle Reisen innerhalb der EU einen EU-Heimtierausweis und eine gültige

Tollwutimpfung. Örtliche Verordnungen sind zu beachten und wir verweisen für weitere Informationen auf die Internetseite des Bundesministeriums für Ernährung und Landwirtschaft *www.bmel.de.*

Kartenmaterial und Lektüre

Unsere, den Touren vorangestellten, Karten ersetzen keine Straßen- und Wanderkarten und sollen lediglich bei der Orientierung helfen!

Dieser WOMO-Band kann zudem keinen umfassenden Reiseführer für die gesamte Region ersetzen, zu verschieden sind die Interessen und Ambitionen hinsichtlich Kultur, Architektur, Freizeitaktivitäten sowie vielem anderen mehr eines jeden Einzelnen.

Für die detaillierte Planung Ihrer Reise empfehlen wir Ihnen folgende Karten und Lektüren:

- Hess. Landesamt für Bodenmanagement und Geoinformation: Verschiedene Topografische Wander-/Freizeitkarten 1: 50.000
- Bergverlag Rother: Wanderführer Kurhessen
- Jahreszeiten Verlag: MERIAN Hessen und Kassel
- Peter Meyer Verlag: Grimmheimat Nordhessen mit Kindern

Für Märchenliebhaber sind natürlich die Kinder- und Hausmärchen der Brüder Grimm unverzichtbar und Spannung bis zur letzten Seite versprechen die regionalen Krimis von Horst Seidenfaden.

In den Tourist-Informationen gibt es zusätzlich eine Fülle von Broschüren, Prospekten und Vorschlägen für die Freizeitgestaltung, die wir wärmstens empfehlen können. Beim Stöbern in örtlichen Buchhandlungen stößt man auf Mundartgedichte, Geschichten und Krimis aus der Region. Also genügend Lesestoff gegen Langeweile und für unterhaltsame Lesestunden!

Linksammlung

Interessante Informationen finden sich zum Beispiel unter folgenden Internetpräsenzen:

www.biosphaerenreservat-rhoen.de
www.documenta.de
www.eco-pfade.de
www.ederbergland-touristik.de
www.edersee.com
www.erlebnisberg-hoherodskopf.de
www.extratouren-vogelsberg.de
www.grimmheimat.de
www.hessen-tourismus.de

www.hessischeskegelspiel.de
www.kirschenland.de
www.knuelltouristik.de
www.kuppenrhoen.de
www.mittleres-fuldatal.de
www.mtbzone-bikepark.com
www.museum-kassel.de
www.nationalpark-kellerwald-edersee.de
www.naturpark-diemelsee.de
www.naturparkfrauholle.land
www.naturpark-habichtswald.de
www.naturpark-vulkanregion-vogelsberg.de
www.nordhessen-geschmackvoll.com
www.radroutenplaner.hessen.de
www.rhoen.de
www.rotkaeppchenland.de
www.schloesser-hessen.de
www.schwalm-touristik.de
www.traumhaftes-wandermaerchen.de
www.vogelsberg-touristik.de
www.werratal-tourismus.de

Für **Smartphone-Nutzer** werden für verschiedene Regionen oder Aktivitäten nützliche Apps im Apple- beziehungsweise Android-Store angeboten.

Nordhessisches Geschnuddel

Den reinen hessischen Dialekt gibt es nicht!
Vielmehr ist die Mundart niederhessisch, osthessisch oder hessisch-niederdeutsch geprägt und von den geografischen Gegebenheiten beeinflusst. So klingt im Waldecker Land und im Upland schon das Westfälische durch, während in der Rhön thüringische und bayerische Akzente zu hören sind.
Auffallend ist, dass Endungen gerne „verschluckt“ werden und aus den Buchstaben *K*, *T* und *P* schnell ein *G*, *D* und *B* wird. Daher wird bei uns nicht geschwätzt, sondern *geschnuddeld* und die Leute sind nicht

unbeholfen, sondern *dabbich*. Wenn der ortsfremde Wohnmobilist höflich nach dem Weg fragt, kann ihm schon einmal ein *Wo widd dann hinne*? (Wo möchten Sie denn hin?) entgegnet werden. Wenn die Antwort lautet *Als zus gradeuss*, dann dürfte klar sein, dass es immer geradeaus geht.
Un nu schigged's mid den Dialegden!

Notruf und Pannenhilfe

Für alle Staaten in der EU gilt die einheitliche Notrufnummer 112.

Öffnungszeiten

Bei den von uns genannten Museen und Sehenswürdigkeiten haben wir die jeweiligen Öffnungszeiten notiert. Trotzdem kann es sein, dass sich die Zeiten verändern oder dass einzelne Abteilungen oder gleich ganze Museen vorübergehend wegen Sanierungs- und Renovierungsarbeiten oder einem (Teil-)Lockdown geschlossen sind.
Da wir nicht nur Hessen bereisen, sondern auch in Niedersachsen und Thüringen unterwegs sind, möchten wir darauf hinweisen, dass Fronleichnam ein Feiertag in Hessen, nicht aber in Niedersachsen ist. In Thüringen ist der Reformationstag am 31. Oktober ein Feiertag und Fronleichnam kann in Gemeinden mit vorwiegend katholischer Bevölkerung als solcher festgelegt werden.

Reisezeit und Klima

Zu allen Jahreszeiten sind die beschriebenen Regionen in Hessen eine Reise wert. Trockene, heiße Sommer sind möglich, genauso wie niederschlagsreiche Monate in Frühjahr und Herbst und schneereiche Winter. Im Reisegepäck sollten Bade- und Regenbekleidung, aber auch ein warmer Pullover nie fehlen. Im Frühjahr lockt die überall erwachende Natur.
Im Sommer laden die Seen zu einem Bad oder einer Schiffstour und vielen anderen Aktivitäten in freier Natur ein. Der Herbst bietet einen besonderen Reiz, wenn in den Wäldern das herbstlich gefärbte Laub den hessischen Indian Summer einläutet. Im Winter bietet sich ein Ausflug zum Ettelsberg in Willingen und zur Wasserkuppe in der Rhön sowie zum Meißner oder auf den Hoherodskopf im Vogelsberg an. Skifahrer, ob Langlauf oder Abfahrt, und Rodler kommen bei entsprechenden Witterungsverhältnissen auf ihre Kosten. Eine besonders beschauliche Weihnachtsatmosphäre findet sich im Advent in vielen Orten auf Weihnachtsmärkten.

Rast auf dem Knüllköpfchen (Tour 6)

Sicherheit

Wir haben uns in unserem Reisegebiet immer sicher gefühlt. Aber wie überall auf der Welt ist man besonders in Großstädten nie vor bösen Buben gefeit, die es auf Geld, Kreditkarten, Handys oder anderes abgesehen haben. Bewahren Sie diese Dinge so am Körper oder in einer Tasche auf, dass sie vor einem schnellen, unbefugten Zugriff sicher verwahrt sind.

Grundsätzlich gilt, dass man sein Wohnmobil niemals nur mit dem Autoschlüssel in der Hand für längere Zeit oder auch nur für einen kurzen Einkauf, verlassen sollte. Womöglich beobachtet gerade das der potenzielle Dieb und vermutet fette Beute im Wohnmobil.

Das Wohnmobil kann mit einer Alarmanlage gesichert werden, die einen Höllenlärm macht und den Einbrecher beim Eindringen zumindest erst einmal stört und im besten Fall verscheucht. Einfache Wohnmobilschlösser knackt jeder Einbruchwillige in Sekunden – zusätzliche Aufbauzylinderschlösser, Zusatzbügel über den Türen oder andere mechanische Hürden sind eine Hemmschwelle und erschweren den Zugriff. Der WOMO-Verlag bietet beispielsweise den WOMO-Knackerschreck an, der in die Vordertüren eingehakt wird und diese zusätzlich verriegelt (funktioniert jedoch nicht bei vollintegrierten Mobilen und soweit wir wissen auch nicht bei Ford-Modellen).

Ver- und Entsorgung

Das **Ver- und Entsorgen** (V/E) gestaltet sich grundsätzlich problemlos. Anlagen finden sich an den ausgewiesenen Wohnmobilstellplätzen und sind in den meisten Fällen frei zugänglich. Wenn nicht, weisen wir im Tourentext darauf hin (zum Beispiel „durch Schranke gesichert“) beziehungsweise nennen Alternativen an anderen Plätzen. Auch Campingplätze verfügen im Allgemeinen über V/E-Einrichtungen und wenn nicht sowieso in der Beschreibung von uns erwähnt, lohnt sich eine entsprechende Nachfrage an der Rezeption, inwiefern eine gebührenpflichtige Nutzung ohne Übernachtung möglich ist. Im Winter kann es schwieriger werden, da V/E-Stationen wegen Frostgefahr möglicherweise geschlossen sind.

Wenn Sie in entlegene Regionen aufbrechen und sich dabei Zeit lassen wollen, sollten Sie besser mit leerem Abwasser- und vollem Frischwassertank starten.

Ausflug im Fuldaer Land (Tour 8)

Wenn wir **öffentliche Toiletten** nennen, geschieht dies nicht, um Ihnen einen Tipp zu Entleerung der Bordkassette zu geben, sondern es dient vielmehr als Hinweis an die Leser, die ihren Bedürfnissen nicht in den eigenen vier Wohnmobil-Wänden nachgehen.
An dieser Stelle möchten wir Sie nochmals eindringlich bitten, den Inhalt der Bordkassette, das Abwasser oder den anfallenden Müll niemals in der freien Natur oder im Straßengully zu entsorgen! Sie werden sehen, es gibt genug Möglichkeiten, um die Chemietoilette wie auch das Grauwasser und den Abfall an den dafür vorgesehenen Stellen zu hinterlassen.

Wandern, Radfahren und Wintersport

Wandern: Hessen ist ein wahres Paradies für Wanderer!
Das ist schon allein an den vielen von uns genannten Wanderparkplätzen zu erkennen, von denen man zu beliebig langen Touren der verschiedensten Schwierigkeitsgraden aufbrechen kann. Wir haben versucht, vom kleinen Spaziergang bis zur Ganztageswanderung in der jeweils typischen Landschaft eine kleine Kostprobe zu präsentieren.
Bei unserer Auswahl von Wandertipps haben wir bewusst Rundwanderungen ausgewählt, die am WOMO starten und nach einem erlebnisreichen Marsch dort enden. Der gut ausgebaute ÖPNV ermöglicht jedoch auch ausgedehnte Streckenwanderungen oder -radtouren und sorgt für einen problemlosen Transport zum Start- oder Endpunkt.
Zusätzliche Angebote bei den Tourist-Informationen, auf Wanderportalen und Aushängen an den Parkplätzen sind schier grenzenlos. In der letzten Zeit entstanden viele Premium- und Themenwanderwege, die das Wandern zu einer erholsamen Freizeitbeschäftigung werden lassen.
Sollten wir Wanderkarten benötigen, bestellen wir diese portofrei und immer zuverlässig innerhalb Deutschlands beim **Reisebuchladen Heidelberg/Karlsruhe** *(www.reisebuchladen-heidelberg.de).* Übrigens ist diese Adresse auch unsere erste Wahl, wenn wir neue Reiseliteratur benötigen.
Es gibt mittlerweile eine große Anzahl an **Wander-Apps** für den mobilen Gebrauch. Nicht jede hat sich für uns persönlich als nutzerfreundlich erwiesen und da wir annehmen, dass es Ihnen ähnlich ergehen kann, möchten wir Sie in diesem Fall auf die jeweiligen Angebote in den Shops Ihrer Smartphone-Systeme verweisen. So benutzen wir zum Beispiel die recht zuverlässigen Apps von Outdooractive oder Komoot.
Radfahren: Auch wenn wir bedingt durch unsere vierbeinigen Begleiterinnen meist ohne Zweiräder auskommen, können Fahrräder gute Dienste leisten, da sie den Weg von Camping- und Stellplätzen in die Ortschaften erleichtern können.

Die Fulda bei Spiekershausen

Zusätzlich durchziehen hunderte Kilometer Radwege unser Reisegebiet und bieten an Flüssen oder auf stillgelegten Bahntrassen ein herrliches sowie entspanntes Radfahrerlebnis, während MTB-Freunde auf herausfordernden Trails das Terrain erkunden können.
Wer kein eigenes Fahrrad dabeihat, dem wird an etlichen Verleihstationen geholfen werden. Entlang unserer Touren finden sich viele beschilderte Radwege und weiterführende Auskünfte sind in den örtlichen Fremdenverkehrsbüros erhältlich.
Wintersport: Im Winter laden kilometerlange Loipen und gut präparierte Pisten zum Rodeln, Langlauf, Snowboarden oder zur Abfahrt ein. Während eine geruhsame Pferdeschlittenfahrt oder Winterwanderungen durch eine verschneite Traumwelt zusätzliche Abwechslung bieten.
Über andere Sportarten wie zum Beispiel **Klettern**, **Surfen**, **Kanu fahren**, **Schwimmen** und weitere Freizeitaktivitäten informieren die Fremdenverkehrsbüros.
Sie werden viel unterwegs sein und reichlich Programm haben, bis Sie alle Sport- und Freizeitvorschläge „abgearbeitet" haben. Viel Vergnügen!

Bildnachweise

Seite 4, 3.v.o.: Maja Wirkus/Sepulkralmuseum; Seite 5, 2.v.o. Uwe Zucchi; Seite 39: PaulT/wikimedia commons/Kassel_Bad_Karlshafen_1.jpg; Seite 65: Maja Wirkus/Sepulkralmuseum; Seite 66: Nikolaus Frank/GRIMMWELT Kassel; Seite 108/109 unten: balipadma/stock.adobe.com; Seite 149 unten: Oliver Schreiner; Seite 151: Wikiwal/wikimedia commons/Hatzfeld_Emmauskapelle_Orgel_(08).jpg; Seite 196, oben: AxelHH/wikimedia commons/Borken_Singliser_See_2008.jpg; Seite 198/199 unten: Oliver Deisenroth/wikimedia commons/Naturbadesee Stockelache Panorama.jpg; Seite 207, oben: Simone Holl-Poulsen; Seite 211, oben: Gedenkstätte und Museum Trutzhain; Seite 237 oben: Fastnachtsvereinigung Herbstein ;Seite 254 oben: Andreas Reeg/Kinderakademie Fulda; Seite 254/255 unten: Juergen Schonnop/sAdobeStock_194749714; Seite 278/279 unten: Katja Eisenschmidt; Seite 306 oben: Thorsten Eschstruth; Seite 308/309 unten: Jörg Braukmann https://commons.wikimedia.org/w/index.php?curid=61766410; Seite 329 unten: Uwe Zucchi; Seite 374 unten: Uwe Zucchi.

Alle anderen Fotos von den Autoren.

Herzlichen Dank an Maren Keller von kontext-kassel.de für das Lektorat und die fundierten als auch erfrischenden Anmerkungen.
Des Weiteren gilt unser Dank den verantwortlichen Personen der besuchten Sehenswürdigkeiten sowie den Mitarbeitern der Tourist-Informationen für die freundliche Unterstützung.

Sonnenuntergang an der Werra

I

J

K

L

M

Z

Einige Radwege entlang der Touren:

WOMO-Radwandertipps:

WOMO-Wandertipps:

Alle WOMO-Reiseführer auf einen Blick

Albanien	Volker Grundmann
Allgäu	Thomas und Yvonne Seiter
Allgemeines Wohnmobil Handbuch	Reinhard Schulz
Allgemeines Wohnmobil Kochbuch	Waltraud Roth-Schulz
Andalusien	Christian und Christina Winkler
Auvergne	Esther Vergenz
Baden-Württemberg	Heiner Newe und Heiderose Thomsen-Newe
Baltikum	Stefanie Holtkamp und Andrea Bergmann
Bayern Nordosten	Heiner Newe und Heiderose Thomsen-Newe
Bayern Nordwesten	Heiner Newe und Heiderose Thomsen-Newe
Bayern Südosten	Christian und Christina Winkler
Belgien/Luxemburg	Esther Vergenz
Bretagne	Anette Scharla-Dey und Franz Peter Tschauner
Burgund	Ralf Gréus
Dänemark	Thomas und Yvonne Seiter
Elsass	Ralf Gréus
England Norden	Christian und Christina Winkler
England Süden	Christian und Christina Winkler
Finnland	Uwe und Annegret Rohland
Französische Alpen	Heiner Newe und Heiderose Thomsen-Newe
Französische Atlantikküste Nord	Esther Vergenz
Französischer Jura	Heiner Newe und Heiderose Thomsen-Newe
Griechenland	Reinhard Schulz und Waltraud Roth-Schulz
Harz	Heiner Newe und Heiderose Thomsen-Newe
Heitere Wohnmobil Geschichten	Peter Simm und Silvia Sussmann
Hessen Mitte/Süden	Anette Scharla-Dey und Franz Peter Tschauner
Hessen Norden/Osten	Anette Scharla-Dey und Franz Peter Tschauner
Hunsrück/Mosel/Eifel	Anette Scharla-Dey und Franz Peter Tschauner
Irland	Uwe und Annegret Rohland
Island	Alexander und Jutta Ramin
Korsika	Reinhard Schulz und Waltraud Roth-Schulz
Kroatien/Montenegro	Peter Simm und Silvia Sussmann
Languedoc/Roussillon	Ralf Gréus
Lothringen	Friedrich Riehl und Toshiko Riehl-Takada
Ligurien	Ralf Gréus
Loire/Paris	Hubert und Gudrun Kügler
Lüneburger Heide	Heiner Newe und Heiderose Thomsen-Newe
Marokko	Ulrike und Frank Staub
Mecklenburg-Vorpommern Teil 1	Stefanie Holtkamp und Andrea Bergmann
Mecklenburg-Vorpommern Teil 2	Stefanie Holtkamp und Andrea Bergmann
Mittelitalien	Friedrich Riehl und Toshiko Riehl-Takada, Klaus Huber
Namibia	Frank Linke und Ute Nast-Linke
Neuseeland Nordinsel	Dieter Giesen und Andrea Lossen
Neuseeland Südinsel	Dieter Giesen und Andrea Lossen

Weitere Informationen in unserem Buchshop unter www.womo.de

Niederlande	Friedrich Riehl
Nord-Frankreich	Esther Vergenz
Nord-Spanien	Reinhard Schulz und Waltraud Roth-Schulz
Normandie	Anette Scharla-Dey und Franz Peter Tschauner
Norwegen Norden	Reinhard Schulz und Waltraud Roth-Schulz
Norwegen Süden	Reinhard Schulz und Waltraud Roth-Schulz
Ostfriesland	Anja und Peter Schuberth
Ost-Spanien	Reinhard Schulz und Waltraud Roth-Schulz
Österreich Osten	Christian und Christina Winkler
Peloponnes	Reinhard Schulz und Waltraud Roth-Schulz
Pfalz	Ralf Gréus
Piemont/Aostatal	Ralf Gréus
Polen Norden	Nicola Kluftinger
Polen Süden	Helmut und Angelika Breidenbach
Portugal Norden	Stephanie Seufert
Portugal Süden	Stephanie Seufert
Provence/Côte d'Azur – Osten	Ralf Gréus
Provence/Côte d'Azur – Westen	Ralf Gréus
Pyrenäen	Andrea Bergmann und Stefanie Holtkamp
Rumänien	Christian und Christina Winkler,
Sachsen	Anette Scharla-Dey und Franz Peter Tschauner
Sardinien	Reinhard Schulz und Waltraud Roth-Schulz
Schleswig-Holstein	Heiner Newe und Heiderose Thomsen-Newe
Schottland	Uwe und Annegret Rohland
Schwarzwald/Bodensee	Ralf Gréus
Schweden Norden	Uwe und Annegret Rohland
Schweden Süden	Reinhard Schulz und Waltraud Roth-Schulz
Schweiz Osten	Andrea Bergmann und Stefanie Holtkamp
Schweiz Westen	Andrea Bergmann und Stefanie Holtkamp
Sizilien	Christian und Christina Winkler
Slowakei	Ulrike und Frank Staub
Slowenien	Peter Simm und Silvia Sussmann
Südafrika	Frank Linke und Ute Nast-Linke
Süditalien Osten	Reinhard Schulz und Waltraud Roth-Schulz
Süditalien Westen	Reinhard Schulz und Waltraud Roth-Schulz
Südtirol	Reinhard Schulz und Waltraud Roth-Schulz
Südwest-Frankreich	Stefanie Holtkamp und Andrea Bergmann
Thüringen	Reinhard Schulz und Waltraud Roth-Schulz
Toskana/Elba	Ralf Gréus
Trentino/Gardasee	Peter Simm und Silvia Sussmann
Tschechien	Steffen und Eva Peuker
Umbrien/Marken	Ralf Gréus
Ungarn	Peter Simm und Silvia Sussmann
Venetien/Friaul	Christian und Christina Winkler
Wales	Christian und Christina Winkler

Info-Blatt aus dem WOMO-Buch: Hessen Teil 1 '21

Lokalität Seite Datum
(Stellplatz, Campingplatz, Wandertour, Gaststätte, usw.)
unverändert gesperrt/geschlossen folgende Änderungen:

Lokalität Seite Datum
(Stellplatz, Campingplatz, Wandertour, Gaststätte, usw.)
unverändert gesperrt/geschlossen folgende Änderungen:

Lokalität Seite Datum
(Stellplatz, Campingplatz, Wandertour, Gaststätte, usw.)
unverändert gesperrt/geschlossen folgende Änderungen:

Lokalität Seite Datum
(Stellplatz, Campingplatz, Wandertour, Gaststätte, usw.)
unverändert gesperrt/geschlossen folgende Änderungen:

Lokalität Seite Datum
(Stellplatz, Campingplatz, Wandertour, Gaststätte, usw.)
unverändert gesperrt/geschlossen folgende Änderungen:

Lokalität Seite Datum
(Stellplatz, Campingplatz, Wandertour, Gaststätte, usw.)
unverändert gesperrt/geschlossen folgende Änderungen:

Meine E-Mail:

Rückmeldung bitte an den Verlag per Post oder an die Autoren-E-Mail: afp@womo.de